16	3	2	13
5	10	11	8
9	6	7	12
4	15	14	1

Nâzım Hikmet

PAISAGENS HUMANAS
DO MEU PAÍS

Tradução, apresentação e notas
Marco Syrayama de Pinto

editora■34

EDITORA 34

Editora 34 Ltda.
Rua Hungria, 592 Jardim Europa CEP 01455-000
São Paulo - SP Brasil Tel/Fax (11) 3811-6777 www.editora34.com.br

Copyright © Editora 34 Ltda. (edição brasileira), 2015
© Nâzım Hikmet
© Kalem Literary Agency
Tradução © Marco Syrayama de Pinto, 2015

Este livro foi publicado com o apoio do projeto TEDA,
do Ministério da Cultura e Turismo da Turquia.

A FOTOCÓPIA DE QUALQUER FOLHA DESTE LIVRO É ILEGAL E CONFIGURA UMA
APROPRIAÇÃO INDEVIDA DOS DIREITOS INTELECTUAIS E PATRIMONIAIS DO AUTOR.

Título original:
Memleketimden İnsan Manzaraları

Imagem da capa:
Karaköy, Istambul, 1956, fotografia de Ara Güler © Ara Güler/Magnum Photos

Capa, projeto gráfico e editoração eletrônica:
Bracher & Malta Produção Gráfica

Revisão:
Alberto Martins
Fabrício Corsaletti
Cecília Rosas
Thaisa Burani

1ª Edição - 2015

CIP - Brasil. Catalogação-na-Fonte
(Sindicato Nacional dos Editores de Livros, RJ, Brasil)

Hikmet, Nâzım, 1902-1963

H819p Paisagens humanas do meu país /
Nâzım Hikmet; tradução, apresentação e notas
de Marco Syrayama de Pinto — São Paulo:
Editora 34, 2015 (1ª Edição).
576 p.

ISBN 978-85-7326-608-5

Tradução de: Memleketimden İnsan Manzaraları

1. Poesia moderna turca. 2. Turquia -
História - Século XX. I. Pinto, Marco Syrayama
de. II. Título.

CDD - 894.6

PAISAGENS HUMANAS DO MEU PAÍS

Apresentação, *Marco Syrayama de Pinto* 7

Paisagens humanas do meu país

Livro I 23
    i 23
    ii 40

Livro II 133
    i 133
    ii 160
    iii 173
    iv 191
    v 224
    vi 244
    vii 269
    viii 282

Livro III 297
  Primeira parte
    i 297
    ii 309
    iii 320
    iv 342
    v 351
    vi 366
  Segunda parte
    i 378
    ii 406

Livro IV 421
  Primeira parte
    i 421

ii	428
iii	441
Segunda parte	
i	452
Livro V	503
i	503
ii	529
iii	548
iv..	561
Sobre o autor	573
Sobre o tradutor...	575

Apresentação

Dedico esta tradução a Yasemin, minha esposa, que dezesseis anos atrás me apresentou a obra de Nâzım Hikmet...

Num ensaio de 1934, intitulado "Date Line", o poeta norte-americano Ezra Pound define um épico como *"a poem containing history"*, isto é, "um poema que contém história". Pound falava com propriedade, sendo ele próprio autor de um dos grandes textos épicos modernos, os *Cantos*, esse extenso e inconcluso poema, redigido ao longo de várias décadas, que se caracteriza por uma gama de alusões a fatos históricos e culturais de distintas civilizações, trechos de citações em várias línguas e inúmeras referências de difícil elucidação.

Embora os *Cantos* tenham muitos paralelos com *Paisagens humanas do meu país* (doravante *Paisagens*) — a crítica literária e tradutora Mutlu Konuk, numa definição magistral, afirma que ambas as obras são compêndios enciclopédicos de diferentes tipos de uso da língua e diferentes práticas de representação da história de um povo —, a realização de Nâzım Hikmet possui algumas peculiaridades. Enquanto Pound concebia seu poema como uma grande suma de tempos da cultura, Nâzım considerava sua obra essencialmente uma "história poética do presente".

Paisagens era para ele uma prestação de contas com os ideais que sempre teve, tanto em relação à arte como em relação a sua causa política. Comunista convicto, Nâzım iniciou o projeto de redigir o *Paisagens* dentro da penitenciária de Istambul em 1939 e levou 22 anos para completá-lo, em 1961. A experiência como prisioneiro conferiu-lhe a oportunidade de vivenciar em carne e osso o que significava ser um "poeta do povo" (*halkın şairi*). Pode-se até mesmo afirmar sem exagero que as duas prisões lhe serviram, literalmente, como escola, pois nelas aprendeu e ensinou; por estar num ambiente em que nunca estivera antes, longe dos círculos literários, ele aproveitou a oportunidade para conhecer a fundo seus próprios compatriotas, companheiros de prisão, todos, ao contrário dele, de origem humilde: camponeses, trabalhadores, artesãos, comerciantes. Segundo Hikmet escreveu, "pelo menos metade das figuras representadas em *Paisagens* — às vezes em cinco linhas, às vezes ao longo dos três primeiros livros — são pessoas cujas vidas eu mesmo testemunhei; a outra metade é constituída por heróis de minha própria imaginação". Todos eles tinham histórias para contar e, enquanto relembravam seus queixumes, sua fome, sua pobreza, transmitiam também lendas, crenças, frases e vocábulos intrínsecos à cultura anatoliana.

É importante salientar que os prisioneiros da penitenciária de Çankırı, ao contrário da de Istambul, não eram criminosos profissionais, de alta periculosidade, mas sobretudo camponeses cumprindo pena por raptar mulheres, por não pagar impostos ou, ainda, por brigas por posse de terra ou água (veja-se, por exemplo, no Livro V, Ahmet que sequestrou Hatice para se casar com ela, o camponês anônimo que se enforcou no banheiro por ter ido em cana ao sonegar o imposto *per capita* e, no Livro III, a briga dos Türbeli pelos direitos da montanha — questão, diga-se de passagem, tratada com maestria no filme *Susuz Yaz* [Verão Seco], de 1963, do diretor Metin Erksan, em que um produtor de tabaco represa um rio para irrigar sua própria terra, visando a ruína de seus concorrentes). Quanto aos assassinos, só se encontravam ali os que haviam cometido crimes passionais ou de honra. Com tudo isso, pode-se afirmar sem medo de equívoco, como conclui Mutlu Konuk em sua biografia do escritor, que os treze anos que Nâzım passou na cadeia após 1938 fizeram dele o poeta que veio a ser. A prisão conferiu a sua poesia uma textura social e histórica que o autor nunca teria alcançado se estivesse envolvido com o cenário dos escritores profissionais e suas polêmicas literárias.

O AUTOR

Mehmet Nâzım — ou Nâzım Hikmet Ran, como ficou conhecido mais tarde — nasceu em Salônica (atualmente na Grécia) em 1902, filho de Hikmet Bey, cabo do governo de Enver Paxá e Talat Bey, e de Ayşe Celile, pintora, tida como uma das mulheres mais bonitas da Turquia de então. Seu avô paterno, Nâzım Paxá, além de ser poeta e adepto da seita *mevlevî* dos dervixes rodopiantes, atuou como governador de várias províncias sob o governo do sultão Abdülhamit. O avô materno, Enver Paxá, filho de um polonês que escapou da Sibéria tzarista e muçulmano convertido, era um militar formado pela academia de Saumur, na França, embora fosse, sobretudo, filólogo e historiador. O jovem Mustafá Kemal, futuro Atatürk (também nascido em Salônica, porém em 1881), o considerava seu mestre não somente na arte militar, mas também no campo da cultura.

Tanto Enver Paxá como Nâzım Paxá, os dois avôs do poeta, eram monogâmicos e não possuíam um harém, contrariamente aos paxás turcos da época com a mesma hierarquia. Essa formação cosmopolita, sintonizada com valores políticos progressistas e aberta a línguas e literaturas estrangeiras, foi essencial para a rica educação intelectual de Nâzım Hikmet (assim como para outros turcos notáveis no século XX, de Atatürk ao prêmio Nobel Orhan Pamuk em nossos dias).

O avô Nâzım lia para ele quadras do poeta sufi Jelaluddin Mevlana (1202-1273) e também do persa Omar Khayyam (1048-1131), ao passo que sua mãe Ayşe lhe lia Baudelaire e Lamartine. Nâzım Hikmet começou a compor versos assim que aprendeu a escrever, aos sete anos de idade, e seu primeiro poema completo, aos treze anos, foi inspirado por um incêndio a que assistiu da janela de sua casa. Naqueles versos escritos com a métrica árabo-persa chamada *aruz* nota-se a influência do poeta Tevfik Fikret (1867-1915), o primeiro poeta humanista turco, que escreveu contra a religião e contra a guerra — e que era, aliás, o único poeta de que o pai de Nâzım gostava. O fato de Fikret usar um vocabulário mais moderno e não tão marcadamente otomano é algo que não deve ser ignorado quando se consideram as influências a que esteve exposto o jovem Hikmet.

Apresentação

A OBRA

Paisagens humanas do meu país é um épico do século XX, composto
de aproximadamente 20 mil versos que incorporam uma série de linhas
narrativas, redigidas inicialmente em tempos diferentes e com propósitos
diversos. Pode-se afirmar, com toda a certeza, que sua gênese se deu quan-
do Hikmet decidiu compilar uma "enciclopédia" que incluísse a vida de
pessoas comuns da sociedade turca — trabalhadores pobres, camponeses,
donas de casa, pequenos criminosos etc., os quais seriam os verdadeiros
heróis de sua obra, dignos de terem sua memória perpetuada numa enciclo-
pédia. Após sua transferência para a penitenciária de Çankırı ele começou
a trabalhar no que denominou de "Meşhur Adamlar Ansiklopedisi", isto é,
"Enciclopédia de pessoas famosas". Com uma nova transferência em 1940
para a penitenciária de Bursa, ele deu continuidade ao projeto, agora orga-
nizado em ordem alfabética, chegando a produzir trinta vinhetas biográficas
curtas, que iam das letras A a H. Eis alguns exemplos:

ABDULAH
　　　　Do vilarejo de Çiklet, nos arredores de Kirşehir
　　　　Nascido em 1940.
　　　　Filho de Osman e de Hatice.

ABDURRAHMAN
　　　　Da nobre família dos Daglizade.
　　　　1296/1940.

FARUK
　　　　Uns cinco anos de idade.
　　　　Não foi registrado.
　　　　Não se lembra de nada senão de sua fome
　　　　　　　　e de uma mulher,
　　　　　　　　　　　　vagamente,
　　　　　　　　　　　　　　　num quarto escuro.
　　　　Aproximou-se do policial:

Marco Syrayama de Pinto

"Me chamo Faruk", disse ele.

Talvez esteja morto.

Algumas dessas vinhetas foram incluídas em *Paisagens* — como a de Faruk, acima, mas curiosamente com o nome de Kemal — e outras, simplesmente descartadas.

Numa série de cartas trocadas a partir de 1941 com o amigo de cela Kemal Tahir (que viria a ser um escritor famoso na Turquia), Nâzım revela sua busca tateante por um novo estilo e uma nova configuração para sua obra. Segundo ele, a forma e a dicção que procurava teriam de ser apoéticas, visto que considerava o chamado "estilo poético" uma "doença". Apesar de se inspirar também em obras literárias como *O sobrinho de Rameau*, de Diderot, em contos turcos tradicionais, nos poemas homéricos e nas obras de Gógol e Tolstói, foi ao ler a *História da literatura inglesa*, da escritora feminista turca Halide Edib, em 1941, que Nâzım teve a ideia de mudar seu projeto original em forma de "enciclopédia" para uma nova estrutura de composição.

No livro de sua conterrânea, ele se deparou com *Piers Ploughman* — também conhecido como *The Vision of Piers the Plowman* [A visão de Piers, o lavrador] —, longo e complexo poema alegórico do século XIV, atribuído a William Langland, no qual personagens de todos os estratos da sociedade da época aparecem numa visão aos olhos de um peregrino. A seu respeito, o professor e filólogo inglês Walter Skeat, que verteu a obra escrita em inglês médio para o inglês moderno, esclarece:

> "O poema tem uma característica quase única. Não foi escrito com um plano muito definido, mas descreve uma série de visões que o autor pode ter tido em seus sonhos. Mas tais visões são amiúde de uma espantosa realidade e de imperecível interesse. [...] Seu valor é quase que completamente histórico, mostrando-nos a vida cotidiana do século XIV como de fato ocorreu, e como diferia da vida hodierna."

Fascinado por tal obra, na qual se combinam aspectos narrativos, um forte teor de crítica social em tom de sátira e uma estrutura de composição inovadora, Hikmet deu sequência a seu projeto com novo ímpeto criativo, reorganizando-o de maneira totalmente diferente. Sua exposição precoce ao cinema soviético e sua experiência prática na produção de filmes (chegou a ganhar a vida como roteirista) lhe permitiram encontrar uma técnica adequada para compor seu épico moderno — a técnica da *montagem*, sobre a qual falaremos mais adiante.

Além das discussões críticas travadas com o amigo Kemal Tahir, durante seu período na prisão Nâzım também enviava partes da obra em andamento para sua esposa na época, Pirâye (a quem, aliás, dedicou a obra, chamando-a de "seu livro"), e também para seu companheiro de prisão, o escritor Orhan Kemal.

Foi numa carta a Tahir, datada de 17 de junho de 1941, que Nâzım usou o título "Paisagens humanas" pela primeira vez. A essa altura, a estrutura da obra já estava definida como um retrato histórico "do povo do meu país", distinto de outro texto em que estava trabalhando então, chamado "Millî Kurtuluş Destanı", isto é, de "Épico da Libertação Nacional".

Contudo, mesmo com o esqueleto da obra já definido, Nâzım ainda tinha dúvidas quanto a sua natureza: "Não é um livro de poesia", escreveu ele a Tahir, "há um elemento de poesia [...] mas há também elementos de prosa, de teatro, e mesmo, como você notou, de roteiro cinematográfico".

Em 1942, ao anunciar que já tinha escrito 2.300 linhas e que a obra consistiria de quatro livros com 3 mil linhas cada, totalizando 12 mil linhas, houve uma outra mudança radical de enfoque: a introdução do tema de uma viagem ferroviária, o que conferiria grande dinamismo e ímpeto dramático à obra. O Livro I se chamaria "A estação de Haydarpaşa e o vagão de terceira classe número 510"; o Livro II, "A estação de Haydarpaşa e o expresso"; o Livro III, "Uma penitenciária e um hospital na estepe"; o Livro IV e final, "A jornada a Istambul".

A temática da jornada de trem permitiu segmentar e rearticular os núcleos narrativos, introduzindo, ao mesmo tempo, uma riquíssima galeria de personagens, como carregadores, garçons, chefes de cozinha e passageiros de diferentes classes sociais — desde prisioneiros a caminho da penitenciária a chefes políticos e plutocratas —, conferindo-lhes vida e dramaticidade intensas, o que não era possível com simples "entradas de enciclopédia".

Nas cartas de março de 1942, vemos mais uma onda de inspiração, a saber, a inserção do "épico patriótico" no Livro II, tornando-se assim não uma obra de Hikmet em separado, mas um texto dentro de um texto e que, no *Paisagens*, é recitado pelo garçom Mustafá, o qual obtivera uma cópia com um preso.

Em 1943, Nâzım se decide pelo título *Paisagens humanas do meu país* — e também acrescenta novas inflexões ao tom da obra, com passagens mais pessoais e emotivas, como relata numa carta a Tahir: "À medida que envelheço, chego com mais coragem à conclusão de que precisamos de poesia lírica saudável, esperançosa, e até mesmo um pouco triste. Evitar e desprezar isso é uma forma de esquerdismo infantil". Tais trechos líricos e de acento bastante pessoal figuram mais proeminentemente nos Livros III e V, e são baseados nas cartas que Nâzım e sua esposa Pirâye trocaram; em *Paisagens*, essas passagens se fazem presentes nos diálogos epistolares entre o prisioneiro Halil e sua esposa Ayşe, que, com sua filha, enfrentava dificuldades financeiras em Istambul. Esses trechos realçam, por contraste, a importância das relações pessoais afetivas em meio às pressões brutais e desumanizadoras desencadeadas pela guerra.

Em novembro de 1944, Nâzım ainda trabalhava duro em cima do Livro IV, acreditando que seu poema iria enfocar exclusivamente a história do povo turco. Mas, com os desdobramentos da guerra, ele teve de admitir que sua obra estava "saindo dos parâmetros". Em uma carta a Tahir alertou que já lhe era "impossível escrever sem mencionar a guerra", pois "a característica mais importante deste século são as revoluções, os movimentos de liberação". No prefácio à tradução russa de *Paisagens*, ele conta como o poema foi reconcebido quando a Alemanha invadiu a União Soviética:

> "Eu lembro como se fosse hoje. O guarda-chefe deu a notícia. Senti uma dor aguda dentro de mim. Então disse a mim mesmo: 'A história do século XX tem de ser escrita'. Deveria começar com o ataque de Hitler, então voltar até a guerra britânica dos Bôeres, daí progredir novamente; e depois de sair da prisão eu escreveria um livro por ano até morrer. Então eu devia estar confiante de que o fascismo ia perder e que eu ia sair da prisão."

A essa altura ele já tinha escrito 16 mil linhas, incluindo as descrições da guerra nas frentes orientais — trecho mais tarde conhecido como "Sinfonia de Moscou". Ademais, Nâzım ainda tinha intenção de escrever mais 8 mil linhas. Agora ele pretendia escrever um novo *Paisagens humanas*, com "seis ou sete livros", e que não seria nem poesia nem prosa. Como ele mesmo afirmou: "Eu tomei como base a forma poética, mas me utilizei de recursos de todos os gêneros de prosa — inclusive roteiros". A partir de 1946, contudo, a saúde em declínio começou a impor obstáculos a seu ambicioso projeto.

Nenhuma correspondência trocada com Tahir ou Pirâye faz alusão ao Livro V, o que levou alguns estudiosos a formularem a hipótese de que sua inclusão foi um expediente um tanto desajeitado, por parte dos editores, de incluir escritos do poeta que ele ainda não havia conseguido integrar na narrativa principal.

Imperfeições formais à parte, uma coisa é certa: *Paisagens* constitui um *tour de force* da maturidade de Hikmet como poeta — uma obra que supera comparações e, embora plantada no solo da história e da cultura turcas, é acessível a leitores de todos os quadrantes ao versar sobre temas universais, como os amores, as amizades e as inimizades, as disputas pela vida, os constrangimentos de uma prisão, o sentido das lutas pela libertação (individual e coletiva). Seu propósito, como observou o crítico Asım Bezirci, era "apresentar toda a sociedade no indivíduo, e toda a humanidade em cada humano".

Nesse livro confluem não só a maturidade existencial do escritor, aprofundada pelo período na prisão, como sua experiência na prática da escrita. Com enorme fluidez, diversos gêneros literários e não literários — como libretos, roteiros, peças, diálogos, noticiários radiofônicos, contos, pequenas novelas e colunas para jornais — se reúnem nesta obra, e a habilidade do poeta em migrar de um registro para outro tornou possível, às vezes no espaço de umas poucas linhas, criar retratos verdadeiramente belos, complexos e comoventes de suas personagens.

Uma técnica essencial nesse sentido foi a montagem. Ela permitiu uma escrita "taquigráfica" mais próxima da composição cinematográfica que de um sequenciamento narrativo linear. Ao considerar diferentes aspectos de Tolstói (cujo *Guerra e paz* traduziu para o turco enquanto cumpria pena em Bursa), Zola, Cholokhov e Malraux para utilizar no *Paisagens*, Nâzım afirmou que a técnica da montagem lhe possibilitava comprimir grandes trechos da realidade, além de facilitar o uso de *flashbacks* e conferir fluidez nas transições entre os eventos. Numa carta não datada à esposa Pirâye, ele menciona seu método de composição:

> "Envio-lhe uma parte do seu livro. Este é o início da primeira seção da segunda parte do terceiro volume. Já que agora estou trabalhando desse modo, pedaço por pedaço, será uma tarefa fácil para você completar a montagem. Tenho mais quatro ou cinco peças para este tipo de montagem. Aí eu lhe explico a sequência para a montagem e você juntará as peças de acordo com isso."

PUBLICAÇÃO E PRIMEIRAS TRADUÇÕES

A publicação de *Paisagens* foi tão complicada e errática quanto sua composição. Somente trechos foram publicados durante a vida do autor. Um dos principais obstáculos para isso foi a censura; outro foi a dificuldade em compor o texto o mais fiel possível às intenções de Hikmet, já que, por motivos de segurança, ele havia enviado esboços e diferentes seções do poema a Pirâye e outros amigos em Istambul.

De acordo com seu prefácio à tradução russa, redigido em novembro de 1961, ele não teve tempo de fazer outra cópia de 66 mil linhas. Tal cópia havia sido dividida em várias partes e guardada por segurança. Após se exilar em Moscou em 1950 (ano em que foi solto da prisão na Turquia, depois de grande pressão internacional), ele descobriu que elas haviam sido queimadas ou confiscadas pela polícia. Algumas partes tinham sido enviadas a Paris e publicadas lá enquanto ele ainda cumpria pena. Com o passar dos anos, algumas partes que não foram confiscadas ou queimadas começaram a chegar a suas mãos em Moscou. Algumas partes que nunca chegaram, declarou Hikmet, foram as da ocupação da França por Hitler e dos cercos de Moscou e Leningrado. Além disso, numa de suas cartas a Pirâye ele lhe pede que envie livros sobre o bombardeio de Londres pelos alemães e sobre a resistência antinazista, tópicos acerca dos quais deve ter escrito também, mas que não se encontram no texto de *Paisagens*.

Não se deve descartar a hipótese de que a essa altura da vida, ao mencionar 66 mil linhas (vale lembrar que a *Ilíada*, o maior dos poemas homéricos, tem 15.693 versos), o poeta fizesse alguma confusão com os números: a estimativa mais alta que ele mencionara até então numa correspondência era de 24 mil linhas. Por outro lado, numa carta inédita (datada de 19 de julho de 1948, hoje pertencente ao arquivo de Aziz Nesin), ele diz a Orhan Kemal que havia completado 40 mil linhas. Se por ora não podemos afirmar com certeza o quanto desse imenso projeto foi escrito, e qual porcentagem dele sobreviveu, uma coisa entretanto permanece clara: partes substanciais do poema se perderam por intervenção da censura, da polícia e, talvez ainda, por extravio. Como tantas outras obras de arte de primeira grandeza, esta também se apresenta aos olhos do leitor como um fragmento que lhe cabe acolher e completar o sentido.

Com sua obra banida na Turquia, *Paisagens* foi publicada pela primeira vez em tradução. Trechos dos Livros I ao IV saíram em 1960 em italiano, sob o título de *Panorama umano*, traduzidos por Giovanni Crino e Velso Mucci. Em 1962 foi publicada a tradução russa, *Tchelovetcheskaia panorama*, por Muza Pávlova, a qual inclui o prefácio de sua autoria. Ironicamente, a primeira edição turca — bastante incompleta — só saiu em 1965 numa edição bilíngue turco-italiano, em tradução de Joyce Lussu (*Paesaggi umani*, Milão, Lerici Editori). Somente dois anos depois, em 1967, é que uma edição turca mais completa — baseada nas cópias datilografadas originais que Pirâye Hatice guardara consigo, e incorporando correções ortográficas — foi publicada nos cinco volumes editados por Memet Fuat (enteado de Nâzım que ficou famoso em todo o mundo através da frase *oğlum Memet*, "meu filho Memet", presente em vários poemas), sob o título de *Memleketimden İnsan Manzaraları* (Istambul, De Yayınları, 1966-7). Muitas outras edições saíram entre 1967 e 1978, ano em que *Paisagens* foi publicada como o volume IV das *Obras completas*, de Nâzım Hikmet, organizadas por Asım Bezirci. Essa edição ainda continha passagens censuradas, as quais foram incorporadas nas edições posteriores da obra. Foi a partir dessa edição "integral" do texto original em turco que realizamos a presente tradução para o português.

GUIA DE PRONÚNCIA DE PALAVRAS TURCAS

As traduções contemporâneas realizadas no Brasil tendem a valorizar cada vez mais o contexto de origem de uma obra, especialmente no tocante a línguas que se utilizam de outro alfabeto ou, como no caso do turco, o mesmo alfabeto latino, porém com diferenças de valor fonético em relação ao que estamos acostumados nas línguas europeias, além de grafemas adicionais. Felizmente, não será necessária uma transliteração (ou mesmo tradução, como costumava ocorrer em estágios da língua mais arcaicos) no caso de palavras que designam lugares (topônimos), nomes próprios (antropônimos) e nomes de comidas, mas resolvi, por respeito ao original, deixá-las em sua grafia original, salvo quando, no caso de topônimos, há um equivalente comum e conhecido: Istambul em vez de İstanbul, Ancara em vez de Ankara. Preferi, porém, deixar İzmir em vez de Esmirna, pois esta última remete, a meu ver, a associações greco-bíblicas (vide referência à cidade no livro do *Apocalipse*) que não mais correspondem à atualidade do poema. Em alguns poucos momentos, para aproximar o leitor da sonoridade do original, optei por grafar o "c" como "dj" (por exemplo, em Derindjé). Abaixo segue um guia de pronúncia dos grafemas que não têm valor correspondente no português brasileiro ou que dele diferem substancialmente:

â — pronuncia-se como um "ya" (cf. os nomes Kâzım, Nigâr).

i — como no português "*i*greja".

ı — um "a" fechado do português, como no segundo "a" de 'ban*a*na' ou como o *â* de Tânia.

ö — arredondado, como no alemão "h*ö*ren".

u — como no português "*u*rano"

ü — como em "tu" do francês ou "*Führer*" do alemão.

c — tem o valor de "dj", como o em "j" em "*j*eans".

ç — tch, como em "*tch*au".

g — como no *g* de "garagem" (e não de "gente").

Apresentação

ğ — mudo; ou seja, prolonga o som da vogal anterior.

j — como em português "*jeito*".

ş — como o "x" da palavra "*x*adrez".

Marco Syrayama de Pinto
Istambul, julho de 2015

REFERÊNCIAS BIBLIOGRÁFICAS

BLASING, Mutlu Konuk. *Nâzım Hikmet: The Life and Times of Turkey's World Poet*. Nova York: Persea, 2013.

FUAT, Memet. *A'dan Z'ye Nâzım Hikmet*. Istambul: Yapı Kredi, 2002.

GÖKSU, Saime & TIMMS, Edward. *Romantic Communist: The Life and Work of Nâzım Hikmet*. Londres: Hurst, 2ª ed., 2006.

HALMAN, Talat S. *Rapture and Revolution: Essays on Turkish Literature*. Nova York: Syracuse University Press, 2007.

HIKMET, Nâzım. *Human Landscapes from My Country: An Epic Novel in Verse*. Tradução de Randy Blasing e Mutlu Konuk. Prefácio de Edward Hirsch. Nova York: Persea, 2002.

_____. *Human Landscapes: An Epic Novel in Verse*. Tradução de Randy Blasing e Mutlu Konuk. Nova York: Persea, 1982.

_____. *Memleketimden İnsan Manzaraları*. Istambul: Yapı Kredi, 22ª ed., 2011.

_____. *Paesaggi umani*. Tradução e introdução de Joyce Lussu. Roma: Fahrenheit 451, 2ª ed., 2008.

_____. *Paysages humaines*. Tradução de Münevver Andaç. Paris: François Maspero, 1976.

KEMAL, Orhan. *In Jail with Nazım Hikmet*. Tradução de Bengisu Rona. Londres: Saqi, 2010.

LANGLAND, William. *The Vision of Piers the Plowman*. Londres: The De La More Press, 1905.

LEWIS, Geoffrey. *The Turkish Language Reform: A Catastrophic Success*. Oxford: Oxford University Press, 1999.

PAISAGENS HUMANAS DO MEU PAÍS

Hatice, Pîrâye Pîrâyende.[1]
Onde nasceu,
quantos anos tem,
não perguntei,
não me passou pela cabeça,
não sei.
A mulher mais doce do mundo
e a mais bonita.
Minha esposa.
Nesse sentido
a realidade não importa...
Este livro, iniciado em 1939 na casa de detenção de Istambul
e concluído em ....,
é dedicado a ela.

---

[1] Hatice Zekiye Pîrâyende Pîrâye: também conhecida como Piraye Altınoğlu, foi a terceira esposa de Nâzım Hikmet. Repetidas vezes, em correspondência com Hatice Zekiye, Hikmet se referiu à obra como "teu poema", possivelmente por ter sido ela a lhe dizer para prestar atenção ao que ocorria a seu redor na prisão e anotar tudo. Provavelmente a dedicatória foi escrita quando o poema ainda estava sendo composto, por isso consta a data de início, mas não a de sua conclusão.

Livro I

I

Estação de Haydarpaşa
primavera de 1941
      3 horas da tarde.
Na escadaria, sol
          cansaço
             e alvoroço.

Um homem
     está parado na escadaria
        pensativo.
Ossudo.
Assustado.
Seu nariz é pontudo e comprido
e suas bochechas, pustulentas.
     Mestre Galip[2]
        — o homem da escadaria —
          é famoso por pensar coisas estranhas:
"Se eu pudesse comer *kağıt helvası*[3] todos os dias", pensou
         aos 5 anos.

---

[2] "Mestre": traduz *usta* no original.

[3] *Kağıt helvası*: espécie de *wafer* doce, em formato de disco.

"Se eu pudesse ir à escola", pensou
aos 10.
"Se eu pudesse sair da loja de cutelaria do meu pai
antes da chamada para a prece noturna", pensou
aos 11.
"Se eu tivesse sapatos amarelos
as garotas olhariam para mim", pensou
aos 15.
"Por que o meu pai fechou a loja dele?
E a fábrica é bem diferente da loja do meu pai", pensou
aos 16.
"O meu salário vai aumentar?", pensou
aos 20.
"Meu pai morreu com cinquenta anos,
será que eu também vou morrer tão cedo?",
pensou
quando tinha 21.
"E se eu ficar desempregado?", pensou
aos 22.
"E se eu ficar desempregado?", pensou
aos 23.
"E se eu ficar desempregado?", pensou
aos 24.
E, de tempos em tempos desempregado, pensou
"E se eu ficar desempregado?"
até os 50 anos.
Aos 51, ele disse: "Fiquei velho,
vivi um ano a mais do que meu pai".
Agora ele está com 52.
Desempregado.
Agora, parado na escadaria,
perdido,
nos pensamentos mais estranhos:
"Com quantos anos vou morrer?
Será que ao morrer terei um cobertor sobre mim?".

Seu nariz é pontudo e comprido.
Suas bochechas, pustulentas.

A primavera chega à estação de Haydarpaşa
com cheiro de peixe do mar
              e percevejos no assoalho.
Cestas e alforjes
      descem a escadaria,
          sobem a escadaria,
             se detêm na escadaria.

Uma criança
     — deve ter uns cinco anos —
     desce a escadaria com um policial.
Não tem certidão de nascimento,
mas se chama Kemal.

Um alforje sobe a escadaria:
           um alforje de *kilim*.[4]

Kemal, que descia os degraus
      descalço e sem camisa,
          está sozinho
             no mundo.

Fome é a única coisa de que se lembra
          e, muito vagamente, de uma mulher
             em algum lugar escuro.

O alforje que sobe a escadaria
é bordado de vermelho, azul e preto.

---

[4] "Alforje de *kilim*": um saco, ou alforje, confeccionado a partir de restos de tapete *kilim*.

Os alforjes de *kilim*
     antigamente iam no dorso de cavalos, mulas, carroças,
agora vão de trem.

Uma mulher desce a escadaria.
Vestida com xador,
     gorda,
Adviye Hanım.
Caucasiana de origem.
Pegou sarampo em 1311,
     casou em 1318.[5]
Lavou roupa.
Cozinhou.
Pariu filhos.
E sabe que, quando morrer,
     seu caixão será coberto com um lenço
          de uma das mesquitas dos sultões:
um de seus genros é imã.

Na escadaria, sol
     um talo de cebolinha verde
     e uma pessoa:
          o cabo Ahmet.
Lutou na Guerra dos Bálcãs.[6]
Lutou na Grande Guerra.[7]
Lutou na guerra contra os gregos.[8]

---

[5] 1311, 1318: o autor emprega aqui as datas do calendário islâmico que correspondem a 1893 e 1900.

[6] "Guerra dos Bálcãs": travada entre 1912 e 1913 no interior do Império Otomano, na qual Bulgária, Grécia, Macedônia, Sérvia, Montenegro e Albânia conquistaram sua independência.

[7] "Grande Guerra": designa a Primeira Guerra Mundial, na qual a Turquia se alinhou à Alemanha, sendo posteriormente ocupada por várias potências ocidentais.

[8] "Guerra contra os gregos": travada entre 1919 e 1922, ao fim da qual os gregos foram expulsos da Anatólia pelo exército turco liderado por Mustafá Kemal (Atatürk).

Ficou famoso por repetir: "Aguenta aí, companheiro,
　　　　　　isso vai acabar logo."

Uma garota sobe a escadaria.
Ela trabalha na fábrica de meias
na avenida Tophane, em Gálata.
Âtifet tem treze anos.
Mestre Galip
olha para Âtifet e pensa:
"Se eu tivesse me casado,
　　　　teria uma neta desse tamanho",
　　　　　　pensa
"Ela podia trabalhar e cuidar de mim".

Então de repente lembra de Şevkiye.
A filha de Emin.
De olhos muito azuis.
No ano passado,
　　　　antes mesmo de seu ciclo começar,
　　　　　　eles a violaram no terreno de Şahbaz.

As cestas e os alforjes
　　　sobem a escadaria
　　　　　descem a escadaria
　　　　　　se detêm na escadaria.

Cabo Ahmet
— soldado outra vez —
alcança o alforje de *kilim*
e beija sua mão.
O alforje de *kilim*
　　　— e uma camisa azul, um casaco, um *şalvar*[9] preto,

---

　　[9] *Şalvar*: vestimenta que ainda hoje é usada por muitos camponeses turcos. Trata-se de veste tanto masculina quanto feminina, comum no sul da Ásia e Ásia central, se esten-

sapatos de serapilheira
um chapéu de feltro, barba
e, de cinta,
um xale de Lahore —
bate de leve no ombro do cabo e diz:
"Não se preocupe com uma pequena dívida,
eu não vou causar problemas à sua família;
só vou acrescentar um pouco de juros."

Na baía de Haydarpaşa
gaivotas alçam voo
por cima de carcaças no mar.
Não é algo a se cobiçar,
a vida das gaivotas.

O relógio da estação
marca 5 para as 3.
Lá perto dos silos
estão carregando trigo
para um navio de carga italiano.

O alforje de *kilim* se despede do cabo
e entra na estação.

Na escadaria, sol
cansaço
e alvoroço
— e uma borboleta de cabeça dourada morta.
Sobre uma pedra muito branca e larga
formigas carregam a borboleta morta
sem notar os enormes pés humanos.

---

dendo até a Turquia. A versão masculina é geralmente preta, marrom ou cinza, ao passo
que a feminina é estampada e possui cores mais vivas.

Adviye Hanım
se aproxima do policial.
Eles conversam.
Ela acaricia a bochecha do pequeno Kemal.
E todos juntos
vão para a delegacia.
E embora
ele nunca mais vá ver de novo a mulher,
fantasma
num quarto escuro,
o pequeno Kemal não está mais
completamente só
no mundo.
Ele vai lavar um pouco de louça
carregar um pouco d'água
e viver na barra da saia de Adviye Hanım.

Um grupo de prisioneiros sobe a escadaria.
Brincando um com o outro,
rindo um do outro.
Três homens
uma mulher
e quatro guardas.[10]
Os homens algemados.
A mulher não.
Os guardas com baionetas.

Na escadaria, uma flor de damasqueiro
um maço de cigarro
uma folha de jornal.

Os prisioneiros param.

---

[10] "Guardas": em turco, *jandarma*, que vem do francês *gendarme*; designa militar que zela pela segurança pública, por isso os "guardas" no poema têm patentes militares.

O guarda Hasan
    troca um aperto de mão com o cabo Ahmet.
O guarda Haydar
    pega o maço vazio de cigarros
        e enfia-o no bolso.
E a prisioneira
    abraçando-a
        beija Âtifet nas duas bochechas.
Algemado, Halil se curva e espia
a folha de jornal ao lado da flor de damasqueiro:
    "Um soldado de um batalhão
    Uniforme indistinto.
    Barba por fazer.
    Bandagens brancas na cabeça.
    Nas bandagens, sangue.
    E então nos aviões
        — feito tubarões alados —
            estava escrito
                'bombardeio de mergulho'.
    Aí um porto
        com pequenos círculos brancos delineados.
    Não dava para ler o nome,
    a tinta fora apagada por uma mancha de querosene."

Três senhoras
    com chapéus pontiagudos
    e sapatos com solas de cortiça
sobem correndo a escadaria
— vão para o subúrbio.

Süleyman, algemado,
        observa as senhoras.
Lembra-se de uma jovem.
Mirando a flor de damasqueiro
        dá uma cusparada.

Fuat, algemado,
      grita para Mestre Galip:
"Mestre,
      você está pensando coisas estranhas de novo."
"Estou, sim, filho.
Boa sorte!"[11]
"Obrigado, mestre.
Mas só pensar não muda a vida."

Fuat
era montador no estaleiro.
Foi preso aos dezenove anos
      por baixar as cortinas
      e ler um livro com três amigos.
E já está na prisão há dois anos.
Agora vão mandá-lo para o interior do país.

Mestre Galip
agora
olhando para as algemas de Fuat
      pensa coisas assustadoras.
Ideias que se acumularam sem ele perceber
      até este momento
      se precipitam
         juntas
            em torrentes
como água jorrando de uma fonte tapada,
      ora límpida,
         ora turva
e inundam sua cabeça:
"Há tantas fábricas em Istambul,
      tantas fábricas na Turquia,

---

[11] "Boa sorte": traduz a expressão *geçmiş olsun*, literalmente, "que (isso) passe logo", dita a alguém que está doente ou que acaba de sair da prisão, e noutras ocasiões.

tantas no mundo que não se pode contá-las.

Ontem à noite o Beberrão Kadir, operador de torno,

foi encontrado morto junto ao portão da universidade

        — parece que uma estudante desmaiou.

Tantas cintas e polias

        tantos volantes

           tantos motores

girando e girando e girando e girando

tantos homens, tantos homens

pensando 'e se eu perder o emprego, e se eu perder o emprego'.

O mestre tipógrafo Şahap ficou cego

        e hoje mendiga nas gráficas.

Teares, moendas, tornos mecânicos,

bate-estacas, cilindros,

plainas,

    plainas,

        plainas

(Mestre Galip era aplainador).

Quem sabe quantos

        desempregados há no mundo?

Talvez estejam no serviço militar.

Quando um homem presta o serviço militar,

        ele não conta como desempregado?

"Mestre, você está divagando de novo."

Mestre Galip toca nas algemas de Fuat e diz:

"Que Deus permita...

        — e toma um susto com a própria voz —

          ... que tudo acabe bem, filho."

Fuat sorri

    com seu bigode preto e fino:

"Tudo vai acabar bem, com certeza."

Os olhos turvos do Mestre estavam úmidos
    e seu nariz comprido tremia.
Disfarçando,
    desliza para o bolso de Fuat
        vinte dos cinquenta e cinco *kuruş*[12] que tinha.
O relógio da estação marca 15:08.
Este trem parte às 15:45.

Na sala de espera da terceira classe
        as pessoas sentam
        andam
        dormem debruçadas.
Não estão esperando trem algum.

O estampador Ömer
está sentado desde manhã, recurvado,
com a barba na palma das mãos
e os pés descalços no chão de cimento.
E também desde manhã, Recep anda
      para lá e para cá,
          para cima e para baixo diante de Ömer.
Seus braços compridos sobem e descem,
      as mãos como que arremessando facas invisíveis.
Âli — a cabeça largada sobre a mesa
    a camisa rasgada nas costas
        a cabeça loira sobre os punhos.

Na sala de espera da terceira classe
        as pessoas andam
        sentam
        dormem debruçadas.
Não parecem interessadas em pegar trem algum.

---

[12] *Kuruş*: uma subunidade da lira turca (*türk lirası*). Este vocábulo provém do nome da antiga moeda alemã *Groschen*, com o sentido de "dez centavos", "vintém".

Aysel:
idade incerta.
Talvez 13, talvez 20.
Morena.
Magrela.
Neclâ:
mal completou quinze anos.
Nariz vermelho,
        rosto redondo.
E seios impressionantemente grandes
por baixo do impermeável verde.
Vedat:
dezoito anos.
Pescoço grosso, uma gravata branca com seis flechas estampadas
                e espinhas.

Vedat diz:
"Não há lugar como os *hamams*[13] de Bursa.
Especialmente aquele ao ar livre, o Ferahfeza.
É um hotel dentro de um jardim.
A clientela é limpa.
Três pratas por visita.
Uma para o dono.
No ano passado eu levei para lá uma garota armênia.
Ao contrário de nós, turcos,
            os armênios são espertos.
Fez fortuna.
Juntou um dote.
Você sabe como são os costumes dos infiéis...[14]
Agora ela está noiva."

---

[13] *Hamams*: entenda-se, os "banhos turcos".

[14] "Infiéis": refere-se aqui aos armênios, que são cristãos, e não muçulmanos como os turcos.

Aysel pergunta:
"Quanto temos de te dar?"
"O dono vai me dar cinco pratas
                por cada uma de vocês
                de comissão.
É a temporada —
meninas, se vocês conseguirem
quinze vezes por dia,
                talvez mais,
                sabem quanto isso vai dar, hein?
Que os olhos de Bursa vejam essas mercadorias refinadas.
Os jornais dizem que as garotas de Kadıköy
são as mais lindas de Istambul."

Pela primeira vez
                desde manhã
o estampador Ömer se endireita no lugar.
Diz a Recep:
"Me dá um cigarro."
Recep passa diante dele feito uma flecha
                e, ao voltar,
                                joga um cigarro.

O pai do estampador Ömer era mufti.[15]
Em sua casa, rosários de coco, tapetes de oração com fios dourados
e volumes manuscritos do Alcorão, iluminados pelo calígrafo Osman;
mas nenhuma escritura de propriedade
                                nenhum título de poupança
nenhuma apólice da ferrovia de Hijaz.
Mufti Efêndi[16] era um homem pálido e gordo,
                Ömer, uma criança doente.

---

[15] *Mufti*: jurisconsulto supremo e intérprete do Alcorão para resolver pontos controversos da lei islâmica.

[16] *Efêndi*: título dos religiosos, dos sábios e dos dignitários civis na Turquia, sempre

Não conseguiu aprender árabe,
não conseguiu aprender persa.
Mas se inspirou nos Portões do Paraíso do *Livro de Ahmed*[17]
    (eles eram idênticos aos do palácio Dolmabahçe)[18]
      e começou a desenhar vinhetas.
Mufti faleceu antes da Constituição.[19]
Durante a Constituição as mulheres se dispersaram,
    levando os rosários e tapetes de oração.
Na época do tumulto
    Ömer devia ter vinte anos.
Torrou o dinheiro dos manuscritos do calígrafo Osman
    no *Les Parisiennes*.
Se alistou voluntariamente para a Guerra dos Bálcãs.
Foi capturado na Grande Guerra,
voltou e começou a criar estampas em Kalpakçılar.
As vinhetas dos Portões do Paraíso de Ahmed
        começaram a se desdobrar sobre cambraias.
Matrizes de madeira
    colheres de madeira
      oficina de madeira
e, à noite, uma jarra cheia de vinho tinto
e (herança dos anos de cadeia) um pouco de pederastia —
    Ömer Efêndi, filho do mufti, tinha uma vida feliz.
Até que
    moldes pré-fabricados chegaram da Itália.

---

posposto ao nome próprio, mas que hoje em dia se restringe ao "*Efendim?*" (literalmente, "Meu senhor?", também empregado no sentido de "Como disse?").

[17] *Livro de Ahmed*: existem quatro livros com esse título (um do século XIV, dois do século XV e o quarto do XVIII), que recontam a vida de Maomé. Esses livros costumavam ser ilustrados e seria possível que Ömer, o personagem em questão no poema, tivesse se inspirado em uma dessas ilustrações ou, então, na descrição verbal dos portões.

[18] *Dolmabahçe*: suntuoso palácio em Istambul, o principal centro administrativo do Império Otomano de 1853 a 1922.

[19] "Constituição": alusão à primeira constituição otomana, promulgada pelo sultão Abdul Hamid II em 1876.

E os moldes pré-fabricados
    fecharam uma a uma as portas
        da oficina de estamparia
            que nunca mais se abriram.

Passando de novo por ele, Recep
    dá meia-volta
        e joga os fósforos para Ömer.
Âli — a cabeça largada sobre a mesa
    a camisa rasgada nas costas.
Aysel vai ao banheiro.
Neclâ diz a Vedat:
"Meu irmão,
não vamos levar aquela magricela.
Tem gonorreia.
Ela pegou em İzmit no ano passado.
Tem corrimentos por todas as partes.
E não acredite, é mentira,
    ela não é de Kadıköy."

A primavera chega à estação de Haydarpaşa
com cheiro de peixe do mar
    e percevejos no assoalho.

Na sala de espera da terceira classe
        perto da porta
        encostados na parede
        sentados no chão de cimento
        e não nos bancos de madeira
dois refugiados búlgaros de barba ruiva
com botões azuis nas camisas
e calças de montaria rasgadas no joelho.
Um deles fala com uma tristeza sem raiva:
"Se estava ruim antes,
agora está pior ainda.

Já chega
de moedinhas.
E de bastardos.
Mas não é só isso
— tem coisas boas também."

Lá fora
o trem das 15:45 parte da plataforma.
Apesar do vagão-leito
é o mais decrépito dos trens
algo como um cigarro de seis *kuruş*.

Mestre Galip se despede dos presos
e entra na sala de espera da terceira classe.
Ele se senta próximo ao estampador Ömer.
Âli — a cabeça largada sobre a mesa.
De repente Recep para diante do aquecedor quebrado
gira o botão do frio para o quente, do quente para o frio
dá um chute nos canos
e grita a plenos pulmões:
"Todos os judeus da face da Terra deviam ser picados em pedacinhos.
Venha logo, tio Hitler, cadê você?"

Recep era traficante
e desde manhã esperava que Moiz
                    aparecesse com heroína.
Mestre Galip não era contra nem a favor de Hitler.
Mas teve raiva de Recep.
Olhou para os refugiados de barba ruiva.
Um dos búlgaros
            falava com a mesma tristeza sem raiva:
"... um homem foi ter com o profeta Abraão e lhe disse:
'eu vi corvos
levantarem voo do esterco,
pousarem nos galhos

e fazerem a chamada para a oração.
Eu vi um homem
sentado junto a uma nascente;
ele não deixava a água passar,
bebia toda a água.
Eu vi veados;
não tentavam fugir
mas corriam atrás do caçador
e diziam: *vamos, atire em nós!'* ...
O profeta Abraão disse ao homem:
'Aqueles corvos que você viu
são imãs e *hodjas*.[20]
A casa deles é o esterco
e fazem as chamadas para a oração...
O homem que bebe a nascente são as nações;
elas bebem o sangue de seu povo,
nunca se saciam, bebem e bebem,
não deixam a água fluir
       para onde deve.
Os veados que viu são nossos pecados;
eles correm atrás dos caçadores.
Os caçadores são o dinheiro'."

Âli — a cabeça largada sobre a mesa
     a camisa rasgada nas costas
         a cabeça loira sobre os punhos.
Recep grita:
"Isto aqui é um quarto de hotel ou um café 24 horas?
                 Acorda, garoto!"
Âli não se mexe.

---

[20] *Hodja*: homem com treinamento religioso, que atuava tanto como pregador quanto como professor em tempos pré-republicanos (antes de 1923). Com o advento da secularização da educação na Turquia, ficou reservado a ele somente o papel de pregador. Curiosamente, contudo, o título ainda retém parte de sua nuance pedagógica já que estudantes podem se dirigir aos seus professores usando tal palavra.

"Estou falando com você!"
Âli não se mexe.
Âli não responde.
Recep agarra o rapaz
     e o vira de costas.
A cabeça de Âli
     tomba de lado.
Fazia tempo que Âli tinha morrido.

II

Perto da estação de Kızıltoprak
     no jardim de um casarão de madeira
          há um enorme pistacheiro.
Pende um pouco para o lado.
Sob esse pistacheiro
     uma mulher de lenço amarelo
     estende roupas num varal.
O trem das 15:45 passa chiando.

Casas de alvenaria.
Enfileiradas por todo o caminho até Pendik.
Suas árvores não passam de brotos,
as vinhas ainda estão verdes.
O trem das 15:45 passa chiando.

Casas de alvenaria.
Demoliram o casarão do Secretário Paxá,
um monstrengo de quarenta quartos.
Hoje são casas de alvenaria,
todo o caminho até Pendik
casas de alvenaria.

A essa hora da tarde
a estação de Göztepe fica deserta,
exceto por um eunuco
        que se senta sempre sozinho
            no mesmo banco.
Ele é muito alto.
Muito magro.
Um dos últimos.
O mais velho.
Casas de alvenaria.
O trem das 15:45 passa chiando.

Garotas com aventais de cetim preto brilhante
andam entre os pinheiros com expressão muito séria.
Orgulhosas de seus seios.
Livros nas mãos.
O trem das 15:45 passa chiando.
Casas de alvenaria.
Casas de alvenaria.

O mar calmo como leite.
O sol lhe roubou a cor.
Ao longo da rua de asfalto
        as pessoas andam em direção à praia.
Os largos chapéus de palha
        balançam como imensas flores amarelas.
Casas de alvenaria.
O trem das 15:45 passa chiando.

Ilhas surgem à distância
desancoradas do fundo do mar.
Como os navios,
elas flutuam na superfície da água.
Todo o caminho até Pendik

casas de alvenaria.
A fábrica de cimento Kartal
     coberta de pó
     pesarosa e pesada.
Na costa, tanques de gasolina camuflados.
O trem das 15:45 passa chiando.

Pendik:
o trem para.
Fuat bate com a algema
     no joelho de Halil;
aponta para o policial à paisana na plataforma.
Tem olhos minúsculos
    um nariz minúsculo
e orelhas enormes.
Corcunda.
Terno azul-marinho
    sapatos amarelos
      e um chapéu preto de feltro amassado.
Suas mãos devem ser úmidas e macias.
Tem algo no bolso de trás —
    na sua jaqueta tem uma bolota
      bem nesse lugar.

O trem das 15:45 parte de Pendik.

A locomotiva.
O maquinista Aladim
    abre mais um botão do macacão azul.
Bota a cabeça para fora
    e olha para trás.
Um vagão-bagageiro
      e cinco carros de passageiros
         — incluindo vagões-leitos e um vagão-restaurante —
        e seis vagões de carga

vêm balançando
        um atrás do outro.
Sempre que Aladim olha desse modo para trás
              — especialmente nas subidas —
ele sente como se um cabo estivesse preso aos vagões
e fosse puxado por seus próprios ombros.
E nas descidas
      ele sente aquele peso medonho
      entre as omoplatas.

Os vagões vêm balançando.

Eskişehir—Haydarpaşa, Haydarpaşa—Eskişehir.
Desde 1928,
passageiros embarcaram e desembarcaram,
as locomotivas mudaram,
mas Aladim continua no seu posto —
Aladim é sempre o mesmo.

Os vagões vêm balançando.

Embarcar no expresso Simplon na estação de Sirkeci
— não neste trem postal —
como um passageiro com sua mala revestida de linho
e dormir no *wagon-lit*.
Sobretudo, sentar diante das pequenas lâmpadas vermelhas
         e bebericar *rakı*[21] no vagão-restaurante.

Os vagões vêm balançando.

"Ei, chefe!..."
Aladim se volta para o foguista İsmail:
"Que que há, İsmail?"

---

[21] *Rakı*: destilado de anis típico da Turquia.

"Chefe, como é que essa guerra vai acabar?"
"Vai acabar bem."
"Como assim?"
"Vamos beber *rakı* no vagão-restaurante."
"Nós?"
"É."
"E quem vai jogar o carvão?
    Quem vai dirigir a locomotiva?"
"Nós também."
"Falando sério, chefe,
quem vai ganhar?"
"Nós..."

Embora não tenha entendido patavina,
    İsmail não insiste.
Coça de leve as sobrancelhas bem pretas e grossas
e diz: "Meu chefe, tenho mais uma pergunta:
    esses trilhos
        atravessam o mundo inteiro?"
"Atravessam."
"Então se não tivesse guerra
— mas não apenas guerra —
se não fizessem nenhuma pergunta nas fronteiras
e nós soltássemos a máquina nos trilhos,
então ela iria de uma ponta à outra do mundo?"
"Quando você dissesse *mar*, ela pararia."
"Você embarcaria num navio."
"Aviões são melhores."
İsmail sorri.
Um de seus dentes da frente está lascado.
"Eu não posso embarcar num avião, chefe,
prometi à minha mãe."
"Que não embarcaria num avião?"
"Não,
    que não machucaria nem mesmo uma formiga."

Aladim bate com sua mão enorme
    no pescoço comprido de İsmail:
"Nossa, quanta piedade!
Não faz mal, rapaz,
mesmo assim embarcaremos no avião.
Não para matar pessoas,
mas só pela diversão
    de estar nos ares...
Agora vai atiçar esse fogo."

Os vagões vêm balançando.

Vagão de terceira classe número 510.
Guardas e condenados estão no primeiro compartimento.
O sargento não sorriu uma vez sequer.
Embora as Mauser tenham sido depositadas no porta-bagagem,
        as algemas continuam travadas.
Os dois lados estão em mundos bem distintos.

O prisioneiro Halil começou a ler um livro.
Com grande habilidade
        ele virava as páginas sobre o joelho
com os punhos algemados.
Em treze anos
        é sua quinta viagem
            com livro e algemas.
Rugas sob os olhos
    e cãs nas têmporas.
Talvez Halil tenha envelhecido um pouco,
    mas o livro, as algemas e o coração não envelheceram.
E agora Halil,
com o coração mais esperançoso do que nunca,
    sentado a ler o livro,
pensa:
"Algemas, está próximo o dia

em que vou bater seu ferro numa relha de arado."
E acha a ideia tão boa que
de repente fica triste
por não dominar a arte
de fazer versos.

O trem entra e sai da estação de Gebze.
Cruza uma alta ponte de ferro.
Abruptamente, à direita, a terra despenca
       talvez cem
             talvez cento e cinquenta braças.[22]
E lá
    no fundo
      lá embaixo
o vilarejo e o castelo de Eski Hisar,[23]
os dois homens a cavalo na estrada estreita e longa,
as oliveiras e até mesmo o mar deserto,
parecem brinquedos recém-saídos de uma caixa:
    tão pequenos
        tão coloridos
e distantes
   e profundos
— e por terem sido deixados para trás tão depressa
     parecem bem nítidos na claridade da primavera.

O prisioneiro Fuat
vê e nunca mais esquecerá
     os dois cavaleiros lá embaixo, longe,
     na estrada que conduz à cidade grande.

---

[22] "Braças": em turco *kulaç*, medida de comprimento equivalente a 1,83 m.

[23] *Eski Hisar*: literalmente, "Fortaleza Antiga". Provavelmente se refere ao vilarejo de Eskihisar (no original está grafado como duas palavras separadas), localizado na província de Denizli, ao sudoeste da Turquia. Aí estão as ruínas da antiga cidade bíblica de Laodiceia, uma das sete igrejas do *Apocalipse*.

E perdendo Istambul de vista pela primeira vez,
de repente começa a falar de sua família:
"Vovô", diz, "o vovô
    foi um homem esquisito.
Era capitão-tenente da Marinha.
Em casa existe uma única fotografia dele.
Dá para ver que por baixo do fez pontudo e comprido
    sua cabeça grande estava raspada.
Era um tremendo reacionário.
Imaginem que quando veio a Constituição,
por juramento ao sultão Hamid,
    renovou seu contrato nupcial.
De qualquer forma, ele se aposentou três anos mais tarde
abrindo uma mercearia em Kulaksız.
E morreu em 1338[24]
em outubro
durante a libertação de Istambul.
Encontraram seu corpo na cozinha,
completamente só,
caído ao lado da despensa.
Na rua, as crianças cantavam marchas."

O prisoneiro Süleyman caçoa de Fuat:
"Suas origens sociais são bem misturadas —
        militarismo reacionário
        e pequena burguesia."

Fuat o ignora e continua:
"Ainda posso ver meu pai.
Um homem com dedos compridos e amarelos.
Era um dos mestres
    da marcenaria do estaleiro.

---

[24] 1338: ano do calendário islâmico correspondente a 1922.

Admirava os calígrafos antigos.
Desde o parque de diversões[25] ouvia-se sua voz
ao recitar as chamadas para as preces da manhã.
Ficou desgostoso,
não recitou mais o *ezan*[26]
depois que o árabe foi proscrito.
Morreu de tuberculose aos 35 anos."
Süleyman pergunta:
"E sua mãe?"
"Me pariu e morreu.
Eu cresci na marcenaria,
dentro da caixa de ferramentas de meu pai.
Era uma caixa verde.
Ele tirava as ferramentas
e me botava para dormir nela."

Vagão de terceira classe número 510.
No corredor
um estudante universitário perambula para cima e para baixo.

Vagão de terceira classe número 510.
Segundo compartimento.
Latas de sardinha, limões,
queijo branco, pão,
garrafas,
uma mulher e um homem
bebem.
A Companhia Nacional de Ópera está na estrada

---

[25] "Parque de diversões": no original, *bayram yeri*, literalmente, "local de bairão" (festa religiosa muçulmana).

[26] *Ezan*: oriunda da voz árabe *adān*, significa a chamada para a prece islâmica. Em 21 de novembro de 1932, o Diretório de Assuntos Religiosos informou que todos os criados das mesquitas (*cami ve mescid hademeleri*) se preparassem para recitar o *ezan* não mais em árabe, mas em turco. Uma gravação em gramofone feita por Hafız Sadettin, o muezim principal da mesquita de Sultan Ahmet, foi distribuída a todos os muezins como modelo.

— oito artistas
e o famoso compositor Mehmet Ali.

Vagão de terceira classe número 510.
Primeiro compartimento.
Fuat, algemado, solta uma risada — seus dentes brancos, um relâmpago
porque o algemado Süleyman não suporta
    o estudante universitário
        que espia pela janelinha
            provavelmente Melahat.
Melahat, sem algemas,
orgulhosa da liberdade de seus pulsos finos e pálidos
e contente de poder usar as mãos
        está comendo uma maçã.
O estudante continua olhando.
Süleyman ergueu a voz.
O guarda Haydar
    concordou com Süleyman
    e baixou a cortina na janelinha da porta.
E assim começou
    a amizade entre os presos
        e os guardas de aldeia.

O algemado Halil
    (talvez tenha percebido tudo
    talvez nada)
        ergueu do livro os olhos míopes
            e disparou para o guarda Haydar:
"Quantas casas tem sua aldeia?"
"Por volta de cinquenta."
"Quantas têm mais que um par de bois?"
"Duas."
"Quantas têm apenas um boi?"
"Apenas um boi, umas quinze casas."
"Sem nenhum?"

"Cinco ou seis."
"E o resto?"
"Um par de bois."
"E você?"
"Eu também tenho um par."
Süleyman pergunta:
"E alguma família sem terra, tem?"
O sargento respondeu:
"Claro que sim."
Fuat se intrometeu.
A conversa se prolongou.
E tamanha foi a amizade que brotou naquele momento
         (para além das ordens e das suspeitas)
      que os guardas da aldeia trocaram olhares
      e, zombando um do outro com suas vozes grossas
      como se estivessem fazendo um trabalho prazeroso,
         todos juntos tiraram as algemas.

Corredor.
O estudante perambula.
Um passageiro do quinto compartimento dispara pelo corredor.
Era baixinho e usava calças bufantes.
Agitado e suado,
      abre todas as janelas,
coloca o corpo para fora da última
      e respira fundo três vezes.
Então se vira de repente e retorna.
Sua testa era alta e estreita,
as bochechas gordas e largas.
A cabeça se assentava como uma enorme pera
         sobre seus ombros.
Seus olhos estrábicos e azuis se fixam no universitário:
"Meu caro senhor", grita para o homem,
         "quase me sufoquei.

O nosso compartimento está cheio de ursos[27]
— a sujeira
   o suor
      o fedor.
Eles não abrem a janela."
Aproxima-se do estudante:
"Você é universitário?
Dá pra ver.
Pelo lobo cinzento no seu gorro.[28]
Apesar de que muitos transviados
       também usam esses gorros.
É o que ouvi.
É o que dizem.
Não cheguei a ver.
Não sou muito ligado nisso.
Mas estaria mentindo se dissesse que não experimentei.
Quando os ingleses ocuparam Istambul
    aqueles garotos escoceses sem cueca...
Depois os persas é que têm má reputação.
Mas o homem deve provar de todos os prazeres.
Viver
    é ter prazeres.
No entanto, isso requer dinheiro, meu irmão.
Amor, vida, essa coisa toda
    — tudo exige grana.
Vai dizer isso para os ursos lá dentro.
Os imbecis não querem abrir a janela!
Olhe,
vou lhe dar um conselho de pai:
o mais sagrado de tudo é a saúde da pessoa.
Você deve cuidar bem da sua saúde.

---

[27] "Ursos": no original, *ayılar*; no sentido de quem é rude, grosseiro, não refinado.

[28] "Lobo cinzento no seu gorro": a alusão é obscura, mas depreende-se que era de uso corrente entre estudantes universitários.

Não deixe de comer um ovo cru todas as manhãs.
Em casa tenho três potros.
E acontece que eles traçam três ovos todas as manhãs.
Em casa tenho uma rotina:
ao voltar do trabalho
      converso secretamente com a mãe deles
         para descobrir se as crianças fizeram travessuras,
         se se comportaram bem.
E com base nisso
   um pássaro deixa algumas coisas na janela:
      uma maçã
         ou uma laranja
            ou um chocolate.
Claro que não é o pássaro que deixa,
      sou eu.
Mas uma noite o meu potro caçula
      sacou esse negócio.
      No dia seguinte disse para a mãe:
      'O pássaro se parece com o papai,
         é igualzinho a ele.'
Estou convencido disso:
você tem que testar a inteligência dos filhos.
Eu testo direto.
Há uma história famosa:
um dos padixás quis ensinar o filho a ler o futuro."[29]
O universitário sorriu:
"Eu conheço essa história."
E perguntou, só para dizer alguma coisa:
"Você é funcionário público?"
"Bem,
podemos dizer que sim.

---

[29] "Ler o futuro": no original, *remil* (do árabe *raml*, "areia"), palavra hoje obsoleta, que remete à prática da geomancia.

Sou contador no escritório da Clínica de Repouso (...) de Istambul.[30]
Nuri Öztürk.[31]
Estamos na folha de pagamento do governo.
Mas já fui funcionário de caixa em Salacak.
Como ofício,
    também já fui comerciante.
Já fiz de tudo,
    só não tive uma loja de café.
Essa foi a única coisa que não fiz.
Também fui motorista.
Tive meu próprio carro.
Era a idade de ouro dos táxis.
Nunca vou me esquecer de um dia de verão,
    à tardezinha
deixei um cliente em Çiftehavuzlar
    e voltei.
À minha frente caminhava uma mulher
de casaco preto.
Suas pernas — torneadas como um vaso —
    me prenderam a atenção.
Ao me aproximar dela, parei o carro.
Olhei para o seu rosto:
    mulher de família, refinada.
E tinha uns olhos grandes e negros.
O diabo me cutucou,
    abri a porta,
    e disse: 'Pois não.'[32]
Ela entrou.
Dei a partida.

---

[30] "Clínica de Repouso (...) de Istambul": assim consta no original; nas próximas ocorrências o autor cita apenas Clínica de Repouso de Istambul.

[31] *Öztürk*: literalmente, "turco genuíno".

[32] "Pois não": tradução livre para a expressão *buyrun*, comuníssima em turco e que, entre outras coisas, pode significar também "por favor", "entre", "fique à vontade" etc.

Para onde estamos indo?
Ela não diz e eu não pergunto.
Espio seus olhos pelo retrovisor
       tão negros
          tão grandes
             tão assim.
Viramos, subindo pela Caddebostan.
Erenköy, İçerenköy, o campo.
Parei o carro.
Sob um belo plátano.
Ninguém por perto.
Tirei a mulher do carro.
Nem um pio.
Deitei-a sobre a grama.
Ainda nem um pio.
E a beijei.
Ela, feito uma estátua de Buda.
Enfim, para encurtar a história,
encerramos o assunto e nos levantamos.
Entramos de novo no carro.
Voltamos.
Para onde?
De novo, ela não diz e eu não pergunto.
De novo, espio seus olhos pelo retrovisor
       seus olhos, como disse, tão negros
          tão grandes
             tão assim.

Chegamos a Kızıltoprak.
As luzes estão acesas no centro da cidade.
Estacionei diante de uma quitanda.
Abri a porta.
A mulher desceu, deu uns passos, virou
       e sumiu.
Agora, o que me diz disso, meu velho?

E como vou explicar
          — ou como dizem os albaneses —
              como isso se explica?
Quer dizer, faz treze ou catorze anos
que essa mulher de paxá não me sai da cabeça.
Porque ela era mulher de paxá, com certeza.
Ah, naquela época eu não tinha esta barriga,
meu bigode era uma seda,
          amarelo feito gema de ovo.
Curti ao máximo o bairro parisiense de Kadıköy.
Eu vivi a vida, meu velho,
          a vida.
Vai dizer tudo isso
          para aqueles ursos lá dentro.
Os imbecis não querem abrir a janela!"

Os que não queriam as janelas abertas
                    eram do quinto compartimento.
O dono do alforje de *kilim*
está sentado
          na primeira fila
              do canto esquerdo
como uma ave de rapina
              enorme
                    astuta...
Chapéu de feltro na cabeça, casaco sobre as costas
e *şalvar* preto esparramado em confortáveis dobras,
ele tira os sapatos
e seus pés com meias brancas de algodão
              parecem tão animados quanto suas mãos
              sobre o banco, e próximos a estas.
Os falantes, ele não ouve com seus ouvidos peludos,
                    mas sim com os pés.
Falam de diabinhos.
À sua frente, o loiro Seyfettin

(prefeito de um vilarejo circassiano em Adapazarı)
　　explica
　　　　com o gogó subindo e descendo:
"Nunca tire sua roupa sem invocar a benção de Deus.[33]
Todo negócio precisa da benção de Deus.
Senão os diabinhos pegam sua roupa
　　　　e fazem um escarcéu."
O carroceiro Selim (era de Eskişehir, perto dos cinquenta, careca)
　　　　dá razão a Seyfettin:
"É a mesma coisa com os cavalos.
Se você amarrar o cavalo no estábulo à noite
　　　sem a bênção de Deus,
　　　　　os diabinhos o montam e cavalgam nele até o amanhecer.
E fazem tranças bem finas nas crinas dos cavalos.
Isso aconteceu tantas vezes comigo:
entro de manhã cedo no estábulo e
o animal está lá amarrado
　　　mas cheio de espuma
　　　　todo molhado
e a crina trançada como os cabelos de uma noiva.
A maioria das tranças não se desfaz,
　　　não há outro jeito senão cortá-las.
Para onde vão, à noite, ao luar
　　　esses diabinhos montados a cavalo?
Já temos tantos problemas,
mas porque esquecemos de pedir a bênção de Deus,
o Senhor solta esses diabinhos sobre nós.
Você quer saber como são?
　　　Se se parecem com o ser humano?

---

[33] "Nunca tire sua roupa sem invocar a benção de Deus": no original, *besmelesiz çıkarma elbiseni*, ou seja, "não tire sua roupa sem dizer *besmele*", palavra que abrevia a frase, originalmente do árabe, *bismillāhi arraħmāni arraħīm*, que precede todas as suratas do Alcorão (exceto a nona). De acordo com as autoridades religiosas muçulmanas, a frase deve ser proferida antes de certas atividades importantes, tais como uma refeição, uma viagem, um discurso formal, ao tomar um medicamento ou ter uma relação sexual.

Eles agem como um ser humano
   — roubando,
      correndo atrás de prazeres,
        criando problemas..."

O homem com cara de tártaro sentado ao lado da porta
    (vinha de um vilarejo de Bursa e era vigia na fábrica Merino)
        responde a Selim:
"Eu fui visitado.
Eles apareceram para mim.
Dia e noite, durante seis semanas.
Isso aconteceu por causa de um *saz*.[34]
O sultão dos *saz* é o *cura* de nove cordas.
Quando fico sabendo de um mestre de *cura* em algum lugar
          — mesmo a sete dias de distância
        e debaixo de um inverno rigoroso —
        eu o ponho em cima do meu burro
        e o carrego comigo para o vilarejo.
Mas eu mesmo não conseguia aprender o *cura*.
Tem um tocador de *cura* que é famoso.
Um cigano.
Conhecido como Mestre Aliş.
Ele me disse:
    'Sem que uma maldição baixe no seu pulso
      você não vai poder aprender este *saz*.'
'Está bem,' eu disse,
'e como uma maldição vai baixar no meu pulso?'
'Na Noite do Destino',[35] disse Aliş, 'nessa noite,
    você pega o *cura* e vai ao banheiro.

---

[34] *Saz*: instrumento musical popular semelhante a um alaúde, conhecido também no Irã, no Azerbaijão, na Armênia e nos países dos Bálcãs. O *cura*, citado logo a seguir, é uma das variantes do *saz*.

[35] "Noite do Destino": no original, *Kadir gecesi*, festividade islâmica que celebra o começo da revelação do Alcorão ao profeta Maomé, sendo comumente observada no dia 27 do Ramadã, nono mês do calendário islâmico. Corresponde ao *Laylat al-Qadr* árabe.

Lá você se agacha de costas para a porta
    e começa a tocar.'
Segui as palavras de Aliş.
A Noite do Destino estava mesmo perto.
Entrei no banheiro.
Me agachei de costas para a porta.
Toquei nas cordas.
Mas não emitiam som.
Ajustei as cravelhas.
Não adiantou.
Não saía nenhum som.
Como se essa coisa chamada *som* tivesse desaparecido da face da Terra.
Joguei fora a palheta de cerejeira
            e comecei a tanger as cordas com os dedos.
As cordas não vibram
    nem emitem som.
Elas se alongam feito borracha e se acomodam de volta.
Socorro, Aliş,
    o que é isso?
        estou ficando louco —
e então eles apareceram.
Alguns tão pequenos quanto um grão de lentilha,
        outros tão altos quanto um minarete.
Suas roupas são parecidas com as nossas,
mas usam chapéus de cone:
        verdes e vermelhos, compridos e pontudos.
Todos montados a cavalo.
Desembainham suas espadas
    e me atacam.
Devo ter me jogado de lá para fora.
Dia e noite, durante seis semanas, eles não iam embora.
O meu avô quebrou e queimou o meu *cura*.
Dizem que me acorrentaram no porão de casa.
Chamaram *hodjas* para exorcizá-los.
Em vão.

Por fim chamaram o Mestre Aliş.
O cigano Aliş
pôs nas minhas mãos seu próprio *cura*.
Comecei a tocar.
Quanto mais eu tocava, mais eu crescia,
    mais eu me abria.
De repente desmaiei.
Quando dei por mim, não havia nem cavaleiros nem espadas —
        tinham ido embora.
Desde aquele dia
em toda a província de Bursa
       não há ninguém que toque o *cura* como eu."

Fica em silêncio.
O carroceiro Selim o encara com raiva.
E o dono do alforje de *kilim*
acaricia suas meias de algodão
como se acariciasse dois cordeiros brancos.
Soa à sua frente uma voz fina
     — algo como a voz de um animalzinho espancado:
"A água na minha barriga
       deve ser obra deles também."
Quem falava
era um homem pequenino
    (ou então tinha encolhido).
Seu rosto era fino e amarelo,
      a pele repuxada nas têmporas.
E seus olhos brilhavam
     no rosto ossudo.
Muitas vezes a morte começa
      com a protrusão das têmporas no rosto.
E a morte
tinha começado no rosto de Şakir, aldeão de Sakarya.
"A água na minha barriga
      deve ser obra deles também."

Şakir tinha cirrose.
"Eu insisto em dizer o que sei.
O médico tirou dez baldes da minha barriga,
          em três dias ela tinha inchado de novo.
Não tem jeito de ficar boa.
Os diabinhos se instalaram dentro da minha barriga.
Sei
     que vou morrer.
Eu disse: 'Doutor, não me dê alta,
fui ferido pelo meu país em tantos *fronts*.
Que mal há se eu morrer numa cama de molas?'
Mas o médico não me deu ouvidos.
Vai ver que vão guardar a cama de molas,
      para alguém que ainda tem chance.
Eu tenho feridas, tenho dor,
      mas não tenho chance.
A prefeitura deu o dinheiro da passagem
     e estou voltando.
Que azar
      que merda de azar
foi me achar dentre todas as pessoas do mundo."

O trem para na estação de Hereke.
O maquinista Aladim desce da locomotiva
    e vai conferir alguma coisa nas rodas traseiras.
O motor parecia vivo
como se tivesse coração e nervos
     — como um animal de corrida, era jovem, impaciente e simétrico.
A estação de Hereke era um lugar pequeno e agradável.
A própria Hereke
    estava a uma hora dali,
       invisível.
Vendiam cerejas na estação.
Cerejas penduradas em finas hastes
como se fossem brincos vermelhos

(a partir daí se viam cerejeiras e oliveiras pelo caminho).
Defronte à estação, ao lado do mar,
                          uma fábrica de tecidos.
De dentro do trem, quase se podia ver o seu interior.
Debruçando-se à janela, o prisioneiro Süleyman compra cerejas.
E quando o universitário bebe água da fonte e volta
                          o trem já tinha começado a andar.
Süleyman o viu.
"Aquele mulherengo imundo vai perder o trem", disse contente.
Mas o universitário subiu com um pulo.

O trem ia rumo a Yarımca,
aqui e ali perdendo o mar
                por um momento
para então reencontrá-lo outra vez.
Os que estavam no quinto compartimento do vagão 510
                falavam da guerra.
O dono do alforje de *kilim*
ouvia
                      às vezes mexendo na ponta do nariz
                      — curvo como o cabo de uma faca —
                      acima da barba preta.
O carroceiro Selim, de Eskişehir, dizia:
"Os alemães não vão longe.
Cedo ou tarde serão derrotados.
O fim dos degoladores, dos saqueadores,
                é morrer como um cão, ou virar cafetão
                      ou guarda-noturno."
O loiro Seyfettin
(o prefeito do vilarejo circassiano) contesta:
"Não sei quanto aos alemães,
mas saqueadores não acabam como cafetões."
O carroceiro Selim quase grita:
"Acabam pior."

O Hüseyin Ağa[36] de Zindankapı
era um homem de renome.
Ele dominava toda a nossa Eskişehir na ponta da faca.
E também tinha ouro para torrar.
Qual foi o fim dele?
O bêbado Şerif,
      um imbecil que não vale um tostão
estourou o nariz e a boca dele num bordel,
acabou com ele.
Não pôde mais aparecer na cidade.
Depois ouvimos que encontraram seu corpo numa vala.
Estava vivendo do peixe que pegava.
Tentando pegar um peixe para comer,
      ficou preso na vala."
O dono do alforje de *kilim* fala.
Sua voz era suave e enfunada
        como algodão felpudo:
"Os alemães vão ganhar.
Eu ouvi lá de cima.
Disseram que o infiel chamado Hitler
      é muçulmano —
         tem uma religião secreta.
Não é de admirar que todas essas nações não conseguiram derrotá-lo."
Surpreso, o carroceiro Selim
      quis dizer algumas coisas.
O loiro Seyfettin,
aproveitando a oportunidade,
      como que ofendido por um insulto pessoal,
        olha triunfante para Selim e diz:
"Saqueadores não acabam como cafetões."
O dono do alforje de *kilim* continua a falar:

---

[36] *Ağa*: geralmente o maior proprietário de terras local, título aplicado a pessoa de posição influente.

"Há um paxá,
um dos paxás antigos.
Na Grande Guerra, ele venceria sozinho os infiéis ingleses.
Agora está aposentado.
É comerciante e jornalista.
Ele dizia que ou devíamos nos unir aos alemães
ou abrir caminho para eles.
Era um grande paxá
e jornalista.
Na Grande Guerra, ele venceria sozinho os infiéis ingleses.
O meu merceeiro, o Hacı Nuri Bey,[37] o conhece.
Hacı Nuri Bey me diz:
os alemães ocuparam os Bálcãs,
derrotaram os ingleses e os gregos.
Mas graças a Deus que somos muçulmanos
o cara nos respeita.
Se nos unirmos aos alemães
e atacarmos os ingleses,
podemos tomar a gloriosa cidade de Damasco
em 24 horas."

Kâzım de Kartal
ou Kâzım Ağa da aldeia de Yayalar
ou o istambulita Kâzım Efendi
(um homem de 45 anos e que parece um lobo)
diz a Şakir: "Fuma um cigarro."
Şakir de Sakarya
(o que tirou dez baldes de água da barriga)
dá um trago no cigarro
e é como se tivesse esfregado sal e tabaco numa ferida aberta.
Como é terrível o desejo
de morrer numa cama de molas!

---

[37] *Hacı*: palavra oriunda do árabe, *ħajj*, de mesmo significado, "peregrino". Quando precede nome próprio é um título concedido àqueles que fizeram a peregrinação a Meca.

Disso sabia Şakir de Sakarya.

Kâzım de Kartal

encosta a cabeça na partição de madeira.

Aperta os olhos amarelos de lobo.

Encara Şakir —

junto com o vagão balançante

    sua cabeça vai e vem:

        "Memetçik,

            "Memetçik, Memet."[38]

Revezando-se

as rodas ressoantes repetem[39]

    (cada vez mais rápido, cada vez mais firme)

                "Memetçik, Memet,

                Memetçik, Memet."

Os anos da Grande Guerra e os rostos dos Memets,

tirados à força da escuridão

e retalhados nos arbustos pretos

aparecem como um longo DESPACHO DE TROPAS a Kâzım.

Por que hoje a sensação de tranquilidade é tão fácil?

Por que é tão forte a lembrança da desgraça passada?

Em Pozantı, Kâzım de Kartal era guarda-freio

        em 1333...[40]

Dia e noite as tropas vão para o *front*.

Onde começam? Onde terminam?

Trens movidos a pinheiros queimados.

Cheiro de lenha queimada ao longo dos trilhos.

O exército tem a posse dos trilhos em toda a sua extensão.

---

[38] *Memet*: alusão ao nome próprio masculino *Mehmet* (no diminutivo *Mehmetçik*, com queda do *h* medial, fenômeno típico do turco falado), que remete afetuosamente aos soldados turcos de forma geral, sendo análogo ao vocábulo português "pracinha" e ao inglês britânico *Tommy Atkins*.

[39] "As rodas ressoantes repetem": conforme aliteração presente no original: *Ve teker teker/ kesilmeden tekrarlıyor tıkırdayan tekerlekler*.

[40] 1333: ano do calendário islâmico correspondente a 1917.

Memetçik, Memet,
Memetçik, Memet.
Nos quatro *fronts* criou-se um pandemônio.
Os vagões foram feitos para quarenta sentados e em pé
— mas agora em cada vagão vão oitenta, cem Memets.
A porta dos vagões foi trancada.
Os trens seguem carregados de Memetçiks.
Memetçik, Memet,
Memetçik, Memet.
(Nos vagões entulhados misericórdia não há...)
Naquela época Pozantı era a última estação.
Kâzım, o guarda-freio de Kartal, se despia.
Agachado frente ao sol, catava piolhadas.
Memets por toda parte, tropas por todos os lados.
Partem com fome e com sede, voltam aleijados.
A morte é decreto de Deus, mas a fome...
Se o esfomeado não se torna um lobo,
então a fome o faz pior que um cachorro.
Memetçik, Memet,
Memetçik, Memet.
(Nos intendentes misericórdia não há...)
Pozantı é um regato queimando ao sol.
Kâzım, o guarda-freio de Kartal, olha:
os Memets são pele e osso
de bigodes murchos.
As sandálias dos Memets, gastas nos pés.
Os Memets tresvariam, a cabeça tombada.
Do esterco dos cavalos os Memets separam cevada.
Nos riachos os Memets lavam a cevada.
Seca sob o sol, os Memets vão devorá-la.
Memets por toda parte, tropas por todos os lados.
A morte é decreto de Deus, mas a fome...
Memetçik, Memet,
Memetçik, Memet.

A cevada, no máximo, um punhado dá.
(No esterco do cavalo misericórdia não há.)
À esquerda do desvio há um ramal.
Um vagão é puxado para lá.
No vagão seis alemães sentados vão.
Rostos vermelhos, traseiros gordos.
Sentados à mesa, comem macarrão.
Talvez não sejam tão gordos,
mas o homem de Kartal os vê assim.

Memetçik, Memet,
Memetçik, Memet.
Que milagre há em ser alemão?
O cachorro do alemão vai preso ao vagão.
Pelagem cinzenta, orelhas cortadas, traseiro gordo.
Saciados, os alemães jogam ao cão o macarrão.
Até mesmo o cão dos alemães come macarrão.
Talvez nem sempre coma macarrão,
mas o homem de Kartal o vê assim.

Memetçik, Memet,
Memetçik, Memet.
Um Memet avança no ramal.
O Memet avança em direção ao cão.
Engatinhando, de quatro
às vezes parando aqui e ali
de cabeça baixa, como se fosse ser apedrejado.

Memetçik, Memet,
Memetçik, Memet.
Agarra o macarrão do cachorro e foge.
O Memet foge sem olhar para trás.
Se o esfomeado não se torna um lobo,
então a fome o faz pior que um cachorro.
Aplaudem o Memet, os seis alemães.
Gostaram da atração, os alemães.

Memetçik, Memet,
Memetçik, Memet.

A perdiz salta de pico em pico na montanha.
Quando ferida, a perdiz desaba
       e aí fica.

O despacho de tropas começa da caserna de Selimiye,
decadente, cheia de Memets, voltando da licença.
Com as feridas curadas, a licença acaba.
Mas os Memets estão exaustos,
       uma ferida lhes espicaça o coração.
A mobilização está quase no fim:
       é o ano de 1334.[41]
Ó decadente
caserna de Selimiye...
No pátio da caserna
    o chão está apinhado
       de piolhos.
Ao andar você os esmaga com estalos,[42]
pisando o sangue sugado dos Memets.
Esse sangue fartou os piolhos.
Esse sangue está preto e morto.
Na caserna de Selimiye a carne dos Memets
    não está coberta de pele e pelos,
       mas de piolhos.
Fizeram a chamada no pátio
       para despachá-los ao *front*.
Os Memets olham para a frente, se coçando,
       mas não respondem.
Perderam a esperança os Memets,
chegaram ao seu limite.
Todo dia cem Memets aparecem mortos,
       suas carnes devoradas pela fome e pelos piolhos,

---

[41] 1334: ano do calendário islâmico correspondente a 1918.

[42] "Com estalos": no original, a onomatopeia *çatır çatır*.

o primeiro-sargento faz a chamada a noite inteira,
    gritando com voz alta e forte,
mas os Memets preferem morrer a sair ao combate.
Porém o Estado é mais forte que os Memets.
Uma manhã
os Memets eram novamente como areia no pátio.
Talvez dez mil,
      talvez mais.
Um mar vivente são os Memets
cheios de comichão e de sede.
Gente sobre gente.
Um jovem sargento sobe à mesa
        (alto
         de bigode preto
           e boina limpinha),
    faz a chamada, sem obter resposta.
Uma hora, duas horas.
Se os Memets são teimosos, o sargento também é.
Duas horas, três horas.
Ninguém respondia.
O sargento não aguentou
e, de cima da mesa, xingou as mães de todos.
É perigoso xingar um Memet,
    se ele for esperançoso
        ou se estiver sozinho na montanha.
Xingar dez mil Memets desalentados é mais perigoso ainda.
As mãos dos Memets agarram o pé da mesa
e o sargento despenca dos ares de cara no chão.
Os Memets se abaixam, se levantam,
e do corpo do sargento não deixam
nem carne, nem osso, nem boina limpa.
O batalhão da guarda é avisado.
Os guardas Memets vêm.
Carregavam baionetas, eram gordos e não tinham piolhos.
Foi como se um lobo tivesse entrado no rebanho.

Uma algazarra, uma balbúrdia.
Memets fogem, Memets perseguem.
São retiradas à força uma ou duas mil ovelhas.
Rumo a Haydarpaşa — o vagão trancado.
Os vagões foram feitos para quarenta sentados e em pé
— mas agora em cada vagão vão oitenta, cem Memets.
A porta dos vagões foi trancada.
Os trens seguem carregados de Memetçiks.
Memetçik, Memet,
Memetçik, Memet.
Eu acho que matei um Memet,
uma tarde,
nas escadas de pedra
da caserna de Selimiye.
Na mão do Memet havia um pão.
Onde o Memet achou o pão?
Vai saber...
Ele tinha um bigode loiro,
e o pão era preto.
Desamarrando minha cinta vermelha
(quatro braças,
refulgente,
seda entrelaçada com algodão)
"Me dá", eu disse, "um pedaço,
e te dou a medida de uma braça."
"Nada feito", disse ele.
"Duas braças?"
"Não", ele disse.
"Três braças?"
Memet queria a minha cinta de seda toda.
Bigodes loiros.
Estou olhando para o pão.
Nos seus olhos o brilho da minha cinta.
Dei-lhe um chute na virilha.
Rolou de costas, o Memet.

E como uma lasca saltando do tronco de um pinheiro
     um pedaço de osso escapou de sua cabeça.
O pão está em minha mão,
mas o sangue está nas escadas de pedra,
        vivo e vermelho,
          correndo sem parar,
     parecido com a minha cinta de seda.
              Memetçik, Memet,
              Memetçik, Memet.
        Quando bate a fome
        por acaso Memet de Memet se apieda?...

Junto com o vagão sacolejante
a cabeça de Kâzım de Kartal balança para os dois lados.
Ele abre e estreita os olhos amarelos de lobo.
Diante dele, Şakir de Sakarya
        se aproxima
         se afasta
           se aproxima.
E Kâzım de Kartal,
ora aqui, ora muitos anos atrás,
ouve as palavras dos que estão no vagão
através das formas dos dias passados.
Quem fala é o dono do alforje de *kilim*:
"De qualquer jeito não podemos lutar contra os alemães.
O que temos para lutar contra eles?
Os ingleses nos deram umas armas podres.
Uma manhã você vai ver
     que o cara terá os aviões alinhados sobre nossas cabeças.
Não são aves que você derruba com uma espingarda.
Não são martas que você cata com uma armada..."

Kâzım de Kartal
vê um Memet em tamanho real diante de si:
descalço,

uma espingarda ao ombro,
    no cartucho, balas Martin.
        Um machadinho na mão...
Ano 1335.[43]
Memet é um guerrilheiro no Exército de Libertação.
Com o céu às costas,
monta guarda nas montanhas de İzmit.
Nem esperançoso nem desalentado
        — está num estado diferente.
Em seus olhos claros, a obstinação de lutar até a morte.

De um salto, Kâzım de Kartal acorda
    e sai para o corredor.
Um homem com cara de tártaro o segue:
"Tem fogo?"
"Claro."

Da porta aberta
    vem a voz do dono do alforje de *kilim*:
"A força dos alemães não dá para descrever..."

O homem com cara de tártaro xinga:
"Deve ser paraquedista, esse porco.
Deveríamos avisar a polícia do trem."
Kâzım dá risada
    (não tinha metade dos dentes,
        mas riu feito criança
            e a boca assim não pareceu feia).
"Pior que paraquedista", ele diz,
    "pior que paraquedista.
Parece dono de mercearia de cidade pequena
ou um comerciante rico..."

---

[43] 1335: ano do calendário islâmico correspondente a 1919.

"Este ano a guerra acaba.
Os alemães este ano vencem os ingleses."

Nuri Öztürk
    (o contador no escritório da Clínica de Repouso);
        toca no ombro do universitário:
"Está ouvindo?
Aqueles porcos estão falando de política.
Estou do lado da Inglaterra,
mas às vezes a gente fica em dúvida.
O que você acha?"
"Quem vai ganhar a guerra
      ainda não entrou nela."
"Não entendi.
Ah, agora entendi.
Claro!
Quer dizer nós.
Mas você tem razão, irmão.
Só que nós vamos querer o Cáucaso."

O universitário não prestava atenção.
Estava de olho nos prisioneiros do primeiro compartimento.
Vinham vozes lá de dentro:
o condenado Süleyman rompia em gargalhadas.
Os olhos de Kâzım
    se iluminaram, felizes.
Do corredor podiam se ouvir cada uma das palavras de Süleyman:
"É isso aí, Halil![44]
Os nossos economistas devem ser poetas também.
O que Engels disse?
       'Os poetas intuem o futuro' — ou algo assim.
Quer dizer que, de repente, veio à sua mente um dístico?

---

[44] "É isso aí, Halil!": no original, *sen çok yaşa Halil*, literalmente, "vida longa a você, Halil!".

Muito bom.
Não estou brincando.
Um pouco poético, mas você mandou bem:
     'Esta é a última batalha da morte;
     a vitória é do amor e da vida..."'

O trem para na estação de Yarımca.
Yarımca é pródiga em cerejas.
Aqui os pomares são eternos.
Os galhos ficam carregados de cerejas e ginjinhas.
Os verdes e os vermelhos
    — as cores do sol, do nascimento e da fertilidade —
parecem uma jovial canção de revolução
      nos pomares de Yarımca.

O preso Halil
fecha seu livro.
Com uma baforada limpa as lentes dos óculos,
     olha para os pomares
       e diz essas palavras:
"Não sei se você também é assim,
      Süleyman.
Mas descendo de barca pelo Bósforo, digamos,
     virando em Kandilli,
     e de repente avistando Istambul à frente,
ou uma noite brilhante
     na angra de Kalamış,
       cheia de estrelas e dos ruídos da água,
ou a vasta luz do dia
     nos campos fora do Topkapı,
ou o rosto doce de uma mulher no bonde,
ou os gerânios amarelos
     que cultivei numa lata na penitenciária de Sivas
— resumindo, onde quer que eu me depare
     com a beleza da natureza,

eu sei, mais uma vez, que
      a vida humana hoje
      precisa e vai ser
      transformada..."

Parte o trem de Yarımca.
Vagão de terceira classe número 510.
Terceiro compartimento.
Basri Şener.
Enormes olhos azuis-claros,
pele enrugada verde-oliva.
A boca é pequena, o nariz, descomunal.
Nasceu na cidade de Florina em 1313.[45]
Seu avô era nobre de nascimento,
      seu pai era funcionário florestal.
E sabia o Alcorão de cor.[46]
Basri estudou até o ensino médio.
Mas da escola só ficou um hino na memória:
"Você nasceu, como o sol, usando a coroa da liberdade."
Ao saudar o sultão na estação de Florina,
as crianças entoavam esse hino com voz finíssima
e o sultão Reşat ainda brilha na memória de Basri
feito um brinquedo colorido.
Ele o vê na estação toda enfeitada:
um senhor simpático
de sobrecasaca e calças bufantes sobre as pernas atarracadas e tortas
um fez vermelho
      e barba de algodão...
A família de Basri emigrou durante a Guerra dos Bálcãs.

---

[45] 1313: ano do calendário islâmico correspondente a 1897. *Florina* é uma cidade localizada no noroeste da Macedônia.

[46] "Sabia o Alcorão de cor": a esta classe se pessoas se denomina *hafız*, palavra oriunda do árabe, que significa "aquele que memorizou (algo)".

Se instalaram em Edremit.[47]

Seu pai morreu.

Trocando as gargantilhas de ouro por dinheiro,
       sua mãe comprou camelos de cílios longos para Basri.

No "Conto da Cabeça Cortada" está dito:

os camelos são anjos,

guardiães dos portais do paraíso.

Sua lã cura todas as dores,

pois, sendo tal lã sagrada,

quem se deita sobre ela
       tem o corpo purificado dos pecados.[48]

Basri transportou azeitonas nos camelos até os 19 anos.

Topou com bandoleiros nas montanhas
       e deu-lhes de comer.

Jogava nos caravançarás.[49]

Depois vendeu os camelos de cílios longos

e se trancou por três meses
       nos prostíbulos de Kemeraltı em İzmir.

Em 1332[50] foi recrutado.

Dardanelos, Soğanlıdere.[51]

Noite alta, Basri pula numa trincheira.

Bombardeios.

No céu ardiam mais mísseis do que estrelas.

Ele cai de borco sobre o solo.

Fecha os olhos.

Ao abri-los, era de manhã

e na trincheira não havia outro homem vivo a não ser ele.

---

[47] *Edremit*: cidade localizada a oeste da Turquia, antiga Adramyttion.

[48] "Tem o corpo purificado dos pecados": no original, *üzerinde yatan/ hamamcı olmaz*, ou seja, "aquele que se deita sobre ela não necessita realizar o ritual de ablução".

[49] "Caravançará": no original, *han*, pousada ou estalagem para hospedar os mercadores que viajavam por regiões desérticas.

[50] 1332: ano do calendário islâmico correspondente a 1916.

[51] *Soğanlıdere*: literalmente, "vale (ou riacho) das cebolas".

Basri ainda não se acostumara com corpos estraçalhados.
E astuto como o medo,
            valente como o medo,
foge da trincheira, empurrado pela coragem do medo.
Com a Mauser dependurada no pescoço Basri caminha
por uma estrada comprida e segura
            como o medo.
Tekirdağ, Silivri,[52]
dormindo nas forjas debaixo de foles,
ou em carros alugados,
e então ao cair da tarde, à hora da prece, Istambul.
Lugares incendiados em Fatih.[53]
Joga sua Mauser e sua bandoleira num porão.
E no dia seguinte,
uma quarta-feira ensolarada,
em troca de onze moedas de prata
            compra roupas civis em Yenicami.
O medo é burro.
Basri perambula sem repouso.
Se sentasse em algum lugar, em plena luz do dia,
achava que o agarrariam pelo pescoço, e o levariam.
Cai a noite.
De volta às ruínas de Fatih.
No porão de uma construção incendiada
Basri enxerga uma vela acesa
        papéis e carimbos
            e cinco homens.
O medo é mais forte que a desconfiança.
Fecham um acordo.
E por seis meses no quarto de um porteiro de um prédio conhecido.

---

[52] *Tekirdağ*: antiga Bisanthi, fica na região da Trácia, na Turquia ocidental; *Silivri*, antiga Selymbria, é cidade da província de Istambul.

[53] *Fatih*: bairro de Istambul, cujo nome é oriundo do conquistador de Constantinopla, Fatih Sultan Mehmet; *fatih* significa "conquistador" em árabe.

Basri vende licenças, atestados médicos
      e, por 25 *kuruş*,
          medalhas de guerra vermelhas.
O medo é esperto,
tão esperto a ponto de levar Basri a forjar
   seu próprio certificado de dispensa.
Adeus, Istambul.
E olá, aldeia de Söğütler, em Akhisar![54]
É claro que existe um Hasan na aldeia de Söğütler,
e claro que Hasan tem uma mãe.
E quando o veterano inválido, o sargento Basri,
      traz saudações de Hasan
         que está na trincheira,
a mãe viúva de Hasan, de sobrancelhas pretas mas cega de um olho,
certamente receberá o sargento Basri em sua casa
(especialmente na época de colher tabaco).
E não importa o quão cansadas as viúvas estejam,
elas ainda gostam de sentir no ventre
         o cansaço das noites passadas com um homem.
E estar cega de um olho
    não a impede de gostar disso.
Basri habituou-se ao amor da viúva
de sobrancelhas pretas e cega de um olho
      — mas não aos campos de tabaco
        ou ao medo —
e viveu em Söğütler até o Armistício.
No dia em que soube da boa nova,
sem pensar nas lágrimas
     nos olhos de uma viúva,
      um deles são, o outro cego,
foi vender seu medo na feira
     junto com os bois e o carro de bois dela.

---

[54] *Söğütler*: literalmente, "salgueiros". *Akhisar* é uma cidade localizada a oeste da Turquia, na província de Manisa, a antiga Tiatira.

Adeus, ó minha amada viúva de sobrancelhas pretas!
    Ó malditas terras de tabaco
        e vilarejo de Söğütler...
İzmir.
Velhas lembranças de İzmir.
Os gregos tinham entrado em İzmir
    e as guerrilhas combatiam nas montanhas,
enquanto Basri torrava todo o dinheiro nos prostíbulos de Kemeraltı.
Adeus, pagã İzmir, tchau![55]
Basri se junta ao bando de Ethem, o circassiano, em Kanlıboğaz.[56]
Saqueiam os vilarejos à noite.
Homens são enforcados em plátanos.
Basri, interessado por moedas de ouro,[57]
enche seu cinturão com elas.
E numa noite escura e chuvosa,
adeus, Ethem Bey, o circassiano, adeus!
Uludağ.
    Bursa.
Mesmo com Bursa em mãos inimigas
abrir um café de haxixe e jogos de azar
        não é má ideia.
Algumas pessoas, quando oprimidas,
        fumam mais haxixe e jogam
            com desespero maior.
Basri abriu um café.
Casou.
Teve um filho.
Divorciou.

---

[55] "Pagã İzmir": no final do século XIX, a população de İzmir era composta por 200 mil pessoas, sendo 89 mil turcos muçulmanos, 59 mil gregos ortodoxos, enquanto mais de 36 mil portavam passaportes estrangeiros. Provavelmente deriva dessa composição heterogênea o famoso epíteto de *gâvur İzmir*, isto é, "İzmir pagã".

[56] *Kanlıboğaz*: literalmente, "estreito sangrento".

[57] "Moedas de ouro": no original, *beşibiryerde*, que designa uma fita vermelha adornada com moedas de ouro maciço, usada pelas mulheres.

E no dia em que Bursa foi libertada[58]
Basri, para celebrar, distribuiu haxixe de graça
por 24 horas.
E, abraçando seu filho,
    chorou de alegria.
Agora seu filho tem 19 anos.
Estuda em İzmir
    na escola técnica.
Basri tem duas casas em Bursa
e um olival em Edremit.
O café ainda funciona,
        mas logo fechará as portas.
Porque Basri voltou a dormir apenas três horas
e, de novo, um estranho medo o acompanha:
        medo do filho.

Basri Şener fungou.
Olhou pela janela.
De repente se aborreceu
    com os postes de pinheiro que passavam, um a um, com rapidez.
Não gostava mais
    de coisas que passavam, uma após outra, com rapidez.

Defronte a Basri, no vagão,
        sentava-se um corcunda minúsculo.
Mas esse homenzinho
    carregava corajosamente sua corcunda.
Seus pulsos muito finos
    desembocavam em mãos grandes e ossudas.
Os joelhos pontudos saltavam
        sob as calças azul-marinho.
Por alguma razão ele parecia uma donzela idosa:

---

[58] "No dia em que Bursa foi libertada": durante a guerra de independência turca, Bursa foi libertada das potências europeias a 11 de setembro de 1922.

melancólico,
    frágil,
        amável.
Parecia aquele personagem do romance *O filho abnegado*
        que não casou para cuidar do pai
            doente e idoso.
E por baixo das enormes e pesadas pálpebras
        tinha os olhos de uma criança comportada.
        Esses olhos
        eram incapazes de pensar maldades.
        Mas a boca de lábios grossos
        escondia uma horrível imprecação.
        Uma imprecação que não pôde
            e não poderia ser proferida.
O corcunda Kerim é de Adapazarı.[59]
Seu pai, um carpinteiro, morreu na Grande Guerra.
As palavras "Grande Guerra" evocavam a Kerim:
um rosto morto de barbas pretas sobre um travesseiro branquinho,
o pastoreio de gansos e a colheita de batatas na fazenda de Fahri Bey,
        livros escolares,
           e, de cabelos loiros como ouro,
              mas com a testa enrugada,
                sua mãe.
Em 1335[60] Kerim foi a Eskişehir
        para a casa dos tios frequentar a escola.
Seu tio era maquinista ferroviário.
Eskişehir estava em mãos inimigas.
Kerim tinha 14 anos.
Não era corcunda,
        era empertigado feito um broto
        e curioso pelo mundo.
Nos dias em que o tio saía para conduzir o trem,

---

[59] *Adapazarı*: cidade no noroeste da Turquia, capital da província de Sakarya.

[60] 1335: ano do calendário islâmico correspondente a 1919.

as tias não davam comida a Kerim
(eram duas mulheres velhas de cabelos compridos),
    então Kerim fez amizade com soldados indianos.
Eles que
    — curiosamente —
        não falavam turco,
tinham barbas pretas, olhos negros brilhantes,
mãos morenas com palmas brancas,
e lançavam caixas de biscoito a Kerim
por cima dos arames farpados.
Tinham um armazém enorme.
Kerim brincava lá dentro.
No armazém havia sacas de grão-de-bico, favas e uvas passas
    — curiosamente,
        para alimentar as mulas — ,
    além de caixas de armas e munição.
Um dia o tio maquinista diz a Kerim:
"Rouba algumas armas do armazém e traz para mim;
vou dá-las para as guerrilhas que lutam contra os infiéis."
E Kerim rouba armas do armazém:
        uma
           mais uma
            cinco
              dez.
Engana a seus amigos indianos
        porque ama mais as guerrilhas.
De qualquer forma não durou muito
e os "tios" de barba preta e brilhante se foram.
Kerim os acompanhou até a estação e se despediu deles.
No dia seguinte, quando as guerrilhas explodiram
        a ponte de Lefke e entraram em Eskişehir,
o tio de Kerim pegou-o pela mão
        e o entregou a eles.
E eis que desse dia em diante até hoje
    a vida de Kerim é uma canção heroica.

De Eskişehir
o levaram ao paxá do "Grupo de Kocaeli".
Um paxá carrancudo, que nunca sorria.
Kerim aprende depressa a montar cavalos,
a pastorear animais
        (de algum modo ele já sabia isso),
a descer pelas rochas feito um bode novo,
a se esconder na floresta.
E com todo esse talento,
por várias vezes a ponto de morrer com uma bala
e se assustando quando lhe diziam "foi por um triz",
Kerim levava e trazia recados
                através das linhas inimigas.
Os guerrilheiros o respeitavam como um "capitão" renomado.
Ele os amava como a companheiros de farra.
E o garoto empertigado
                intrépido
        e promissor feito um broto
jogou esse horrendo jogo com alegria
        até 1337...[61]

A floresta de Kocaeli é só carpino e carvalho,
alta
e fechada.
Não se enxerga o céu.
Era uma noite tranquila.
Pouco antes havia chuviscado.
Mas as folhas no solo estavam secas
e farfalhavam no escuro sob os cascos do cavalo de Kerim.
À esquerda
        adiante
        uma fogueira ardia ao sopé da colina:

---

[61] 1337: ano do calendário islâmico correspondente a 1921.

deve ser o bando de guerrilheiros infiéis
            conhecidos como "Os Marujos".
Dos galhos caíam gotas de chuva no rosto de Kerim.
A cabeça do cavalo penetrava mais e mais a escuridão.
Kerim estava voltando de seu encontro com Recep, o vagabundo.
Levara papéis para ele
        e em troca pegara papéis dele.
De repente o cavalo estacou
feito uma estátua
— devia ter visto a fogueira dos Marujos.
E, de supetão, empinou.
Kerim levou um susto.
Soltou as rédeas
e se agarrou ao pescoço do cavalo.
O animal saiu em disparada feito louco.
Os ramos das árvores, um após o outro, açoitavam o garoto.
A floresta com seus carpinos e carvalhos
deslizava pelos dois lados como um vento escuro.
Quem pode dizer por quantas horas cavalgaram assim?
De repente a floresta acabou
— a lua devia ter raiado, pois estava claro.
E quando Kerim, embalado na mesma velocidade,
        chegou a Başdeğirmenler,[62] abaixo de Armaşa,
            o cavalo repentinamente deu de cara no chão,
                jogando Kerim longe.
Ele se recompôs.
E a primeira coisa que lhe ocorreu
        foi conferir o relógio.
O vidro tinha se quebrado.
Montou o cavalo outra vez.
O animal mancava um pouco.
Seguiram devagar.
A orelha esquerda de Kerim sangrava.

---

[62] *Başdeğirmenler*: literalmente, "moinhos principais".

Chegaram a Kirezce
    (entre Sapanca e Arifiye);
Kerim se deteve.
Respirava com alguma dificuldade.
Na noite seguinte entraram em Geyve.
Suas costas doíam de tal modo que
        não conseguiu desmontar,
            tiveram que ajudá-lo a descer.
Puseram Kerim numa carreta.
Adapazarı.
Então, talvez por dez dias, talvez quinze
em carros de bois, carroças, carretas
sua respiração cada vez mais arquejante;
Yahşıhan
    Konya[63]
        município de Sille
           (é onde fazem braços e pernas postiças
               para veteranos de guerra aleijados)
e finalmente
Mestre Hasan, o reposicionador de ossos, do vilarejo de Hatçehan.
Kerim ainda sonha
    com o rosto pustulento do homem
        que vinha por um caminho estreito montado num burro
        e curvado sobre ele.
O Mestre massageou as costas de Kerim até ele desmaiar.
Então cobriu de piche o corpo do rapaz frágil feito um galho quebrado.
Vinte dias se passaram.
Quando uma tarde tiraram Kerim de dentro do piche,
        estava corcunda...

Kerim podia ter conseguido uma medalha de guerra,
mas não tem.

---

[63] *Konya*: a antiga cidade de Iconium.

Kerim podia não ser corcunda,
mas é.
E hoje, no ano de 1941,
enquanto a primavera entra pela janela do vagão,
                  Kerim pensa:
"Antes deste mês acabar
          talvez eu seja um número de registro numa cadeia."
Kerim trabalhou por anos
          como telegrafista.
Seis meses atrás
     desviou 180 liras.
Mas mesmo que, numa noite desesperançada,
        elas sejam dadas a um amigo doente e moribundo
              quem desfalcou verba do Estado
                  deve ir para a cadeia...

O trem se aproxima de Derindjé.

Basri Şener
olha para Kerim.
E sorri, sob o nariz enorme
        e o bigode aparado:
"Destino de corcunda", pensou,
             "destino de corcunda,
vai saber que travessura fez para que
Deus o colocasse nesse estado."
O corcunda Kerim olha para Basri Şener:
"Que homem sorridente", pensou,
            "que homem sorridente.
Talvez o juiz não me dê uma pena muito longa
        se eu aparecer diante dele assim."

A porta do compartimento se abriu.
Entrou Nuri Öztürk
        (o contador no escritório da Clínica de Repouso).

Parou
e gritou para fora:
"Aqui tem lugar vazio.
E a janela não está fechada.
Façam o favor de entrar.
Além do mais, aqui são todos limpos."
Do corredor vem a voz do universitário:
"Sentem-se.
Daqui a pouco eu vou."
Nuri Öztürk
     lança um olhar ao corcunda Kerim.
O corcunda Kerim compreende
     e se retira, deixando seu lugar
          do lado da janela à esquerda.
Faz anos que Kerim se acostumou
a um estranho intercâmbio com as pessoas:
não pede absolutamente nada a elas
          e dá tudo que lhe pedem.
E desde o dia em que desviou o dinheiro
          a imprecação
               cresce
                    e se avoluma
                        em seus lábios
                             dia a dia.
Uma imprecação que não pôde
     e não poderia ser proferida.

Corredor.
O prisioneiro Süleyman foi para o corredor
          com a presa Melahat.
Era morena, Melahat.
Tinha o pescoço comprido
     e delicado como o de um pássaro.
Os lábios, sem batom, eram vermelhos.
Mas os pés eram enormes

e as mãos pareciam de homem.
O universitário abriu caminho, sorrindo
    — provavelmente para Melahat.
Melahat passou por ele.
Süleyman se dirigiu ao rapaz,
                sombrio e severo:
"Está confundindo a senhora com alguém?"
"Não.
Mas sabe...
Queria lhe fazer uma pergunta.
Um dos seus amigos
          não é Halil Bey, o escritor?"
"Sim, é ele
    — e daí?
    Você conhece o Halil?"
"Só de livros
    e fotografias.
Se eu pudesse falar com ele..."
Süleyman pensa:
"Ou o cara é da polícia
ou é um mulherengo muito esperto."
Então dá seu diagnóstico
       (com instinto de homem
          e lutador do submundo):
"Nem da polícia
nem mulherengo.
Apenas um cara interessado demais nos famosos.
Talvez até seja um simpatizante da causa."
"Vamos conversar, sim.
Apareça daqui a pouco.
Mas quando você entrar
— não se esqueça disso, é importante —
depois de dizer 'olá'
sente bem do lado do sargento
comece imediatamente a falar com ele

e ofereça cigarro para todos.
Os guardas de aldeia só oprimem camponeses.
Eles desconfiam de gente da cidade
mas pensam que só os camponeses são espertalhões."

Melahat volta.
Süleyman se afasta do universitário
e troca olhares com Kâzım de Kartal.

O trem para.
Derindjé.
Desce um oficial jovem do segundo compartimento.
Sobe uma mulher grávida no terceiro.
Sino.
Apito.
Partida.

Vagão de terceira classe número 510.
Corredor.
Um homem
olha o chão através da primeira janela:
       terra que passa
        e passa sem parar.
Junto com a terra
       na mesma velocidade
         estes pensamentos lhe ocorrem:
"Como a terra passa depressa.
O álamo da fonte da nossa aldeia
       será que dá um poste de telégrafos?
Em Istambul os postes dos bondes eram de ferro.
Se uma pessoa percorresse o mundo
      encontraria uma cidade que se compare a Istambul?
Ela me pediu 25, mas dei 30
      — será que ela podia imaginar isso?
Usava camisola de seda.

Eu adorava conversar com ela.
Deveria ter ido mais uma vez.
Olha só aquele cavaleiro
— que montaria maravilhosa.
Será que ele cobre a distância de um dia em cinco horas?
Um cavalo não alcança um trem.
Se um carro apostasse corrida com um trem
será que o carro ficaria para trás?
O médico ainda pode usar o carro;
eles lhe deram permissão
porque ele é médico.
Se o médico fosse à nossa aldeia
quem seria mais forte: ele ou Tahsin Hodja?
Como a terra passa rápido!
O álamo da fonte da nossa aldeia
será que dá um poste de telégrafos?
Nesse momento a senhora mãe do médico
passeia pelo jardim de sua mansão.
Será que a geada vai queimar as abóboras que plantei?
'Gostei de você', me disse o médico,
'quando você voltar
eu te arrumo trabalho de novo.'
Será que arruma mesmo?
Amanhã é outro dia
— acaso dá para saber como será o amanhã?
Epa, lá tem um monte de ovelhas.
E também um monte de cabras.
E que monstro de cachorro!
Ele vai atacar a gente!
Era um, agora são dois.
Sai daqui, xô..."

Ele se vira, procurando uma pedra.
Então se recompõe e sorri.
Quando ri, suas têmporas lisas se enrugam

e os parcos dentes brancos cintilam
como se uma luz tivesse brilhado na sua boca escura.
Essa homem tem sífilis.[64]
Uma ferida que se abriu e fechou
do tamanho de um *metelik*[65]
que não dói
furtiva e sem sangue.
Esse homem tem sífilis.
Mas não sabe.
Sorrindo, observa um pássaro
que voa preguiçosa e confortavelmente no céu azul cerúleo.
Trabalhar no jardim de um médico
não ensina a Durmuş de Çankırı
que, por 30 *kuruş*, ele pegou sífilis em Istambul...
Os cachorros, ainda correndo, ficam para trás.
O trem faz uma curva.
Dá para ver os vagões traseiros
um por um
colados um ao outro
lá longe.
É surpreendente
estar preso a coisas tão distantes, que ficaram para trás.

Vagão de terceira classe número 510.
Corredor.
Ele estava sentado na plataforma
atrás de Durmuş de Çankırı do céu azul cerúleo.
Estava agachado.
Encostado com as costas na porta

---

[64] "Sífilis": o termo original em turco, *frengi* — que quer dizer, literalmente, "dos francos" —, é produto de uma metonímia, criada a partir do gentílico *Frenk*, quando a doença se disseminou da Europa Ocidental para outros continentes por volta de 1490.

[65] *Metelik*: do francês *metallique*; é palavra arcaica referente a um quarto de um *kuruş*, ou seja, a uma moeda pequena e de pouco valor.

como no muro da mesquita de uma aldeia.
Divagando.
Descansando.
Seu bigode está murcho como um sorriso suplicante.
Rugas brancas no pescoço fino.
Talvez ele tenha de matar um homem.
Ele ainda não sabe.
Não escreveram isso na carta.
Mas Bekir, filho de Ahmet, do mesmo vilarejo,
invadiu a terra dele que tem "tais e tais limites
              e tantos e tantos metros quadrados",
como consta nos documentos oficiais.
É provável que mate Bekir a machadadas.
Por ora, contudo, isso é improvável:
          entender por que
              ele mataria Bekir.
Chega o cobrador.
Durmuş de Çankırı não presta atenção,
mas o homem sentado na plataforma se levanta, agitado.
Seu sorriso fica ainda mais suplicante.
Inseguro e tímido,
estende o bilhete ao cobrador uniformizado
como se tivesse estendido sua identidade a um oficial.
Com movimentos lentos, o cobrador
          grave
              seguro de si
                  grampeia o bilhete.
E, ao partir, diz claramente:
"Você não pode sentar aí, companheiro.
É proibido.
Vá
procurar
          lá dentro.
Lá deve ter um lugar vazio."

No corredor, o homem com cara de tártaro
            (o aficionado por *cura*
                  e vigia na fábrica Merino)
            contava uma história
                  (para Kâzım de Kartal)
                  sobre Dardanelos:
"Na sexta noite de maio eu fui ferido,
                  em oito lugares.
Duas das feridas ainda não cicatrizaram
            e ocasionalmente me atormentam;
estávamos diante dos ingleses,
à queima-roupa,
nossa granada de mão cai na trincheira deles
a deles, na nossa.
Investimos contra eles.
Antes de dar três passos, desabei no chão.
A metralhadora do inglês
            estraçalhou minha virilha.
O tempo passou.
Levantei a cabeça e vi:
estrelas no céu.
Os nossos homens batiam em retirada.
Da trincheira, os ingleses atiravam sem parar.
Balas zuniam
      sobre minha cabeça.
Comecei a rastejar para trás.
Empurrava a terra com as mãos,
            de frente para os infiéis.
Ao mesmo tempo em que rastejava de volta à nossa trincheira,
dizia: 'Meu Deus,
            não permita que eu seja atingido pelas costas.'
Numa hora dessas,
      não passa mais nada pela cabeça da pessoa.
Os mortos ficavam se esfregando em mim,
ou melhor, eu é que ficava trombando com eles.

Alguns jaziam de costas,
    a boca aberta cheia de sangue,
outros emborcados,
alguns de joelhos,
        paralisados,
            com uma Mauser na mão.
'Ó Deus', digo a mim mesmo,
    'se é para me matar, que me mate assim —
        a arma na mão,
            ajoelhado,
            encarando o infiel...'
Enfim, amanhece.
O dia clareia.
Alcanço a trincheira.
Estendem uma Mauser.
Agarro a ponta do cano.
Me puxam para dentro.
Só depois que calculo:
        eu tinha atravessado 25 metros
           em três horas.
Fico um tempo na trincheira.
Curvado.
As feridas começavam a arder.
Por volta do meio-dia me carregam nas costas de um companheiro.
Chegamos ao quartel-general da divisão.
Tendas.
Estacas afixadas dentro das tendas.
Em meio às estacas, o solo coberto com palha.
Sobre a palha, toda espécie de feridos.
Alguns choram,
    outros maldizem a Deus.
Cortam minhas roupas com tesoura.
Fico nu como no dia em que nasci.
Jogam um capote sobre mim.
Não havia ataduras.

As feridas ficam abertas.
Mas, felizmente,
   o sangue não jorra —
   secou ao se misturar com a terra.
O tempo passa.
Eu apaguei.
Acordei quando me pegaram pelas axilas.
Me tiraram da tenda.
Era fim de tarde.
O dia estava prestes a escurecer.
Sentia frio por fora e calor por dentro.
Carretas estavam alinhadas em fileiras.
Os feridos eram transportados para as carretas.
Um em cima do outro,
   como se jogassem sacas de trigo vazias.
O que ficar embaixo, que morra.
Dez, quinze feridos numa única carreta.
Alguns gritavam,
     outros talvez estivessem morrendo naquele momento.
De qualquer forma, seguimos viagem.
As estradas de Arıburnu[66] são pedregosas.
As carretas balançam.
Desce a escuridão.
Estou deitado de costas.
Um corpo se mexe debaixo de mim,
há um par de pernas sobre meu peito,
   uma delas pela metade.
Descemos costa abaixo.
O céu é todo estrelas.
E há uma brisa suave.
As carretas avançam, uma atrás da outra.

---

[66] *Arıburnu*: literalmente "ponta da abelha". Foi em Galípoli, uma enseada próxima a esse local, que os exércitos neozelandês e australiano desembarcaram em 25 de abril de 1915, na chamada Campanha do Dardanelos (*Çanakkale Savaşı*) contra os turcos.

De madrugada chegamos ao Cais de Areia.

Lá há uma tenda.

Alguém grita de dentro da tenda
                    (sem sair dela):

'De onde você é?'

'De tal lugar.'

'O nome do seu pai?'

'Fulano.'

'Seu nome?'

'Beltrano.'

'Jogue-o aí embaixo, cocheiro.'

O cocheiro o levanta e o joga no chão.

Era a minha vez.

A dor é insuportável.

Xingo a mãe do motorista.

O cara, acostumado a ser xingado, diz:
        'Pode xingar, meu irmão,
                xinga o quanto quiser.'

Colocam a gente sobre a areia.

O mar vem e vai aos gorgolejos.

Está bastante claro.

Talvez haja mil feridos sobre a areia,
                    talvez mais.

Esperamos até a tarde.

Chega um navio:
        duas chaminés
                da cor do mar.

Sob gritos e xingamentos,
        nos levam ao navio
        de novo como se fôssemos sacas vazias.

O interior do navio lembra o Dia do Juízo Final.

Visguento com sangue
        vapor
                graxa
                        suor.

Me levam ao paiol.
Seguimos viagem.
Sete dias e sete noites.
Minhas feridas bicharam.
Abro meu capote:
  vermes brancos brancos
   com cabeças pretas pretas.
Me curvo para olhar,
mas os bichinhos são espertos,
  fogem ao me ver,
para novamente penetrarem nas feridas.
Sete dias e sete noites.
Se Deus não quer te matar, Ele não te mata.
Os turcos são resistentes por natureza,
  eles aguentam.
Chegamos a Sirkeci na oitava manhã.
O capitão deita âncora.
Porém,
  não nos quiseram, dizendo: 'Não tem lugar vazio aqui.'
O capitão iça a âncora na hora da chamada para a prece noturna.
Passamos em frente à Haydarpaşa.
A Escola de Medicina era um hospital nessa época.
Disseram: 'Está bem'.
Um tripulante me leva nas costas ao convés.
  O tripulante coxeia um pouco, mas
   era um laz[67] forte como ferro.
Disse *'bismillah'* e olhei para os quatro lados:
Istambul brilha vivamente.
Ah, minha querida Istambul!
Enfim, entramos no hospital.

---

[67] *Laz*: grupo étnico caucasiano nativo das zonas costeiras junto ao mar Negro, ao nordeste da Turquia e sudoeste da Geórgia, cujo idioma é o laz, uma língua kartveliana do Cáucaso. Estima-se que sua população total, hoje, seja de cerca de 500 mil pessoas. Embora tenham professado anteriormente o cristianismo, desde a consolidação dos turcos na Anatólia os lazes são, em sua maioria, muçulmanos.

As paredes eram branquinhas.
As instalações elétricas em perfeitas condições.
As pedras maltesas estão limpinhas,
impecáveis.
O leito com rodinhas está pronto.
Me deitam sobre ele.
Confortável.
Que Deus preserve o Estado!
Naquele momento eu rezei pelo Estado..."

O homem com cara de tártaro se cala.
Sua testa está profundamente franzida.
No pequeno queixo pontudo
cresce uma barba branca e rala.
Os olhos de lobo de Kâzım de Kartal sorriem estranhamente.
O universitário
        (que tinha ouvido a história de longe)
sente uma tristeza perplexa
e, logo, uma compaixão furiosa.
Então pensou:
"Que pena
que eles perdoam tão rápido..."
E continuou a pensar:
"Como uma espécie de peixe,
        uma espécie de árvore
                ou uma espécie de metal
vive uma espécie de ser humano no nosso país
cuja única memória
que vale a pena ser contada
são as guerras."
E pensou ainda:
"Será que sou corajoso o bastante
para enfrentar a morte numa trincheira?
A maioria dos que a enfrentaram e morreram
foi corajosa?

E os que a enfrentam e morrem hoje
são todos corajosos?
E será que isso, na maioria das vezes,
       tem alguma relação com a coragem?
Ou por acaso os da trincheira
são um rebanho de ovelhas
atrás do pastor rumo ao abatedouro?
         Não só com seus corpos cativos
            mas também suas mentes...
Ou será que estou pensando errado?
Deve haver trincheiras
     (para mim, por exemplo)
       em que eu morreria com prazer.
Estou sendo sincero agora,
mas se esse dia chegasse
   antes de morrer,
      vivesse algumas horas ferido,
        será que não me arrependeria?
O universitário não pensa em mais nada.
O cobrador estava brigando com o homem com cara de tártaro.
O universitário não entendeu a razão disso.
O homem com cara de tártaro já parecia estar aborrecido.
E o cobrador uniformizado
      mesmo irado não perdia a compostura.
Nuri Öztürk
   (o contador no escritório da Clínica de Repouso)
se dirigiu ao local do incidente,
e gritou mais alto do que todos:
"Parem, senhores!
O cobrador é considerado um funcionário público.
Mas o governo foi insultado.
Vamos fazer imediatamente um boletim de ocorrência."
Kâzım de Kartal disse algumas coisas ao cobrador:
"Está bem, senhor Kâzım, vou ignorar o fato", disse o cobrador.

O universitário tomou Nuri Öztürk pelo braço
            e o conduziu novamente ao terceiro compartimento.
A briga cessou com rapidez, mas
ninguém soube explicar
como o homem com cara de tártaro
                insultou o governo.

Vagão de terceira classe número 510.
Compartimento das mulheres.
Eram sete passageiras.
A mais velha estava sentada
            à esquerda da janela.
Sob seu capote preto
            havia apenas ossos grossos.
Era muito alta,
            branca,
                sem sobrancelhas.
As bochechas não tinham carne.
A boca era larga e enrugada,
            e estava bem fechada
                como se nunca tivesse sido aberta.
Pensava, a esposa do falecido Şerif Ağa,
            pensava em Ratip e Yakup.
Na noite quente e sem estrelas
            seu pensamento lento e escuro
            revolvia os úmidos juncais...
Seu verdadeiro filho era Ratip.
Yakup, seu enteado.
Um deles estava debaixo da terra;
        o outro, na prisão.
Yakup matara Ratip.
Pensava a esposa do falecido Şerif Ağa,
            pensava Şahende Hanım.
Não lamentou a morte de seu filho.
Nunca lamentou nada em sua vida.

só uma vez:

a morte de um galo com longas esporas.

E ela nunca amou ninguém neste mundo.

Sua pele branca e pálida não se aqueceu

numa única noite de amor.

Assim como um navio deserto que naufraga

carregando sua aterradora solidão

todos os dias ela afundava um pouco mais.

Odiava Ratip.

Odiava Yakup.

Odiava Ratip

porque os ombros dele eram estreitos e caídos

e suas mãos pareciam de mulher,

por não poder chicotear os boiadeiros,

e amar as pessoas,

e porque, sem se lamentar, concordou em dividir

as terras com Yakup

que era filho de Şerif Ağa.

Odiava Yakup,

porque se parecia com o pai

com seu bigode, Mauser, chicote e botas;

por ele ser filho da outra,

e o moinho ter ficado para ele...

Ratip era covarde.

Yakup era corajoso.

Yakup matou Ratip

no café

sob um plátano,

com uma única bala

no meio dos olhos...

À tarde trouxeram o corpo de Ratip.

E o estenderam no divã.

Seu braço esquerdo caiu

e balançou para os dois lados,

enquanto o sol brilhava no anel de ouro que herdara de seu pai.

Rosto pálido, sem sobrancelhas
      ereta com seus ossos grossos
      a mulher parou à cabeça do seu filho e perguntou:
      "Vão enforcar Yakup?"
Ela tinha empurrado com as próprias mãos
         a esposa ruiva de Yakup para cima de Ratip.
Ou Yakup, desonrado,
      iria embora,
ou mataria Ratip,
e enforcariam Yakup por matar Ratip...
De um jeitou ou de outro, o legado de Şerif Ağa,
o terreno, a leiteria, o moinho,
não seriam divididos.
Mas não enforcaram Yakup.
Pegou sete anos de prisão.
Vai ser solto em novembro.
Por sete anos a esposa do falecido Şerif Ağa,
      por sete anos Şahende Hanım
se empenhou para matar Yakup na prisão
como se ornasse um bordado muito fino com seda colorida.
Yakup foi baleado três vezes, envenenado uma.
Foram sete anos de paciência, astúcia, esperança e obstinação
para tramar uma única morte.
E por fim
      esqueceu a origem da briga.
De tal forma que
      quando lhe disseram uma vez: "Yakup morreu"
      a agulha de bordar escapou de seus dedos
      e, pela primeira vez na vida,
      ela caiu de joelhos e chorou aos prantos.
De alegria, disseram.
Mas não,
      era porque a morte de Yakup era seu único elo com este mundo.
Yakup vai ser solto em novembro.
A briga continua.

Ainda bem que os mortos não podem ser mortos novamente.
Pensava a esposa do falecido Şerif Ağa,
    pensava na morte como se preparasse um novo desenho de bordado.
O nó do seu véu branco estava amarrado
    firme e discretamente sob o queixo largo.
Şahende Hanım devia ter sessenta anos de idade.
Suas mãos estavam enfeitadas com hena.

Uma cesta de cerejas balançava
    no porta-bagagem
    perto da janela.
Grudados na cesta, os olhos redondos
    da mulher grávida que subiu em Derindjé.
A cesta era de Şahende Hanım.
Bayan Eminé, sentada à esquerda da mulher grávida
    sussurrou com audácia
    e quase autoritária:
"Dê a ela um punhado de cerejas, vó,
    ela está com desejo..."
A mulher grávida corou até a ponta das orelhas,
sob seu chapéu velho.
Mas Şahende Hanım nem se mexeu.
Bayan Eminé pensou: "A velha deve estar surda"
    e repetiu seu pedido
    em voz alta, com mais audácia
    e mais autoridade...
Mas Şahende Hanım nem deu atenção.
A grávida tremia de vergonha.
Bayan Eminé,
agora certa de que era surda,
    cutucou Şahende Hanım e gritou:
"Ei, vó!"
Şahende Hanım,
como se tivesse deslizando seus ossos grossos dentro do manto
    lentamente se levantou do lugar,

e, descendo a cesta do porta-bagagem com as mãos enfeitadas de hena,
        derrubou as cerejas
            para fora da janela aberta.
Então, depois de devolver a cesta vazia ao seu antigo lugar,
ela se sentou, os ossos grossos novamente se retraindo para dentro do
    manto preto.
A mulher grávida chorava, com seu chapéu velho balançando.
Bayan Eminé puxou para trás seu véu de seda
        (o véu a fazia se sentir próxima a Şahende) e disse:
        "Perihan, minha filha, corre,
        e procura os guardas lá na frente
        com os prisioneiros.
        Eles acabaram de comprar cerejas.
        Pede um pouco.
        Se eles não tiverem, diz para procurarem.
        Diz que sua mãe mandou."
Perihan tinha catorze anos de idade.
Cabelos aparados.
Meias curtas.
Pernas morenas, finas e compridas.
Os sapatos eram de couro envernizado.
Perihan foi correndo
        para fora.
Bayan Eminé elogia sua filha para a mulher grávida:
"Minha filha é esperta.
No ano que vem vai acabar o ensino médio.
A mulher do coronel ficou estupefata
    que ela sabe ler em francês.
Se Deus quiser vamos fazer dela uma médica.
O pai não concorda,
        mas eu quero.
Ela sabe tarefas domésticas também:
      cozinhar
        bordar.
Lava minha louça desde os oito anos de idade.

E me respeita.

Dei-lhe uma boa surra outro dia.

O pai teve dificuldade para tirá-la das minhas mãos.

É como eu disse à mulher do coronel:

    as meninas devem estudar,

        mas é preciso manter um olho no peixe e outro no gato..."[68]

Bayan Eminé era de um vilarejo de Aydın.

Seu pai era filho de um famoso líder guerrilheiro.[69]

Quando os gregos ocuparam Aydın,[70]

embora os líderes tivessem se unido contra os infiéis,

nunca perdiam a oportunidade de matar uns aos outros:

(pelo poder, pela liderança ou pela divisão dos despojos)

e por isso mataram o pai de Eminé

        na sua frente,

           no pátio de casa,

              uma manhã...

Aos oito anos de idade Bayan Eminé ficou órfã.

Agora ela tem trinta anos.

Uma mulher de pernas grossas, imensos seios flácidos e uma pança.

---

[68] "As meninas devem estudar/ mas é preciso manter um olho no peixe e outro no gato": no original turco, *"kız evladı hem okutmalı/ hem de baskı altında tutmalı"*, ou seja "deve-se dar educação aos filhos, mas também vigiá-los". A rima do verso dá a entender que se trata de um dito popular.

[69] "Líder guerrilheiro": tradução da palavra *efe*, que significa líder de soldados irregulares e independentes turcos e de guerrilheiros (chamados de *Zeybek*) em algum vilarejo da Anatólia ocidental, mais especificamente da região do Egeu, nas cidades de İzmir, Aydın e Manisa. Esses guerrilheiros tiveram papel preponderante na resistência aos gregos em Aydın, cidade localizada na região do mar Egeu (antiga Tralleis), na Turquia ocidental. Um desses *Efes*, Ali Yörük, tornou-se um verdadeiro herói na Turquia. Quanto à etimologia da palavra, Tietze sugere *efendi* (p. 689). Seu papel como líder comunitário também deve ser ressaltado. A palavra de um *efe* era considerada lei, sendo dele até a decisão final de um casamento ou da captura de uma garota, cf. *The Encyclopaedia of Islam*, vol. 11, p. 493.

[70] "Quando os gregos ocuparam Aydın": refere-se à invasão do exército grego à Turquia ocidental, resultando numa guerra que ficou conhecida como Guerra Greco-Turca (1919-1922). Em Aydın ocorreram confrontos violentos na fase inicial desta guerra.

Mas, sobre essa estrutura corpulenta e deteriorada,
     seu rosto era fino como seda:
um rosto que vemos em pinturas persas do século IX,
que ressoa na flauta de Dede,[71]
e que a poesia otomana descreve para nós...

Perihan voltou.
As palmas compridas e finas cheias de cerejas.
Bayan Eminé deu as cerejas à mulher grávida.
Enquanto a mulher grávida
comia as cerejas com a voracidade sagrada de um animal jovem,
Bayan Eminé conversava com Perihan:
"Você disse aos guardas quem é o seu pai?"
"Não. Mas perguntaram."
"Os guardas?"
"Não, um homem de óculos,
     que estava lendo um livro;
     deve ser prisioneiro."
"Prisioneiro?
     O que ele disse ao saber quem é o seu pai?"
"Nada... ah... Perguntou de onde somos."
"E você disse que somos de Aydın?"
"Disse.
Ele perguntou se da cidade ou de um vilarejo."
"E você disse vilarejo?"
"Não disse, mãe..."

---

[71] *Dede*: literalmente "avô, ancestral", é usado, como alternativa de *ata* e *baba* (ambos com o significado de "pai"), com epíteto de reverência a líderes de comunidades dervixes; quando é seguido do nome, é usado predominantemente por dervixes Mevlevî (os dervixes rodopiantes). Podemos citar como exemplo o famoso poeta otomano Galip Dede que, apesar de não ter sido um dervixe, seu pai era, e ele também foi educado sob os princípios Mevlevî. Também era usado como termo de reverência em épicos produzidos em línguas túrquicas do ramo ocidental (cf. *Dede Korkut*). Para maiores detalhes acerca do termo, ver introdução de *O livro de Dede Korkut*, São Paulo, Globo, 2010.

"Ué, e por que não? Você tem vergonha de ser de um vilarejo?
Seu bicho do mato..."

Bayan Eminé estava rindo.
Então, de repente, seu belo rosto ficou sério.
E, como se quisesse despeitar Perihan,
    disse à mulher grávida
        para que todos os presentes no vagão ouvissem:
"Somos de Aydın, companheira.
Aldeãs.
O pai de Perihan
       é sargento-mestre da Guarda Nacional.
Aliás, ele é meu primo também.
Sargento Hüsnü.
Casamos para manter nossos bens na família.
Ele estava de olho em outra,
      mas sua mãe o forçou.
Há quinze anos, companheira,
      não há lugar ao qual não tenha ido com o Sargento Hüsnü.
Desde os lazes no mar Negro
      aos curdos no leste.
Dizem que os curdos têm cauda:
      mentira.
Eles não têm cauda.
Só que são pessoas muito rebeldes e muito pobres.
Têm seus ricos,
   mas são poucos,
      os líderes...[72]

---

[72] "Líderes": tradução de *beyler(i)*. O antigo termo turco *bey* (possivelmente um empréstimo de alguma língua iraniana) tem a carga semântica básica de "mestre", tendo sido encontrada nas inscrições Orkhon do século VIII — o registro em língua túrquica mais antigo de que se tem notícia. Durante o Império Otomano o termo era aplicado a líderes tribais, altos funcionários militares e civis e filhos de grandes personalidades, como paxás. Cf. *The Encyclopaedia of Islam*, vol. I, p. 1159.

Passamos quinze anos rodando o mundo,
                    vimos de tudo.
Fui a cinemas, teatros
até a bailes
        usando véu deste jeito
            em Diyarbakır.
Joguei pôquer com as esposas de capitães
                durante todo um inverno em Giresun.[73]
                e, felizmente, ganhei.
Eu até ganhei na loteria uma vez,
                éramos três,
                cada um levou mil liras.
Já tive tudo o que quis deste mundo.
Sargento Hüsnü está perto da aposentadoria.
Perihan vai para o internato.
Voltarei para o vilarejo com o sargento.
Ele diz: 'Eu não vou mais trabalhar na terra.'
            Quer abrir uma loja.
Que abra.
Eu vou trabalhar na terra."

Ao lado da porta estava sentada uma mulher pequenina.
Não era anã
        (ninguém tem dúvida quando vê um anão)
            e é por isso que seu tamanho
            impressionava tanto.
Seus olhos azuis estavam tristes
e tinham sardas suas mãozinhas encarquilhadas.
De repente perguntou a Bayan Eminé:
"Então seu marido serve no exército?"
"Claro que sim,
        é sargento-mestre da Guarda Nacional."

---

[73] *Giresun*: cidade na costa do mar Negro na Anatólia, antiga Kerasos.

"Meus dois filhos servem também:

    soldado raso

    e artilheiro

    em Galípoli...[74]

Hum...

Queria perguntar se vamos entrar na guerra.

Meus filhos dizem: 'Vamos entrar, sim, mamãe!'

São crianças e ignorantes,

        eles não entendem...

De qualquer forma, acho que eles também querem ir para a guerra.

O seu marido deve saber a verdade.

Deve ter-lhe dito algo..."

"Pelo que o Sargento Hüsnü me disse,

        vamos, sim, entrar na guerra..."

As mãozinhas sardentas da mulher tremeram:

"Então os meus filhos não mentiram,

        ai, meu Deus..."

Bayan Eminé interrompeu a mulher pequenina:

"Não,

    o Sargento Hüsnü diz que vamos para a guerra,

        mas eu digo que não vamos.

O coronel também disse que vamos entrar,

mas sua esposa diz que não vamos.

O que pode acontecer se entrarmos na guerra?

Também podemos viver bem sem guerrear..."

Primeiro, um pouco retraída,

depois, mais confiante de si, Perihan contesta:

"Mas mãe,

    e a pátria?

E se o inimigo atacar a nossa pátria?

A minha professora disse:

        'Vamos regar com nosso sangue

---

[74] *Galípoli*: Gelibolu, em turco.

cada palmo de nossa pátria.

        O turco morre, mas não se entrega', disse a minha

professora.

E você esqueceu

  o que disseram na rádio no Dia da República?[75]

        Por acaso era mentira?"

A mulher pequenina

      olhou com tristeza para Perihan:

"Minha filha", diz ela, "você ainda é jovem,

cresça,

    case,

        tenha filhos homens,

então vou te perguntar

      como é a guerra."

Perihan quis responder

mas uma voz feito cetim azul-celeste

  a interrompeu:

"Agora mulheres também estão se tornando soldados.

A guerra não é só para os homens.

E quanto às crianças mortas por aviões?".

Seu nome era Şadiyé.

Şadiyé estava sentada em frente a Şahende Hanım.

Há um apaixonado

  numa antiga canção de Istambul.

Seu fez um pouco longo,

seu fez um pouco preto.

E o lamento do seu coração, ah...

Os óculos são dourados, o bigode é dourado.

Ele atravessa o deserto crestado cheio de anseios

e agora espera com impaciência

      na costas das Ilhas para que Şadiyé se apresse.

E ele diz: "Onde estão aqueles lilases perfumados?"

---

[75] "Dia da República": o *Cumhuriyet Bayramı* é celebrado em 29 de outubro em comemoração à proclamação da República Turca por Mustafá Kemal (Atatürk) em 1923.

Ele diz: "Suas folhas caem quando amarelecem".
Ele diz: "Quando a terra se tornar minha morada,
regozija-te por mim, Şadiyé, por tua causa..."
Que coisa mais estranha
    que Şadiyé, com seu chapéu pontudo
    no terceiro compartimento do vagão número 510,
    apesar de sua conversa
sobre aviões que matam crianças,
lembrasse com tristeza
a Şadiyé que era esperada na costas das Ilhas.
Era charmosa e recatada.
E havia no seu rosto como que a sombra de um guarda-sol com franjas.
E esse guarda-sol pendia um pouco para a esquerda
      com um sossego lânguido
       rumo ao seu coração...
O trem aproximava-se de İzmit.
À direita, rodas d'água.
    cavalos com os olhos vendados andavam em círculos:
      como se não estivessem vivos,
      como se tivessem molas,
        como se lhes tivessem dado corda.
E depois, o mar.
À frente, por sobre o mar
    — entre Gölcük e Değirmendere —
    o navio Yavuz.[76]
Belo
    talvez recém-pintado
      limpo.
Mas, à primeira vista, assim de longe,
    surpreendentemente parecia insignificante.

---

[76] *Yavuz*: literalmente, "cruel". No verso anterior, Değirmendere se refere a um município localizado na província de Kocaeli, na costa sul da baía de İzmit. Gölcük (literalmente, "laguinho") está localizada na parte norte do golfo da Península de Armutlu, na costa do Mar de Mármara.

Era como se o tivessem segurado pelos mastros
    e suavemente posto sobre as águas.
Em nada se parecia
       — nem mesmo as chaminés —
       aos desenhos coloridos nas litografias dos cafés.
À esquerda a fábrica de papéis.
Bem lá no alto um avião.
Uma criança descalça correndo pela estrada.
Um marinheiro.
Uma mulher de xador.
Um homem com uma bandeira verde.
Semáforos
    um tanque de água
       interruptores
vagões de carga à espera de transportar coisas para algum lugar.
Placas oficiais indicando a estação de İzmit.[77]
O trem diminui a velocidade.
Kâzım de Kartal vai para o corredor com o homem com cara de tártaro.
O trem para.
Kâzım de Kartal desce do vagão com o homem com cara de tártaro.
Pouco à frente da estação,
    do outro lado, se vê uma ponte.
Nela havia homens;
curvados,
olhavam de cima para o trem parado na estação.
Estavam esperando o trem partir
    e passar debaixo deles
quase por entre suas pernas.
Kâzım de Kartal
mostrou uma árvore para o homem com cara de tártaro:
"Não tem uma árvore embaixo da ponte?

---

[77] *İzmit*: cidade a noroeste da Turquia nas margens do Mar de Mármara, antiga Nicomédia.

Uma que parece um animal
>de pernas para o ar?
Aquela enorme,
>à esquerda.
Olha.
A de galhos transpondo a ponte.
Foi num galho daqueles que penduraram a Ali Kemal.
O cara foi trazido de Istambul
>em plena luz do dia
>da barbearia
>fazendo a barba em Beyoğlu.
>em 1338...”[78]
“Quem é esse Ali Kemal?”
“Um jornalista
pago pelos ingleses.
Era o homem do Califa.
Usava óculos
>era gordo.
O sangue pingava de sua caneta
>mas um sangue impuro
>um sangue sujo.
Às vezes, a caneta inimiga
>abre feridas mais profundas
>e mais largas
>que a Mauser de um inimigo.”
“İzmit era nossa naquela época?”
“Tínhamos acabado de tomá-la.
Os ingleses ainda ocupavam Istambul.[79]

---

[78] 1338: ano do calendário islâmico correspondente a 1922. Beyoğlu é o nome de um distrito localizado no lado europeu de Istambul. Antigamente era conhecido como *Pera*. É o centro onde se concentra a vida noturna e artística da cidade.

[79] “Os ingleses ainda ocupavam Istambul”: İzmit foi ocupada pela Inglaterra em julho de 1920, durante a Guerra de Independência Turca (a *Kurtuluş Savaşı*, de 1919-1923). Os turcos somente a tomaram de volta, agora dos gregos, em junho de 1921.

Ali Kemal foi sequestrado bem diante dos olhos azuis dos ingleses.
Houve rumores de que ele estava vindo para cá
    seis ou sete horas antes.
As pessoas se aglomeraram no cais.
Talvez três quartos do povo de İzmit,
    até mesmo as mulheres.
Eu olhava de perto da Grande Mesquita,
    com binóculos.
Por fim, aparece um barco,
    chegando aos trancos.
Corri para baixo.
Antes que eu pudesse chegar ao cais
   tiraram Ali Kemal do barco.
Lá,
  no morro,
    fica o prédio do governo na Praça do Palácio,
    a unidade militar,
    eles o levaram para lá.
Na frente do prédio,
   a praça,
    as ruas
     estavam lotadas.
Como formigas, o povo de İzmit se apinhava.
Mas irado,
  mas impiedoso.
Muitos também davam risada;
   a cidade de İzmit parecia um parque de diversões.
E fazia calor
não havia nuvens no céu.
Ali Kemal não passou nem 20 minutos dentro do prédio
    e foi conduzido para fora.
Deu um passo.
Estava cercado de oficiais e policiais.
O rosto pálido como cal.
Loiro.

De repente, o povo começou a gritar:
 "Maldito seja, Artin Kemal..."[80]
Parou.
Se virou.
Olhou para trás
  em direção à porta do prédio,
   talvez para voltar e entrar lá de novo.
Mas lentamente fecharam a porta na cara dele.
Cambaleou cerca de dez passos.
O povo gritava sem cessar.
Atiraram uma pedra de trás,
  que acertou sua cabeça.
Mais uma pedra,
 dessa vez no rosto.
Os óculos se quebraram.
Vi sangue escorrendo pelo seu bigode.
Alguém berrou: "Espanquem ele!".
Chovia pedras,
paus,
vegetais podres.
Os guardas soltaram Ali Kemal.
A multidão se precipitou sobre ele como uma nuvem negra
   e o derrubaram.
No chão, fizeram o que tinha de ser feito.
Então a multidão se afasta um pouco.
Vi que estava deitado de bruços.
Aos seus pés a roupa de baixo,
a cueca.
Sua pele nua era branca, gorda e molenga como gelatina.
Parecia que ainda respirava.
Amarraram uma corda no pé esquerdo.

---

[80] "Maldito seja, Artin Kemal...": uma testemunha diz que seu corpo coberto de sangue foi posteriormente pendurado com um epitáfio sobre o peito que dizia "Artin Kemal", nome armênio usado com o fim de conferir uma humilhação final à vítima.

Nunca vou esquecer:
não tinha nem sapato nem meia no pé esquerdo,
   mas a liga permanecia em sua perna direita.
Começaram a arrastar o morto pela perna.
Ladeira abaixo, sua cabeça batia nas pedras.
O povo seguia.
De repente, a corda se rompeu.
Amarram outra.
Foi uma lição e tanto.
Não se deve irritar o povo.
Tem paciência uma vez, tem paciência duas;
De qualquer forma...
Assim Ali Kemal percorreu toda a cidade de İzmit.
Depois,
como já disse,
penduraram o morto num galho acima daquela ponte.
Mais tarde eles o baixaram,
   mas um pedaço de sua camisa
   ou de sua cueca
   ficou balançando por um ou dois meses num outro galho.
Então seu relógio, entre outras coisas, foi leiloado,
     mas muito depois...
Conheço uma pessoa
   que comprou por cinco liras uma de suas meias como
  lembrança.”
O homem com cara de tártaro pergunta:
“O relógio era de ouro?”
“Era.”
“Eles não fizeram bem,
nem o comprador do relógio
   e nem quem comprou a meia.
Eles dizem que é para dar sorte,
    mas não acredite nisso.
Os pertences de um homem enforcado dão azar.
Eles não fizeram bem.

E o povo de İzmit tampouco fez a coisa certa.
Se o cara for culpado,
    o governo lhe dá a sentença
        e o enforca.
Linchar o cara
    é o mesmo que se opor ao governo.
Quando fiquei ferido em Çanakkale[81]
    e estava de cama no Hospital de Haydarpaşa...”
Kâzım de Kartal dá risada:
“Tudo bem, mas”, diz ele,
    “você mesmo acaba de falar mal do governo.”
“Eu?”
“Sim, você...”
“Mentira.
Eu não me oporia ao governo.”
“Você se opôs ao seu funcionário.”
“Eu me desentendi com o bilheteiro.”
“A estrada de ferro é do governo, e o bilheteiro é funcionário dele.”
Dessa vez quem riu foi o homem com cara de tártaro:
“Então eu também sou funcionário público,
    já que trabalho como vigia numa fábrica Merino?”
“Claro,
    você é funcionário...”
“Deus me livre!
Não sou.
Nem eu, nem o bilheteiro.
Como podem bilheteiros e vigias se tornarem funcionários públicos?
Nem policiais eu considero funcionários públicos.
Já o delegado é diferente.
Ele é funcionário público...”

A conversa teria se estendido.
Porém, soou o sino de partida.

---

[81] *Çanakkale*: Dardanelos.

Kâzım de Kartal e o homem com cara de tártaro correm para seus
    vagões.
O trem parte...

O trem atravessa a cidade
            cruzando o centro de İzmit.
Perde um pouco de solenidade
        e ganha ares de bonde.
Os citadinos, as casas e as lojas
        nem viravam a cabeça para observá-lo.
Apesar de todo o ruído,
        não pôde despertar de seus sonhos
                    os cavalos da carreta.
Mas assim que deixa a cidade de İzmit para trás
        e entra nos campos desabitados
        nesta tarde de maio,
        o trem reencontra sua antiga seriedade
        e se torna o "reparador de separações".

No vagão de terceira classe número 510,
testa apoiada no vidro da janela
um mundo perdido passava
            pelo coração de uma pessoa.
Kiryos Trastellis, um "velho grego".
Ele era do porto de Missolonghi,
            em frente à cidade de Patras
            no Canal de Corinto.
Não dava a mínima para Fídias, Homero ou Aristóteles.
Gostava do mar, do calor e da multidão.
Para Mikhail Trastellis, as maravilhas do mundo
eram as lagostas e os polvos de oito tentáculos.
Cabines em entrepontes de navios pesqueiros,
uma casa térrea no porto de Missolonghi
e os amigos eram a Grécia em seu coração.
O que houve com a Grécia?

Kiryos Dimitrios Mikhail Trastellis,
em 1941
        no mês de maio
        para onde que você vai
        agora que colocou o mar, a Grécia e sua casa
        dentro de uma mala de papelão?
Como você foi acabar sozinho neste mundo?
                Por que você perdeu tudo?
Seus amigos morreram.
Os navios pesqueiros jazem nas profundezas das águas de Corinto,
como cadáveres dentro de caixões de vidro.
Este ano os comandantes de Hitler comerão lagostas.
Seu pai está em Atenas
        sua mãe em Quios
                sua irmã em Alexandria
e você num vagão de terceira classe número 510.

O trem atravessa a planície de İzmit.
Numa primavera como essa
        numa tarde como essa
quando a claridade do céu é suave como uma cantiga de amor
as sombras das árvores
        começam a se espreguiçar na terra
                com sossego e frescor
quando as ervas com seus pássaros, os animais de chifre e os insetos
parecem mais jovens
        mais voluptuosos
                e mais verdes
quando como carpas alegres e preguiçosas
        os lagos se agitam
o feliz coração humano se aflige
        com o pesar de viver no mundo de hoje.

Mikhail Trastellis olha pela janela,
mas esta terra não lhe diz absolutamente nada.

Não porque ela não sabe seu idioma.
Numa tarde como essa, numa primavera como essa,
nem é grego nem turco que a terra fala,
                    mas sua própria língua.[82]
Mas Mikhail estava pesaroso
    tão pesaroso
            que não podia ouvir nem as pessoas nem o mundo.
No entanto, neste vagão, nesta tarde,
    o seu pesar era o mesmo das pessoas e do mundo de hoje.

O trem atravessa a planície de İzmit.
Vagão de terceira classe número 510.
Primeiro compartimento.
Os condenados conversam com os guardas.
A condenada Melahat pergunta ao guarda Haydar:
"Você gosta de crianças?"
"Quem não gosta?
É aquela velha história: perguntaram 'quem é maior que Deus?'
E responderam: 'a criança'.
É claro.
Como é que uma criança pode ter medo de Deus?
                    Não pode.
Aquele que não tem medo do outro, esse é o maior.
Você tem filhos, irmã?"[83]
"Tenho.
Eu a deixei com minha mãe.
Acabou de completar três anos.
Vou trazê-la no ano que vem."
"Para a prisão?"
"Sim."

---

[82] "Sua própria língua": para "língua grega", o turco distingue entre duas palavras, ou dialetos: o *Rumca* (usado aqui), dialeto falado pelos gregos que habitavam na Anatólia, e o *Yunanca*, o grego moderno.

[83] "Irmã": tradução de *abla*, que significa ou "irmã mais velha" ou "senhora".

"E por que não?
Dá na mesma para as crianças.
Para as crianças e para os gatos
tanto a prisão quanto o paraíso estão ótimos...
E o pai dela, onde está?"
"Também está na prisão."
"O que ele fazia?"
"Trabalhava com tabaco.
Eu também."
"Nos armazéns?"
"Sim."
"Conheço os armazéns.
Tinha um İbrahim no nosso vilarejo.
Ele foi para Samsun e trabalhou com tabaco.[84]
Três anos depois morreu da doença-ruim.[85]
Você está indo para onde está o seu marido?"
"Não.
Ele está em outra penitenciária."
"Que Deus tenha misericórdia dele, irmã.
O que posso dizer?
Não fique triste, vai dar tudo certo."

O condenado Halil conversava com o guarda Hasan.
O guarda Hasan perguntou:
"Você acha que o governo vai racionar pão?"
"Provavelmente."
O guarda Hasan pensou,
e, fungando, disse:
"E deveria."

---

[84] *Samsun*: cidade localizada na costa norte da Anatólia, às margens do mar Negro, na clássica Pontus. Durante o assentamento bizantino era conhecida como Amisus.

[85] "Doença-ruim": tradução de *ince hastalık*, literalmente "doença magra", uma expressão coloquial para se referir à tuberculose.

"Por quê?"

"O pão deve ser respeitado.

O povo deixou de respeitar o pão.

Os citadinos comem uma fatia e jogam outra para o cachorro.

O pão é remédio para o corpo.

Eu só queria que os impostos das aldeias baixassem um pouco

e também que o gado negro ficasse mais barato.

Tenho todas as terras que alguém possa desejar,

mas não tenho um gatinho para acariciar."

O guarda Haydar conta sobre os Höyük para Melahat:

"A uma hora do nosso vilarejo

        há uma aldeia alevita.[86]

São pessoas trabalhadoras, mas veneram os galos.

E os Höyük estão nessa aldeia.

Você cava

    e surgem imagens de pedra gigantescas,

      potes de cerâmica, veados de ouro.

Agora o governo está cuidando disso.

O que encontram, levam para o museu

       em Ancara.

Você já foi a um museu, irmã?"

Melahat deu risada:

"Nunca fui."

"Eu já fui uma vez, em Istambul."

"Ao museu militar?"

"Não,

outro.

Vale a pena ver.

Só imagens de pedra de sultões hereges.

Acho que não existia ferro naqueles tempos,

---

[86] "Alevita": seguidores de um ramo do islã xiita, com influências pré-islâmicas. Seu nome é derivado de ᶜAlī ibn Abī Tālib, genro do profeta Maomé.

se existisse, teriam moldado com ferro, como as de Atatürk.[87]
E a maioria está nua.
Há mulheres também.
Até seus túmulos estão lá.
Um dia eles também estiveram vivos,
agora jazem em pedras no museu."

O sargento discutia a guerra com o condenado Fuat.
O condenado Süleyman olhava pela janela
e recitava um poema de Fikret para si mesmo:
"Comais, senhores, comais, a mesa da alarvice é vossa..."[88]

Pela planície de İzmit passa o trem.
No quinto compartimento do vagão número 510
o dono do alforje de *kilim*, Halim Ağa,
                        dormia.
Retraído
        com sua barba negra e meias de lã brancas,
parecia um animal dormindo num covil quente e úmido.
Subitamente o trem para.
Halim Ağa olha pela janela.
Embora fosse noite lá fora,
                as lâmpadas do vagão não tinham sido acesas.
Estavam numa estação;
                uma estação muito grande
                        que Halim Ağa nunca tinha visto antes.

---

[87] *Atatürk*: Mustafá Kemal Atatürk (1881-1938) foi oficial do exército turco, célebre estadista revolucionário, fundador da República da Turquia e seu primeiro presidente.

[88] "Comais, senhores, comais, a mesa da alarvice é vossa...": alusão ao poema *Han-ı Yağma*, "A mesa da pilhagem", "*Yiyin efendiler, yiyin, bu hanı iştiha sizin...*", de Tevfik Fikret (1867-1915), poeta otomano considerado o fundador da moderna poesia turca. Fikret combinava em sua literatura tanto a noção da arte como um fim em si quanto a função de porta-voz do protesto e da desobediência civil. Seus poemas, que muitas vezes eram memorizados e circulavam clandestinamente, protestavam contra os opressores. Em um de seus mais famosos poemas, *Sis*, "Névoa", ele descreve Istambul como uma "viúva virgem vulgívaga" (*bin kocadan artakalan dul kız*).

A estação estava escura,

      lá tampouco tinham acendido as lâmpadas.

Lotada até onde os olhos podiam ver.

Tocavam tambores.

Homens seguravam cavacos chamejantes.

Bradavam e clamavam.

Os tambores, a estação e a noite escura,

      contra o vermelho mosqueado dos cavacos,

        ganhavam o dobro de intensidade.

De improviso, começou a nevar.

Nevava em grandes flocos.

Rufavam os tambores com mais força.

Bandeiras foram desfraldadas,

      não vermelhas,

        mas verdes.

Um homem subiu no teto da estação,

na cabeça um colbaque[89]

e uma cimitarra embainhada em seu cinto de fios prateados.

Esse era o paxá que havia derrotado os ingleses na Mobilização, agora

      jornalista.

Halim Ağa o reconheceu.

Embora nunca o tivesse visto antes dessa noite.

Olhou com mais atenção

e por pouco não gritou.

O merceeiro Hacı Nuri Bey também estava ao lado do Paxá.

Gesticulando do teto, disse a Halim Ağa:

"Vem aqui, sobe aqui, sobe!"

Halim Ağa desceu

      e beijou as vestes do Paxá.

Os dois estavam num automóvel

      que era maior do que o do governador de Çankırı.

Chovia.

---

[89] "Colbaque": do turco *kalpak*, chapéu militar feito de peles de animais, geralmente de formato cilíndrico, usado na Turquia até a Primeira Guerra Mundial.

O carro voava feito um pássaro na estrada lisa.

Halim Ağa estava sentado do lado oposto ao do Paxá.

Ao lado do motorista estava seu alforje de *kilim*.

Curvando-se em direção à barba de Halim Ağa, o Paxá disse:

"Terminou, ainda bem. Esse negócio terminou rapidinho.

Nos aliamos aos alemães e entramos na guerra.

Aja rápido.

Não diga nada a ninguém, nem mesmo a Hacı Nuri Bey.

Vai haver racionamento de pão,

   você tem farinha de trigo?"

"Tenho, meu Paxá."

"Você fez estoque de açúcar?"

"Fizemos, meu Paxá."

"E querosene?"

"Compramos.

  E azeitona, *bulgur*,[90] arroz, grão-de-bico, feijão —

    está tudo pronto."

"Muito bem.

Você vai ser mais rico que Hacı Nuri Bey."

"Graças ao senhor, meu Paxá."

"Amanhã todo mundo vai ouvir, mas por hoje fique calado.

Faremos juntos a primeira prece de sexta-feira na gloriosa Damasco."

"Se Deus quiser, meu Paxá."

"Você vai ser mais rico que Hacı Nuri Bey,

  mais rico que Hacı Nuri Bey,

   do que Hacı Nuri Bey."

Ele sentou com o Paxá sob um caramanchão,

  sobre uma esteira do Egito muito branca e fina como seda.

Pergunta ao Paxá:

"Esse infiel do Hitler é muçulmano de verdade?"

"Sim, é muçulmano.

---

[90] *Bulgur*: conhecido em português como triguilho, trata-se de uma preparação feita com trigo de sêmola dura.

Eu mesmo o vi com meus próprios olhos se lavando no *hamam*;[91]
os infiéis não lavam suas partes íntimas no *hamam*;
ele é circuncidado."

Um gato passa por entre as pernas de Halim Ağa,
                um gato ferrugem
com longos pelos candentes.
Halim Ağa põe-se a correr atrás do gato.
O gato corre,
        ele o persegue,
                o gato corre,
                        ele o persegue.
Chegam perto do *hamam* do centro da cidade.
O gato entra lá.
Surge a filha do fabricante de balanças, Şerife.[92]
Leva debaixo do braço uma trouxa com apetrechos de *hamam*
e requebra o corpo enquanto caminha.
Suas bochechas rechonchudas ficaram vermelhas,
os cabelos pretos molhados por baixo do véu.
Tinha mais ou menos quinze anos.
Halim Ağa enrola no pulso os cabelos de Şerife
e a deita de costas sobre as sacas de açúcar.
Abre sua blusa.
Ele morde sua bochecha esquerda.
No lugar da mordida na bochecha, escorre sangue em direção ao seu
        pescoço branco.
O Paxá toca no ombro de Halim Ağa.
Sentado à mesa do governador,
            o Paxá comia sanduíche de *kebap*.
Halim Ağa diz:
"Meu Paxá,

---

[91] "Se lavando no *hamam*": alusão ao ritual islâmico, conhecido como *abdest* em turco, da purificação por meio da água.

[92] *Şerife*: nome feminino que significa "nobre".

a vontade de Deus foi de até quatro esposas.

Dai permissão

para o retorno da charia.[93]

O Paxá dá risada:

"Isso também vai acontecer, Halim Ağa.

        Mas ainda não chegou a hora.

Case com ela no religioso."

"O pai dela não concorda."

"Se separe de sua esposa, então."

"Aí vou perder o terreno e as duas lojas."

"Faça como quiser..."

A esposa de Halim Ağa estava lavando roupa na cozinha.

Não ouve o marido entrar.

Estava agachada.

De costas para a porta.

Enquanto os braços trabalhavam na bacia de madeira

sua escápula subia e descia por baixo do vestido preto.

Halim Ağa olha sua esposa e a cozinha.

O teto desaparecera —

estrelas surgiam logo acima.

Halim Ağa anda na ponta dos pés.

Seus sapatos de borracha não fazem nenhum barulho.

Chega bem perto de sua esposa.

Pega com a mão direita a machadinha escondida debaixo do casaco.

A cunha da machadinha estava corroída em três lugares.

Levanta-a e acerta a nuca da mulher.

Não sai sangue.

A cabeça não cai no chão.

Fica pendurada no pescoço por uma pele.

E aí, balançando,

        olha para o rosto de Halim Ağa:

---

[93] *Şeriat*: em turco se refere ao corpo da lei canônica islâmica que orienta a vida civil e religiosa dos muçulmanos e que, em grande parte, era predominante durante o Império Otomano (1299-1922). Em 1923, a Turquia se tornou uma república secular.

"Ağa, o que você fez?", ela diz
          "você acertou uma vez, acerte outra."
Halim Ağa sabe,
ele se lembrava da história de Arabüzengi,[94]
só devia bater uma vez.
Se batesse mais uma vez, ela reviveria.
E não bateu mais uma vez.
A cabeça, ofendida,
          franze as loiras sobrancelhas,
então rebenta do pescoço moreno e fino
               e cai no chão.
Ao rebentar e cair,
     a pele do pescoço se solta,
          descascando como a casca do galho de um salgueiro.
Alguns estudantes fazem da cabeça uma bola,
e começam a jogar no jardim do escritório militar.
E quando o Ağa passa por aí com a machadinha,
o filho do capitão dá um chute
               nesta bola de cabeça humana
                    que para nos braços de Ağa.
Ağa olha para o que caiu nos seus braços, olha.
Não é a cabeça da sua esposa,
mas a cabeça do profeta Ali.
Halim Ağa começa a chorar.
E se aterroriza.

---

[94] *Arabüzengi*: personagem do folclore turco que figura num conto popular chama-do *Şah İsmail*. No conto, o Xá se depara, quando estava a caminho da Índia, com um guer-reiro africano assustador, o Arabüzengi, que tenciona matar todos os jovens guerreiros que cruzam seu caminho, misturando a um prato de arroz o sangue de suas vítimas. A alusão de Hikmet é ao fim da história em que, quando o soberano de Kandahar (pai do xá e que queria eliminá-lo) é desafiado a dar o golpe fatal em Arabüzengi (que estava a favor do xá Ismail), esta corta o soberano em dois com uma única pancada. Cf. P. N. Boratav e W. Eberhard, "The Negro in Turkish Folklore", in *The Journal of American Folklore*, vol. 64, nº 251, 1951, pp. 83-8; A. Gallagher, "The Transformation of Shah Ismail Safevi in the Turkish *Hikâye*", in *Journal of Folklore Research*, vol. 46, nº 2, 2009, pp. 173-95. Na tra-dução francesa, *Le conte du Nègre*.

O Paxá lhe pergunta o motivo.

"Matei minha esposa, meu Paxá", ele diz.

"Não faz mal.

Ela morreu; você está vivo.

Diremos que ela morreu num bombardeio aéreo",

     diz o Paxá.

"Agora vá para Istambul se divertir um pouco.

Agora você é mais importante do que Hacı Nuri Bey.

E venha me ver no jornal,

    vamos tomar um café."

Halil Ağa alugou um vagão de terceira classe.

Mas este não tinha compartimentos.

Sozinho, só para ele...

Cobre o chão do vagão de *kilims*.

E, tirando as meias,

  de cuecas, se deita no meio do vagão.

Acende o braseiro.

Coloca a cafeteira sobre ele.

O café espuma na cafeteira.

Vê, diante dele, a filha do fabricante de balanças, Şerife.

Suas panturrilhas grossas e brancas e seus mamilos cor-de-laranja

  estavam tão próximos de sua barba

que, ao estender os braços para abraçá-la,

o trem para de repente.

O dono do alforje de *kilim*

   voa no ar

   sem cauda nem asas

   até as nuvens.

Então, bate subitamente a cabeça numa estrela

    e desaba no mar

    despenca como chumbo

    e, nervoso, acorda.

O trem tinha mesmo parado.

Os passageiros acorrem à janela. Estavam agitados.

Ouvem-se apitos,
    vozes.
Halim Ağa, segurando a cabeça dolorida,
        pergunta:
"Que foi? o que houve?
Abram espaço para que eu também veja."
Não abrem espaço para a janela.
Mas o homem com cara de tártaro explica:
"Você estava dormindo e o trem fez uma parada brusca.
Caímos um em cima do outro.
E não há estação nem nada.
Um fim de mundo.[95]
Os bilheteiros descem
    e correm de lá para cá gritando."
Halim Ağa não ouve mais
e, ao disparar de meias de lã para o corredor, diz:
"Eu pressenti isso, eu pressenti,
    vi tudo num sonho."

No chão,
o maquinista Aladin, ao lado da locomotiva, estava parado.
Era como se ele tivesse parado de repente seu cavalo numa corrida
        e desmontado,
      ainda segurando as rédeas.
A locomotiva suava.
Soltava como que sons úmidos
arquejando em meio às nuvens brancas de vapor.
O carvoeiro İsmail pergunta lá de cima:
"Chefe, qual foi o vagão que puxou o freio de emergência?"
"Não sei,
    vamos verificar."
O condutor-chefe grita na frente dos vagões:
"Senhores, sem alvoroço!

---

[95] "Um fim de mundo": tradução da expressão *Allahın kırı*, ou "ermo de Deus".

Senhoras, pedimos que não desçam dos vagões!"
Aladin se aproxima do condutor-chefe;
conversam;
ele retorna.
Ao longo da estrada que percorreram
          havia pessoas carregando coisas.
O carvoeiro İsmail pergunta:
"O cara está morto, chefe?"
"Não dá para saber."
"Por que é que ele se jogou?"
"Não sei."
"O que você diria, chefe,
          foi por amor?"
Ele pediu a mão da garota,
          mas não a concederam.
Ou a sua esposa o estava traindo."
"Eu acho que não."
"Se não foi por amor, foi por falta de dinheiro.
Viu que não tinha solução."
"Talvez."
"Ou um de seus amigos o sacaneou terrivelmente."
"Vai saber..."
"Para ser sincero, chefe,
          o pobre homem não devia ter bilhete."
"É bem possível."
"Me ocorreu outra coisa agora, olha:
ele tinha um filho ou irmão no estrangeiro,
os aviões bombardearam
          e ele morreu."
"Meu Deus, İsmail, eu não sei."
"Sim, mas o que você acha, chefe?"
"Acho que a porta do vagão para as escadas ficou aberta,
o homem não percebeu,
se curvou
e caiu..."

"Chefe, não foi assim."
"Por que não?"
"Porque não pode ser."
"Por que não pode ser?"
"Porque não pode eu não sei,
              só sei que não pode."
O maquinista Aladin reflete
e com um sorriso estranho e triste diz:
"Você tem razão, İsmail,
está certo,
não pode ser.
Há tantas razões no mundo para enlouquecer e querer morrer,
e as pessoas se deixam vencer tão facilmente,
que você não consegue aceitar que foi só um acidente,
que a porta para as escadas foi deixada aberta."
Dessa longa frase, İsmail entendeu somente o final,
e somente com o final dela concordou:
"Eu não consigo aceitar, chefe..."

Colocam o corpo no vagão de carga.
Um homem de aproximadamente cinquenta anos.
O maquinista Aladin sobe na locomotiva.
O condutor-chefe sinaliza,
e, quando o trem parte,
no quinto compartimento do vagão número 510,
o dono do alforje de *kilim*,
       irritado que seu sonho não se realizou,
fumava um cigarro
       como um narguilé de barba preta.
Eram 6:38
       da tarde.

Livro II

I

A primavera chega à lanchonete da estação de Haydarpaşa
com morangos de Arnavutköy mais perfumados do que rosas
                    e salmonetes grelhados envoltos em folhas de parreira.
Ainda assim
Hasan Şevket
bebe *rakı* com uma única fatia de queijo branco.
São
18:38.
As mãos de Hasan Şevket tremem sobre a toalha xadrez
                e, os olhos fixos no copo, passa por sua cabeça
        o título de um livro de Anatole France:
        Le crime de Silvestre Bonnard.
Pensou:
"Tem de ser traduzido para o turco."
E pensou:
"Será que já foi traduzido?
                Quando?"
Ele não sabe
pois desde que se tornou um de nossos autores renomados
ele não leu mais nada em turco, exceto suas próprias obras.
"*Le crime de Silvestre Bonnard.*
O crime de Silvestre Bonnard.
Um belo título.

Mas qual foi seu crime?

E quem foi Silvestre Bonnard?

No livro não tem um homenzinho do tamanho de um polegar
ou até menor do que isso...?

E ele conversa com Silvestre Bonnard

à luz de uma vela

e talvez empoleirado sobre o manuscrito de um livro em latim

encadernado com couro vermelho?

Mas talvez essa seja a aventura de um outro romance..."

Hasan Şevket pensa
com os olhos fixos no copo:
"O homem do tamanho de um polegar —
ou seja, a nossa consciência,
que fala conosco à luz de uma vela
ou quando estamos sozinhos com um copo.

E eis que o meu homem do tamanho de um polegar

(igualzinho a mim, atarracado e de cabelos castanho-claros)

sobe no meu cálice e senta-se na beirada.

Balança as pernas.

Se minhas mãos não tremessem tanto

eu o empurraria com a ponta do garfo

e, caindo dentro do copo de *rakı*, ele poderia se afogar.

Seus dentes estão todos podres.

A voz parece um coaxar de sapo.

E, feito uma criança chorona que sonha com a mãe morta, murmura:

'Hasan Şevket,
Hasan Şevket,
você é um fracasso.

Como ficou desse jeito?

Quem fez isso com você?

Há quanto tempo você está assim?

E como outros progrediram!

Agora apertam sua mão como se você fosse uma lembrança antiga.

Olham para sua cara com uma pena aviltante.

É claro
que eles se esqueceram faz tempo, Hasan Şevket,
das pensões de armênios e bielorrussos
cheirando a azeite queimado e urina.
Agora como eles se comportam insolentes e triunfais com as mulheres!
Eles esqueceram faz tempo
a vergonha desoladora das cuecas remendadas.
Agora o mundo é deles, com todas as suas bênçãos.
Aos cinquenta anos
não têm mais de escrever séries literárias
             para estudantes de colegial ou para jovens oficiais
                a duas liras a série.
Mas por quê, Hasan Şevket?
Por quê?
Por acaso eram mais espertos que você?
Não.
Mais versados?
Não.
Menos ardilosos que você?
Menos mentirosos?
Menos arrogantes?
Não, mais.
Até mesmo o pintor Mahmut levou cinco mil liras por um retrato.
É mais preguiçoso que você,
             mais beberrão.
Você está com inveja?
Talvez.
Confesse.
Sim:
você gostaria de ver todos morrerem
             de repente
um dia
             numa epidemia de gripe, por exemplo.
Mas você vai morrer antes deles.
Um dos seus rins já apodreceu faz tempo.

A primavera chegou, Hasan Şevket,
    a seiva corre nos galhos
os pássaros fizeram seus ninhos
    — e nem como eles você conseguiu ser...'"

A plataforma está lotada.
O Expresso Anatólia parte às 19h em ponto.

Hasan Şevket ergueu os olhos do copo para a plataforma
e avistou Nuri Cemil:
estava parado diante do carrinho de um livreiro ambulante
                       lendo alguma coisa.
"Veja — diz Hasan Şevket
    para o homenzinho do tamanho de um polegar —
  veja o Nuri Cemil.
Ele alugou uma casa de veraneio em Suadiye.[96]
Ganha pelo menos quinhentos por mês.
Talvez também ganhe alguma coisa da Embaixada da Alemanha.
Viva, Nuri Cemil!
    Viva!
Você já deve ter esquecido faz tempo
aquela noite
    desesperada e abjeta
em que compartilhamos
a nossa solidão com as estrelas lá de cima ao virar
na esquina de Galatasaray
    e desmaiar à entrada do İş Bankası[97]
        — eu de *rakı*
          e você de cocaína.

---

[96] *Suadiye*: distrito do município de Kadıköy, no lado asiático de Istambul, em que residem sobretudo pessoas opulentas.

[97] *İş Bankası*: literalmente, "Banco do Trabalho", o primeiro banco público a existir na Turquia republicana, foi fundado em 1924 e permanece ativo até hoje.

Seu maldito
aleijado..."

Nuri Cemil era coxo.
Nuri Cemil
ignorante da conversa de Hasan Şevket
com o homenzinho do tamanho de um polegar,
circunspecto, acende um cigarro.
Devolve o livro ao livreiro.
Vê Tahsin
        que entrava no vagão-leito.
De súbito faz uma careta — intencional,
desmesurada —
como se tivesse visto sujeira.
Tahsin
(médico parlamentar)
um homem alto e barrigudo
de olhos verdes intensos
e bigode bem preto
        caindo sobre o lábio ainda carnudo, cor de cereja,
ignorando o alarde de Nuri Cemil,
                        desapareceu no vagão-leito.

Hasan Şevket
        ergueu o copo
        e, girando-o lentamente,
        o aproximou dos olhos.
Falava como se realmente existisse alguém sentado
                        na beirada do copo:
"Viu? Nuri Cemil está morrendo
de inveja de Tahsin.
Aleijado desgraçado.
Está de olho no parlamento,
        talvez no ministério.

E eu sei como ele pretende

           seguir em frente.

Não por ler suas colunas

(graças a Deus não me contaminei com elas)

mas pelo jeito que ele fuma.

A cada vitória dos alemães, seu coração

         bate feito os tambores do regimento de infantaria da Prússia.

Uma coisa que não consigo perdoar em Hitler é

como ele dá, a pessoas como Nuri Cemil,

          a oportunidade de se venderem,

     como ele enche seus corações de aspirações formidáveis.

Tão formidáveis

que eles não conseguem aguentar.

E por isso o mostram

         de maneira tão estúpida

          tão impudente.

Como se diz 'impudente' em turco puro?

Certamente vão pegar uma palavra do *chagatai*.

E se eu disser 'sem-vergonha' ou 'descarado' no meu turco?[98]

Não,

'impudente' parece ser mais direto

         mais desavergonhado.

É uma pena

que nunca pude acariciar com as mãos

      um par de seios

        firmes e impudentes,

os da minha mulher eram flácidos e mortos...

Meu homenzinho do tamanho de um polegar,

vamos ser sinceros:

---

[98] "No meu turco": nesses versos, "impudente" traduz *hayâsız* (oriunda da raiz árabe *ḥayā'*, "vergonha"); "sem-vergonha", *utanmaz* e "descarado", *sıkılmaz*. A passagem alude à reforma da língua turca (*dil devrimi*), que principiou na década de 1930 e visava substituir palavras árabes e persas por equivalentes em "turco puro" (*Öztürkçe*). Por vezes, os reformadores buscavam termos correlatos em outras línguas túrquicas, tal como o *chagatai*, que foi amplamente utilizada na Ásia Central, e hoje é língua extinta.

você se venderia?

Não.

E se te dessem quinhentos por mês?

Sem chances.

Setecentos?

Sem correr o risco

de comprometer a sua dignidade?

Por pequenos artigos eruditos,

pequenas matérias neutras?

Sim.

É possível.

Não.

Isso é ser um colaborador.

Por que pensar com palavras tão horrendas?

Mas você tem razão.

O dinheiro é abominável.

'A propriedade é um roubo',[99] disse Proudhon.

    'Você é um pequeno burguês anarquista', me disse

        um dos nossos poetas comunistas.

Por quê?

Não sou nenhum anarquista.

Dinheiro?

O dinheiro é uma abominação.

E quanto a um posto de influência?

Um posto no governo?

Uma chance de dar ordens, de mandar?

Especialmente quando não há outra saída?

Pois já está claro

    que os alemães vão ganhar.

---

[99] "Proudhon": Pierre-Joseph Proudhon (1809-1865), filósofo político francês, considerado um dos mais influentes teóricos do anarquismo, tendo sido o primeiro a se autoproclamar "anarquista", termo até então pejorativo entre os revolucionários. A frase famosa, citada no poema, está contida em sua obra *Qu'est-ce que la propriété? Recherches sur le principe du droit et du gouvernement* ["O que é a propriedade? Investigações sobre o princípio do direito e do governo"], de 1840.

De qualquer forma,

ainda tenho coisas a resolver com algumas pessoas.

Algumas pessoas?

Todas elas!

Então o caso está resolvido?

Não se apresse —

e os meus princípios?

Os seus princípios nunca mudam, homenzinho do tamanho de um
 polegar?

Podem mudar, sim.

Hasan Şevket,

você não entende de política.

É tão difícil entender?

Nuri Cemil era um escritor desprezível,

mas agora...

É verdade.

Não é tão difícil.

Só que..."

Assim, pouco

a pouco, Hasan Şevket

tentava enganar seu homenzinho do tamanho de um polegar

quando este, de repente,

 aprumou-se na beira do copo e gritou a plenos pulmões:

"Você é pior que Nuri Cemil, seu trouxa![100]

 Você não tem sequer a coragem de ser corrupto..."

Hasan Şevket ficou mais vermelho que um tomate.

Deu um gole em sua bebida.

O copo tremeu.

O homenzinho do tamanho de um polegar despencou dentro do copo.

E o homem de dentes todos podres

cuja voz parecia um coaxar de sapos

---

[100] "Trouxa": no original, *deyyus*, palavra oriunda do árabe (*dayyūθ*), que também
significa "corno", "marido de adúltera".

se afogou dentro do *rakı*.
Hasan Şevket sentiu uma dor aguda
        como se alguém tivesse pisado em seu calo.
E uma lágrima escorreu na sua bochecha esquerda...

A plataforma estava lotada.
Nuri Cemil entrou
    na primeira classe
        do trem suburbano.
O vagão de veludo vermelho estava vazio.
Só restavam dois ou
    três desses vagões.
Todos eram velhos,
    relíquias de outras épocas
(ainda bem que hoje em dia os tempos passam depressa no meu país)
os novos são de marroquim falso, de oleado.
Nuri Cemil estava contente
    por ter encontrado um vagão de veludo.

Nuri Cemil passou a infância doente
                pobre
                  sem pai.
Numa miséria que doía como queimadura
— miséria que só as crianças podem sentir
        (não aquelas que nasceram pobres,
            mas as que se tornaram pobres) —
e invejava tudo o que não tinha.
Vem em parte daí
(e em parte dos anos seguintes também)
o fato de que por toda a sua vida odiou os pobres
e teve respeito pelos ricos:
um respeito, porém, sombrio
            tímido
          secreto
            desconfiado

e por vezes
cheio de raiva, como se quisesse revidar
um insulto pessoal.

Uma manhã chuvosa de bairão
          é a lembrança mais horrenda de Nuri Cemil.
A roupa comprada no Grã-Bazar tinha desbotado
e o neto da grande vila de Göztepe[101]
(uma criança rechonchuda de oito anos)
desceu as escadas envergando o uniforme de um assistente de sultão
e uma pequena espada com punho de ouro incrustado
                              — e o fez chorar.
E é mais ou menos por essa razão que, agora, Nuri Cemil
            estava contente por ter encontrado o vagão de veludo.
Porque sob essa luz de fim de tarde
          mergulhado numa claridade gasta e macia
      ele cheiraria o suor do veludo antigo com um ar triste de triunfo
sentindo nos ombros muito estreitos
        as dragonas trançadas de ouro puro
            de um assistente de sultão.

Para chegar a um vagão de veludo
          Nuri Cemil lutou por quinze anos
                    cercado de pessoas iguaizinhas a ele:
pessoas como gatos
      porcos-espinhos
          pavões
semelhantes a um bando de chacais
      errando de cabeça baixa pela estepe.
Hipócritas que tinham duas caras
e a amizade sempre pronta
para a traição.
Todos, como Nuri Cemil, acreditavam que só eles estavam certos

---

[101] *Göztepe*: bairro localizado no lado asiático de Istambul.

só eles eram corajosos
só eles
eram azarados...
E igualzinho a ele
cada um deles acreditava
que sua genialidade não era reconhecida
num mundo dominado
por invisíveis forças perversas.
E todos, como Nuri Cemil,
viviam de vender seus miolos
e comiam o coração, a carne e a autoestima
uns dos outros.
É difícil
ver uma pessoa brigar com um semelhante
— é tão patético quanto
ver um pântano sob o sol do meio-dia.
Talvez Nuri Cemil tenha sentido essa consternação
talvez não.
Mas durante quinze anos ele lutou
sem amigos
cansado
bêbado e sem sono.
Às vezes não tinha dinheiro nem para pagar uma puta.
Às vezes falava consigo mesmo em voz alta
— especialmente ao ouvir velhas cantigas
(e ao ouvi-las, ficava mais infantil
do que quando era criança):
"Escrevi muitos livros.
Alguns venderam 1.500 exemplares.
Pelo menos metade dos leitores eram mulheres
metade dessas mulheres eram jovens
metade dessas jovens eram bonitas.
E dessas bonitas talvez haja ao menos uma
que possa me amar.
Onde ela está?"

Nas grandes bebedeiras
       Nuri Cemil, aos gritos, provocava as mulheres nos bondes
        — sobretudo mulheres acompanhadas de homens.
Ou, encharcado de melancolia,
      sonhava com um outro mundo.
No seu mundo ébrio e triste
ele era um super-homem
      solitário
         dominador
         inatingível
         orgulhoso, opressivo, pessimista.
E, tal como neste mundo, naquele as pessoas morriam
mas ele não.
Era uma embriaguez infinita da qual ele jamais ficará sóbrio.
Vivia junto às estrelas
      sem jamais sentir o medo da grande escuridão.

Nuri Cemil nunca leu um livro até o fim.
E nunca disse de um livro: "Não li."

Nuri Cemil foi um individualista e liberal democrata
      — até 1935.
Ele confiava na "liberdade absoluta do indivíduo"
      como um caminho para ter êxito na vida
— até 1935.
Nuri Cemil se opôs ao governo
     até 1935
      porque este não era democrático.
Até que numa tarde de primavera de 1935
   Nuri Cemil, na redação de uma revista
(envolvida, ele intuía vagamente, com o chefe da polícia,
        extorsões e o Serviço de Inteligência),
olhou para o vidro trincado da janela:
o vidro brilhou

e o homem faminto e com a barba crescida
        — a trinca como um rasgo na sua cara —
era ele próprio.
Uma tarde de primavera de 1935
jovens panturquistas[102] irromperam na sala
        e por pouco Nuri Cemil não foi espancado
        por ser um "democrata extremista".
O homem no vidro trincado só queria comer,
estava tão faminto...
Lutar por quinze anos para chegar a algum lugar,
e acabar esmagado numa tarde ensolarada de primavera...
Nuri Cemil encontrou em si mesmo forças para um novo avanço
(essas foram palavras dele),
abandonou a democracia como um chapéu usado
(essas também foram palavras dele)
e ofereceu seus serviços
        para Rıfat Bey e seus filhos.
Eles eram os donos do jornal
de maior circulação.
Eram capazes de inventar um herói a cada 24 horas.
Estavam metidos em negócios de querosene, moinhos, a fábrica Krupp
        e as embaixadas que remuneravam melhor.
Disso Nuri Cemil sabia
(mas estas não são suas palavras).

Agora Nuri Cemil
possui uma conta corrente no İş Bankası
        (em cuja entrada uma noite desabara desmaiado anos atrás).
Agora está casado.
Menos bêbado
e mais famoso.

---

[102] "Panturquistas": membros de um movimento ativo entre 1889 e 1918, que tinha como objetivo unir os diversos povos turcos em uma confederação e foi defendido pelos Jovens Turcos, em especial Enver Paxá.

Agora é o nosso mais culto inimigo da democracia.
E junto com o promotor do Primeiro Distrito, Mümtaz de Üsküdar,
todo santo dia ele condena o marxismo a trinta anos de prisão.
Agora ele se opõe ao governo
      por não ter se alinhado com a frente totalitária.

A plataforma estava lotada.
Nuri Cemil olhou pela janela do vagão de veludo.
Havia um soldado parado logo abaixo
         — o cabo Ahmet.
Ocorre a Nuri Cemil o tema para um artigo:
"O campo de batalha é uma forja.
As nações devem atravessá-lo para se tornarem de aço...",
         escreveria.
Mas ele mesmo não tinha passado
        e nem passaria por essa forja.
Pois — dá risada — ele era coxo, graças a Deus.

Do outro lado, emergiu do vagão-leito
      Tahsin, o médico parlamentar
        que tinha os olhos verdes mais intensos.
Nuri Cemil
o avistou
por cima
    do cabo Ahmet
(o veterano da Guerra dos Bálcãs
      da Grande Guerra
        e da guerra contra a Grécia).
De repente seu sorriso se desfez:
"Tahsin entendeu por que eu estava rindo
    — e agora o mundo inteiro vai entender..."
E com a velocidade de um sonho
— entre o pensar e o não pensar
entre o racional e o irracional —
    foi tomado pelo medo.

Olhou para sua perna coxa como para um corpo de delito...
E como se quisesse escondê-la
saltou com raiva e calcou com força a perna.
Agora o rancor se dirigia contra si mesmo.
Ficou parado diante da janela
para que Tahsin e o mundo inteiro o vissem.
Inclinou-se para fora
e deu um tapinha no ombro do cabo Ahmet:
"Um cigarro, soldado."
O cabo Ahmet não se espantou com a oferta.
Estava cansado.
Olhou
    para o homem na janela
    e pegou o cigarro:
"Obrigado, senhor", disse.
Nuri Cemil
com o rosto verde
    e chupado
        afundou de volta no veludo vermelho.
De repente aborrecido
e desanimado
fechou os olhos.

Na lanchonete da estação, Hasan Şevket
estava sentado à mesma mesa, com a mesma fatia de queijo branco
        no prato como a sobra de uma noite de luar desperdiçada.
Bem,
é o sexto copo de *rakı*.
E a mesma fatia de queijo branco.
Só se vive uma vez.
Se houvesse uma estrada bem reta
se houvesse uma estrada infinita
    com álamos dos dois lados.
Se você fosse jovem, incrivelmente jovem,
e corresse o quanto pudesse e os mundos passassem voando.

Bem,
o sétimo copo.
E a mesma fatia de queijo branco.
De onde vêm essas vozes?
Para onde vão essas vozes?
Uma vez, em algum lugar, o luar foi desperdiçado.
Foi e não voltou mais.
Sentar numa estação de trem e ver a vida passar
      como o queijo branco no seu prato — intacto.
Hasan Şevket
bebeu seu sétimo copo de *rakı* com a mesma fatia de queijo
e o relógio da estação
      marcou 18:48.

Nuri Cemil dormia
          com um percevejo no meio de sua testa pálida...
Não se ouvia um pio no vagão.
O velho veludo vermelho é uma terra dos sonhos fedida
semelhante a um açougue fechado
com cheiro de sangue no ar.
Nuri Cemil dormia
        minúsculo
           encolhido.

Um amigo se aproximou da mesa de Hasan Şevket
— um desses amigos que você não sabe como e quando conheceu
onde conversou pela última vez e sobre o quê
sequer o nome ele sabia.
Tudo que Hasan Şevket conseguia lembrar dele
eram os ossos protuberantes dos dedões
em sapatos de couro envernizado.
O amigo de Hasan Şevket
        disse:
"Eu digo Deus,
        vocês dizem Natureza.

Há uma justiça mais alta,
      uma força moral, meu senhor.
A Europa foi fundada com sangue, suor e lágrimas
      e com sangue, suor e lágrimas ela será derrotada.
Um edifício construído com argamassa e lágrimas
      não pode dar bom resultado.
O filho sofre pela crueldade do pai.
Por exemplo, os filhos dos nossos senhores feudais de İznik
      hoje vivem em andrajos pelas ruas
e Deus — ou a Natureza, como dizem vocês —
      rapou o cérebro e o dinheiro de alguns deles.
O filho de Ali Paxá:
eles tinham uma fazenda, meu senhor,
      que levava dez horas a cavalo para cruzar de uma ponta à outra.
Tinham os *hamams* de Bursa.
Ali Paxá governou oitenta vilarejos.
Dizem que tomou o cargo de Paxá de Abdülhamit[103] à força.
Em algumas kebaberias antigas de Bursa
      ainda se encontra a sua fotografia:
camisa sem gola
capote curto de pele de lobo
botas
calças caseiras de algodão
— não calças de cavalgar.
Ele está de pé, apoiado em seu rifle de caça
      feito um gigante
      os olhos abertos como se quisesse te devorar.
Mas essa grandeza só ficou nas fotografias.
E elas logo vão desaparecer
      assim como a opulência, a glória e o renome de Ali Paxá.
Sua filha mais nova virou prostituta depois do Armistício.[104]

---

[103] *Abdülhamit*: Abdülhamit II (1842-1918) subiu ao trono como sultão em 1876, fechou o Parlamento em 1878 e governou como déspota absoluto até ser deposto em 1909.

[104] "Armistício": no original, *Mütareke*; refere-se ao acordo firmado entre Turquia,

Fazia a ronda por Beyoğlu com oficiais gregos.
Como eu disse, só um filho ainda está vivo
       no último casarão que restou.
O casarão talvez tenha quarenta quartos
         mas está em ruínas
           caindo aos pedaços.
Ele mora no casarão sozinho, feito uma coruja,
trêmulo
     com o corpo todo tiritando
       debaixo de uma pele de carneiro.
Se os vizinhos não lhe atirassem pão
         já teria morrido de fome.
Há uma força moral —
eu digo Deus, meu senhor,
     e vocês dizem Natureza."
Hasan Şevket interrompeu o amigo:
"Eu não digo Deus
    nem força moral
      nem Natureza.
Eu não digo absolutamente nada.
Tem uma fatia de queijo branco neste prato
e eu nem mesmo estou comendo
    não consigo comer, quer dizer...
Meu dinheiro não dá para outra fatia.
Meu pai não era senhor feudal nem tirano.
E não estou nem aí para a queda da Europa.
Vamos cair também
    logo mais
      junto com a Europa.
Eu tinha tantas coisas bonitas para dizer às pessoas.
Mas não me deixaram dizer nenhuma.

Itália, França e Reino Unido na cidade de Mudanya em 11 de outubro de 1922, conhecido
como o Armistício de Mudanya, o qual, entre outras coisas, reconheceu a soberania da
Turquia sobre Istambul e o Dardanelos.

Todos vocês, o melhor e o pior de vocês, descendem da mesma merda.
Aqui está
— a minha única fatia de queijo
        eu ofereço a vocês.
Por favor
        sirvam-se..."

E Hasan Şevket empurrou o prato de queijo
            para diante do amigo...

Plataforma.
Um chefe de polícia uniformizado atravessou a plataforma
                rumo à entrada
                    quase correndo
                        mas sem perder a pose.
Quando você vê um policial correndo,
            o fantasma de coisas muito graves vem à mente.
E só os policiais podem correr ou pular
            sem que sua honra diminua.
Um tenente
sussurrou alguma coisa no ouvido de um major.
O major caminhou até a entrada.
O tenente ficou onde estava
— brilhando como o cano de uma Nagant recém-lubrificada.[105]

De um instante para outro a plataforma se encheu de policiais à paisana.
Os chapéus e as orelhas todos cortados no mesmo padrão.
Queriam tanto passar desapercebidos
            que saltavam à vista de imediato.

O chefe da estação falou com o controlador de tráfego
            — os dois bastante agitados.

---

[105] *Nagant*: modelo de revólver desenhado e produzido pelo industrial belga Léon Nagant (1833-1900) para uso do Império Russo.

O homem que estava à esquerda da porta de entrada
                    cruzou para a direita.

Ele era baixo e gordo.
Removeu o chapéu da cabeça
abotoou a jaqueta
juntou as duas mãos sobre a barriga
e inclinou a cabeça.
Estava à espera.

O cabo Ahmet
        (que serviu em três guerras
e ficou conhecido por dizer
                    "Aguenta aí, companheiro, isso vai acabar logo")
        ainda está parado diante do trem urbano
        e fuma o cigarro de Nuri Cemil.
Dando um tempo para sua velha amiga fadiga,
seus atentos olhos castanhos
            observavam o que acontecia.
E o cabo Ahmet, que podia enxergar
        além do arame farpado na mais densa escuridão,
            percebe que há algo de errado.

De repente houve um rebuliço na multidão.
        Homens tiraram o chapéu
                feito rolhas de uma garrafa
                    e se curvaram.
Era uma cena triste.
Um homem adentrou a estação
não como se tivesse entrado por uma porta
        mas como se descesse os degraus de uma ampla escadaria de
        mármore
                para pisar diretamente sobre as cabeças inclinadas,
        descobertas.

No entanto, de perto,
     parecia um homem decente
— uma pessoa discreta
  talvez corajosa
     talvez até mesmo frágil.
Tinha um nariz redondo
  um pouco vermelho
    de tanto beber.
As bochechas eram carnudas
      vincadas
        bem claras.
Tinha os olhos desbotados das mulheres nórdicas
     velhas e pacientes.
Caminhava em silêncio
e ouvia com uma gentil indiferença
     as palavras sussurradas de baixo para cima
       até ele.

"Então a agitação vem daí", pensou o cabo Ahmet.
"Ele tem uma comitiva enorme
— quem pode ser?
Provavelmente é um dos maiorais."
Pensou em algo engraçado
e riu sozinho:
"Ô aldeão ignorante,
se o nosso amigo Âli visse isso,
ia dizer que é o prefeito.[106]
Acho que ele é maior que um governador,
também não é membro do Parlamento.
Um governador é mais influente que um membro do Parlamento.

---

[106] "Prefeito": no original, *Nahiye Müdürü*, o responsável administrativo por vários vilarejos; apesar de ser o mais baixo cargo administrativo, o *Nahiye Müdürü* ainda goza de prestígio em seu respectivo *nahiye*.

Deve ser um deputado.

Está sendo badalado que é uma beleza.

Se você me perguntasse o que acho —

acho que ninguém deveria se curvar assim,

                  a não ser para rezar.

Mas está na cara que esse tipo não serviu no exército.

Ou, se serviu, provavelmente ficou na reserva.

Por acaso isso lá é jeito de um comandante marchar numa inspeção?

Quando se fala de exército é

                um: marchas

dois: bofetadas

três: bravura.

                Tem que ser durão.

Bravura não é só para a guerra.

Esta já está quase no fim.

Aguenta aí, companheiro, está quase acabando."

O cabo Ahmet riu de novo sozinho.

Mas, de repente, viu a cem passos de distância

                uma figura repleta de estrelas e dragonas.

Ela surgiu do nada

e foi ter com o maioral.

O sorriso do cabo Ahmet ruiu

feito vidro esmigalhado.

De imediato saltou em posição de sentido.

Bateu continência.

E, seguindo um procedimento padrão,

                também parou imediatamente de pensar.

O maioral, de partida,

            permaneceu ao lado do vagão-leito

                cercado de pessoas

                    e protegido pela mesma indiferença gentil.

Burhan Özedar

disse alguma coisa ao maioral.

O corpo de Burhan Özedar
estava firmemente assentado
        sobre as pernas longas, grossas e abertas.
Suas mãos peludas se moviam lenta e sossegadamente.
Seu olho esquerdo piscava a intervalos
mas não havia nenhuma malícia nisso
talvez fosse um tique.
Burhan Özedar
nasceu na cidade de Sivas por volta de 1300.[107]
Antes da lei dos sobrenomes[108]
        era conhecido como Kemankeşzade.
Seu falecido pai era Osman Ağa:
        tinha terras em Karahisar,
                duas lojas em Sivas
                        e 150 mulas.
Terminou o ensino médio em 1320.[109]
Durante a Grande Guerra, o exército requisitou suas mulas
e, por três vezes, ele pagou para escapar do serviço militar.
Seu pai morreu com setenta anos.
Daí o Armistício e a ocupação de Istambul.
Burhan tinha 25 peças de ouro
— e a fabricação do papel de cigarro para toda a Anatólia
        estava na mão dos gregos.
Vivam os nacionalistas!
Burhan endereçou uma petição à Grande Assembleia Nacional
e logo os papéis de cigarro tinham estrelas e a lua crescente.
O capital ainda era grego
mas Burhan tornou-se sócio.

---

[107] 1300: ano do calendário islâmico correspondente a 1884.

[108] "Lei dos sobrenomes": promulgada em 1934, esta lei tornou obrigatória para a população turca a adoção de um sobrenome. O sobrenome *Kemankeşzade*, citado logo a seguir, é de origem persa e significa, literalmente, "filho do arqueiro".

[109] 1320: ano do calendário islâmico correspondente a 1904.

A primeira remessa de mercadorias:

1337.[110]

Primeiro prédio de apartamentos:

1340.[111]

Restauro da mesquita de Ahmet Paxá em Sivas:

1341.[112]

(Esse paxá de Sivas tinha conquistado

não se sabe qual fortaleza dos austríacos

durante o governo de não se sabe qual sultão.)

Em 1342,[113] mandou construir uma ala de hospital com dez leitos.

No mesmo ano, fez dois prédios de apartamentos.

Construção de ferrovias:

oitocentos quilômetros entre 1925 e 1934.[114]

Em 1935, teve a ideia de fazer um filme

sobre Ahmet Paxá de Sivas.

Em 1936, uma fábrica de fogões de ferro fundido.

No mesmo ano

foi publicada a primeira biografia de Ahmet Paxá de Sivas.

Em 1937, investiu no garimpo de metais nas montanhas de Erzurum.

Fábrica de vagões ferroviários, em 1938.

Em 1939, seu filho retornou de Berlim

como engenheiro civil.

As mulheres foram enviadas de volta a Sivas no ano seguinte:

Sivas é longe

e seguro.

Burhan não bebe.

---

[110] 1337: ano do calendário islâmico correspondente a 1921.

[111] 1340: ano do calendário islâmico correspondente a 1924.

[112] 1341: ano do calendário islâmico correspondente a 1925.

[113] 1342: ano do calendário islâmico correspondente a 1926.

[114] 1925 e 1934: a partir desse momento, Hikmet passa a dar as datas seguintes no calendário gregoriano, provavelmente porque a mudança de calendário na Turquia deu-se em 1925.

E nem uma vez teve relações ilícitas.[115]
Quando ia a bailes, sua família ficava em casa.
Enviou sua filha para o Colégio Americano
mas ele mesmo usa apenas uma boina.
Burhan Özedar
　　　　tem milhões de dólares americanos.
E no seu testamento
　　refeito este ano
　　　　metade de sua fortuna está destinada aos seus
　　　　　　a outra metade à caridade.
No seu antigo testamento, porém
　　　　(lavrado em 1931)
　　　　　　três quartos de sua fortuna destinavam-se à caridade.
Por vezes
　　ele é tão transparente e sincero
　　　　que surpreende até os mais próximos.
Nessas horas, seu olho esquerdo
pisca mais depressa, como se para conter as lágrimas.
Certa manhã
ele entrou na sala do engenheiro mestre
e, assim do nada, disse:
"Mudei meu testamento.
E não preciso dar explicações.
É assunto meu.
Ninguém pode exigir de mim uma explicação,
　　　　　salvo Deus altíssimo.
Mas as pessoas são esquisitas
— ou eu é que sou.
Alguma coisa ficou engasgada aqui
e, se eu não disser, vai me sufocar.
Você não consegue ganhar muito dinheiro com o suor do seu rosto.
Não sei quanto aos outros,

---

[115] "Relações ilícitas": no original, *harama uçkur çözmedi*, literalmente, "não desamarrou o cordão (das calças) para a ilicitude".

mas na origem do meu dinheiro não há um pingo de suor.
Desde o começo isso estava bem claro para mim.
E então lentamente comecei a esquecer
ou quis esquecer.
A vida é assim
o ser humano cresce, sobe os degraus
e chega a um ponto em que nunca
    olha para o lugar de onde veio.
Enquanto o Zümrüdü Anka[116] nos arranca das sete camadas, nas
    profundezas da terra,
em suas costas,
nós o alimentamos com a carne da nossa coxa.
E quando alcançamos o topo do monte Kaf[117]
        nos esquecemos do pássaro
e dizemos que chegamos lá com nosso próprio esforço.
Nosso próprio esforço: a carne tirada da nossa coxa?
Mas o pássaro nem mesmo a comeu
    — ele passou fome para te fazer voar.
E te devolveu o pedaço de carne.
Assim é que são as coisas.
Ah, ontem dois mestres montadores vieram me ver;
eu os enviei a você.
Teste-os com rigor antes de contratá-los.
Ah, e aumente um pouco a carga horária na oficina,
        cinco minutos por dia.
Bem, é isso por ora. Tchau."

---

[116] *Zümrüdü Anka*: pássaro da mitologia árabe (também conhecido apenas como *Anka*, do árabe *ᶜAnqā*, "pescoçuda"), às vezes identificado com a fênix, outras vezes com *ruqq* (o pássaro Roca das *Mil e uma noites*). Após o advento do Islã, o *Anka* foi definitivamente assimilado ao pássaro fabuloso dos persas, o *simurgh*. A figura imaginária do Zümrüdü Anka está calcada na existência de um pássaro autóctone do Oriente Médio — alguns sugerem que tenha sido um enorme e longevo urubu, outros que tenha sido uma garça.

[117] *Kaf*: na cosmologia islâmica, é o nome da cordilheira que circunda o mundo terrestre.

E até a noite daquele dia
      o olho esquerdo de Burhan piscou
          sem parar
            marejado.

Subiram no Expresso Anatólia:
    o maioral
      o homem-com-estrelas-e-dragonas
        Tahsin (o médico parlamentar)
          e Burhan Özedar.
Aqueles que se despediam se curvaram um pouco mais.
E, do outro lado, o cabo Ahmet
    continuava em posição de sentido.
Mas tinha recomeçado a pensar:
"Aguenta aí, companheiro, isso vai acabar logo..."

O relógio da estação marcava 18:58.
Havia uma mulher bem abaixo do relógio.
(Nem bela, nem feia:
      embelecendo.)
(Nem jovem, nem velha:
      rejuvenescendo.)
(Com o olhar distante.)
Esse olhar distante é o sagrado desejo da carne.
(Com os lábios crispados.)
Agora com os lábios entreabertos.
(Parece que tomou uma decisão.)
Olhava para um jovem carregador
    que levava objetos para o vagão de bagagens
          e limpava o suor do rosto.
O rapaz estava nu da cintura para cima.
Tinha acabado de tirar a camisa.
Os braços eram morenos, grossos, musculosos.
O peito largo e peludo.
Os lábios, carnudos.

O nariz, formidável.
Ao abraçar os pesados pacotes
ao abraçar os pesados pacotes e erguê-los no ar
ao erguê-los no ar
como dobra e tensiona o quadril estreito e as pernas compridas e duras.
Ah, deitar uma vez com esse carregador
e lhe dar aos gritos
        um, dez
           cem
                mil filhos
                    — morenos, brancos, ruivos, loiros.

O relógio da estação marcava 19:00.
O Expresso Anatólia partiu.

II

Cai a noite nas altas montanhas.
As distâncias desaparecem
mas o amor permanece no coração.
Cai a noite e não acendo minha candeia.
O céu e as montanhas ficam roxos.
Por que você não vem?
Cai a noite, o sol se foi.
Cai a noite, e de novo estou só.
O que farei?
A escuridão me cerca:
o dia se foi.

O Expresso Anatólia passa.

A lua surge e se eleva no céu
em busca de seu amado.
A lua surge — plena
num halo de luz.
A lua surge na noite fresca
e tudo em volta se ilumina.

Tudo em volta estava claro.
O Expresso Anatólia corria sob o luar
suas janelas, cobertas.
Visto de fora
parecia escuro como um vidro azul.
Mas o vagão-restaurante tinha a cor de um refresco de laranja.
À primeira mesa estavam sentados o maioral
ao lado do homem-com-estrelas-e-dragonas
tendo à sua frente Tahsin e Burhan.
Burhan disse:
"Todos os camponeses das aldeias deveriam usar as mesmas roupas
                    baratas
                    e resistentes.
Porque, para começo de conversa,
                    eles praticamente andam pelados por aí.
Eu preparei um projeto
              para as suas —
              digo, para as fábricas têxteis do governo...
Se os consultores e diretores acharem a ideia exagerada
— o governo sempre faz de uma formiga um elefante —
me deem o contrato
que eu me encarrego disso.
Mas eu quero uma lei severa.
Esses idiotas pelados
          devem ser obrigados a se vestir."

Tahsin
       (o médico parlamentar)

estendeu o braço para pegar o vinho.
Uma garrafa fina e comprida de Kavaklıdere.
Feito em Ancara por um húngaro
parecia vinho do Reno.
Era amarelo-dourado bem claro, bem claro mesmo,
     igualzinho a um brilhante derretido.
Tinha um gosto leve
    delicado
      entre seco e meio seco.
Tahsin observou o cálice de cristal se encher
como se observasse
    a aurora nascer num dia límpido.
E, com um ar zombeteiro na voz suave, disse:
"Senhor Burhan,
eu creio que esse negócio das roupas já foi iniciado
pelo Sümerbank
    um dos nossos —
      quero dizer, uma das agências do governo."
"O que o Sümerbank faz não vale nada.
Os camponeses não vão comprá-las.
De qualquer modo, o que eu dizia..."
"Entendo, senhor Burhan:
você quer algo como um uniforme."
"Sim.
Resistente e obrigatório como um uniforme."

O homem-com-estrelas-e-dragonas interrompeu
    (tinha mais ou menos sessenta anos
    e se esforçava para tornar mais grossa a voz aguda):
"Uma questão deve ser lembrada, efêndis:
algumas roupas foram distribuídas a porteiros,
    eu mesmo vi.
E a cinquenta passos não é possível distinguir um porteiro
    de um de nossos comandantes.
Não podemos cometer o mesmo erro no futuro."

Tahsin bebeu um gole do vinho:

"Os monopólios do governo ainda não conseguem fabricar

um vinho desta qualidade

mas vão conseguir.

Produziremos vinhos ainda mais finos que o Château d'Yquem.

(Virou-se para Burhan.)

As roupas do Sümerbank podem não ser perfeitas ainda,

mas um dia serão.

No entanto obrigar os camponeses a usarem todos a mesma roupa

à força

— isso não dá."

Burhan Özedar perguntou sem piscar o olho esquerdo:

"Por quê?

Por acaso não fomos obrigados a usar chapéus?"[118]

"Naquele caso, era uma obrigação revolucionária.

Neste, é uma obrigação reacionária.

E por alguma razão os nossos homens de negócios

não têm confiança no que é do Estado.

Mas o governo apoia vocês."

"E nós também o apoiamos."

Enquanto Tahsin se preparava para responder

o maioral disse em voz baixa:

"Então o problema não existe."

Disse isto como se estivesse ofendido.

O coração de Tahsin

ao lembrar de outra pessoa — já morta —

se encheu de tristeza.

Era de outra mesa

— já dispersa.

Tahsin pensou:

---

[118] "Obrigados a usar chapéus": referência à lei decretada em 1925 por Atatürk, que proibia o uso do fez, símbolo do Oriente, e tornava obrigatório o uso de chapéus ao estilo europeu.

"A pessoa que morreu era um herói:
um vencedor que não confiava em ninguém a não ser em si mesmo
— e um jogador de primeira.
Era zombeteiro, briguento, esperto e mandão.
Embora sua mão tenha me trazido até aqui
suas garras eram tão pesadas que
várias vezes eu quis que ele morresse.
Achava que a minha masmorra se desmantelaria
se a mesa dele ruísse.
Ele morreu.
Sua mesa ruiu.
Mas seus convidados enterraram com ele
tudo o que de heroico havia neles.
Entendi o quanto havia envelhecido
no dia em que ele morreu."

Tahsin se serviu do filé-mignon ao molho de champignon.
Ao cortar a carne sobre a torrada
olhou para o maioral e pensou:
"Por que ele não é como aquele outro?
Eles eram amigos.
Começaram juntos.
Mas esse não chega à sola do sapato do outro.
Eu vejo o quanto ele está sofrendo.
Está irritado conosco, com o mundo todo.
Já não quer ajudar nem prejudicar ninguém.
Sua indiferença é assustadora.
Um verme negro se revolve
dentro de seu corpo inchado, branco e cor-de-rosa.
E essa dor é só dele.
O que temos a ver com isso?
Mas por que ele não consegue ser um vencedor?
O que falta a esse homem?
Talvez ele não seja mau caráter o bastante."

Então Tahsin visualizou uma noite de 25 anos atrás:
"Um homem abraça uma mulher.
Deitam sobre um tapete felpudo — ele por cima dela.
Os ombros da mulher são morenos
                sua pele, quente.
O lampião se apaga.
A mulher se contorce feito um peixe
e, enquanto se entrega, coloca a boca perto do ouvido do homem
             e sussurra, cheia de ódio:
                    'MAU CARÁTER!'
O coração da mulher batia sob o homem, como um segundo corpo.
E no quarto ao lado
        o marido da mulher
            agonizava no leito de morte.
O mau caráter era eu.
O moribundo no leito era meu melhor amigo.
De qualquer forma, morreu três dias depois.
Mas por que tudo isso agora?
Não dá para entender como funciona a maldita memória..."
Tahsin fez uma careta:
tinha entrado molho de champignon no seu dente cariado.

O homem-com-estrelas-e-dragonas perguntou a Burhan Özedar:
"O senhor leu a biografia de Ahmet Paxá de Sivas, meu paxá?
O nosso Ahmet Paxá de Sivas?"
"Não."
"Eu lhe presentearei com um exemplar.
Mas o senhor conhece Ahmet Paxá, não é, meu paxá?"
Concentrado no colarinho de sua cerveja
o homem-com-estrelas-e-dragonas foi pego desprevenido:
"Não, não conheço. Que Ahmet Paxá é esse?
Havia um Ahmet Sivas na nossa classe,
        um capitão que morreu na Guerra dos Bálcãs..."

Burhan levou um susto.

Seu corpanzão encolheu, diminuiu.

O maioral coçou o nariz redondo

(ele faz isso desde a infância

quando sente vergonha por alguém).

O bigode preto de Tahsin sorriu:

"Esse paxá de Sivas deve ser um dos antigos otomanos

— mais ou menos da época de Selim, o Severo..."[119]

Burhan se aprumou:

"Que período de Selim que nada, Tahsin Bey!

Foi um dos soldados mais intrépidos do sultão Suleiman, o Magnífico.[120]

E não era um recruta estrangeiro, mas um turco da gema

assim como eu, genuinamente de Sivas

comandava feito um leão."

Desta vez o homem-com-estrelas-e-dragonas falou com determinação

sem sentir necessidade de tornar mais grossa a voz fina:

"Não há o nome desse comandante nos anais da nossa história militar."

Tahsin olhou para o homem-com-estrelas-e-dragonas e pensou:

"Por que ele não leva isso na brincadeira

e baixa a guarda?

Será porque sua coragem provém da formação militar?"

Burhan falou como se seus lábios estivessem sangrando:

"Meu paxá, a história de nossos feitos bélicos recentes

parece a história que nossas crianças estudam hoje em dia.

Logo estaremos negando até os Fatihs, Selims e Suleimanes.

As crianças não têm noção do que foi o imenso Império Otomano.

Quando você diz 'padixá', elas pensam que é o bicho-papão.

Eu acho que já destruímos tanto,

que devemos parar por aqui,

já chega.

---

[119] "Selim, o Severo": Selim I, que governou o Império Otomano entre 1512 e 1520.

[120] "Suleiman": conhecido em turco como *Süleyman Kanunî*, Suleiman, o Legislador, governou o Império Otomano entre 1520 e 1566.

Não há necessidade de superar os ingleses na democracia.
Basta olhar para as tradições desses caras.
E já esquecemos como se entoa o *Mevlut*.[121]
Fizemos uma revolução — isso basta.
Vamos retornar às nossas raízes e nos apegar a elas.
O sultão Selim, o Severo, com toda sua majestade imperial
deve frequentar os sonhos de nossas crianças."
O homem-com-estrelas-e-dragonas se empolgou:
"Sou da opinião de vocês
            vocês têm toda a razão..."
O maioral disse:
"Então o problema não existe..."

Tahsin pensou:
"Entramos numa nova era
            estamos todos cansados..."
E novamente dominado pela tristeza
comeu uma colherada de compota;
piscando os olhos
            observou a mesa da frente
— havia três pessoas:
Monsieur Duval
            Cazibe Hanım
                  e Osman Necip.
Tahsin era amigo dos três.
Osman Necip era um grande intelectual.
Percebeu que Tahsin olhava para ele
e sorriu de leve.
Com os braços fez como se estivesse se espreguiçando
e pegou a garrafa de água mineral à frente de Cazibe
ergueu languidamente a garrafa
e verteu a água no copo da mulher.

---

[121] *Mevlut*: hino que celebra o nascimento de Maomé; em árabe é chamado de *maw-lidiyya* ou *mīlādiyya*.

Os braços e pernas de Osman Necip eram muito compridos.
Em qualquer lugar
ele parecia estar sempre debaixo d'água
movendo-se de forma
lerda e letárgica
feito uma criatura marinha preguiçosa.
Seus movimentos eram de tal forma suaves e flexíveis
que, por vezes, ao observá-lo
você sentia algo
exangue
    frio
       e abominável grudando na sua pele.
E um desejo de açoitá-lo para que se movesse
      um pouco mais rápido
        de um jeito um pouco mais humano.
Nos dias em que Osman Necip ia trabalhar
(não eram muitos — ele raramente trabalhava)
      lançava uma sombra melancólica e sem ossos
        sobre o prédio inteiro.
Trancando-se no escritório
ele se recostava na cadeira
      e esticava as pernas compridas em cima da mesa com tampo
   de cristal.
Havia fotografias autografadas na parede:
      Gökalp
        Talat Paxá
          Atatürk e İnönü.[122]
Necip podia ficar horas assim — imóvel
os olhos semicerrados
   encarando as paredes.

---

[122] *Gökalp*: Ziya Gökalp (1876-1924), poeta, escritor, sociólogo e ativista político otomano. Suas obras serviram de inspiração para as reformas de Atatürk. *Talat Paxá* (1874-1921): um dos líderes do Comitê da União e Progresso, partido que governou o Império Otomano durante a Primeira Guerra Mundial. *İnönü*: İsmet İnönü (1884-1973), general do exército turco, primeiro-ministro e segundo presidente da República Turca.

Foi Ziya Gökalp, seu professor
que lhe falou pela primeira vez de Durkheim.
Foi por ordem de Talat Paxá, que recebeu o primeiro auxílio dos fundos
    governamentais.
Foi Mustafá Kemal quem o promoveu
e İnönü quem o apoiou.
Osman Necip era respeitoso e educado com todos eles
mas interiormente zombava de todos.
Para Osman Necip, Gökalp era desajeitado demais
Talat Paxá, grosseiro e ignorante demais
Mustafá Kemal, ativo demais
İnönü, obstinado e austero.
E os quatro
    (assim pensava Osman Necip)
    levavam realmente a sério seus ideais
        e lutaram por eles.
No entanto, para Osman Necip
    não há nada neste mundo
      que valha a pena ser realmente levado a sério.
Ter ciúmes, ficar irado, persistir e lutar
rir às gargalhadas e chorar aos prantos
      eram (para Osman Necip)
      coisas vazias e ridículas.
Dinheiro que vem fácil, sem esforço
nem confusão
mulheres que vêm e vão com facilidade
    carros à disposição, aquecimento central
      e olhos sorridentes que zombam com discrição
      eram mais do que suficientes
        (para Osman Necip)
          para uma vida de sessenta anos.
O resto era papo-furado
    (assim pensava Osman Necip).
Nós vivemos apenas uma vez

por mais que se evite pensar na morte
                    ainda assim morreremos.

A esposa de Osman Necip o traía constantemente.
Osman Necip sabia disso.
Os amantes se sentavam descaradamente à mesa da casa.
E enquanto Osman Necip fumava languidamente seu charuto após o
      jantar
sua esposa, que já estava ficando velha
                (mas cujas pernas ainda eram esplendidamente lindas)
            brigava com seu amante na salinha.
E os olhos zombeteiros de Osman Necip sorriam
                    sorriam
                        sem deixar transparecer a ironia.
Osman Necip sempre tinha amantes.
Todo ano a antiga ia embora
        e uma nova vinha da Europa.
Osman Necip preferia as ofertas da Suíça
— são lindas, saudáveis, sem paixão
e funcionam como um relógio ao qual é fácil dar corda.

Fazia calor no vagão-restaurante
            pois as janelas não podiam ser abertas.
No ar pairava um cheiro de álcool
                comida europeia
                    pó de arroz e vapor.
Os pequenos abajures vermelhos pareciam o cenário de uma opereta:
                    alegres
                        artificiosos
                            líricos.
Monsieur Duval falava em francês com Cazibe Hanım.
Há dez minutos Osman Necip descascava uma laranja
                    e os escutava.
Os otomanos ricos
        possuíam coçadores de costas feitos de marfim:

eram esculpidos na forma de longas e finas colheres
    com uma pequena mão na extremidade.
Cazibe Hanım lembrava uma colher dessas:
ligeiramente amarelada como o marfim
fina, comprida e sem peito como um cabo de colher
e com uma cabecinha igual às mãozinhas dos coçadores.
Cazibe Hanım nasceu em 1894
em Kandilli, Bósforo, Istambul
e era filha do pintor Ömer Paxá.
Com um ano de idade foi levada ao palácio do sultão.
Seu pai pintou um retrato dela aos três anos.
Começou a ter aulas de piano em 1902.
Aos dez aprendeu o francês.
Dos quinze aos vinte:
    "Quando a noite em Kandilli fazia um arco
    Ela flutuava nas águas ao luar."
Casou-se em 1915.
Seu marido, Müfit Bey, estava no serviço diplomático.
1916: Viena.
Em 19 regressaram a Istambul.
1920: Paris.
Em 1922, visita a Ancara.
No mesmo ano, Berlim.
Quatro anos em Berlim.
1926: Tóquio.
Dois anos em Tóquio.
Visita Ancara
        (1928).
Em 1929, de partida para Roma.
O Mediterrâneo
o *Lloyd Triestino*.
Müfit Bey morre de derrame no caminho.
Retorno a Istambul.
Cerimônia funerária
        (lágrimas e policiais com luvas brancas).

Recordações
        até o fim de 1930.
No início de 1931 casou-se
        com um bancário, Şefik Bey.
Seu marido era um pouco mais jovem do que ela.

Por fim Osman Necip acabou de descascar a laranja.
Estava satisfeito
        com sua laranja
            consigo mesmo
                e com o mundo.

A laranja nua — loira e bem comportada como suas amantes suíças —
repousava
        na extremidade de seus dedos ossudos, compridos
e já a ponto de perder o vigor.
Osman Necip sorriu imperceptivelmente.
Cazibe Hanım contava a Monsieur Duval sobre um dos almoços
        da Duquesa de Rohan em Nice.
As palavras
        e os nomes das comidas
soavam para ele como notas saídas aleatoriamente de um piano:
"... *Langouste à la Mornay...*
Chevreuil à la Saint-Hubert...
... c'est une bonheur...
... délice... causé...
Sauce grand veneur...
        Champagne rosé..."

Monsieur Duval ouvia
gentil
        e um pouco triste.
Tinha cabelo castanho-claro
era bonito
e enorme.

III

Uma noite branca fluía do lado de fora da janela azul.
Havia a lua, e o mar,
e a terra sob a lua estava contente.
Aqueles que estavam do lado de dentro da janela azul
                    no vagão-restaurante sequer notaram.

Dois homens vestidos de preto
estavam sentados à última mesa.
Um era loiro, o outro, moreno.
O moreno apontou para Monsieur Duval:
"Aquele francês..."

Lá fora — a lua, o mar e um veleiro de sonhos sobre as águas.

"você sabe quem é...?"
"Que francês?"
"Aquele na mesa de Osman Necip
— Monsieur Duval de Thor.
É um multimilionário.
Tem um castelo magnífico às margens do Loire,
                    uma autêntica construção medieval."
"Os alemães devem estar tirando proveito dele agora."
"Talvez — mas e daí?"
"O cara fechou daqui, por telégrafo,
um contrato para fornecer leite ao exército alemão."
"Ele vai comprar o leite de nós?"
"Imagine!
Virá de suas fazendas na França."
"Então ele está alimentando o inimigo?"

"Não, não
— ele está apenas ganhando dinheiro."

Lá fora, a terra sob a lua estava contente.

"Há quanto tempo esse cara está aqui?"
"Faz quinze anos que vem e vai.
Ele dirige uma firma que faz negócios no Oriente Médio e no Próximo.
Aqui estão envolvidos com cimento, algodão e pólvora.
Eles queriam gerar eletricidade no Sakarya[123]
         e criar ovelhas merino na fazenda Dalaman.
São donos do maior hotel de Ancara.
Mas o governo estatizou
       o comércio de pólvora
e tomou conta de todo o negócio de lã dos merinos:
     tem uma fábrica enorme, amarela com o teto preto, em Bursa.
A eletricidade do Sakarya
      ainda está no papel
e o Banco Agrícola se encarregou do algodão."
"O que sobrou para eles?"
"O cimento e o hotel.
Estão ganhando uma nota preta.
A guerra está às nossas portas
as fortificações precisam de cimento
e o hotel é essencial para os diplomatas."

Lá fora — a lua, o mar e um veleiro de sonhos sobre as águas
provocavam pensamentos elevados
       afetuosos
        e belos.
Lá fora — o mundo dos campos e das árvores
       ao longo da costa do mar.

---

[123] *Sakarya*: o terceiro maior rio da Turquia, situado no centro-noroeste do país.

"Esse Monsieur Duval é amigo de Osman Necip?"
"Osman Necip não tem amigos;
      ele simplesmente ganha dinheiro com a firma de Duval.
"Tahsin e Duval se conhecem?"
"Tahsin conseguiu o cimento para a sua vila no Bósforo com Duval
            sem gastar um centavo —
               como retribuição."
Lá fora, sob a lua
     ao longo da costa
          uma árvore carregada de folhas e de pássaros.

"Esse seu Monsieur Duval parece um pouco deprimido."
"Deve estar pensando de novo no filho que não teve.
Sua mulher é estéril.
O cara é católico fervoroso
por isso não pode se divorciar da mulher.
Deve ser uma coisa triste
     partir deste mundo deixando milhões
          mas sem deixar um filho."

Uma noite branca fluía do lado de fora da janela azul.
Aqueles que estavam do lado de dentro da janela azul sequer notaram.

O moreno vestido de preto tinha um sorriso estranho.
Franzindo o nariz, perguntou ao amigo:
"Quantas pessoas há na mesa de Monsieur Duval?"
"Três."
"Não, quatro.
Duval, uma
       Cazibe, duas
         Osman Necip, três.
E com Şinasi Bey, quatro.
Mas você não consegue ver Şinasi Bey
         porque ele está morto.

Se matou
           com uma bala nas têmporas claras.
Tinha sessenta anos.
O suicídio de um velho
           é como um velho chorando:
           as duas coisas são repugnantes.
Şinasi Bey era membro do antigo conselho privado.
Antes tinha sido embaixador.
Duval o tornou diretor do negócio de pólvora
                      (um erro de cálculo
                      ele não percebeu que havia gente nova no comando)
— então a pólvora foi estatizada pelo governo.
Duval dispensou Şinasi Bey
                      (um cálculo correto
                      ele percebeu que havia gente nova no comando.)
Mas esse cálculo não pareceu tão acertado a Şinasi Bey.
E uma manhã
           ao raiar o dia
                      bummm...
Şinasi Bey já era.
Dizem que o falecido se trancou no quarto aquela noite
           e tocou *Aida* no gramofone
                      até o amanhecer."

Sob o luar passava um trem escuro
escuro
exceto pelas faíscas
e centelhas
           que saltavam das rodas da locomotiva.

O loiro de traje preto perguntou ao moreno:
"Quem é esse homem atarracado, gordo e peludo?
Os olhos dele parecem azeitonas no óleo!
É tão agitado quando fala."
"Eu sei.

É Kasım Ahmedov.

Um refugiado, um de nossos irmãos do Azerbaijão.

Porém, verdade seja dita

mesmo que eu fosse um panturquista recém-chegado de Berlim

eu não conseguiria chamar esse homem de meu irmão."

"Ele é tão canalha assim?"

"Imagine!

    Ele é uma raposa.

Astuto o bastante para entender de indústria e de altas finanças.

E meio impostor.

Uma noite há mais ou menos 22 anos atrás

ele subiu no navio cargueiro do Capitão Vasiliev

    e debaixo de uma chuva de tiros de metralhadora

        escapou dos bolcheviques em Batumi.

(Parece que os bolcheviques não apreciavam certas qualidades suas.)

O capitão morreu no meio do Mar Negro.

Era apenas um velho de barba desgrenhada.

E quando o navio chegou a Istambul

Ahmedov — esse passageiro que subiu a bordo em Batumi

um tanto agitado e sem bagagens —

        pôs os pés no cais de Gálata

          com o título de posse

            do navio no bolso.

Na época as forças de ocupação se encontravam em Istambul.[124]

Por isso o título tinha que ser certificado

por um alto comissário inglês.

Dois meses depois os italianos compraram o navio

e o dinheiro foi dividido entre Ahmedov e o fumador de cachimbo.

"Um escândalo."

"Imagine!

São apenas negócios.

E vou te dizer mais uma coisa."

---

[124] "Forças de ocupação": no caso, as forças britânicas e francesas, que ocuparam Istambul entre 13 de novembro de 1918 e 23 de setembro de 1923.

"Não diga, eu já entendi.
Quantas pessoas estão na mesa?
  Quatro
  — não, você vai dizer cinco.
O capitão morto é a quinta."
"Você é muito perspicaz.
Mas seus olhos não enxergam bem de longe.
Está certo
    há um morto
        um outro suicida.
Na verdade, ele está curvado sobre o copo de uísque de Ahmedov.
Olhe bem:
        por acaso ele se parece com o velho capitão de barba desgrenhada?
Não, não parece.
Esse morto é alto, jovem
e de rosto limpo.
Para morrer, ele teve que atravessar em segredo três mares:
                um oceano
                    um mar aberto
                        e um mar interior.
Era engenheiro numa companhia de petróleo norte-americana.
Trabalhava num escritório em Chicago.
Talvez tivesse pensado em se tornar um gângster
mas não tinha pensado em morrer até pôr os pés num hotel do Bósforo.
E os anos teriam passado sem deixar rastros
feito uma lâmina de barbear em seu rosto comprido e limpo
    se não tivessem encontrado petróleo em Galípoli.
Quando a companhia petrolífera soube da descoberta
junto com documentos oficiais carimbados
e amostras do produto em garrafas
        eles o despacharam para Istambul.
Foi Kasım Ahmedov que descobriu o petróleo.
Foram todos a Galípoli de carro, em segredo.
(Segredos de petróleo são como segredos de Estado.)
Perfuraram um poço

e o produto jorrou limpo e abundante.
O engenheiro imediatamente passou um telegrama
(no ramo petrolífero não se pode perder tempo):
"Envie 300 mil dólares. Ponto. Fim."
Talvez ele estivesse um pouco bêbado ao enviar o telegrama
        talvez estivesse bêbado inclusive durante a perfuração.
Nessa época as bebidas alcoólicas eram proibidas na América
e Ahmedov tinha abarrotado seu carro de Johnnie Walker.
Já está claro como a história termina.
Ahmedov pegou os 300 mil dólares
(novamente divididos meio a meio com as pessoas certas).
O engenheiro só conseguiu obter oitocentos litros de petróleo
dos mil que Ahmedov havia despejado lá dentro
quando perfurou o solo
— cinquenta litros, provavelmente,
      subiram à superfície com a perfuração
e 150 foram sugados pela terra."
"E o engenheiro?"
"É como eu disse:
um hotel no Bósforo.
Madrugada.
Adeus, América.
Bummmmmmmm...
É estranho
como as cores e as luzes ao nascer da aurora
convocam as pessoas
para a morte."
"Esse Ahmedov é um homem assustador."
"Sim, mas sua cabeça calva não funciona mais como antigamente.
Dá uma olhada na jovem ao lado dele.
Que belezinha, não?
O sabor dela deve ser igualzinho a um gomo de tangerina.
Ahmedov vai levá-la para Ancara em vão.
Ancara envelheceu."

Uma sonora risada masculina rompeu numa das mesas.
Os ternos pretos
se voltaram em direção ao som.
Quem ria era Hikmet Alpersoy.
Um homem bonito, enérgico
nos seus 55 anos de idade.
Os ombros largos se sacudiam
e os olhos verdes cintilavam com as gargalhadas.

O loiro de traje preto disse ao moreno:
"Que sujeito saudável!
É claro que não ficou doente nem um dia da sua vida."
"Imagine!
Ele tem gonorreia crônica.
Mas talvez isso não possa ser considerado uma doença."
"Como você é mau."
"Alguma vez eu lhe disse que era bom?"
"Não fique zangado."
"Não é meu costume."

Diante deles Hikmet Alpersoy dava outra gargalhada.
O loiro de traje preto disse ao moreno:
"Gosto da risada desse cara
— aberta
à vontade
tranquila.
Ele deve ter um coração luminoso."
"Bem, não muito sombrio.
O coração é como uma lâmpada elétrica.
Quando recebe eletricidade emite luz.
Sem eletricidade, por mais que a lâmpada seja boa
ela não brilha
e não se revela."
"Não zombe."
"Mas não estou zombando!"

"Quem é esse homem?"

"Bay Hikmet Alpersoy.

Empresário

e industrial.

Um tremendo de um mulherengo.

Como dizem os franceses:

    'Bon enfant, bon viveur.'

Durante a Grande Guerra, trabalhava no Ministério de Guerra

— mas sua irmã ficou amiga demais dos oficiais alemães

        e ele foi deposto

(por Enver Paxá,

    um tanto fanático

        quando se trata de mulheres muçulmanas).

Porém o Armistício salvou Hikmet Alpersoy

e logo depois disso o Movimento de Independência da Anatólia

    lhe rendeu meio milhão de liras em dois anos."

"Como?"

"No tráfico de armas e botas surradas do exército.

Ele as enviava para o governo da Anatólia

    — como um serviço para sua pátria.

Comprava barato e vendia caro

        — negócios."

"Coisa feia de se dizer."

"Um piolho não se torna mais bonito

se o chamamos por outro nome.

Mas devo admitir:

sou um cara esperto."

"Não — é apenas parcial."

"Quer dizer que as coisas têm muitos lados?

Qual é o meu?"

"Você estava falando de Hikmet Alpersoy."

"Sim.

Só que não há muito mais o que falar...

Após a Independência, Hikmet fez negócios com a França e com a Itália.

Por fim, optou pela Alemanha.

Mais uma vez, ele vendeu armas para Ancara.
Mas agora não era tráfico patriótico
            nem serviço para o país
mas negócio no sentido estrito da palavra
            — unilateral
                e perfeitamente legal.
Hikmet gosta de carros.
Tem um lindo apartamento em Berlim
            e um matadouro em Paris.
Ele até
passeou pela Europa com o governador de Istambul
                no seu próprio Chevrolet.
E apesar das ocasionais crises de depressão
Hikmet despende seu dinheiro e sua alegria com a mesma generosidade.
Mas desafortunadamente
há dois anos uma garota judia conquistou esse grande mulherengo.
Seus olhos verdes não enxergam outra mulher a não ser ela."
"Um homem interessante."
"Interessante, sim.
Eu já lhe contei sobre a sua fábrica de enlatados?"
"Não."
"Uns cinco ou seis anos atrás
ele e um búlgaro
abriram uma fábrica de enlatados."
"E daí?"
"Nada...
Mas parece que esta noite os mortos resolveram invadir o vagão..."
"Você vai começar de novo?"
"Não me interrompa
        — vou apontá-lo para você."
"Ele está sentado à mesa de Hikmet, não?"
"Sim — mas ele não consegue se aproximar da mesa."
"Esse também se matou?"
"Não.

Embora os médicos tenham dito que foi suicídio
     para mim foi assassinato puro e simples."
"Você é um homem curioso."
"Obrigado."
"Esse suicida ou esse assassinado
     é moço ou velho?"
"Moço
— mas você tem razão.
É um pouco difícil de dizer.
Não dá para adivinhar a idade de um morto de longe
especialmente se as pernas dele estiverem quebradas
     as costelas esmagadas
       e o cérebro esparramado."
"Então ele caiu de um lugar alto?"
"Foi assim que morreu.
Ele trabalhava na fábrica de enlatados
     na fábrica de Hikmet Alpersoy e do búlgaro.
Ganhava 25 *kuruş* por dia.
A jornada era de catorze horas."
"Um absurdo."
"Imagine!
É só uma questão de mais-valia."[125]
"Não entendi."
"Mesmo se eu dissesse isso em turco puro, você não entenderia.
Mas voltando à minha história.
Selim
     (o nome do morto)
     não suportava ganhar 25 *kuruş* por catorze horas.

---

[125] "Mais-valia": no original, Hikmet emprega palavras de origem árabe (*mesele-i fazla-ı kıymet*, literalmente "questão de valor adicional") para se referir ao termo usado por Karl Marx (*Mehrwert*) que designa a "mais-valia" (o lucro, retido pelo capitalista, resultante da diferença entre o que ele paga pela mão de obra e o valor que ele cobra pela mercadoria produzida por essa força de trabalho). Por isso, dois versos abaixo, o mesmo personagem diz: "Mesmo se eu dissesse isso em turco puro, você não entenderia". Em turco puro (*Öztürkçe*), o termo "mais-valia" seria *artı-değer*.

Cinquenta *kuruş* por dez horas, ele disse.
Os outros trabalhadores concordaram.
Está claro que não era uma ideia filosófica profunda.
Mas era perigosa.
Por isso Hikmet e o búlgaro
          imediatamente relataram o caso à polícia,
que fez, de imediato, algumas prisões.
Dez pessoas foram levadas à delegacia:
               quatro mulheres, seis homens
                    (os cabeças)
                    e Selim — o comunista.
No entanto, Selim não era comunista.
Não sabia nem mesmo o que significava comunismo.
Ele só tinha dezoito anos
e queria cinquenta *kuruş* em vez de 25
e dez horas em vez de catorze.
Mas a polícia não pensava assim.
Deitaram Selim no chão.
E quando se ergueu
          Selim não conseguia se apoiar sobre os pés.
Deitaram Selim no chão.

E quando se ergueu
          Selim não conseguia enxergar.
Deitaram Selim no chão
          e quando se ergueu, ele desabou.
Agarraram Selim pelas axilas
          e o levaram a um quarto escuro.
Bateram um prego na parede e o penduraram pelos cabelos
          de modo que as pontas dos pés
               mal tocavam o chão.
Na rua, rangiam as rodas de um bonde.
Em algum lugar próximo, soavam as chamadas para a prece noturna.
Tiraram Selim do prego.
Deitaram Selim no chão.

E quando Selim se ergueu
    ele viu uma janela, longe
        muito longe
            uma janela escura e sem cortinas.
Ele se lançou em sua direção.
O vidro se espatifou.
Primeiro desapareceu a cabeça
        depois os dois pés."
"Isso é assustador
        — é um pesadelo."
"Fique contente por não ser o seu pesadelo."
"Mas como você soube de tudo isso, Faik Bey?
Você disse que o seu nome era Faik, não?"
O moreno de terno preto sorriu:
"Sim, Faik.
Quanto às informações
foi um pouco de curiosidade
      um pouco de fofoca
         e também um pouco de necessidade profissional.
Eu trabalhava como médico para a polícia.
Não trabalho mais.
Aceitei ser médico-chefe num hospital da estepe.
E por isso
    se eu lhe disser mais uma coisa
      não estarei ferindo minha ética profissional.
Olhe para a terceira mesa deste lado.
Está vendo?
Um homem e uma mulher.
Brancos, loiros e azuis.
Jovens deuses nórdicos
    não teriam sido mais bem modelados."
"Isso é verdade.
Mas eles não são turcos."
"Não.
São alemães."

"Da embaixada?"

"Não."

"O homem é algum tipo de agente comissionado?"

"Não."

"Não seriam artistas?"

"Imagine!"

"Turistas?"

"De jeito nenhum."

"O que eles estão fazendo aqui?"

"Se olhar com atenção para a mesa deles, vai entender."

"Será que eu vou ver um outro morto por lá?"

"Não só um, mas mil

          dois mil

              três mil mortos.

Mas à medida que o número de mortos aumenta

              o valor da atrocidade diminui.

Especialmente se eles morreram num bombardeio aéreo."

"Não entendo."

"É muito simples: aquela criança

morta, aquela mulher morta, aquele senhor velho morto

            de mãos dadas num círculo

        em torno da mesa dos dois deuses nórdicos

são produto dos bombardeios de Roterdã.

Aqueles dois deuses brancos de olhos azuis

        guiaram os pássaros da morte

          diretamente para suas presas."

"Você está falando como um poeta."

"Estou.

Infelizmente.

É uma infâmia quando a poesia entra nesse assunto.

Especialmente esse tipo de poesia.

Mas o que se pode fazer?

Essas coisas vão se acumulando dentro da gente

você fica horrorizado, revoltado

uma raiva enorme

e então olha em volta e vê que está de mãos atadas.
Não dá para fazer nada.
Então vêm as palavras
        a poetização
                um pouquinho de ironia
                        e um toque de lirismo.
E da pior espécie.
Também há um morto aqui nesta mesa, sim senhor.
Não é um suicida, nem um assassinado, nem um bombardeado.
Fala sem parar
bebericando vinho como se fosse mel.
E apesar de tudo
está satisfeito consigo mesmo.”
“Esse sou eu?”
“Não — eu...”

Sob o luar
um trem escuro
              entra numa estação escura.

O loiro de traje preto arriscou um olhar pela janela:
atrás do vidro azul, a estação escura
                as pessoas sombrias
                    pareciam duas vezes mais tristes e desesperadas.
Era como se estivessem falando baixinho
        sobre mortes, separações, noites sem aurora.
E apesar de a lua brilhar no céu
os trilhos na terra não tinham claridade alguma:
eram visíveis por cinco ou dez passos — e desapareciam.
Só havia dois postes de luz
iluminando carretas abertas, estacionadas num ramal
(pela forma das lonas dava para ver
que estavam cheias de munição).
A estação e suas dependências
estavam tão imersas em trevas e alvoroço

que os passageiros na plataforma corriam para todos os lados
        e perdiam os trens e se perdiam uns aos outros.
O berro de uma mulher alcançou o vagão-restaurante:
"Hatice,
     onde está você,
        menina?"

O loiro de traje preto perguntou ao moreno:
"Faik Bey, para onde estamos indo?"
"Eu estou indo para a estepe
       e acho que você deve estar indo para Eskişehir."
"Não foi isso que quis dizer."
"Ah, sim.
Quo vadis, Domine?"[126]
"Esse não é o nome de um romance, doutor Faik Bey?"
"É sim."
"Não brinque."
"Eu não ousaria."
"O que eu quero dizer, doutor Faik Bey
é que tudo o que me contou
e agora essa estação escura
de repente me fizeram sentir um tal abatimento
uma desolação
uma melancolia estranha
como se, com toda a certeza, eu fosse morrer esta noite.
Não
— como se todos nós fôssemos morrer esta noite
eu
você
todas as pessoas
e essa estação escura.

---

[126] *Quo vadis, Domine?*: a frase aparece em João 13:36, quando Pedro pergunta a Jesus: "Para onde vais, Senhor?". *Quo vadis* é também o título de um romance histórico do escritor polonês Henryk Sienkiewicz (1846-1916), publicado em 1894.

Quer dizer,
eu fico condoído por mim
e também por todas as pessoas.
É a primeira vez que algo assim acontece comigo.
Quer dizer, é a primeira vez que percebo
— de fato e verdadeiramente percebo
de uma forma tangível —
que neste mundo vivem outras pessoas além de mim.
Não só para dizer isso
ou por ser um fato
mas sentir de repente na própria pele
perceber
e entender...
O que você acha?"
"É claro que você sente
talvez perceba
mas duvido que entenda.
De qualquer modo — e daí?
Mesmo que você entenda, vai acabar esquecendo.
Foi algo instantâneo que veio e foi embora
ou está prestes a ir.
E se não for embora, você vai acabar se acostumando.
E uma vez que se acostume, não haverá problemas.
O hábito restaura
o conforto de nunca ter sentido
percebido
ou compreendido nada.
Pode ser um conforto menor do que o primeiro
mas ainda assim é um conforto."
"Você tem razão, Faik Bey.
No entanto..."
"No entanto, para onde estamos indo, não é?"
"Sim, para onde estamos indo?
Para onde o mundo está indo?
Para onde vão as pessoas?"

"Para compreender isso, senhor...."

"Şekip Aytuna..."

"Para entender isso, senhor Şekip Aytuna...

Foi o senhor mesmo quem escolheu seu sobrenome?"[127]

"Não, foi o nosso diretor."

"Foi uma boa escolha.

Para compreender isso

        é preciso compreender de onde viemos e onde estamos."

"Claro..."

"Claro — mas, o que você

        e eu

        vamos fazer quando tivermos compreendido?"

"Sim."

"Sim."

"Sim,

é um beco sem saída

        um..."

"O senhor notou, senhor Şekip Aytuna?

Eu notei antes, enquanto o senhor falava:

nós, pessoas instruídas, falamos igual umas às outras,

        com as mesmas frases coloridas,

        o mesmo maneirismo.

Não é estranho?"

"Não sei..."

"Sua aflição já passou, senhor Şekip Aytuna?"

"Quase."

"Muito bem.

O senhor é casado?"

"Solteiro."

"Ser solteiro é viver feito um sultão."

"Eu sou noivo, doutor Faik Bey."

---

[127] "Escolheu seu sobrenome": alusão à "lei dos sobrenomes", de 1934, que tornava obrigatória a adoção pela população turca de um sobrenome. *Aytuna* significa, literalmente, "Danúbio da lua".

"Meus parabéns!
Vinho?"
"Não, obrigado, eu..."
"O senhor não gosta muito de álcool."
"É,
não me faz bem."
"Ser moderado em tudo é mesmo o melhor..."

IV

O Expresso Anatólia deixou a estação escura,
    a locomotiva soltando nuvens de vapor ao luar.

Vagão-restaurante.
A cozinha.
O chefe de cozinha conversava com o garçom Mustafá.
O chefe de cozinha é Mahmut Aşer:
o tipo "neoclássico" da nossa grande cozinha recém-renovada
ou seja, parecia um chefe de cozinha num cargueiro rumo à Cingapura
num filme americano
sorridente, gordo
a touca branca um pouco mal-ajambrada
e de barba feita:
"O Ankara Palace, meu filho,
as maçãs do Ankara Palace vinham da Califórnia."
(O garçom Mustafá
ouvia.)
"Meu filho, maçãs da terra da Califórnia
de avião para Paris
           e de Paris para nós.
Você já viu uma maçã da Califórnia?"
"Não."

"As maçãs da Califórnia, meu filho,
                são enormes e vermelhas
e todas têm o mesmo tamanho
como se fossem amostras que saíram de um torno."
"Então você não se rebaixaria usando as nossas?"
"Não!
De maneira alguma.
Monsieur Fernand não deixaria
nem as mais seletas maçãs de Amasya[128] entrarem pela porta."
"E quem é ele?"
"Como assim, quem é ele? Você nunca ouviu falar dele?"
"Nunca."
"Azar seu.
E você ainda se diz garçom, meu filho?"
"Quem me dera não dizer."
"Por quê?"
"Por nada.
Me fale sobre o cara.
Quem é ele?"
"Monsieur Fernand era um mestre.
Se não fosse um infiel, eu poderia chamá-lo de meu santo padroeiro.
Eles o trouxeram de Paris.
Ele era o primeiro-ministro, o chefe do Estado-maior dos *chefs*.
Ganhava oitocentos por mês do Ankara Palace,
meu filho, oitocentas pratas.
Mas ele merecia:
o homem era profundo
— um artista.
Uma vez por semana o embaixador francês
                o Comte de Chambrun
                        descia até a cozinha para vê-lo."
"Sobre o que eles conversavam?"
"Acho que sobre molhos.

---

[128] *Amasya*: cidade ao norte da Turquia, famosa por suas maçãs.

Como você sabe, a cozinha francesa
        é sinônimo de molhos.
Nós, no Ankara Palace, meu filho, costumávamos fazer um molho
      o *sauce grande veneur*
        — não há nada parecido na Turquia.
Esse molho requer um tipo de cogumelo chamado trufa
        um cogumelo preto.
Ele cresce debaixo da terra.
Os franceses usam porcos para farejá-los e arrancá-los.
Os porcos são treinados especialmente para essa tarefa.
As trufas vinham para nós de Paris, meu filho,
        dentro de caixas."
"Então não crescem aqui?"
"Deus me livre
      — esse tipo de cogumelo, não.
Ouvi dizer que tentaram cultivá-lo em Konya.
Até usaram cachorros no lugar dos porcos.
Mas foi inútil
      — as trufas têm de ser pretas
        as de Konya saíam brancas."
"O Monsieur Fernand ainda está em Ancara?"
"Foi embora há três anos, quando expirou
o contrato.
Mas nós fomos treinados.
Roubamos o talento das mãos do infiel.
İbrahim de Kastamonu
        até inventou um novo molho para filé de porco selvagem.
De qualquer forma, é só um turco bater o olho em algo
        que ele pega o jeito da coisa rapidinho.
Somos inteligentes.
Mas não respeitamos a nós mesmos.
Agora eles estão pagando 150 pratas
        para o mestre turco do Ankara Palace.
O que ele não é que Monsieur Fernand era?
        O fato de ser um infiel?"

"Mustafá, o café está pronto..."
O garçom Mustafá pegou o café com o ajudante
                         e saiu.
Ele serviu o café.

"Garçom!"
Hikmet Alpersoy
      (o empresário-industrial que tinha uma risada sonora)
            chamou o garçom Mustafá:
"Garçom, traga três garrafas de Kavaklıdere."
Mardanapal protestou:
"Três garrafas são demais,
         uma é o bastante."
"Não é o suficiente.
Que traga três garrafas."
Mardanapal deu risada
         (ria tal qual um sapo velho):
"Você já chegou aos cinquenta, Hikmet Bey
               e continua um devasso."

Eram quatro pessoas à mesa.
Mardanapal representava uma firma alemã há vinte anos.
Mardanapal é um judeu polonês.
Por ter vendido com tamanha tranquilidade
               junto com suprimentos elétricos
a integridade profissional dos nossos grandes e pequenos funcionários
                                             em licitações
os nazistas
tinham lhe concedido um "certificado de limpeza de sangue"
            e o mantiveram no seu antigo posto.
A jovem esposa de Mardanapal é uma maravilha
— longas pernas finas
     um par de seios que lembram dois figos verdes

olhos enormes, escuros e de veludo
e uma fronte de mármore cor-de-rosa.

Garçom Mustafá trouxe os vinhos.

Mardanapal olhava
(olhos tristes e protuberantes sob as sobrancelhas peludas)
Mardanapal olhava
para a mesa do maioral:
"Hikmet Bey", ele disse,
"eu queria perguntar uma coisa para esse cara.
Dou cem mil liras
por uma resposta franca."
"O que você gostaria de perguntar?"
"Vamos entrar na guerra?"
"Não, ele não vai dizer; pergunte a Tahsin."
"Tahsin também não vai dizer."
"Ele não sabe."
"Eu sei o que Tahsin vai dizer e o que não vai dizer.
Mesmo se soubesse, ele não diria."
Fehim disse:
"Em toda a Turquia só uma pessoa sabe.
Não ouça mais ninguém."

Fehim era assistente de promotor de justiça
jovem, bonito
e ceceava um pouco.
Seu pai, que era um dos 150,[129] morreu em Paris.
Sua esposa era filha de um senhor feudal curdo.

---

[129] No original, *Yüzellilikler*, a lista de 150 "pessoas indesejadas", ou seja, aquelas
que se opuseram ao governo nacionalista de Mustafá Kemal (Atatürk) entre os anos de
1919-1922. Entre estas havia gente do séquito político e pessoal do sultão Mehmed VI, de
suas forças contrainsurgentes, membros da burocracia, da polícia e das forças armadas, jor-
nalistas, partidários e familiares do renegado comandante nacionalista Ethem, o circas-
siano, cujas tropas foram derrotadas pelo Exército de Liberação em 1921.

O casal, em três anos, devorou um prédio de apartamentos,
                      uma mansão
                   e 65 mil liras.
Eles ainda têm em casa uma *dame de compagnie* francesa.
Fehim tem um carro da Ford,
                   uma dívida de jogos de três mil liras
e uma fama ainda não esquecida depois de cinco anos
por causar confusão num cassino uma noite em Akıntıburnu
e por levar uma surra por causa disso no Palácio Dolmabahçe.
O homem do Palácio deu ordens para o chefe da guarda esbofetear
      Fehim.
A princípio Fehim ficou assustado, com medo, com raiva
mas logo se jogou de borco
aos pés do palaciano e
            soluçando
                chorou feito uma criança desesperada.
E, no entanto, naquele mesmo dia
                de manhã
                no salão do tribunal,
tinha se levantado imponente com sua toga preta cheia de brocados
                e condenado uma pessoa à morte.

Hikmet Alpersoy perguntou:
"Por que você quer saber se vamos entrar na guerra, Mardanapal?"
"É só uma questão de cálculos, Hikmet Bey."
Fehim perguntou:
"Você quer que Hitler ganhe, Mardanapal?
O que o seu coração lhe diz?"
Hikmet Alpersoy soltou uma sonora risada:
"Mardanapal não é considerado judeu."
Mardanapal sussurrou em voz suave:
"Meu passaporte não diz,
mas Mardanapal é judeu, sim.
Sou judeu, graças a Deus."
"Que Hitler não te ouça."

"Pode ouvir.

Estou fazendo os alemães ganharem dinheiro."

"Se depositassem Hitler nas suas mãos, o que você faria, Mardanapal?"

"Eu faria dele um parceiro."

"Para trapaceá-lo?"

"Você não o mataria?"

"Quem não vai morrer neste mundo?"

"Homem, você não tem raiva dos alemães?"

Quem fez a pergunta foi Aziz Bey.

Mardanapal sorriu,

        mas não respondeu a Aziz Bey.

Aziz Bey estava com as mãos nos bolsos da calça.

Uns bolsos com aberturas inclinadas e compridas

          que não ficavam nas laterais da calça

      mas na frente.

Até mesmo os ternos de Aziz Bey tinham esse tipo de bolso

(uma herança da época dos gângsteres).

Aziz Bey era circassiano.

Seu pai tinha sido guarda-florestal.

Mas hoje Aziz Bey

         é proprietário de florestas do tamanho de uma colônia:

    elas suprem Istambul de lenha e carvão.

Se você o encontrar no verão

      nas escadarias de sua mansão no meio da floresta

         verá um governador inglês na Índia:

           desde o chapéu colonial branquinho

               até o discreto sorriso aristocrata.

E, nas noites de inverno, quando os lobos uivam e as árvores silvam

se você for convidado à sua mesa

(cujo comprimento é de dez metros)

ele estará na cabeceira, amarelo-dourado e vermelho-carmesim

servindo aos amigos vinho e carne de caça.

E, na redondeza, as esposas dos guardas-florestais e dos comandantes

                    da guarda

(quase todas feias)

estarão abarrotadas de pulseiras de ouro do pulso até os cotovelos.
Apenas um prefeito se opôs a Aziz Bey
    — três dias depois sua casa foi invadida
        e ele foi espancado até desmaiar.
Às vezes no solo da floresta, sobre folhas vermelhas de carvalho,
sob galhos nodosos e longos,
    você tropeça em corpos com a cabeça perfurada de balas:
são aldeões surpreendidos cortando lenha ilegalmente.
Aziz Bey não sabe quantas pessoas trabalham nas suas florestas.
De qualquer maneira, calcular nunca foi o seu forte.
Seu departamento de contabilidade são as costas
        de um maço de cigarros.
Sua parentela (que são seus guardas-florestais e pistoleiros)
rouba desavergonhadamente de Aziz Bey.
Aziz Bey sabe
    mas não diz nada.
Porque a contabilidade dos maços de cigarro rouba
dos trabalhadores dez vezes mais, cem vezes mais.
Às vezes falam de uma garota tuberculosa
que vagava na floresta, sob as árvores, feito um fantasma.
A garota morreu
    deixando para Aziz Bey um túmulo de mármore
        sob os choupos mais vermelhos
e florestas atrás de florestas.
Mas assim como o peixe
não se cansa da água
Aziz Bey não se cansa de possuir mais florestas
mais e mais árvores
mais do que alguém jamais possuiu
    e cujo fim pássaro nenhum pode enxergar.

Aziz Bey perguntou:
"Por que você está rindo, Mardanapal?
Ainda assim vou te dar uma boa notícia:
vamos nos entender com os alemães

você vai ver.

Você está feliz, Mardanapal?"

"Vamos ficar felizes todos juntos, Aziz Bey.

E o seu negócio, que está pela metade, vai ser resolvido."

"Puxa, você ouviu isso também?"

"Nós ouvimos tudo.

       Somos judeus.

A empresa alemã está oferecendo um milhão, não é?

Um bom dinheiro.

E eles sabem fazer negócio.

Você vai comprar o município inteiro em dois anos

       se eles se tornarem parceiros das suas árvores.

C'est une bonne affaire, de verdade

       vale a pena.

Vamos entrar num acordo, Aziz Bey,

       vamos ficar felizes todos juntos."

Alguma coisa estava se formando do lado de fora,

mas aqueles que estavam do lado de dentro da janela azul

       sequer notaram.

Lá fora uma fumaça branca e fina

envolvia a lua avermelhada.

Lá dentro três mulheres e um homem estavam sentados à quinta mesa.

O homem era jovem e atarracado.

As mulheres eram velhas e muito maquiadas.

Debaixo do queixo a papada caía flácida

       pálida

       gasta.

A terceira mulher

(a que usava dentadura)

deslizou a mão desesperada, cheia de anéis

(por baixo da mesa)

     e enfiou no bolso da calça do homem.

Lá fora, nuvens sopravam do leste
            — úmidas, avermelhadas e escuras —
                  em direção ao oeste
                        trazendo chuva, raios, ventania.
E sobre a terra, erguendo-se
de encontro às nuvens baixas,
os postes de telégrafo apostavam corrida com um trem escuro:
                  o Expresso da Anatólia.

O vagão-restaurante há muito já havia terminado com as frutas e o café.
O chefe Mahmut Aşer
                  o *maître d'hôtel* e o garçom
                        se encontraram à mesa deles
                              atrás da repartição de vidro.
De onde estavam, podiam enxergar toda a extensão do vagão.
As pessoas continuavam a falar,
mas sem emitir som algum,
      abrindo e fechando a boca inutilmente como peixes.

Lá fora, relâmpagos ao leste.
Uma criança se agacha
e, tapando os ouvidos com as mãos úmidas, conta:
"Um, dois, três, quatro, cinco, seis, sete."
Estrondo no céu.
O raio deve ter caído perto.

Lá dentro, no vagão-restaurante, um homem muito idoso
— ainda neste mundo —
fazia contas num pedaço de papel rosa
e olhava sozinho
— já além deste mundo —
para a chuva que batia no vidro azul.
As gotas escorriam como contas num colar
a chuva açoitava os vidros.
Um trem escuro transportava os homens através da tempestade.

O garçom Mustafá limpou a mesa com a manga
tirou do bolso uma caderneta de folhas amarelas
       e abriu com cuidado na primeira página.
O chefe Mahmut Aşer perguntou:
"O que vem a ser isso, meu filho — essa caderneta?"
"Tem um épico[130] nessas páginas, chefe Mahmut."
"Então você se interessa por essas coisas?"
"Sim."
"Eu também.
Quem o compôs?"
"Um prisioneiro."
"Ótimo.
Eu gosto de épicos de prisões, meu filho."
"Este não é assim."
"Pena, os épicos de prisão
são melancólicos.
Quando se trata de amor e de canções, a melancolia é bonita.
O cara canta, e você fica triste.
Você tem que ter sofrer no coração
       quero dizer, pela humanidade, meu filho.
Não tem nada nesse poema que provoque esse sentimento?"
"Tem e não tem.
Este é parecido com o épico de Köroğlu."[131]
"Eu também gosto desse.
Vamos, em nome de Deus,
     pode começar..."

---

[130] "Épico": no original, *destan*, palavra que designa um gênero de literatura (especialmente oral) tipicamente turco, amiúde acompanhado pelo *saz*. Para maiores detalhes, ver Karl Reichl, *Turkic Epic Poetry: Traditions, Forms and Poetic Structure* (Nova York, Garland, 1992, pp. 119-30).

[131] *Köroğlu*: poema ou canção épica, bastante popular na Turquia e em outros países, que louva as proezas do herói Köroğlu, um fora-da-lei que se destacou nas revoltas Jelali contra a autoridade do Império Otomano em fins do século XVI e início do XVII.

Lá fora, a tempestade atingia o ápice.
O vento levava a horas de lonjura
         o som dos trilhos e da chuva
e trazia urros de quilômetros de distância.
Não era apenas a leste, na noite
que faiscavam relâmpagos, mas por toda a escuridão
os raios caíam quase que a intervalos medidos...

Mustafá começou a recitar seu épico:
"Eles que são numerosos feito formigas na terra,
                 peixes na água,
                     pássaros no céu,
que são covardes,
         intrépidos,
             ignorantes,
                 sábios
                     e infantis,
e que destroem
     e criam,
deles o nosso épico conta somente as aventuras.

Eles que caíram na sedução dos pérfidos,
     que deixaram tombar o estandarte ao chão,
que deixaram o campo para o inimigo
             e zarparam para suas casas.
Eles que sacaram da adaga contra muitos apóstatas
e que sorriem como uma árvore verde
e choram sem cerimônia
e que xingam a tudo e a todos,
deles o nosso épico conta somente as aventuras.
O destino do ferro,
         do carvão
             e do açúcar,
do cobre vermelho,
dos têxteis,

202

do amor, da crueldade e da vida
e de todos os ramos da indústria
e do céu
         e do deserto
                  e do oceano azul,
dos tristes leitos fluviais,
das terras e cidades aradas
                  mudará numa aurora,
numa aurora quando, à beira da escuridão,
         pressionando a terra com as mãos pesadas,
                  eles se levantarem.

São eles que refletem as formas mais coloridas
nos espelhos mais argutos.
Neste século eles venceram, eles foram derrotados.
Muitas palavras foram ditas a seu respeito,
e foi dito que
'não têm nada a perder a não ser suas correntes'."

Mustafá fez silêncio.
Mahmut se surpreendeu um pouco:
"Que épico mais estranho", disse,
         "esse prisioneiro compôs um épico estranho.
Ele está confundindo alguma coisa.
Mas, meu filho, sua voz está triste
         e você o recitou como música
                  — isso toca o coração.
Acabou?"
"Não, esse é só o começo."
"Então é algo como um *peşrev*.[132]
Vamos ver como é o fim."

---

[132] *Peşrev*: a primeira peça tocada durante uma performance de música *fasıl* (o nome é derivado de duas palavras persas, *pīš*, "antes, adiante", e *ver*, "que vai", ou seja, "algo que precede").

Mustafá continuou a ler o épico:
"OS ANOS DE 1918 E 1919
E A HISTÓRIA DO COBRA NEGRA."
Mahmut perguntou:
"Esse é o nome da história?"
"Sim.
Vou ler."
"Isso, leia."
"Vimos fogo e traição
e com nossos olhos em chama sobrevivemos
                neste mundo.
Estas cidades caíram:
Istambul, outubro-novembro de 1918,
İzmir, maio de 1919,
e Manisa, Menemen, Aydın, Akhisar
entre meados de maio
e meados de junho
(ou seja, época de cortar o tabaco,
          quando a cevada foi colhida
             e a estação do trigo está para começar)
Adana,
    Antep,
        Urfa,
            Maraş
caíram
    lutando....

....
....
....

O povo de Antep é guerreiro.
Eles conseguem atirar no olho de um grou
e na pata traseira de um coelho em fuga.

E sobre uma égua árabe
eles montam esbeltos e compridos feito um cipreste verde.

Antep é um lugar quente
      e austero.
O povo de Antep é guerreiro
O povo de Antep é bravo.

O Cobra Negra,
    antes de se tornar Cobra Negra,
trabalhou num dos vilarejos de Antep.
Talvez ele não tenha tido uma vida boa, talvez sim.
(Eles não deixavam tempo para ele pensar nisso.)
Ele vivia como um rato do campo,
assustado como um rato do campo.
A 'bravura' vem com um cavalo, uma arma, uma terra.
Ele não tinha um cavalo, uma arma, uma terra.
Ele tinha o mesmo pescoço fino feito um broto
      e a mesma cabeça grande
            de antes de se tornar o Cobra Negra,
                  o Cobra Negra...

Quando os infiéis entraram em Antep,
o povo de Antep
      o arrancou
de um pistacheiro[133]
          onde ele escondia seu medo.
Eles empurraram um cavalo para baixo dele
      e colocaram uma Mauser
          em sua mão.

---

[133] "Pistacheiro": a cidade de Antep é famosa pela abundância de suas árvores de pistache.

Antep é um lugar austero.
Lagartos verdes
        nas rochas vermelhas.
Nuvens quentes à deriva pelo ar
              para frente e para trás...
Os infiéis tomaram as colinas.
Eles tinham artilharia.
Choviam rajadas das metralhadoras dos infiéis
arrancando a terra pela raiz.
Os infiéis tomaram as colinas;
o sangue de Antep jorrava.

Um tufo de roseira na campina plana
era o escudo de Cobra Negra
antes de se tornar o Cobra Negra.
O arbusto era tão minúsculo
e sua cabeça e seu medo tão grandes
que ele jazia de bruços
sem sequer colocar uma bala no tambor...

Antep é um lugar quente
        e austero.
O povo de Antep é guerreiro
O povo de Antep é corajoso.
Mas os infiéis tinham artilharia.
E não havia nada a fazer — era o destino:
     o povo de Antep teria de entregar
          a campina plana aos infiéis.

Antes de se tornar o Cobra Negra,
    Cobra Negra não se importava se os infiéis
tivessem o controle de Antep até o Dia do Julgamento.
Pois não haviam lhe ensinado a pensar.
Ele vivia como um rato do campo,
assustado como um rato do campo.

Arbustos de rosa eram seu escudo.
Estava escondido, de barriga na terra,
quando, atrás de uma pedra branca,
uma cobra negra
       levantou a cabeça.
Tinha a pele luzidia,
       os olhos, vermelho-fogo,
         a língua, uma forquilha.
De repente uma bala
       arrancou sua cabeça.
O corpo despencou.

Cobra Negra,
antes de se tornar o Cobra Negra,
viu a extremidade da cobra negra
e berrou a plenos pulmões
     o primeiro pensamento de sua vida:
'Presta atenção, ó louco coração!
A morte encontrou a cobra negra atrás de uma pedra branca
e vai te encontrar mesmo escondido numa caixa de ferro...'

E quando ele, que tinha vivido como um rato do campo,
assustado como um rato do campo,
se lançou para a frente,
o povo de Antep, assombrado,
rapidamente se jogou atrás dele.
Fizeram picadinho dos infiéis nos morros.
E ele, que tinha vivido como um rato do campo,
assustado como um rato do campo,
passou a ser chamado de
o 'Cobra Negra'...

Foi o que ouvi.
E coloquei a história do Cobra Negra

(que por anos liderou um bando de guerrilheiros)
    e do povo de Antep
    e de Antep,
   no primeiro livro do meu épico,
    exatamente como a ouvi..."

"Viva o Cobra Negra!
    Muito bem, povo de Antep!
Olha como ele escreve bem — gostei!"

Mahmut Aşer ia dizer muito mais coisas
mas o chamaram lá de dentro:
"Garçom!"
Quem chamava era Hikmet Alpersoy
    (o dono da fábrica de enlatados
     e comerciante de armas
      de risada sonora).
"Me traga água mineral.
Acho que seu Kavaklıdere deve ser falso;
  fez um estrago e tanto no meu estômago..."
"Não, meu senhor,
   os nossos vinhos..."
"Chega!
Traga água mineral, rápido."
Os lábios de Mustafá, o garçom, tremeram
as maçãs morenas do seu rosto ficaram rubras
e ele mal conteve a vontade de xingar.
Além do mais, fazia um ano
(desde que tinha visitado o homem na prisão)
que ser garçom lhe dava a sensação de usar uma camisa de baixo suja e
  molhada.
Ele tinha visto o homem atrás das barras de ferro e da cerca de arame.
O homem tinha cara de criança.
Quando soube que Mustafá era garçom

alguma coisa como pena
    ou desapontamento
        ou até mesmo um pouco de reprovação passou pelo seu rosto.
Ou talvez não fosse nada disso.
Talvez fosse porque naquele momento
    uma barra de ferro lançasse sua sombra nos olhos do prisioneiro.
Seja como for
ser garçom já não era mais uma ocupação respeitável aos olhos de
    Mustafá
— era uma espécie de escravidão.
Mustafá disse ao *maître* com voz irritada:
"Aquele cavalheiro não gostou do vinho;
desarranjou o estômago delicado do filho da puta.
Ele quer água mineral.
Tome aqui, leve."
O *maître d'hotel*, um homem altivo
em seu uniforme de vagão-leito,
estava tão surpreso com tantas coisas acontecendo ao mesmo tempo
                    que levou a água mineral.
Mas não deixou de dizer:
"Mustafá, não leia isso antes de eu voltar..."

Lá fora, a escuridão era como terra molhada.
Impelido pela chuva e pelo vento, o Expresso Anatólia
corria pelos trilhos a uma velocidade incrível.

O *maître* retornou.
Mustafá continuou a ler o seu épico:
"O ANO DE 1920 E A HISTÓRIA DE ISMAIL DE ARHAVE...
Vimos incêndios, vimos traições.
O exército inimigo se pôs novamente em marcha.
Akhisar, Karacabey
Bursa e Aksu, a leste de Bursa:
            batemos em retirada, lutando.

Em 29 de agosto
		de 1920
			Uşak caiu.
Feridos
	e tremendo de raiva,
			mas sem esmorecer,
alcançamos as colinas de Dumlupınar.
Nazilli caiu...

Vimos incêndios, vimos traições.
Aguentamos firme,
	estamos aguentando.
1920: fevereiro, abril, maio,
Bolu, Düzce, Gevye, Adapazarı
— infiltração dos exércitos do Califa,
			insurreição de Anzavur.[134]

E a mesma coisa em Konya
a 3 de outubro.
Uma manhã
Delibaş[135] entrou na cidade
		com quinhentos desertores e sua bandeira verde.
Mantiveram o domínio do monte Aladim por três dias e três noites.
E quando fugiram rumo a Manavgat,
		em direção a suas mortes,
levavam várias cabeças cortadas dependuradas das selas...

---

[134] "Insurreição de Anzavur": uma série de insurreições lideradas por Ahmet Anzavur (1885-1921), oficial circassiano durante o Império Otomano, que se tornou líder guerrilheiro na Anatólia durante a Guerra de Independência turca. Instigado pelo serviço secreto britânico e autoridades do Império Otomano, ele se revoltou contra Mustafá Kemal e revolucionários turcos. Foi sentenciado à morte, capturado e executado em abril de 1921.

[135] Delibaş: Mehmet Delibaş, líder guerrilheiro que trocou a causa nacionalista pela de uma facção religiosa (daí a bandeira verde, cor representativa do Islã) e, reunindo desertores, guerreou contra o Exército da Liberação perto de Konya em 1920, sendo morto no ano seguinte.

E a 29 de dezembro, Kütahya.
Uma noite, um traidor
      — era Ethem, o circassiano —,
            passou para o lado inimigo
com quatro balas de canhão e oitocentos cavaleiros,
com mulas carregadas de *kilims* e tapetes
e rebanhos de ovelhas e gado.
Tinham sombras no coração,
cintos e chicotes prateados,
todos eles, homens e cavalos, bem alimentados...

Vimos incêndios, vimos traições.
Em nossas almas, uma tempestade — mas a carne suportava.
Os que resistiam não eram titãs
destituídos de amor e paixão, mas gente de carne e osso
com suas fraquezas inacreditáveis
com armas e cavalos e seus poderes assustadores.
Os cavalos eram feios
            maltratados
não mais altos que um arbusto enfermiço.
Mas sabiam correr a galope, pacientes,
sem espumar ou relinchar.
Os homens portavam longos capotes militares
          e andavam descalços...
Na cabeça, um colbaque
        no coração, tristeza
        e uma esperança sem limites...

Homens eram derrotados, sem agonia nem esperança.
Com feridas de bala na carne
eram esquecidos nos quartos das aldeias.
E lá jaziam eles
     lado a lado, de costas

com suas bandagens
pele
e botas militares.
Seus dedos eram todos tortos
como se arrancados do lugar
e na palma de suas mãos havia terra e sangue...

Os desertores
atravessavam as aldeias no escuro
com seus medos, suas Mauser, e mortos pés descalços.
Famintos,
impiedosos,
miseráveis.
Desceram à desolada estrada branca
e detiveram os cavaleiros que vinham com as estrelas
e os sons das ferraduras,
e, por não terem achado comida na montanha de Bolu,
empurraram ao precipício
as carruagens transportando tecidos, papel de cigarro, sal e sabão...

E longe, muito longe,
no distante porto de Istambul,
naquela hora tardia da noite
as barcas dos lazes, carregadas de armas e jaquetas militares
contrabandeadas,
são esperança e liberdade,
vento e água.
Elas cruzam as águas e o vento desde o tempo das primeiras navegações.
As barcas eram de castanheira,
variando de três a dez toneladas,
e sob velas latinas
traziam tabaco e avelãs
e levavam açúcar e azeite de oliva.
Agora elas levam grandes segredos.
Agora, deixando para trás o som triste da voz dos homens no mar,

212

dos cargueiros ancorados,
e das luzes dos caíques[136] de palha
balouçantes nos arredores de Kabataş,
elas passam diante dos torreões inimigos na água escura,
                    pequenas,
                      sagazes,
                              e orgulhosas,
                    rumo ao mar Negro.
Nos tombadilhos e no leme havia pessoas assim —
de longos narizes aquilinos
conversadores inveterados —
que, com a facilidade com que cantavam uma canção,
também podiam morrer por um pão de milho e anchovas[137] de dorso
    azul-marinho
sem esperar nada de ninguém...
....
....

O navio cor de chumbo com a proa reta,
    vermelho incandescente no escuro
                é um torpedeiro inimigo.
E o que estava queimando por sobre as ondas
                        em muitas
chamas
    é a barca de cinco toneladas do Capitão Şaban...
A vinte milhas de distância do farol de Kerempe,
na escuridão da noite,
as ondas tinham a altura dos minaretes
e, muito claras, suas cristas estouravam e se quebravam...

---

[136] "Caíque": pequena embarcação a remo ou à vela, tipicamente turca, utilizada em navegação de cabotagem ou em transportes ligeiros.

[137] "Anchovas": no original, *hamsi*, o peixe do mar Negro mais apreciado pelos turcos, em particular pelos lazes. Diz-se que há milhares de receitas com *hamsi*. Além disso, os lazes mencionam esse peixe em inúmeros contos folclóricos.

O vento:
>nordestada.

O torpedeiro inimigo desaparece
>com os cativos a bordo.

A barca do Capitão Şaban,
>com o mastro em chamas, naufraga.

Ismail de Arhave
>estava nessa fatídica barca.

E agora,
na altura das pedras do farol de Kerempe,
no escaler da barca que foi à pique,
ele está só com sua carga,
mas não está sozinho:
>multidões de ventos,
>>nuvens
>>e ondas

soam em uníssono em torno a Ismail.

Ismail de Arhave
>pergunta a si mesmo:

'Será que chegaremos com nossa carga?'
Ele mesmo responde:
'Não dá para não chegar.'
Uma noite no cais de Tophane,
o mestre do artífice de artilharia, Mestre Bekir, lhe perguntou:
'Ismail, meu filho,
essa carga é sua', disse,
>'e de mais ninguém.'

E no farol de Kerempe,
quando o holofote inimigo percorria as velas da barca,
Ismail pediu permissão a seu capitão:
>'Capitão Şaban,' disse,
>>'temos de entregar nossa carga'

e pulou no escaler
e se pôs a remar...

'Deus é grande,
mas o caíque é pequeno', disse o judeu.
Ismail tomou um aguaceiro pela popa,
mais um,
e ainda um terceiro.
Se ele não conhecesse o mar tão bem quanto sabe atirar facas,
o bote teria soçobrado.

O vento vira para o quadrante norte.
À distância surge uma luz vermelha:
a lanterna de estibordo de um navio
que segue para Sebastopol.
Com as mãos sangrando,
Ismail impulsiona os remos.
Ismail está calmo.
Está além de tudo, exceto a luta
e sua carga.
Ismail está em seu elemento.
A carga:
uma pesada metralhadora.
E se os chefes do porto não parecerem decentes,
ele vai direto para Ancara
entregá-la pessoalmente.

O vento vira outra vez.
Talvez sopre o mistral.
A costa mais próxima está a pelo menos quinze milhas de distância.
Mas Ismail
confia nas suas mãos.
Elas seguram com igual confiança
o pão, a haste dos remos, a cana do leme
ou os seios de Fotika em Kemeraltı.

O mistral não veio.
De repente, como se todas as cordas tivessem arrebentado,
o vento soprou de todos os lados
e cessou.

Ismail não esperava por isso.
As ondas rolaram por baixo de seu bote
                    mais um tempo,
e então o mar ficou
            completamente liso
                    e negro.
Assustado, Ismail largou os remos.
Quão aterrador é pensar em desistir da luta!
Ismail teve calafrios.
E, assustado como um peixe,
viu sua solidão na forma de um bote,
                    um par de remos
                        e um mar morto
                            calado.
E de repente
        se sentiu tão triste em seu isolamento
que suas mãos perderam o tato:
elas agarraram os remos com força.
E os remos quebraram.

As águas arrastaram a embarcação para longe.
Já não dava para fazer mais nada.
Ele ficou perdido no meio de um mar morto
com as mãos sangrando e sua carga.
Primeiro, preguejou.
Depois, sentiu ímpetos de rezar.[138]

---

[138] "Rezar": no original, *elham okumak*, literalmente, "ler o *elham*", ou seja, recitar a primeira surata do Alcorão.

Então, riu,

curvou-se e acariciou a carga sagrada.

E, por fim,

por fim, ninguém soube

      o destino de Ismail de Arhave..."

O chefe Mahmut Aşer

esfregou os olhos com as costas de seus punhos enormes

e a voz falhou:

"Eu conheço esse Ismail, meu filho."

O *maître* deu risada:

"Que é isso, chefe,

não existiu de verdade um homem chamado Ismail,

nunca existiu alguém assim.

O que você ouviu é uma história..."

Mahmut Aşer quase se enfureceu com a objeção:

"Meu filho, como pode ser uma história?

Nem de longe!...

É um épico, você não ouviu?

Por acaso Köroğlu também não existiu?

E Tahir e Zühre[139] também são mentiras?

E eu já lhe disse: conheço Ismail de Arhave.

Mas eu não o vejo há vinte anos.

Quer dizer então que ele morreu?

É uma pena —

era um homem valente."

Mahmut Aşer ficou quieto.

O garçom Mustafá olhou para os que estavam no vagão-restaurante

do outro lado do compartimento de vidro:

a raiva em seu coração subiu para a garganta.

Mahmut Aşer falou outra vez,

como se falasse consigo mesmo:

---

[139] *Tahir e Zühre*: casal de apaixonados que corresponde, no Oriente, ao par Romeu e Julieta.

"Você está certo, meu filho,

Ismail de Arhave virou história.

Todos os tempos passados já viraram história.

Aqueles dias eram diferentes, os dias de hoje são distintos.

Os homens daquele tempo, meu filho, eram uma coisa

e os homens de hoje, meu filho, são outra.

Olha aqui, Mustafá,

esse aí também escreve sobre guerras?"

"Escreve."

"Então ele também conta a história da guerra de İnönü?"

"Conta."

"Eu estava lá...

Depois a chamaram de Primeira Batalha de İnönü."

O garçom Mustafá perguntou espantado:

"Então você foi para a guerra?"

"Claro que sim.

O campo de batalha de İnönü, meu filho,

o vento

o frio

picavam como abelhas.

Foi depois do período mais frio do inverno,[140]

     perto do equinócio.

O combate durou cinco dias e cinco noites.

O sangue jorrava de todos os lados.

E quando acabou, os infiéis deixaram para trás

     carretas de canhão, caixas cheias de garrafas de conhaque

        e seis caminhões sobre a neve.

E quando escaparam, meu filho,

    — não estava claro se éramos nós ou eles que fugiam —

mas quando escaparam,

     incendiaram pontes e vilarejos."

---

[140] "Período mais frio do inverno": traduz a palavra de origem árabe *zemheri*, ao passo que "equinócio", logo a seguir, traduz *hamseyn*, "cinquenta", ou seja, os cinquenta últimos dias do inverno.

O chefe Mahmut Aşer
o tipo de cozinheiro "neoclássico"
        da nossa grande cozinha recém-reformada
de repente pareceu um homem totalmente diferente
aos olhos de Mustafá
— até mesmo no formato de seu nariz.
E o gorro branco desapareceu.
Então o *maître d'hôtel* disse a Mustafá:
"De quem você pegou esses escritos?"
"Do meu irmão."
"O seu irmão conhece o prisioneiro que escreveu esse poema?"
"Eles são amigos.
Eu mesmo fui visitá-lo um dia."
"Quem? O poeta prisioneiro?"
"Sim."
"O que o seu irmão faz?"
"É um trabalhador..."

Um trem escuro transportava os homens através da tempestade.
A chuva açoitava os vidros azuis
as gotas escorriam como contas num colar.
Mustafá retomou o seu épico:
"Primeira Batalha de İnönü,
depois a Segunda.
No dia 23 de março de 1921,
as forças inimigas de Bursa e de Uşak avançam sobre nós.
A artilharia e a infantaria deles
        eram o triplo da nossa;
a nossa cavalaria é numerosa.
Mas os cavalos não têm ferrolhos,
        cartuchos de munição
          ou canos
e as espadas
    são de metal barato.

26 de março.

Noite.

A ala direita se aproxima de nós.

27 de março:

contato em todas as frentes.

28, 29, 30:

continuação da batalha.

E na noite de 31 de março

　　　　　(havia luz? não sei dizer)

a escuridão de İnönü estava repleta de sons e de centelhas.

E no dia seguinte,

　　　　　1º de abril,

　　　　　Metristepe[141] arde.

São seis e meia:

Bozöyük está em chamas.

Os inimigos deixam o campo de batalha para nossas forças.

Então de 8 a 11 de abril:

Dumlupınar.

Então junho.

Uma noite de verão.

Nos arredores só lampejos

　　　　　e o zumbido dos insetos.

Atravessamos o rio Sakarya em três pontos

　　　　　　　　de jangada.

Tomamos Adapazarı

　　　　　de surpresa.

E rodeando o juncal do lago Sapanca

nos aproximamos da fábrica têxtil ao leste de İzmit.

O inimigo

— parte dele a bordo de navios

　　　　　　no alto-mar

---

[141] *Metristepe*: literalmente, "monte da trincheira", é o nome de um vilarejo na província de Bilecik, no distrito de Bozüyük, que será citado logo a seguir..

e parte
retrocedendo para Bursa
via Karamürsel[142] —
abandona a cidade de İzmit no meio da noite.

23 de agosto
— o Armagedom de Sakarya[143]
que dura até 13 de setembro.
Temos 40 mil soldados a pé
e 4.500 a cavalo;
o inimigo tem 88 mil soldados na infantaria
e 300 peças de artilharia.
A ala norte do campo de batalha
é cercada pelo rio Sakarya
e por montanhas.

Montanhas
— a Montanha Abdüsselam,
a Montanha Gökler —
de encostas íngremes
e pontiagudas,
o solo calcário
com seus pinheiros ásperos
e solitários
crescendo afastados uns dos outros sobre as rochas.
Aqui só as corças de casco fendido
conseguem beber a água do Sakarya.
Ela flui por altos penhascos
desde a foz do riacho de Ancara
até o noroeste de Eskişehir.

---

[142] *Karamürsel*: cidade localizada na província de Kocaeli, noroeste da Turquia.

[143] "Armagedom de Sakarya": no original, *Sakarya melhame-i kübrası*, ou seja, a grande carnificina de Sakarya; o termo, que tem conotações bíblicas, foi usado por Atatürk para denominar a Batalha de Sakarya.

Ao sul
    e a sudoeste
        está a planície de Djihanbeyli:
           um deserto
           triste e sem folhas
           largo e vasto
que te faz querer morrer, sem nenhum remorso
        por qualquer coisa que você tenha deixado para trás...
Diante desse deserto,
    dessas montanhas,
        desse rio e de nós,
o inimigo lutou sem cessar por 22 dias e noites
e teve de bater em retirada.

Ainda assim
era o ano de 1922
— quinze províncias e seus estandartes
    e nove cidades grandes
        estavam em mãos inimigas...
Extensões inacreditáveis se encontravam sob o poder inimigo,
        entre as quais:
sete lagos, onze rios
    e um milhão de acres de florestas
        — que eram nossas, mas agora tinham as marcas
        de seus machados e incêndios nas raízes —
um arsenal de marinha, duas fábricas de armas
e dezenove baías e portos —
talvez muitos deles não tivessem
        diques,
           atracadouros
              e faróis verdes e vermelhos
ou talvez nada para iluminar suas águas
        exceto as lanternas de seus caíques
— mas que nos pertenciam
com seus estaleiros de madeira e pescadores tristes.

Além de três mares
    e seis ferrovias;
e estradas tão longas quanto o olho pode ver:
estradas que nos levam para casa
e para longe de casa,
estradas que nos levam para o deserto, para Çanakkale[144]
                    ou para as nossas mortes,
                          sem nunca perguntar por quê
                    ou para quê;
e então a terra
e as pessoas dessa terra:
os tecelões de Uşak com seus teares de tapete,
os seleiros de Manisa,
        famosos por suas selas com fios de ouro,
os esfomeados na beira das estradas e nas estações,
e os espertos
      intrépidos
          sérios e galanteadores
             jovens operários
                de İzmir e Istambul,
e os comerciantes de grãos e os especialistas em pesagem
                      e os figurões das cidades,
e os nômades Yürük,[145] de Aydın, com suas tendas de pele de cabra,

---

[144] *Çanakkale*: designa Dardanelos, onde se deu a Campanha de Galípoli, também conhecida como Guerra dos Dardanelos, que ocorreu na Turquia entre 25 de abril de 1915 e 9 de janeiro de 1916, durante a Primeira Guerra Mundial. Foi uma das campanhas mais duras, custosas e atrozes. O estopim da batalha foi a invasão da Turquia por forças britânicas, francesas, australianas e neozelandesas que desembarcaram em Galípoli, numa tentativa de captura do estreito de Dardanelos. A tentativa falhou, com pesadas perdas para ambos os lados. Os aliados se retiraram do local durante os meses de dezembro de 1915 e janeiro de 1916.

[145] *Yürük*: turcos nômades, muitos dos quais migraram da Ásia Central para a Anatólia só recentemente, ou seja, nos últimos três séculos. Eles vivem em tendas feitas de pele de cabra angorá (própria da Turquia, e cuja lã é conhecida no Ocidente como "mohair") e perambulam rumo ao norte ou sul conforme as estações. Para saber mais sobre seus costumes, leia-se o fascinante *The Caravan Moves on*, de İrfan Orga (Londres, Secker & Warburg, 1958).

e os boia-frias,
    os meeiros,
        os trabalhadores de subsistência,
e os camponeses das aldeias,
com ou sem rebanhos,
em suas botas de couro de ovelha
        e sandálias[146] de couro cru.
Quinze províncias e seus estandartes
    e nove cidades grandes
        estavam em mãos inimigas..."

V

O Expresso Anatólia se aproximava de Sapanca.
O loiro de traje preto
disse ao moreno de roupas pretas:
"Faik Bey, já faz um tempo que estou observando
que o *chef*, o *maître* e o garçom
        estão lendo alguma coisa
           atrás daquele compartimento de vidro."
"Você não observou direito.
O garçom está lendo e os demais, ouvindo."
"Isso mesmo.
O que será que estão lendo?"
"'O que será que aquele garçom poderia ler?', é o que você pensa.
Um garçom lendo!

---

[146] "Sandália": em português, é o termo que mais se aproxima do turco *çarık*, calçado que parece um mocassim e possui ponta afinada, é feito de couro cru e não tem salto nem sola dura. Era na época em que se passa o poema, e o foi até recentemente, o calçado tradicional do campesino turco.

E você estranha que um chefe de cozinha

ouça alguma coisa lida por alguém."

"Certo.

E o que estão lendo não parecem ser historinhas de Karagöz."[147]

"O que o fez pensar em Karagöz?"

"Não sei.

Também poderia ser outra coisa."

"Por que não os poemas de Ahmet Haşim?"[148]

"Impossível.

De jeito nenhum.

Um chefe de cozinha não conseguiria entender Haşim."

"Tem razão, senhor Şekip Tuna.

Ahmet Haşim não tem uma única palavra —

aberta

ousada

corajosa

justa e cheia de esperança para dizer ao cozinheiro."

"A poesia trata apenas disso, doutor?"

"Poesia trata do mundo.

E no mundo de hoje essas são as únicas coisas dignas de serem ditas."

"Você tem ideias estranhas."

"Sim, estranhas,

até mesmo ridículas,

hipócritas, afetadas e até desprezíveis

pois são só palavrório

— porque não lutam, não podem lutar..."

---

[147] Karagöz e Hacivat são personagens do tradicional teatro de sombras turco. As peças são encenadas detrás de uma fina tela de seda, translúcida o bastante para permitir que as formas e cores dos fantoches sejam percebidas. Normalmente, os fantoches de couro de camelo são figuras planas, pintadas com cores vivas, e representam uma fatia da sociedade num bairro, ou *mahalle*, da cidade. A encenação toda pode ser realizada por um só homem, ou contar com ajudantes e músicos.

[148] Ahmet Haşim (1883-1933), um dos mais influentes poetas da literatura turca do século XX. Sob influência dos simbolistas franceses, combinou metáforas e imagens poderosas com efeitos sonoros melancólicos a fim de criar uma lírica de exílio espiritual.

Lá fora, a chuva havia cessado
mas o vento ainda soprava forte.
O brilho do lago Sapanca era visível nas trevas.
O Expresso Anatólia diminuiu a velocidade
e passou por árvores pretas, encharcadas.
À medida que o ruído do trem diminuía
um novo som se fez ouvir
      junto ao zumbido do vento:
           o murmúrio das águas e dos juncais...

O trem parou.
Ouviam-se gritos lá fora.
Mãos encharcadas de mulheres e crianças batem do lado de fora
      das janelas azuis do vagão-restaurante, oferecendo coisas.
Aqueles que estão dentro do vagão-restaurante olham
         para as tensas mãos azuladas.
Mas o Expresso Anatólia deixa Sapanca
      sem comprar uma única maçã.
Eram 9:57 da noite.

108 quilômetros ao sul do Expresso Anatólia
      o trem que partiu de Haydarpaşa às 15:45
      entrava na estação de Biledjik.
Não havia chuva nem vento
      o luar parecia neve.
E porque o vagão de terceira classe número 510
    havia coberto suas lâmpadas
      — e não os vidros —
      dois passageiros observavam o luar
      por uma janela aberta no corredor:
        Nuri Öztürk
          (o contador no escritório da Clínica de Repouso)
          e Kâzım de Kartal.

A lua planava suave e tranquila, através
        da brancura lisa do céu, como um trenó.

O estudante universitário
        se encontrava no compartimento dos prisioneiros.
O preso Halil explicava as causas socioeconômicas da última guerra.
Embora falasse apenas de números e abstrações,
        estava inflamado, como se estivesse brigando.
Seus olhos míopes brilhavam atrás dos óculos.
E apesar do número de mortos e de cidades destruídas
o universitário sentiu esses olhos pousados na própria fronte
        como duas mãos esperançosas.
Mas o sargento estava terrivelmente desiludido.
E murmurava para si mesmo:
"Eles se rebelaram,
        se rebelaram contra Deus.
E que guerra vai ser esta
— um pandemônio,
        dias de choro e ranger de dentes —,
uma verdadeira luta entre o céu e a terra!
        Uma questão de vida ou morte."
Então virou-se para o condenado Süleyman:
"Süleyman Bey", disse,
        "Süleyman Bey,
a pomba-rola lamentou assim até o fim dos tempos:
'Quem dera não ter nascido!'
Porque ela veio ao mundo e viu a morte primeiro
        — viu a eternidade, quero dizer.
Ai de nós, é o destino!
Olha como o mundo gira,
primeiro vem a subida,
depois a queda certeira.
O mundo pertence ao vento.
Quando você se dá conta, já virou pó e terra..."

O preso Fuat
com Istambul no coração
observava a noite pela janela aberta.
A presa Melahat pensava na filha:
"Ela tem dois vestidos, quatro pares de meia,
mas os sapatinhos estão gastos;
para o inverno, ela não tem nem um cachecol."
O guarda Haydar cochilava.
O guarda Hasan ouvia o preso Halil.

A lua planava pelo céu como um trenó
sem se aproximar nem se afastar
sempre à mesma distância
redonda e luminosa
avançando com o trem
diminuindo a velocidade com o trem
parando na estação de Biledjik com o trem.

Por três vezes Nuri Öztürk respirou fundo no corredor
e então falou como se cantasse uma canção triste:
"Eu não posso olhar para a lua sem pensar na minha amada."
A lua se refletiu nos olhos amarelos de lobo de Kâzım de Kartal.
Ele disse:
"Eu penso nos anos que passaram,
nos anos da Guerra de Libertação."
Calou-se e logo prosseguiu:
"Quantos anos se passaram
desde uma noite enluarada como esta!
Eu estava dentro de uma caixa de prata parecida com esta —
a mesma luz estranha, o mesmo silêncio inóspito.
Noites enluaradas
ou são cheias de barulhos ou perfeitamente quietas.
Estou sozinho, deitado de barriga na terra
atrás da minha carabina,
uma carabina otomana virgem até então.

A mira brilhava
  na extremidade do cano
como se estivesse a cem anos de distância,
   um pinguinho de nada.
Naquele dia recebemos uma ordem do quartel-general:
'O intérprete do tenente inglês em Gebze deve ser executado.'
Esse tradutor Mansur tinha conspirado nas aldeias
   e traído a nossa gente...
Eu calculei por onde o cara passaria.
Ele surgiu lá na frente,
montado a cavalo.
Um enorme
cavalo inglês de artilharia.
O animal trotava sozinho
  pelo meio dos trilhos,
   esquipando
    lentamente.
O tradutor devia ter largado as rédeas —
   sua cabeça estava balançando,
    talvez estivesse cochilando sobre o cavalo.
O homem cresce à medida que se aproxima.
De qualquer forma, as pessoas parecem maiores ao luar.
Havia cerca de quatrocentos passos entre nós.
Ergui o cano só um pouco
e mirei a cabeça de Mansur, que balançava.
Um pássaro voou de uma árvore à minha direita
   — um plátano —
   o pássaro deve ter se assustado.
Viro a cabeça para olhar o pássaro
   e dou de cara com a lua:
   enorme, redonda
    e muito branca
— igualzinha a esta.
   Quase me deixou cego.
Então quando alinhei novamente a mira e a alça da mira,

fiz pontaria e atirei,
      a primeira bala deve ter atingido o ombro
            em vez de acertar a cabeça de Mansur.
O cara soltou um grunhido,
      que veio direto para o meu ouvido.
Ele virou a cabeça do cavalo
        e fugiu em disparada.
Atirei uma segunda vez.
Ele tomba para a esquerda no cavalo.
A terceira bala.
Cai do cavalo.
Mas um pé fica preso no estribo
      e durante um tempo ele é arrastado pelo animal em fuga.
Daí o pé se solta,
      Mansur desaba de vez
        e o cavalo segue pelo declive.
Me levantei.
Caminhei na direção do homem.
Ia pegar os papéis dele,
      com os nomes dos seus espiões.
Há quatro postes de telégrafo entre nós,
      com cinquenta metros entre eles
        — um total de duzentos metros.
De repente o tradutor se ajeita,
      se joga para um lado
        e escapa morro abaixo.
Apoiei a carabina no ombro.
Quarta bala.
O cara despenca.
Começo a correr.
Ele se levanta outra vez.
Cem passos nos separam.
Mansur caminha à minha frente, cambaleando feito um bêbado —
      já não corria,
        só caminhava.

Eu também parei de correr.
Descemos até a costa.
Lá tem uma fábrica vazia
e uma casa branca com um atracadouro de madeira.
Vejo que o cara começa a entrar na água.
Os papéis iam se molhar.
Disparo uma quinta bala.
Ele cai na água e levanta.
E enquanto eu recarregava
uma luz se acendeu dentro da casa,
    uma janela se abriu,
        e acho que uma mulher olhou para fora.
O tradutor gritou como se estivesse sendo estrangulado.
A janela se fechou.
A luz apagou.
O tradutor agarrou no atracadouro de madeira.
Ele o escalou, se arrastando feito um animal
        com as patas traseiras quebradas.
Ainda posso vê-lo.
Que estrago!
O luar também cai no mar:
vai e vem
       vem e vai.
Enfim,
para resumir,
tive de acabar com Mansur com uma faca.
Os papéis ficaram encharcados de sangue,
mas sangue não apaga a escrita..."

Kâzım de Kartal se calou
e logo prosseguiu:
"O cara era um canalha,
    isso é certo.
Um traidor,
    isso é fato.

Eu sei quanto sangue de irmãos leais
                    recai sobre a sua cabeça.
Mas mesmo assim,
o cara vinha cochilando no cavalo sob a lua.
O que eu quero dizer é:
matar um homem dessa maneira,
        mesmo em dias como aqueles,
e não sentir um pesar profundo
            quando olha para a lua
                    anos depois de estar tudo assentado,
você teria que ter um coração de pedra
                    ou ser a justiça em pessoa.
O meu, graças a Deus, não é de pedra,
                        mas é justo.
Como eu sei disso?, você me pergunta.
Lutei por amor, sem pedir nada em troca,
fui ferido várias vezes
                e assim por diante.
E quando a luta acabou
não recebi fazendas nem apartamentos.
Eu era jardineiro em Kartal antes da guerra
            e continuei jardineiro em Kartal depois da guerra.
Só que, de tempos em tempos,
        eu conto essa história sem mais nem menos..."

Nuri Öztürk quase disse:
"Acontece que você não conta essa historinha sem mais nem menos,
        você se gaba."
Na verdade, Nuri Öztürk se irritava com histórias
                    sobre as Guerras de Libertação
            porque ele não tinha estado na Anatólia na época...

Vagão de terceira classe número 510.
O quinto compartimento dormia na penumbra.

Somente Şakir de Sakarya (o que tinha cirrose)
          estava acordado,
— a cabeça assentada bem ereta
sobre o pescoço fino como um graveto
          (parecia um erro de lógica).
Tinha as mãos pousadas sobre a barriga.
Se aquelas mãos ásperas pudessem pensar e falar
elas diriam: "Şakir,
a água dentro da sua barriga cresce a cada minuto,
o sono da morte está a ponto de cair sobre você,
          como é que você pode fechar os olhos?"
Contudo, não falaram,
pois Şakir já não se dignava a pensar
e nem sentia mais
          o anseio de morrer numa cama de molas.

Vagão de terceira classe número 510.
Corredor.
Dois passageiros observavam o luar no corredor.
A lua chacoalhou uma vez e começou a se mover
como se estivesse sendo puxada, calma e suave,
          por um trenó.
O trem deixou a estação de Biledjik para trás.
E cerca de noventa quilômetros ao norte
          um outro trem
           o Expresso Anatólia
          avançava rumo ao sul através da escuridão ventosa.

O vagão-restaurante se esvaziou pela metade.
O garçom Mustafá tinha lido mais um pouco do seu épico:
"A HISTÓRIA DA FÁBRICA DE MUNIÇÕES"
"A HISTÓRIA DE HASAN"
"A HISTÓRIA DE TRÊS HOMENS"
    e
"A HISTÓRIA DE MUSTAFÁ SUPHI E SEUS COMPANHEIROS".

O *maître* franziu a testa, sobretudo durante a última história,
e parecia soturno dentro de seu uniforme.
"Mustafá, meu filho", disse o chefe de cozinha Mahmut Aşer,
"você está cansado.
Você pode ler o restante daqui a pouco,
quando estivermos sozinhos..."

E Mustafá enfiou a caderneta de folhas amarelas no bolso.

10:36 da noite.
O maioral
        levantou da mesa.
Seus acompanhantes também levantam.
"Com licença, vou me deitar
                — mas fiquem à vontade."
Tahsin (o médico parlamentar) pensou:
"A inteligência deita tão cedo?"

10:36 da noite.
Monsieur Duval conversava com Cazibe Hanım:
"Eu gosto dos seus camponeses
                — são pacientes e resignados.
Os comerciantes também não são ruins.
E seus funcionários públicos não fazem mal a niguém.
Mas eu não gosto dos seus industriais.
Acima de tudo, vocês precisam desenvolver sua agricultura.
E precisam se livrar das estatizações..."

10:36 da noite.
Emin Ulvi Açıkalın, o comerciante de İzmir,
tinha a cabeça cheia de cálculos envolvendo
cem mil caixas de uva-passa e figo seco.

Kasım Ahmedov arrotou
e os lábios da garota, cujo sabor

lembrava o gomo de uma tangerina,
                    tremeram.

Hikmet Alpersoy concluiu:
"350.000."
Mardanapal começou:
"Aumente para 400.000, mas tem um detalhe."
O assistente de promotor de justiça Fehim pensou:
"Eu podia pedir 500 emprestados a Mardanapal."

10:36 da noite.
No Expresso Anatólia
um jovem estava de pé na varanda da primeira classe.
Era estudante de medicina.
Antigamente seu pai fora senhor de um vilarejo,
mas nos últimos quinze anos tinha adquirido
          três fazendas e duas fábricas de arroz.
O estudante de medicina estava cabisbaixo na varanda.
Não estava pensando nas Montanhas Altai
as montanhas que sonhara conquistar um dia
     com uma espada nua[149] na mão
          e um elmo de metal na cabeça
               ao lado de sete cavaleiros carregando sete penachos.[150]
Agora o seu coração lamentava apenas
outra monótona viagem de trem.
Mas quantas mulheres bonitas viajavam em trens!

10:36 da noite.
No Expresso Anatólia,

---

[149] "Espada nua": no original, *yalın kılınç*, que, por ser forma dialetal (da região de Diyarbakır) da palavra "espada" (*kılıç*, em turco padrão), indica a sensibilidade linguística de Hikmet, que alude assim à origem do personagem em questão.

[150] "Penachos": no original, *tuğ*, que se refere aos pelos do rabo do cavalo que eram afixados ao estandarte ou mastro de bandeira para indicar níveis de distinção.

duas mulheres conversavam num dos compartimentos da segunda classe.

Tinham cinquenta anos de idade.

E esses anos se mostravam

em sua aparência.

A da esquerda era esposa de um professor universitário.

Sem chapéu

e com o rosto comprido, largo e vermelho de choro

tocava com as mãos enrugadas as têmporas cheias de cãs.

A mulher da direita falava sem parar:

"Você aturou esse cara todo esse tempo, menina.

Você criou dois filhos.

Por que se separar?

A obrigação dele é cuidar de você.

Que cuide!

Mesmo tendo pego ele em flagrante

nem pense em se separar...

Isso é o que ele mais quer.

Você deve fazê-lo passar vergonha,

depois volte para casa e curta sua vida."

10:36 da noite.

Nimet Hanım estava no mesmo compartimento.

Era uma mulher jovem.

Trabalha num ministério.

Não é bonita

mas tem alguma coisa

— um calor estranho.

Ela é bonita porque não é bonita.

Pessoas próximas a ela decerto a chamam de "querida".

Estava sentada lendo uma carta.

Tinha escrito para alguém longe;

iria postar a carta em Ancara

ou talvez não

— não, por certo que iria.

Assim começava a carta:

"Orhan,
ontem estava escrevendo uma carta forte e pesada para você,
mas mudei de ideia.
Mas por que estou lhe dizendo isso agora?
Vai saber.
Deve ser a minha falta de vergonha na cara.
Mas se eu a tivesse terminado
você teria ficado puto
        e contente
           — excitado,
             entre outras coisas.
E digo mais:
eu te quis ontem.
Ontem te desejei ardentemente.
E apesar de toda a sua safadeza,
       senti falta da sua arrogância.
Essa necessidade física foi uma coisa nova.
Foi uma crise, e passou.
Mas que diferença isso faz?
Eu tenho certeza que
essas crises vão voltar sempre que você estiver longe.
E eu não suporto quando isso começa.
Não dá, meu amor.
Minha cabeça precisa vencer minha carne.
Mas em certos momentos secretos,
           a gente vira um corpo sem juízo.
Nessas horas, existe só o desejo.
Mas não é por qualquer homem.
Não, ainda não me tornei assim.
Eu só queria você.
Era um querer
    tão patético
    tão assustador
    tão impotente e solitário.
Mas não era ridículo.

E isso me dá medo.

Reze por mim, meu amor,

    já que você não está aqui comigo.

Ontem quebrei um copo na mão de tanta raiva.

Que ataque histérico de merda!

Por que você está tão longe?

Mas não venha

    — de qualquer forma você não pode,

    e eu não quero —

        fique aí pelo resto da vida...”[151]

Nimet Hanım colocou a carta de volta no envelope.

Encostou a cabeça na janela

e olhou para fora pelo vidro pintado.

O Expresso Anatólia atravessava um vilarejo.

Eram 10:36 da noite.

No vilarejo, no segundo andar de uma casa de adobe,

    num quarto escuro, uma mulher

        está deitada sobre um colchão ralo.

Hatice ouve o ruído do trem.

Parece que o trem passa dentro de sua casa.

A vaca malhada mugiu lá embaixo.

O marido de Hatice se revirou no colchão.

Ela pensa

    astuta

        e feliz:

“Depois da colheita, meu marido

    vai casar com a filha de Ekrem, o Bexiguento.[152]

---

[151] “Pelo resto da vida”: traduz a curiosa expressão *sittin sene* (hoje grafada numa única palavra: *sittinsene*), que, em seu étimo árabe (*sittīn sana*), significa “sessenta anos”.

[152] “Ekrem, o Bexiguento”: antes da promulgação da Lei dos Sobrenomes, era comum a adoção de um qualificativo (ocupação, traço físico saliente ou outro atributo) para distinguir pessoas que tinham o mesmo nome próprio.

O imã fará a cerimônia religiosa.
A menina é cheia de vida: uma turca genuína.
Ela pode aproveitar o período de noiva recente até novembro,
         aí vamos colocá-la para trabalhar."
As pernas cansadas de Hatice
         relaxam com prazer sob o cobertor.
E Hatice pensa:
"Aí eu não vou me cansar tanto com a enxada."
E seu coração bate como se fosse explodir de alegria
como se tivesse perdido os braços
         como se tivessem sido libertados para sempre da dor.

10:36 da noite.
Na cidade, a dez quilômetros do vilarejo de Hatice
os cafés ainda não tinham fechado.
O gramofone tocava num deles e o rádio, num outro.
O fazedor de fornos Hakkı
         atrás da porta que tinha baixado há pouco
         cortava um cano de latão,
         cuidadoso e preciso como se lavrasse um diamante.
Estava seguindo os pensamentos que passavam por sua mente.
Os pensamentos do mestre Hakkı surgiam
e sumiam em seu rosto suave.
O mestre tinha se separado de sua esposa há quatro anos.
A mulher se casou com Rıfat, o sapateiro.
Mas agora o mestre queria sua ex-mulher de volta.
Ela lhe apareceu num sonho há um mês
         e o mestre ficou louco.
Por fim, entraram num acordo.
Hoje à noite iam estrangular o sapateiro Rıfat com uma corda
         atirá-lo num poço
e se mandar para Balıkesir.
Mestre Hakkı olhou para as prateleiras de sua venda
e lá ao lado da corda havia um despertador
mostrando 10:36 da noite.

Também eram 10:36 da noite
   no relógio de pulso de Ferit Bey
      a cinquenta quilômetros dali.
Ferit Bey, prefeito da cidade de Yeşilçam
    e o sargento Seyfi, comandante na delegacia local
    estavam nos arredores do vilarejo de Şerifler.
Estavam agachados
    com cigarros escondidos nas mãos entrefechadas.
Respirando fundo
farejavam o vilarejo em meio à escuridão:
nenhum cheiro de madeira queimada ou esterco quente
    ou mesmo de terra úmida
        (embora houvesse chovido há uma hora
           e a terra estivesse encharcada)
nenhuma janela iluminada, nem mesmo alguma coisa se movendo
    — era como se as pessoas e os animais
        tivessem abandonado o vilarejo
e não havia outro ruído senão o do vento.
O sargento Seyfi
    enfiou o dedo indicador da mão esquerda na lama
             até o nó.
Ferit Bey sussurrou:
"Estamos esperando inutilmente,
           ela não vai vir."
"Vai, sim.
Ela só está esperando as crianças dormirem."
"Quantos filhos ela tem?"
"Três."
Ficaram calados.
Meia hora se passou.
O dedo do sargento continuava enterrado na lama.
Sargento Seyfi era camponês —
daqueles que sabiam ficar agachados pacientemente
no mesmo lugar por horas e

sem proferir uma única palavra a Ferit Bey
tranquilamente se levantar e ir embora.
Ferit Bey, o prefeito, disse:
"Não vou esperar mais.
Estou indo embora, sargento."
"Você é que sabe."
"Mas e você?"
"Vou ficar.
Já que viemos."
Ficaram calados.
Ferit Bey não foi embora.
Estava com medo.
O tempo passou.
Ferit Bey perguntou de novo:
"Então quer dizer que ela vai sempre à sua delegacia?"
"É.
Foi o sargento anterior que a fez se acostumar.
Uma vez, toda a delegacia a possuiu numa única noite,
          e ela não se incomodou nem um pouco com isso.
Na manhã seguinte ela até cerziu as nossas meias.
Cada um de nós lhe deu cinco *kuruş*."
Sargento Seyfi era moreno
e sob o nariz jovem e ossudo
          sua boca era orgulhosa e confiante.
Ferit Bey também era moreno
e usava um terno cinza.

Um cachorro uivou no vilarejo
mas os outros cachorros não responderam.
Uivou uma vez e se calou.
O sargento Seyfi retirou o dedo da lama
e, sem levantar, disse:
"Ela está vindo."
Ferit Bey se endireitou rapidamente
e por instinto

arrumou a gravata.

Emine chegou.

Era alta e corpulenta.

Veio como que abrindo caminho na escuridão

tranquila

e nada tímida.

O sargento Seyfi esperou até ela chegar bem perto

      para então se levantar.

Acanhado

      Ferit Bey olhou para a mulher.

Apenas seus olhos estavam à mostra.

Os pés também deviam estar

mas Ferit Bey sabia que pés descalços

      em uma mulher camponesa

não têm nada a ver com nudez.

Emine trazia uma esteira de feltro debaixo do braço,

as extremidades oscilavam com o vento

e batiam nas suas ancas.[153]

Eles não conversaram com a mulher.

O sargento Seyfi pegou Ferit Bey pelo braço e começou a andar.

Emine foi atrás deles

a quinze passos de distância

com a esteira debaixo do braço.

Caminharam por cerca de quinze minutos.

A noite úmida de primavera soprava em seus rostos.

Quando chegaram ao bosque

(com majestosos pinheiros fragrantes)

      o sargento Seyfi parou numa clareira

e perguntou a Ferit Bey em voz alta:

"Se você quiser ir antes,

eu espero ali."

Ferit Bey gaguejou:

"Eu...

---

[153] "Ancas": traduz *sağrı*, que, no turco, usa-se somente para animais.

eu não quero nada."
O sargento Seyfi deu risada:
"Será que o cavalheiro queria um lençol de seda?
    Então sai fora..."
Ferit Bey se afastou
desaparecendo na escuridão.
Então
    só então
        o sargento Seyfi olhou para trás.
A mulher permanecia de pé, corpulenta e bem ereta.
O sargento acenou para ela.
Emine caminhou até ele
se agachou
e ajeitou a esteira de feltro sobre a terra úmida
        como se estivesse fazendo a cama para seu filho
e deitando-se de costas sobre a esteira
olhou para cima, para o sargento em pé diante dela...

Vinte minutos depois saíram do bosque:
o sargento Seyfi e o prefeito à frente,
Emine atrás.
Andaram um pouco.
Quando chegaram na esquina, a mulher virou à esquerda
     e caminhou na direção do vilarejo de Şerifler
        — a esteira de feltro enrolada debaixo do braço.
Os homens nem se deram conta de que ela tinha ido embora.
Caminharam na direção da cidade
a noite úmida de primavera soprando em seus rostos.
Ouviu-se ao longe o ruído de um trem.
"O Expresso", disse Ferit Bey.
"Se estivéssemos nele agora,
    no vagão-restaurante
      bem instalados..."
O sargento Seyfi murmurou:
"Então deve passar de meia-noite..."

VI

Eram 00:10 no vagão-restaurante do Expresso Anatólia.
No vagão havia três pessoas:
o garçom Mustafá, o *maître* e o chefe de cozinha Mahmut Aşer.
Estavam sentados na primeira mesa
onde uma hora antes sentava-se o maioral.
As toalhas brancas haviam sido recolhidas
e os abajures vermelhos, apagados
— agora eram apenas velhos pedaços de pano surrado.
O ar cheirava como uma taverna abandonada.
E o garçom Mustafá
     declamava o seu épico:
"AGOSTO DE 1922
    e
A HISTÓRIA DE NOSSAS MULHERES
    e
AS ORDENS DE 6 DE AGOSTO
    e
A HISTÓRIA DE UMA PESSOA COM UMA MÁQUINA..."
O chefe Mahmut Aşer perguntou:
"Foi aqui que paramos, meu filho?"
"Foi.
Por último lemos a história de Mustafá Suphi e seus companheiros,
               depois vem essa."
"Então leia."
"Já estou lendo:
'Os carros de boi marchavam ao luar.
Os carros de boi vinham de além de Akşehir rumo a Afyon.
A terra era tão vasta
e as montanhas tão distantes

que dava a impressão de que eles
                    nunca chegariam ao destino.
Avançavam os carros de boi com suas rodas de carvalho maciço,
ou seja,
as primeiras rodas a girar na terra debaixo da lua.
Era como se os bois
pertencessem a um mundo em miniatura
                        pequenino
                            e encolhido
                                sob a lua,
e a luz refletia nos seus chifres doentes e quebrados,
e sob seus cascos fluía a terra
                        terra
                        terra
                            e mais terra.
A noite era quente e clara
e em suas camas de madeira sobre os carros de boi
jaziam as granadas azul-escuras totalmente desprotegidas.
E as mulheres ao luar
escondiam seus olhares
umas das outras
ao fitar os bois mortos e as rodas de caravanas anteriores...
As mulheres
eram nossas mulheres
com suas mãos aterradoras e sagradas,
        queixos pequenos e finos, olhos enormes,
            nossas mães, nossas esposas, nossas amantes,
que morrem como se nunca tivessem vivido
e que comem à nossa mesa
                depois dos nossos bois,
que raptamos e escondemos nas montanhas,
                e por isso vamos parar na cadeia,
que colhem grãos, cortam o tabaco, serram madeira e vão à feira,
que trabalham no arado
e nos celeiros,

com seus sinos e cinturas rebolantes
e se entregam a nós, ao reluzir de facas cravadas no solo —
       as mulheres
          nossas mulheres
agora caminhando sob o luar
atrás dos carros de boi e dos cartuchos
com a mesma tranquilidade
e com o mesmo jeito cansado
de arrastar feixes de espigas cor de âmbar para a eira.
E os seus filhos de pescoços finos
     dormiam sobre os quinze centímetros de aço dos projéteis.
E os carros de boi marchavam
de além de Akşehir rumo a Afyon.

As ordens foram dadas no 6 de agosto.
O Primeiro e o Segundo Exércitos, com seus destacamentos,
carros de boi e regimentos de cavalaria
tomaram posição —
     98.956 rifles,
       325 canhões,
         5 aviões,
cerca de 2.800 metralhadoras,
cerca de 2.500 espadas,
   e 186.326 faiscantes corações humanos,
além do dobro de pés, braços, ouvidos e olhos
    se moviam no recôndito da noite.
A terra no recôndito da noite.
O vento no recôndito da noite.
Quer ao alcance da memória
        ou fora de seu alcance
     as pessoas, as máquinas, os animais
agrupados com seu ferro, sua madeira, sua carne
— e encontrando no recôndito da noite
    uma segurança medonha
      ao se agruparem em silêncio —

marchavam com seus enormes pés cansados
e as mãos cheias de lama seca.
E entre eles,
no Segundo Batalhão de Transporte do Primeiro Exército,
     estavam o motorista Ahmet, de Istambul,
        e sua picape.
O caminhão número 3 era uma criatura estranha:
velho
    ousado
       teimoso e mal-humorado.
Apesar do tronco nodoso de choupo
debaixo do chassi, preso ao eixo
no lugar da mola traseira esquerda, que ficou nas montanhas,
e apesar de ter que parar e procurar apoio na escuridão
a cada dez quilômetros
       com dores no peito,
e mesmo faltando duas das quatro pás da ventoinha,
ele sabia de seu poder conferido oficialmente,
e as ordens de 6 de agosto referiam-se a ele e a seus camaradas
como 'uma série de cerca de 100 veículos motorizados
com uma capacidade total de 300 toneladas
requisitados e organizados...'.
Esses requisitados e organizados
     — entre os quais a picape de Ahmet —
além das pessoas, armas e carros de boi,
desciam rumo a Afyon e às montanhas de Ahır.

Na cabeça de Ahmet havia uma cidade distante e uma canção.
Ela tinha uma melodia imponente.[154]
E é litorânea a cidade
    com barcos de lona branca,

---

[154] "Melodia imponente": traduz *nihavent* (palavra oriunda do nome da cidade persa Nihāwand), ou seja, um tipo de *makam*, isto é, um sistema de melodia utilizado na música clássica turca, composto de três tempos.

batelões pretos
e melancias de cascas beijadas pelo sol.

"A ventoinha parece
estar perdendo rotação.
Os camaradas seguiram em frente.
A lua já se pôs.
O panorama são só estrelas e montanhas...

Ahmet, meu filho, você é de Süleymaniye.
Derrote o Baixinho duas vezes no gamão sob o plátano,
levante-se,
caminhe diante da fileira de cafés,
passe pela fonte,
o pátio da escola, as escolas,
e lá, detrás do muro do Ministério da Guerra,
uma mulher de xador
estará agachada
jogando milho para as pombas.
E trapaceiros
estarão jogando baralho sobre um guarda-chuva.

O motor não está cooperando;
essa merda vai acabar me deixando aqui em cima, na montanha...

O que você estava dizendo, Ahmet, meu filho?
As oficinas de fundição ficam à direita.
Então, ao virar no mercado de Uzun Çarşı,
o livreiro estará à esquerda, na esquina:
O conto do Palácio de Cristal,
A história de Cevdet Paxá, em seis volumes,
e *A arte culinária*.
'Culinária' vem de cozinha,
ou seja, cozinhar.
Ah, como eu gosto de cavalinha recheada!

Você segura sua cauda dourada
e a devora como um cacho de uvas.

Lá na frente tem uma tropa de cavalaria;
    viraram à esquerda...

Desça reto em direção ao mercado de Uzun Çarşı.
Vendedores de cadeiras, de peças de gamão e de rosários,
e você, que é de Istambul,
e se acostumou com a habilidade de suas próprias mãos,
você se admira com o povo de Istambul:
você diz: que fina e variada habilidade!
A mesquita de Rüstem Paxá.
Lojas de cordas.
Aí tem cordas, cabos e quantidades de bronze fundido
o bastante para equipar cem barcos a vela
e incontáveis caravanas de mulas.
Zindankapı, Babacafer.
Ao longe o Mercado de Peixes.
Vendedores de frutas secas.
Estamos no Cais das Frutas:
        o mar do qual senti saudades,
            com seus barcos e batelões
                e melancias de cascas beijadas pelo sol.

Será que o pneu esquerdo traseiro está murchando?
Vou descer
e dar uma olhada...

Tomamos o barco no Cais das Frutas
e fomos até Eyüp, ao poço dos desejos.
Mãos gordinhas,
as pernas um pouco tortas,
mas olhos verdes como azeitonas.

As sobrancelhas eram meias-luas.
Assim que o barco atracou em Kasımpaşa, seu véu branco...

O pneu está murchando.
Se eu não der um jeito...
Aguenta aí, meu velho."

A picape número 3 para.
Escuridão.
Macaco.
Bomba de ar.
Mãos.
Conforme suas mãos trabalham na roda velha e no pneu,
Ahmet, xingando e com raiva por xingar,
lembra:
uma noite, enquanto carregava sua avó, que tinha sofrido derrame,
de um sofá para outro,
a pobre mulher...

"A câmara do pneu estourou de uma ponta à outra.
Estepe?
Nada.
Gritar por socorro
nas montanhas?

Você, meu filho, é de Süleymaniye.
Somente a você foi dada a picape número 3.
É como dizem do carneiro do provérbio
que é pendurado pelas próprias patas.[155]
Ahmet, motorista de Süleymaniye,
tire a roupa..."

---

[155] "Pendurado pelas próprias patas": variante do provérbio *her koyun kendi baca-ğından asılır*, cujo sentido é "somos responsáveis por nossos atos e nossos erros".

E Ahmet tira
a jaqueta, a calça, a cueca, a camisa, o colbaque
        e a cinta vermelha
e os enfia no pneu,
ficando como veio ao mundo,
            só de botas...

....
....
....

A canção tinha uma melodia imponente.
    Uma cidade litorânea,
    um véu branco.
"Estamos indo a cinquenta por hora.
Aguenta aí, seu danado!
Aguenta aí para as montanhas verem o motorista Ahmet
    tal como veio ao mundo!
Aguenta aí, meu velho..."

Jamais
uma pessoa
amou uma máquina
    com uma esperança tão terna...'"

O chefe Mahmut Aşer, rindo com vontade, disse:
"Parabéns pro motorista Ahmet, meu filho,
    parabéns mesmo!
Os istambulitas são espertos,
e quando são corajosos, são de verdade.
Onde será que foi parar o motorista Ahmet?
Talvez trabalhe como motorista de ônibus em Ancara
ou de uma lotação no trajeto Mudanya-Bursa.
Talvez até esteja aqui no nosso trem.
    Claro que na terceira classe..."

Mustafá, o garçom, foi mais pessimista:
"Se não estiver morto..."
Mahmut Aşer ficou sério:
"Que Deus o tenha.
Você tem razão.
Talvez tenha morrido depois,
talvez tenha perecido em alguma guerra da época."
Mustafá, o garçom, repetiu:
"Talvez tenha perecido em alguma guerra da época
        junto com a picape número 3...
Sabe, mestre Mahmut, existe essa foto
pendurada nos cafés:
o sol se pondo no deserto,
um beduíno árabe ferido jaz numa poça de sangue na areia
        e seu cavalo, que parece uma gazela, está acima dele
                e o fareja, cheio de pesar..."
"Eu já conhecia."
"Você já conhecia?
Mestre, eu acredito que,
se o motorista Ahmet morreu naquela época,
a sua picape número 3 se ergueu sobre ele, cheia de tristeza,
e o protegeu das aves e dos animais selvagens da montanha..."
"Você tem razão, meu filho,
        deve ter se debruçado sobre ele e o protegido.
Mas o corpo humano apodrece depressa.
Se você fosse àquelas montanhas agora,
não encontraria nenhum traço do motorista Ahmet,
mas veria restos de ferro, rodas e outras coisas da picape.
Que destino sacana..."
Mahmut Aşer deu uma fungada rápida:
"De qualquer forma,
                leia o final."
O *maître* perguntou:
"Falta muito ainda?"

"Não.
Cinco ou seis folhas.
Vou começar."
E o garçom Mustafá começou:
"A HISTÓRIA DAS HORAS 2:30 ÀS 5:30
DA NOITE DE 26 DE AGOSTO...
São 2:30 da madrugada.
Kocatepe é um monte velho e queimado,
sem árvores, sem sons de pássaros,
    sem cheiro de terra.
Sob o sol do dia ou as estrelas da noite
                    só existem rochas.
E por ser noite agora,
e porque o mundo parece mais nosso,
mais íntimo
    e menor no escuro,
e nessas horas, o coração e a terra
    falam das nossas casas, dos nossos amores
            e de nós mesmos,
o vigia, com seu colbaque de sarja, sobre o rochedo,
acariciando o bigode sorridente,
    observava do topo do Kocatepe
      a escuridão mais estrelada do mundo.
O inimigo está a três horas de distância.
Não fosse pelo monte Hıdırlık
as luzes da cidade de Afyonkarahisar estariam visíveis.
A noroeste, as montanhas Güzelim
ardendo em chamas
    aqui e mais além.
O Akarçay reluz na planície
e o vigia do colbaque de sarja
imagina apenas o curso das águas.
Talvez o Akarçay seja um arroio,
    talvez um riacho,
    talvez um minúsculo córrego.

Ele move os moinhos em Dereboğazı
    e flui com suas enguias sem espinhos
        para dentro e para fora das sombras
            dos rochedos de Yedişehitler Kayası,
    e entre as enormes flores roxas,
        brancas
            e vermelhas,
cujas hastes alcançam a altura de um homem e meio
dos campos de haxixe.
E diante de Afyon
virando a leste
    sob a ponte Altıgözler
depara no caminho com a linha de trem de Konya,
deixando para trás o vilarejo de Büyük Çobanlar, à esquerda,
            e Kızılkilise, à direita.
De repente o homem sobre o rochedo pensa
que ninguém sabe quão largos e compridos
são os leitos e as nascentes dos rios
            em mãos inimigas.
Ele mesmo não sabia o nome de muitos,
mas antes dos gregos e da Grande Guerra,
quando trabalhou como camponês na fazenda de Selimşahlar
        em Manisa,
ficava tonto só de cruzar as águas do Gediz.

As montanhas ardiam em chamas
    aqui
        e mais além.
E as estrelas estavam tão brilhantes, tão exultantes,
que o homem do colbaque de sarja
acreditou em dias lindos e confortáveis de revanche,
sem saber como ou quando viriam,
e se pôs de pé, com seu bigode sorridente, ao lado de sua Mauser —
um espião no monte Kocatepe...
São 3:30 da madrugada.

O pelotão está posicionado
       na linha Halimur-Ayvalı.
O cabo Ali de İzmir,
às apalpadelas no escuro,
olha para cada um dos soldados do pelotão
como se nunca mais fosse vê-los:
o primeiro, à direita,
       é loiro,
o segundo, moreno,
o terceiro, gago.
Mas ninguém
       cantava melhor do que ele na subdivisão.
O quarto estava de novo com vontade de sopa de trigo-sarraceno.
O quinto vai matar o assassino de seu tio
na noite em que chegar em Urfa depois da dispensa do Exército.
O sexto,
um homem com pés inacreditavelmente grandes,
foi processado pelos irmãos
por ter deixado sua terra e seu único boi
para uma refugiada idosa,
e na subdivisão o chamam de 'o louco de Erzurum'
       por montar guarda no lugar de seus amigos.
O sétimo é Mehmet, filho de Osman.
Se feriu no Dardanelos, em İnönü, em Sakarya,
e pode receber muito mais feridas
       sem piscar o olho
e ainda continuar de pé.
O oitavo,
       Ibrahim,
              não ficaria com tanto medo
se seus dentes brancos
       não tremessem tanto.
E o cabo Ali, de İzmir, sabia
que os coelhos não fogem porque têm medo;
       eles têm medo porque fogem.

São 4:00 da manhã.

Região de Ağızkara-Söğütlüdere.

Décimo Segundo Regimento de Infantaria.

Os olhos no escuro, ao longe;

as mãos próximas, sobre as máquinas;

todos estão a postos.

O imã do batalhão,

o único homem não armado,

    'o homem dos mortos',

plantou um galho de salgueiro na direção da *qibla*,[156]

inclina a cabeça

    e une as mãos

        para a prece matutina.

Ele está em paz.

O paraíso é uma paz eterna.

E quer ganhem ou não

dos adversários no campo de batalha da Guerra Santa,

entregará com suas próprias mãos ao excelso Deus do universo

    a alma dos mártires.

São 4:45 da manhã.

Arredores de Sandıklı.

Aldeias.

Um cavalariano de bigode preto e retorcido

está em pé, sob um plátano, ao lado de seu cavalo.

Seu cavalo de Çukurova,

    a cauda balançando no escuro,

        tem espuma no bridão

           e sangue no joelho.

Há, no ar, um cheiro de cavalos, espadas e gente amontoada

da Quarta Subdivisão da Segunda Tropa de Cavalaria.

---

[156] *Qibla*: palavra árabe que significa "direção" (*kıble*, em turco), e que se refere à direção da Caaba em Meca, para onde devem ser dirigidas as orações.

Lá atrás, no vilarejo, um galo canta.
E o cavalariano do bigode preto e retorcido
    cobre o rosto com as mãos.
Além das montanhas à frente, no território dos infiéis, havia outro galo,
um galo branco de Denizli, com crista em forma de machado:
os infiéis devem tê-lo matado
                para fazer sopa...

São 4:50 da manhã.
O dia desponta daqui
                a quarenta minutos.
'Não temais! Pois jamais se estiolará a bandeira carmesim
                que neste alvor tremula.'[157]

Diante de Tınaztepe, ao sul de Kömürtepe,
estão dois reservistas do Décimo Quinto Pelotão da Infantaria.
O mais jovem e alto,
Nurettin Eşfak
    — formado no Magistério —
    brinca com a trava de segurança da sua Mauser,
                enquanto fala:
"Falta alguma coisa no nosso hino,
mas não sei dizer o que é.
Âkif acredita em Deus.
Mas eu não acredito
em tudo que ele acredita.
O que me prende aqui
    é a alegria de me tornar um mártir?
                Acho que não.
Por exemplo, ouça:

---

[157] "Não temais [...] tremula": verso inicial da "Marcha da Independência" (*İstiklâl Marşı*), um poema de dez estrofes composto pelo poeta Mehmet Âkif Ersoy, adotado oficialmente como hino nacional da Turquia em 1921.

Logo virão os dias que o Senhor vos prometeu.[158]
Não.
Nenhum sinal dos dias que virão
    desceu do céu.
Fomos nós que os prometemos
    a nós mesmos.
Eu quero uma canção
    sobre o dia seguinte à vitória...
Quem sabe, talvez até amanhã..."

São 4:55 da manhã.
As montanhas
      se iluminam.
Algo está queimando em algum lugar.
O dia está prestes a romper.
A terra exala o cheiro
    do despertar da Anatólia.
Nesse momento, o coração sobe aos céus feito uma águia
e vendo as luzes da alvorada ao longe,
e ouvindo as vozes na distância,
você se prepara para a morte
na linha mais avançada da vanguarda
num aventura atroz e santa.

Hasan, primeiro-tenente de artilharia,
    tem 21 anos de idade.
Gira a cabeça loira em direção ao céu
      e se levanta.
Olha para a vasta escuridão com estrelas desbotadas.

---

[158] "Logo virão os dias que o Senhor vos prometeu": alusão a um verso do hino de Independência, *Doğacaktır sana vaadettiği günler Hakk'ın* ([logo] amanhecerão os dias que o Senhor vos prometeu), que Hikmet, não se sabe ao certo se propositalmente ou não, cita com uma pequena variação: *Gelecektir sana vaadettiği günler Hakk'ın*.

Agora ele queria, de improviso,
    realizar algo tão formidável, tão grandioso,
que toda a sua vida e todas as suas lembranças
    e a sua bateria antiaérea de 7.5
        parecessem ínfimas e irrisórias.

O capitão pergunta:
"Que horas são?"
"Cinco horas."
"Meia hora, então..."

98.956 espingardas
e da picape número 3 do motorista Ahmet
as Schneiders de 7.5 e morteiros de quinze centímetros
com toda sua maquinaria
e habilidade
para morrer pelo país
— ou seja, por sua terra e liberdade —
o Primeiro e o Segundo Exércitos
        estavam prontos para o ataque.

Na penumbra, junto a um plátano, o cavalariano do bigode preto
    e retorcido
        e das botas curtas
            pula sobre o cavalo ao seu lado.

Nurettin Eşfak
    confere a hora:
5:30...
E a grande ofensiva começa com a aurora
        e a artilharia...

E então.
Então caem as frentes fortificadas do inimigo

a cinquenta quilômetros ao sul de Karahisar
   e a vinte, trinta quilômetros ao leste.
Então.
Então cercamos todo o exército inimigo
  nos arredores de Aslıhanlar
    até 30 de agosto.
Então.
Então todo o exército inimigo foi aniquilado em 30 de agosto.
E em 31 de agosto de 1922,
    enquanto o nosso exército marchava rumo a İzmir,
o louco de Erzurum
  foi morto por uma bala perdida.
Caiu no chão
e sentiu a terra entre as escápulas.
Olhou para cima
e para a frente.
Seus olhos ardiam com espanto,
e as botas estavam deitadas de costas, lado a lado,
  maiores do que nunca.
E por um bom tempo, essas mesmas botas,
por cima das quais seus amigos pularam, deixando-as para trás,
fitaram o céu ensolarado
  e pensaram numa refugiada idosa.
Então.
Então elas tremeram, estrebucharam
e enquanto o louco de Erzurum morria de angústia
  elas viraram a face para a terra..."

O garçom Mustafá calou-se
e o chefe Mahmut Aşer perguntou:
"Acabou?"
"Acabou."
"Acabou mesmo?"
"Acabou, mestre.
O que mais você quer que ele escreva?"

"Não sei.
Você tem razão, meu filho.
O que mais ele poderia escrever?
Vencemos os infiéis e entramos em İzmir.
Então.
Então veio a República.
Mas..."
O *maître* disse:
"Há algo mais que você está tentando dizer, chefe.
Vamos, não tenha vergonha, diga."
"Por que eu teria vergonha?
É que o épico terminou
    um pouco triste.
E isso me abalou um pouco.
É como se você estivesse correndo alegre e livremente
    e de repente seu pé caísse numa armadilha."

O *maître* deu uma risada estranha.
O garçom Mustafá não disse nada.
O trem entrava na estação de Biledjik.
Na parte superior do segundo compartimento do vagão-leito
    Hikmet Alpersoy roncava.
Dormindo, não restava nenhum vestígio da linda risada do homem.
O sono o envelhecera
    encobrindo a cor de seus olhos
        deixando seu rosto sem luz.
Agora ele era só um roncador bebum de sessenta anos
vestindo um pijama de seda.
E no mesmo compartimento, na parte inferior,
    Burhan estava sentado à beira da cama
        com seu suéter de algodão
    (ele jamais se separava dele).
Lia a biografia de Ahmet Paxá de Sivas
    e pensava no projeto
        de expandir sua fábrica de vagões.

E quando o trem ficou parado por muito tempo em Biledjik,
 Burhan olhou pela janela e viu dois homens azuis
  conversando debaixo dela:
   o *maître d'hôtel* e o policial do trem.

Enquanto isso, a sessenta quilômetros ao sul de Biledjik,
 o trem que saiu às 15:45 de Haydarpaşa
  já há muito havia passado por İnönü
   e se aproximado de Eskişehir.

Vagão número 510 da terceira classe.
Corredor.
O prisioneiro Süleyman foi até o corredor
e deu de cara com Kâzım de Kartal.
Não havia mais ninguém além deles.
Kâzım sussurrou:
"Olá, Süleyman."
"Olá, camponês."
"Vamos para a plataforma, Süleyman, para conversar melhor."
"Aqui é melhor.
 Podemos fingir que não nos conhecemos
  como duas pessoas olhando pela janela."
E foi o que fizeram.
Süleyman perguntou:
"Para onde você está indo, camponês?"
"Ancara. Depois, para onde for Halil —
ele para a penitenciária; eu, para um hotel."
"Foi isso o que disseram para você fazer?"
"Ninguém me disse nada — foi ideia minha.
Se der certo, deu.
Eu meço o muro da penitenciária de fora.
  Que tal?"
"Ótimo."
"Como vai o nosso poeta, Süleyman?"
"Ele foi solto faz cinco meses."

"Eu soube.

Ele foi para D...

Ele te escrevia cartas?"

"Escrevia.

Então você também se despediu dele?"

"Claro,

 fui até aonde ele está agora.

Mas a penitenciária de D... é horrível.

Tem muros incrivelmente altos.

Mas diga um muro impossível de pular..."

Süleyman riu:

"E quem,

se você pudesse,

ajudaria a pular primeiro?"

"Primeiro seria Celâl."

"Então você gosta mais dele?"

"Não é questão de gostar,

 o cara é poeta."

"E Halil é um estudioso."

Kâzım de Kartal pensou antes de responder:

"Certo, ele estaria no primeiro lote, de qualquer forma.

Mas antes dele seria Celâl.

Já disse, ele faz poesia.

Ele escreve poesia mesmo, não é qualquer besteira.

Você escreve poemas?

Você só sabe ler o que os outros escrevem.

Eu vi como se faz isso,

é pior que jardinagem,

 mais difícil ainda que cultivar vegetais fora da estação.

Você já notou que quando Celâl escreve poesia

é como se, a cada vez, ele se transformasse numa garota de quinze anos,

 agonizando,

  em dores de parto,

   de partir os ossos,

 como se estivesse criando o mundo novamente."

Süleyman se irritou um pouco:

"Parece que você idolatra Celâl, camponês.

Desde Namık Kemal,[159]

    nós, turcos, temos uma estranha admiração por poetas.

Mas eu vejo outra razão para você gostar dele:

ele ia colocar você no épico,

mas não o fez."

"E o que é que tem?

Ele deve ter encontrado algo melhor, mais verdadeiro.

Ele não terminou o épico — ou já?"

"Terminou."

"Ficou bom?"

"Claro.

Temos três cópias dele.

Vou te dar uma.

Só que você ainda não aprendeu

    a deixar de pensar como um camponês anarquista."

"Como o quê?"

"Você quer fazer as coisas sem consultar ninguém.

Mas se o que você quiser fazer for mesmo necessário,

não vai ser você ou eu,

    mas quem está no comando é que dirá por onde começar."

Kâzım de Kartal franziu a testa.

Seus olhos amarelos de lobo adquiriram uma tristeza estranha:

"Está bem, entendi.

Será que é errado ir para lá com Halil?

Então eu deveria descer em Eskişehir e voltar?"

"Não, camponês,

    você até pode conferir a minha penitenciária

        e a de Fuat também."

---

[159] "Namık Kemal" (1840-1888): poeta turco nacionalista, cujos poemas, em que ele invectivava contra o sultão e os opressores, serviram de inspiração para Mustafá Kemal Atatürk na luta pela independência da Turquia. Por sua vez, o avô de Nâzım Hikmet, Nâzım Paxá (que também era poeta), era amigo e admirador de Namık Kemal, que foi perseguido, preso e exilado.

A boca de Kâzım se abriu num sorriso espontâneo de criança desdentada
e, quase gritando, exclamou:
"Süleyman, seu pilafe de *bulgur*!"[160]
Süleyman ficou alarmado:
"Não grita, camponês!"
E riu baixinho.

Todos os amigos conheciam a história do pilafe de *bulgur*.
Essa história tinha acontecido oito anos atrás:
num dia claro de verão
ficou combinado de Süleyman se encontrar com Kâzım de Kartal.
Süleyman estava cansado e morto de fome
quando chegou à horta de Kâzım.
Inundada de sol, a horta guardava o silêncio das vagens
        até onde os olhos podiam alcançar
e havia tomates vermelhos entre os regos ainda úmidos na terra.
Kâzım estava sentado debaixo de uma treliça.
Ao longe, uma mulher de véu branco
        se abaixava e se levantava entre espigas de milho.
Uma fumaça azul subia por detrás da treliça.
No ar havia um cheiro de carne grelhada
e de salada fresca com bastante azeite de oliva e vinagre.
Conversaram por cerca de uma hora sob a treliça:
Süleyman, vigilante e astuto.
                Kâzım, irônico e intrépido.
E o cheiro da carne grelhada no ar
        aumentava a fome de Süleyman a cada minuto.
Por fim, uma garota de olhos azuis e descalça
trouxe uma panela, duas colheres de pau e duas cabeças secas de cebola:
"Sirva-se", disse Kâzım abrindo a tampa da panela.
Süleyman se deparou com um pilafe de *bulgur* tão sem graça

---

[160] "Pilafe de *bulgur*": trigo triturado e cozido que serve como acompanhamento pa-
ra outros alimentos; a seguir o poema explica a razão do apelido de Süleyman.

que sua expressão desabou numa derrota sem esperança
e ele murmurou como que ofendido:
"Obrigado, Kâzım Efêndi, mas não estou com fome."
Os olhos amarelos de lobo de Kâzım de Kartal sorriram
assim como devem ter sorrido muitas vezes
        os olhos de Hodja Nasrudin.
Kâzım mandou de volta a panela de *bulgur*.
Então trouxeram carne grelhada, salada, doce de semolina
        e duas garrafas pequenas de *rakı*.
Tímido, mas corajoso,
        e pronto para qualquer ataque
        Kâzım de Kartal disse baixinho
        enquanto Süleyman começava a comer:
"Como você sabe, a maioria dos nossos camponeses só come *bulgur*,
e vendo como você trabalha pelos camponeses pobres..."
Süleyman interrompeu Kâzım:
"Você tem razão, Kâzım Efêndi,
            mas eu também tenho razão.
Carne grelhada é melhor do que um simples *bulgur*.
Mas traga o *bulgur* agora, se você quiser,
        que a gente traça antes do doce..."
E assim o fez Süleyman
sem que isso o impedisse
de, a partir desse dia, ser chamado de "Süleyman, pilafe de *bulgur*".

Todos os amigos conheciam a história do pilafe de *bulgur*
mas Kâzım de Kartal a repetiu assim mesmo:
"Süleyman, seu pilafe de *bulgur*!"
Süleyman não disse nada.
Cuspiu pela janela para dentro da noite.
Então se inclinou para a frente e disse
como se estivesse falando com alguém
que caminhava ao lado do trem:
"Como vai sua relação com Deus, camponês?"
Kâzım respondeu um pouco irritado:

"Você sabe como."

Süleyman ficou satisfeito com seu contra-ataque.

Kâzım continuou:

"O homem pode viver sem Deus,

mas também pode viver com Ele.

Especialmente se Ele for como o meu:

um Deus que não interfere em nada,[161]

    e não se importa com política.

É como um amuleto, Süleyman,

como lembrar do meu falecido pai."

Süleyman deu risada:

"Desde que nos vimos, você deu um jeito

de escapar dessa com sua esperteza de camponês."

Kâzım não respondeu.

Apesar de tudo

ele acreditava em Deus

    e era inimigo dos búlgaros.

Quando ouvia uma história inspirada de revolucionários búlgaros,

ele imediatamente ficava com raiva do mundo

para logo se consolar dizendo:

"Ou o que eles fizeram com mulheres grávidas nos Bálcãs é mentira

ou aqueles revolucionários vieram de uma outra tribo de búlgaros..."

Ouviram passos.

Kâzım e Süleyman se voltaram para olhar.

Şakir de Sakarya apareceu no corredor.

Apoiando-se na porta divisória do compartimento

e arrastando a barriga cheia d'água sobre suas pernas finas

    se aproximou de Kâzım e Süleyman.

E falou como se tivesse um apito choroso dentro da boca:

"Biledjik ainda está longe?"

---

[161] "Não interfere em nada": traduz a colorida expressão turca *suya sabuna dokunmayan*, literalmente, "que não toca em água ou sabão".

Süleyman levou um susto.

Kâzım deu uma risada.

Süleyman respondeu:

"Já passamos por Biledjik faz tempo."

Kâzım se intrometeu:

"Você estava dormindo?"

"Você acha que eu consigo dormir, irmão?

Então quer dizer que Biledjik já passou?

Onde vão me deixar agora?

O que vou fazer?

Para onde irei?..."

Kâzım de Kartal não sorria mais.

Şakir esmurrava a cabeça ossuda com as mãos

e repetia:

"O que vou fazer agora?

Vou morrer no trem.

Vão me atirar nos trilhos.

Vou ser comida de bestas selvagens.

O que vou fazer agora?

O que vou fazer agora?"

Com os olhos no chão, Süleyman não disse nada.

E chacoalhando sob o luar

    para nunca trazê-lo de volta

      ("Isso não vai acontecer de novo, é o fim —

          o que vou fazer agora?

             o que vou fazer agora?")

                o vagão de terceira classe número 510 seguiu adiante

                com seu clangor melancólico...

VII

Manhãzinha.
O céu
    parece uma colossal vidraça congelada.
E a estepe ressecada e dura como pedra
— calcário, argila, sal de rocha.
E montes congelados em ondas largas.
Feito um vento que se alça velozmente, a claridade
conduzia as nuvens pela estepe
              vermelhas
                 azuis
                    e amarelas.
A cada nascer
e a cada morrer do sol
as nuvens transformam
a estepe num outro mundo...

O sol logo se ergueu à altura de meia lança,
expondo a estepe por completo:
a aridez de um planeta recém-nascido,
o triste deserto dos vales lunares,
nem um teto
    ou rastro de uma roda
        nem o chamado feliz de uma fruta
           se estendendo para mão humana
nenhum animal ou planta —
apenas a solidão infinita de não querer dar nada.
Ao olhar para essa terra insolente
ouve-se o primeiro grito de luta da nossa espécie —
vamos nos esconder debaixo de uma rocha
e, todos juntos, aos gritos, vamos atacá-la
    e conquistá-la tal como se mata um mamute.
As nuvens no alto se dispersaram.

O trem que partiu às 15:45 de Haydarpaşa
cruzava a estepe como um brinquedo pequeno,
                              porém corajoso.

Por fim, um homem aparece.
Sozinho, numa mula.

Por fim, aparece uma aldeia
(sem árvores ou cortinas)
só terra e esterco.

Uma menininha emerge da terra.
Descuidada, mas linda e suja feito um gatinho selvagem.
Carrega uma jarra de barro maior do que ela própria.
Olha para o trem que passa.
Cheira o ar com seu nariz redondinho.
Sorri.
Suas bochechas formam covinhas.
Zehra não tem pai.
                Por quê?
Talvez porque tenha ido a algum lugar e não retornou ainda.
Talvez ele volte
— quem sabe
talvez hoje à tarde
       ele surja na estepe.

A mãe de Zehra está lá dentro; não se levantou.
Mas aqui não tem "talvez" ou "quem sabe"
— definitivamente
ela não vai se levantar mais.
Jazia sob o cobertor preto sem capa, completamente nua
       dura como uma pedra
              reta como um mastro
       entre pulgas que pulavam de alegria.
E a menininha Zehra, de cinco anos, sorri na estepe

tão desligada do mundo que nem percebe que saiu
    da mesma cama de uma mulher morta
e tão incrivelmente ligada ao mundo
    que consegue carregar uma jarra maior do que ela mesma
      e olhar alegremente para o trem que passa
        cheirar a estepe
         e sorrir.

O trem se aproximava de Etimesut.
Num instante as antenas de uma estação de rádio se ergueram
(como se saltassem e pulassem para a frente)
em meio aos montes desnudos à esquerda
    com seus fios e vigas de ferro.
Traziam para esta terra arrogante e estéril
a beleza do esforço, da inteligência e da esperança humana.

O trem parou em Etimesut.
Etimesut deve ser uma aldeia-modelo.
Por isso mesmo, tanto suas escolas-modelo
como seus bordados padronizados em ponto-cruz
eram tão falsos e mortos como quaisquer padrões e modelos.
Ainda que o prisioneiro-escritor Halil pensasse assim,
o prisioneiro-montador Fuat gostava de Etimesut.

O trem partiu.
À direita, a estepe é arborizada.
A maioria das árvores é de acácias
— medrosas, desconfiadas, hesitantes.
No entanto, as acácias são corajosas
e embora sejam mais frugais que os camelos
cada uma delas tinha consumido tanto dinheiro
para se enraizar firme na terra
quanto um construtor de Ancara.
Ainda que o prisioneiro-escritor Halil pensasse assim,
o prisioneiro-montador Fuat admirava as acácias.

O trem parou na estação de Gazi.

Um táxi passa na estrada rumo a Ancara.

Havia três suboficiais de aviação no táxi

     além de uma mulher que parecia uma flor de romã.

Ela estava sentada entre o piloto Yusuf e o operador de rádio Vedat.

O mecânico Rahmi ia ao lado do motorista.

O sargento Rahmi, o mecânico, tinha dezoito anos.

Seu rosto fino e pontudo lembrava um ratinho assustado.

E a gravata estava torta

     sobre o uniforme cinza-azul.

O sargento Rahmi, o mecânico, tinha dezoito anos.

Dezoito anos.

Aos dezoito anos seu coração dá saltos feito a pedra de um estilingue

e a cabeça não para sobre os ombros

     — onde ela está? onde?

Aos dezoito anos você dorme sem lembranças.

Aos dezoito anos os lugares luminosos estão lá adiante:

por um lado, o mar sobejo[162]

     por outro, a floresta mais verde

por um lado, o abismo infernal

     por outro, o mundo que começa conosco

por um lado, um dia ensolarado

     por outro, o sonho

por um lado, deita de costas e olha para as estrelas

     por outro, corre em linha reta

        até onde o olho alcança

por um lado, só poeira e fumaça

     por outro, um vácuo

---

[162] "Mar sobejo": no original, *deniz derya*, sendo que as duas palavras significam "mar" em turco, embora a segunda, de origem persa, seja referida somente como "termo arcaico" nos dicionários. Hikmet provavelmente emprega o recurso, por um lado, para conferir à passagem uma aliteração e, por outro, para demonstrar a riqueza das várias camadas da língua turca, que, ao longo dos séculos, tomou emprestado vocábulos das línguas árabe e persa, entre outras.

por um lado, faz de um grão uma abóbada, de uma pulga um camelo
    e acrescenta mil a um.[163]
Aos dezoito anos você não pensa nas lembranças
    — você as conta.
Mas o que o mecânico Rahmi poderia contar?
Antes de entrar na Escola da Força Aérea
    trabalhava como aprendiz para o quitandeiro de uma prisão.
Sem jamais conseguir encher por completo
    as desprovidas sacolas ou os miseráveis pratos,
carregou por um ano e meio *tahine* e *pekmez*,[164] feijão branco e carvão,
    entre a quitanda de pedra e a porta de ferro.
O que o mecânico Rahmi poderia contar?
Que ele terminou o primário de estômago roncando
    e com lápis roubados do herbanário
ou que, depois da morte do pai
    (um vendedor de doces *kadayıf*,[165] de barba preta),
    ele próprio levou homens até sua mãe?
O que o mecânico Rahmi poderia contar?
Sobre o quitandeiro da prisão, o lutador Hüseyin?
Rosnando, Hüseyin zanzava pela quitanda
    feito um urso velho em pé sobre as patas traseiras.
Sua voz, quando xingava ou estava alegre,
    ficava fina e irascível como a de uma menina.
Quando seu mestre batia nele, Rahmi
    imediatamente se agachava e

---

[163] "Acrescenta mil a um": as três expressões populares empregadas aqui em sequência ("fazer de um grão uma abóbada, de uma pulga um camelo e acrescentar mil a um") equivalem ao provérbio "fazer tempestade em copo d'água"; ou seja, exagerar. As rimas e aliterações do original (*habbeler kubbedir/ pireler devel bire bin katılır*) perdem-se inevitavelmente na tradução.

[164] *Tahine* e *pekmez*: respectivamente, pasta de gergelim e xarope (ou melaço) de uva; é comum a mistura dos dois para se obter uma espécie de geleia.

[165] *Kadayıf*: doce de cabelo de anjo embebido com calda e recheado de pistache picado.

cobrindo o rosto com as mãos, por alguma razão sorria,
malandro e inocente, para a esposa do quitandeiro.
Ela tinha cinquenta anos.
Véu preto e apertado.
Pernas macilentas, peito reto.
Peruca e dentadura.
Mas seus olhos incrivelmente azuis, traiçoeiros e indecentes,
       talvez preparassem Rahmi para algo.
Rahmi nunca achou
que fosse sair da quitanda
(será que o quitandeiro Hüseyin queria que o aprendiz virasse alguém?):
"Vou passar cem, mil, um milhão de anos
         aqui desse jeito.
E no fim
    vão cavar a minha cova nesse canto escuro
        ao lado das sacas de nozes..."

O que o mecânico Rahmi poderia contar?
Como ele entrou na Escola da Força Aérea?
Na prisão havia um professor.
Não era uma pessoa tranquila, pois seu coração vivia em outro mundo.
Sua pena, lá dentro, era longa; seus amigos, lá fora, eram muitos.
Tinha orelhas grandes e era baixinho.
Parecia idiota.
    Era incrível, mas
ele escrevia petições para os presos de graça.
Arrumou um emprego lá fora para o carcereiro Mehmet
e salvou um homem da forca.
O diretor era seu amigo do peito
ainda que não passasse uma semana
    sem que chegasse uma carta confidencial sobre ele.

Um circuncisador foi preso e libertado.
Um ladrão, espirituoso, cardíaco, um homem gigante
    era cego de um olho.

Interessado em teatro
    dirigiu peças no Centro Comunitário.

O professor enviou Rahmi ao diretor
    (sem que o quitandeiro Hüseyin soubesse)
e o diretor o enviou ao prefeito
    (que era seu tio)
e Rahmi entrou na Escola da Força Aérea.
Esse serviço lhe custou 24 ovos, um litro de azeite de oliva,
        além de um galo
            — um Denizli puro-sangue —
    (não somente sem que o quitandeiro Hüseyin soubesse
    como também o seu vizinho, o marceneiro Ali).
O que o sargento mecânico Rahmi poderia contar?
Nem um único salto, nem um único voo
    — seu trabalho era em terra firme
e a mulher que lembrava uma flor de romã não ia se interessar
    pela lavagem dos motores no hangar.

O sargento Rahmi
    que viajava ao lado do motorista, virou para trás
        cobriu o rosto com as mãos
            (não se sabe por quê)
e sorriu entre os dedos
    inocente e malandro, para a mulher que parecia uma flor de romã.
Os olhos da mulher eram tão indecentes
        quanto os da esposa do quitandeiro
    (embora não fossem azuis e traiçoeiros
        mas verdes e suaves
    e não analisassem Rahmi por trás do *kohl*[166]

---

[166] *Kohl*: cosmético usado pelas mulheres e, em menor medida, pelos homens, no Oriente Médio, África do Norte e sul da Ásia, para escurecer as pálpebras, sendo normalmente das cores preto e cinza.

e talvez por isso ele sentisse no coração
　　uma pontada tal como a de uma fraca dor de dente
　　　e um pingo de tristeza).
A mulher olhava langorosamente para o piloto Yusuf.
O piloto Yusuf era intrépido, loiro e atarracado.
E a cicatriz acima da sobrancelha esquerda
dava ao seu rosto branco e rosa um ar de criança mimada e emburrada.
A mulher que parecia uma flor de romã
　　— tinha uns trinta e poucos,
　　na verdade lembrava uma flor de romã
　　pela cor do batom e a estampa do vestido de seda —
passou o dedo gordinho pela cicatriz de Yusuf.
E, sem perder a indecência nos olhos, perguntou
　　estranhamente condoída
　　　com voz de irmã mais velha ou mesmo de mãe:
"Como isso aconteceu?"
"Isso aqui?
Ah, não é nada; só uma cicatriz qualquer."
"Você caiu de uma árvore quando era criança?"
O piloto Yusuf deu uma risada de escárnio
　　(ele usava uma jaqueta de couro marrom por cima do uniforme
　　e um cachecol escolhido por ser o mais grosso e rústico):
"De uma árvore, não, mas de dois mil metros."
"Dois mil metros?
Bem mais alto que um minarete!
Ah querido!
Então você caiu de um aeroplano? De, como dizem, um avião?"[167]

---

[167] Aqui Hikmet aproxima dois vocábulos que têm o mesmo significado. *Tayyare* ("aeroplano") é um arabismo que, de criação turca, posteriormente entrou na língua árabe, e *uçak* ("avião"), neologismo criado em 1935 com o sentido original de "aeródromo" com o intuito de substituir *tayyare meydanı*. O termo *uçku*, proposto em 1935 como substituto de *tayyare*, não caiu no gosto popular e só é mencionado hoje como uma idiossincrasia linguística. Digno de nota é que Nâzım era contra a purificação da linguagem que estava ocorrendo em seus dias, sendo a favor da linguagem cotidiana. Em 1949, ele afirmou: "Não há sentido em eliminar [...] palavras [árabes e persas]; ninguém tem o direito de se desfazer delas. E mesmo se os intelectuais as extirpassem, elas continuariam a viver na língua que

"Olha, não foi bem cair,
   eu pulei."
E o piloto Yusuf
sorrindo com compaixão para a mulher, explicou:
"Eu estava num voo de treinamento sobre Eskişehir,
            com o capitão Rıfat.
Ele vive me dando ordens,
   mas não entende nada do negócio.
Tentei ignorá-lo uma, duas vezes,
         até que não aguentei mais,
         me levantei e saltei.
O paraquedas demorou um pouco para abrir.
E me feri na testa."
Calou-se.
Depois, fazendo beicinho como uma criança, acrescentou rapidamente:
"Mas isso não foi nada..."
A mulher falou como que zangada:
"Por que você escolheu essa profissão?
Eu não teria te deixado, se..."
— quase completou "se fosse sua mãe" —
"se fosse sua esposa, quero dizer, sua noiva."
Yusuf respondeu com a voz do seu pai, um capitão de navio:
"As mulheres não podem interferir nesse tipo de assunto.
E há alguma vocação mais sublime que a nossa?
            Mais sublime ou mais honrada?
      (Agora com sua própria voz.)
Quando entrarmos na guerra,
   aí você vai entender que tipo de homem eu sou.
Então, sim,
   o país que perder a supremacia aérea
   (Agora falava com a voz de um radialista)
            estará condenado ao extermínio..."

---

o povo fala, portanto, não seriam de modo algum extirpadas". A propósito, ver Blasing, 2013, pp. 83-4, e Lewis, 1999, p. 107. A tradução da citação é nossa.

A mulher enterrou a ponta de suas unhas vermelho-fogo
            no joelho de Yusuf:
"Meu querido", ela disse, "meu lindo,
eu já sei que tipo de homem você é, já entendi,
mas, querido, não quero que haja guerra."
O operador de rádio sargento Vedat
        (dezenove anos, cor trigueira, alto e magro)
                concordou com ela.
Ele não concordou por medo
(talvez ainda tivesse medo de dormir sozinho no escuro
e sem dúvida tinha medo de seu pai
mas nunca lhe ocorreu ter medo de ir para a guerra),
mas porque atrasaria
            a inauguração da sua loja de material elétrico.
Pois assim que a guerra terminar
        ele vai deixar o exército
                e abrir sua loja em İzmir.
O pai de Vedat era funcionário público,
        já fora comerciante e dono de vinhas.
Vedat foi enviado à Escola de Oficiais
        por ser vagabundo
                e precisar de uma correção.
"Isso mesmo,
não vamos entrar na guerra", ele disse.
"Claro", o piloto Yusuf se zangou,
"o pai dele tem um monte de ouro embolorado.
E todos sabemos do negócio da loja.
Mas se não entrarmos na guerra, o que vai ser de nós pilotos?
Como é que vamos mostrar o nosso valor?
Trabalhando de motorista de lotação levando passageiros?"
"Não exagere. Pilotos civis ganham bastante..."
"É verdade,
mas o dinheiro não é tudo para o ser humano.
Esqueça a vida civil.

É o uniforme, meu filho, é o uniforme..."
"Yusuf, meu querido,
e se você morrer jovem assim?"

Os três sargentos olharam para a mulher com espanto.
O mecânico Rahmi deu de ombros
o operador de rádio Vedat riu
e o piloto Yusuf retrucou:
"E daí?
(Ele falava pelos três)
    É só na guerra que se morre?
Na semana passada mesmo
    o tenente Ali e o sargento-major Hasan
    caíram de uma altura de vinte metros e viraram migalha.
E um mês atrás Şahap e Selim
    se chocaram contra a lateral de uma montanha na neblina
— isso entre muitas outras mortes.
A morte é a morte;
    quem não arrisca, não pode vencer."
(Disse isso para se gabar:
ele não sabia o que arriscava;
tinha vinte anos de idade
e a morte era algo insignificante para ele.)

O mecânico Rahmi entrou na conversa
(orgulhoso e feliz pelo que ia dizer,
mas particularmente feliz por entrar na conversa):
"O nosso sargento Raşit,
    um mecânico como eu,
        da minha idade,
            talvez um ano mais velho,
gostava de uma garota em Galípoli.
Deram a garota em casamento para outro.
Raşit se sentiu humilhado.

Entrou num avião de treinamento
   — teoricamente é proibido mecânicos voarem —
      e na manhã do casamento
se espatifou com asa, motor e tudo no teto do noivo.
E casa, garota, Raşit — tudo, enfim,
      virou fumaça..."

O piloto Yusuf roçou os seios da mulher ao seu lado
e cantarolou as primeiras palavras de uma canção:
"Você enlouqueceu meu coração selvagem..."
Então de repente gritou como se estivesse bêbado:
"Se eu morrer, morri..."

Faz tempo que o táxi tinha passado pelos galinheiros da fazenda.
Os vinhedos de Etlik apareceram lá na frente, à esquerda.
Mais adiante fica a Fortaleza de Ancara.
Nessa manhã de primavera na estrada de asfalto
os pneus soam como sussurro de água fresca.
O motor murmura uma canção suave.
A máquina está sob controle do motorista
    (como nenhum animal pode estar sob o controle de um homem)
e funciona com a naturalidade de um relógio de bolso.
O motorista vê o asfalto vindo ao encontro deles
desaparecer sob as rodas
e, em seu coração, círculos luminosos se ampliam mais e mais.

Aproximam-se do Hipódromo.

O motorista estava sentado como que numa cadeira de jardim.
Tinha uns quarenta anos.
A barba feita.
O poeta da prisão era um de seus melhores amigos
    (vai saber se foi ele
      a inspiração para a aventura
          do motorista Ahmet no épico).

Ele ouvia os suboficiais com atenção.
"Antigamente eram os cavalarianos", pensou,
    "hoje é a Força Aérea.
O uniforme daqueles era um dos mais enfeitados;
            o destes também.
Aqueles eram selecionados entre os mais jovens e desvairados;
            estes também.
Aqueles estavam entre os mais próximos da morte;
            assim como estes agora."
E pelo espelho retrovisor examinou o rosto de Yusuf:
loiro e arrogante e com rugas
onde a vida estava começando a se estabelecer
    com toda a força.
Olhou para o rosto de Yusuf
e para Vedat, o operador de rádio,
e para o mecânico Rahmi, sentado a seu lado.
A fronte deles todos
    não tinha uma única ruga — lisinhas feito folhas de seda
e todos tinham um rosto faminto
    que nem sequer conhecia sua fome.
Tinham vivido só um bocadinho
    tinham só um bocadinho de memórias.
O fardo deles era tão leve
    que podiam ir facilmente para suas mortes...

Passaram pelo Hipódromo.
E se viram diante de uma cidade nova
que surgia em meio à estepe:
            soberba e vitoriosa
            renegando seus bairros
    — nenhuma extravagância fora poupada.

....
....

Passaram o estádio:
esse lugar está para a cidade como um terno feito sob medida
— estranhamente novo, estranhamente bem passado —
        exibido no manequim de uma vitrine.

A mulher se dirigiu ao motorista, dizendo:
"Escuta, você pode me deixar aqui."
Os suboficiais apreciaram a prudência da mulher:
nunca se sabe,
até mesmo os oficiais temiam o Comandante, Ali de Ferro.

VIII

O trem que partiu às 15:45 de Haydarpaşa
        entrou silenciosamente na estação de Ancara
às 8:15
        (com cinco minutos de atraso).

A primavera chega à estação de Ancara:
com uma intensa agitação reprimida na delegacia,
camponeses da construção civil no salão de espera da terceira classe
e, no restaurante, uma saudade de Istambul
        que parece uma cabeça gorda de alface.
A estação de Ancara é limpa, confortável e, acima de tudo, nova.
Mas apesar da luminosidade, o mármore
exala no ar um cheiro tão difícil (ou tão fácil) de definir
que as pessoas não gritam, não conversam, não riem alto na estação.
De tal forma
que se você estiver distraído
ao ser anunciada a partida de um trem no alto-falante
você vai achar estranho, pensando que a voz veio de outro mundo.

Os presos desceram do trem
    com seus guardas e suas bagagens.
Algemados novamente
caminham sem despertar atenção
(ou qualquer atenção despertada foi bem escondida).
Uma mulher, contudo, sussurrou para outra:
"São espiões alemães."
    (Süleyman era loiro).

Os presos foram conduzidos à delegacia
    (onde iam esperar pelas conexões dos trens).
Um camponês carregador levava as bagagens.

As ruas estavam desertas:
talvez fosse cedo
    talvez tarde
        talvez uma hora morta
ou talvez a vida tivesse se retirado para trás dos muros.
Pilhas e mais pilhas
    camadas e mais camadas
        de mármore
            concreto
                e asfalto.
E estátuas
    estátuas
        e mais estátuas
porém nenhum ser humano.
E então a estepe:
avançando até o coração da cidade
    para se mostrar
            no local mais inesperado...
E então, de repente, terra a perder de vista.

"Süleyman", disse o prisioneiro Halil,
    "veja a luta entre a cidade e a estepe."

"Estou vendo,
ela ainda resiste,
mas está perdendo."
O prisioneiro Fuat, o montador,
acariciou seu bigode fino com o ferro das algemas
e olhou para a cidade como se fosse uma bancada de trabalho:
"Amigos", disse, "gostei de Ancara.
Eu não entendo muito de construção,
mas está claro que os nossos pedreiros deram duro aqui;
fizeram um bom trabalho..."
A prisioneira Melahat olhou para o céu:
um céu bem azul
amplo
e sereno.
"Uma bola de borracha
— pega!"
Ela lembrou de sua infância e de sua filha.
"Joga a bola para cima, menina,
para o alto!
Minha filha não tem uma bola.
Uma carta para Istambul:
'Mamãe, compre uma bola de borracha para minha filha,
bem grande, vermelha.
Você pode vender meus brincos de prata.'
Joga a bola para cima, menina,
para o alto!
Onde ela vai brincar com a bola?
Não dá para ver o céu da nossa rua.
Ah,
deixa para lá — tudo são nuvens."[168]

---

[168] "Deixa para lá": traduz a expressão *havada bulut, sen bunu unut*, literalmente "no céu [há] uma nuvem, esquece isso". Assim fica claro o jogo com a linha seguinte, em que há menção a uma nuvem flutuando no céu.

Melahat viu uma nuvem solitária flutuando no céu:
pequena como a blusinha de uma criança
> meiga
>> branca
e planando com um sorriso pelo azul infinito.

O estudante universitário estava na calçada oposta
(não havia deixado de seguir os condenados)
e olhando para onde Melahat olhava
vendo o céu e a nuvem
lembrou-se do *Guerra e paz* de Tolstói:
"Renuncie à luta na terra
e busque o céu. É lá que se encontra a felicidade
> sem medo ou miséria;
>> alto
>> amplo
>> e infinito
> — ele desvenda o grande segredo da vida..."
Sorriu.
E, sem perder o respeito pelo velho nobre, pensou:
"Derrotismo,
> desistir da humanidade
— isso é filosofia para depois do jantar."

E enquanto pensava nessas coisas
a nuvem no azul infinito que lembrava a blusinha de uma criança
> foi partida como que por uma faca
> e rasgada ao meio por um avião trimotor.

O universitário olhou para o avião
e vários pensamentos atropelaram sua mente:
"Técnica —
pode trazer a libertação do suor e do sangue;
técnica —
eletricidade, motor, combustível;

o piloto mergulha de bico
ao tomar impulso no balanço no bosque de Emirgân;
plátanos,
um balanço de corda,
uma namorada oscilando num vaivém,
se o piloto pirar
        e lançar uma bomba
        ou abrir fogo com uma metralhadora —
Londres, Belgrado, Roterdã.
Tolstói é um grande homem,
        grande apesar de tudo!
Como ele faz os soldados inimigos conversarem
— ele se baseou em suas memórias da guerra de Sebastopol,
nos navios ancorados no porto de Sebastopol.
Um comentário da tradução francesa do *Guerra e paz*:
'Em tempos de cessar-fogo,
os soldados dos exércitos inimigos se reuniam
e, apesar de não entenderem a língua um do outro,
riam como irmãos
e davam tapinhas nas costas um do outro.
Havia muito mais nobreza neles
do que naqueles que declararam a guerra e diziam
que, porque eles vinham de países diferentes,
não eram homens ou irmãos,
        mas inimigos...'
Ah, se eu pudesse ser um escritor tão grande quanto Tolstói!
'Meu amor,
me dá tuas mãos
não para eu beijar,
mas para colocá-las
    entre as mãos que estão criando um mundo novo.'
Quando eu terminar este poema e puder publicá-lo em algum lugar,
      Selma vai ficar muito contente."

Ao virar a esquina avistaram um prédio de concreto de dois andares:
o Quartel Regional da Guarda.
O estilo cúbico dos mestres-de-obras húngaros
        nas mãos dos empreiteiros de Ancara
        mais uma vez triunfara sobre as casas de madeira.

Guardas e presos entraram.

Melahat ficou no corredor em frente ao alojamento masculino.
Desalgemados
os outros ficaram detidos no porão
            com suas malas
sob vigilância.
O chão de cimento era claro e não havia adornos.
Sentavam-se em cima das malas.
Süleyman disse:
"Estou acabado."
Encostou a cabeça na parede
e começou a murmurar sua canção favorita
            com um pouco de escárnio
e muita nostalgia na voz grossa:
        "Vem bebericar a vida
        vem bebericar a vida num cálice de beijos."
Fuat estava absorto lendo o jornal.
E Halil sem querer se lembrou
dos quartinhos de detenção
            nas delegacias
                nas penitenciárias.
Cada um desses espaços batia com um coração próprio
        dentro de sua lúcida tristeza
e passava como um marco de distância
        à beira da estrada que ele havia tomado.
A primeira sala de detenção fora perto da fronteira
ao lado de um mar revolto e de uma plantação de milho

no porão de um prédio governamental:
    cheio de destroços úmidos de um navio
        sem janelas
          preto preto
           e profundo.
Como era difícil para Halil vasculhar os bolsos!
Quanto tempo levou
        para acender um fósforo!
O ar mórbido e nu como um cadáver
estava inerte
    recusando-se a iluminar.
Halil berrou, chutou a porta
    e um sargento veio trazer velas.
Lá fora, eram nove horas de uma manhã ensolarada.
Então Halil sentiu o cheiro de uma pessoa
e caminhou em direção a ela, vela na mão.

O homem
    estava trancafiado
    atrás dos olhos.
O homem — um bigode preto e distante —
parecia a janela de uma casa escura
      abandonada
      e sem vidros.
Ele estava em cima de uma quilha despedaçada.
Como se temendo que pudesse ser levado pela correnteza
    amarraram sua perna numa âncora.
Ele não respondeu à saudação de Halil
mas permaneceu assim, completamente sozinho
    atrás de seus olhos.
Loucura.
Desânimo.
Melancolia.
Deixaram o louco por três dias e três noites com Halil
    — o louco com seus grilhões

e Halil com as velas, que acendia uma após a outra.
Depois foram transferidos
    para o porão de um navio.
A viagem durou sete dias e sete noites.
E ao atravessarem a ponte de Istambul
    (Halil acorrentado ao louco
            e com uma baioneta de cada lado)
    a criançada ficou na cola deles.
A princípio, Halil sentiu uma estranha vergonha;
    mas, depois, uma grande tranquilidade.
E ele nunca mais perdeu essa tranquilidade.

A cada batida da polícia na porta de sua casa
    ele abria com a mesma tranquilidade.
E cada vez que se levantava depois de uma surra na delegacia
    (os óculos estraçalhados nas bochechas
            e uma dor humilhante na sola dos pés)
    sem ter dito nada,
    sem ter dedurado ninguém,
    sentia no coração a mesma tranquilidade...
E na terceira vez que foi para a Penitenciária de Istambul
fez uma greve de fome com a mesma tranquilidade:
ele e seus amigos fizeram das fatias de pão, travesseiros
e ficaram deitados seminus no chão úmido
com correntes nos pés.

E nas penitenciárias do leste
famosas pelos escorpiões, pelos alojamentos de terra e pelas melancias
quando os maiorais curdos mandaram seus comparsas para cima de Halil
— antes de desabar com uma porretada nas costas —
            ele rachou ao meio três cabeças
com a mesma tranquilidade.

E na solitária de Ancara
— sem livros, sem canetas, sem pessoas —

brincava de par ou ímpar com a mesma tranquilidade
contando, de dia, punhados de *leblebi*[169] que jogava ao chão
                         e, de noite, as luzes da cidade na janela.

Entender
é a máxima tranquilidade.
A força irresistível das necessidades sociais
e a luta
— com a cabeça
      o coração
          os punhos
o ódio total
          o rancor
a misericórdia total
          o amor
para acabar com a exploração do homem pelo homem
e por um mundo mais justo
      e um país mais bonito...

Fuat fechou o jornal com raiva:
"Nuri Cemil está escrevendo sobre patriotismo", disse,
"ele não tem vergonha
         de escrever sobre patriotismo?"
Süleyman falou com satisfação:
"Olha, olha, finalmente te vejo zangado!
Mas o que você achava?
Deixa ele escrever.
Eles vendem a pátria com uma mão
        e com a outra falam em patriotismo.
Será que esses canalhas amam o país?
Amor a que país?
Amor, sim, a cargos, armazéns, fábricas, fazendas e condomínios.

---

[169] *Leblebi*: grão-de-bico torrado que, levemente salgado, se come como petisco.

Tome as propriedades e o capital deles;
tire o cargo deles[170]
e o país se torna terra inimiga para esses caras.
Foi sempre assim ao longo da história.
Na Revolução Francesa
os nobres conduziram o exército inimigo
        a esmagar a França
                    para salvar a monarquia...
E foram os capitalistas alemães, ingleses e japoneses
que mexeram os pauzinhos dos Exércitos Brancos na Rússia,
        de Wrangel, Kolchak e Denikin.
E aqui
a dinastia otomana
e seus defensores
juntamente com os banqueiros de Londres e Venizelos
        lutaram para tomar a Anatólia do povo turco.
E cá entre nós
até mesmo
o líder nacionalista chinês Chiang Kai-shek
com dinheiro americano e armamento japonês..."

Fuat interrompeu Süleyman:
"E há um trecho na *Condição humana*, o romance de Malraux,
em que os trabalhadores chineses são queimados
        na fornalha de uma locomotiva..."

Süleyman continuou:
"Franco, o 'maior patriota' da Península Ibérica,
usou aviões árabes e alemães
para atacar sua Espanha republicana.

---

[170] "Tire o cargo deles": tradução da frase *sandalyasını çek altından*, que joga com
a palavra *sandalya* (hoje grafada *sandalye*), "cadeira; cargo, posto, posição" — também
empregada dois versos acima —, podendo ainda ser lida como "puxe a cadeira de debaixo
deles".

E tem também o Marechal Pétain, o herói de Verdun, que
temeroso dos quepes franceses
entregou a França aos inimigos...
Será que esses canalhas amam seus países?
Amor a que país?

Halil deu risada:
"Você se empolgou de novo, Süleyman..."
"Mas é claro
     que me empolguei."

Fuat caçoou:
"Agora, com toda essa empolgação, que tal uma partida de xadrez?"
"Topo isso também.
Mas jogue primeiro você com Halil
     e eu derroto o vencedor."

Halil tirou da mala o jogo de xadrez.
Foram eles mesmos que pintaram o tabuleiro.
Eles mesmos que entalharam as peças.

No início jogavam em silêncio.
Halil impusera uma regra:
"Nada de mexer uma peça já movida."
Na sexta jogada, Fuat quebrou a regra.
Halil ficou irado.
A partida continuou.
Süleyman se juntou a Fuat
e Halil ficou mais irado ainda.
A partida continuou.
Süleyman ficava dizendo a Fuat o que fazer.
Então foi Fuat que se zangou.
"Cala a boca, você está me confundindo."
A partida continuou.
O rei de Fuat estava sozinho no tabuleiro.

"Agora você pode me vencer em dez jogadas, Halil,
    ou vai dar empate."
"Dez jogadas, não, quinze."
Süleyman, num ímpeto:
"Não, doze..."
Nenhum dos três sabia quantas jogadas seriam necessárias.
Discutiam aos berros
        com teimosia arrogante.
Bateram à porta:
"O que está acontecendo aí?
        Estão brigando?"
Os três fizeram silêncio
e se entreolharam, sorrindo.
Süleyman respondeu:
"Não estamos brigando, não; não se preocupe, senhor cabo,
        estamos só conversando."
"Não é para brigar mesmo.
E, que diabos, por que não conversam feito gente...?"

O cabo se afastou
e a partida terminou empatada.

Halil tirou os óculos
e seus olhos eram como duas crianças nuas:
limpas
        sorrindo com um bocado de tristeza
        e com frio.
Halil fechou os olhos.
Círculos verdes e vermelhos giravam na escuridão de suas pálpebras
e então sobreveio uma quietude totalmente escura.
Halil abriu os olhos imediatamente
e, agitado, pôs os óculos de volta.
Seus olhos estavam assustados como peixinhos numa tigela.
Cada vez mais quente, cada vez mais nítido
o movimento retornava às coisas e às pessoas, com luminosidade e cor.

Süleyman indagou:

"O que é que você tem, Halil?"

"Nada, não.

Só um probleminha com a escuridão."

"Não entendo."

"A escuridão é ruim, Süleyman.

Enxergar só a escuridão

    — nada além da escuridão — é ruim."

Süleyman riu:

"Por que você não diz logo 'ficar cego'?

Eu também acho que é a pior deficiência."

Fuat emendou:

"É preferível perder um braço ou um pé a ficar cego."

Halil, como se acabasse de se lembrar de algo, perguntou a Fuat:

"Se necessário, você daria seus olhos em nome da luta?"

"Nunca pensei nisso.

Se fosse realmente necessário, eu daria, sim.

Por que pergunta isso agora?"

Süleyman, desconfiado, olhou para Halil:

"Seus olhos estão cansados de novo?"

"Não.

    (Halil se voltou para Fuat.)

Eu era dois anos mais jovem que você, Fuat, quando entrei nisso.

Pensando no impossível,

pronto para o pior sacrifício,

incrivelmente compassivo,

terrivelmente incompassivo,

adversário do lirismo

e um tanto quanto romântico;

em suma, um jovem intelectual

    com seus defeitos e virtudes.

Você não vai entender

    — ainda bem que você é um trabalhador —

        mas Süleyman vai.

Os jovens intelectuais se enchem de estranhas contradições
    quando se juntam às massas pela primeira vez,
    quando sentem o cheiro do povo pela primeira vez.
Por um lado, eles se negam completamente como indivíduos;
por outro, são completamente individualistas.
Eu costumava me perguntar:
'Você está pronto para dar o seu máximo, Halil?'
'Sim.'
'Seus olhos?'
'Sim.'
Depois de ficar cego, eu ainda posso ditar e outros escreverem;
    depois de ficar cego, ainda será possível lutar..."

Fuat deu risada:
"Você está certo", disse,
"mas nem o diabo pensaria em algo assim do nada."
"Um intelectual pensaria."
Fuat perguntou:
"Você usava óculos naquela época?"
"Você quer saber se meus olhos já estavam doentes naquela época?
Eu não usava óculos então.
Mas talvez a doença já tivesse se instalado.
Não sei, Fuat...
Eu ainda não sei o nome da doença.
Ainda não a diagnosticaram.
Mas o problema não está nisso..."

A porta foi desaferrolhada pelo lado de fora.
Os olhos se voltaram para aquela direção.
Melahat apareceu à porta entre dois guardas.
"Rapazes, estou indo."
    (Melahat seria transferida para a Penitenciária de Ancara
    e os demais logo iriam se separar:
    Süleyman para o leste, Fuat para o norte
    e Halil para uma prisão na estepe).

"Espera um pouco, irmã."

Fuat tirou um lenço de seda vermelho:
"Você pode enxugar suas lágrimas com isto
                    quando pensar no seu marido.
É uma lembrança que ele me deu.
Fique com ele..."

Halil perguntou:
"Você tem quinze liras, não tem?
            Pegue mais cinco; já terá vinte.
Escreva uma carta por semana, hein?
A Penitenciária de Ancara é até confortável.
Quando se acomodar, mande trazer sua filha também."

Apertaram as mãos.
Os olhos de Melahat se encheram de lágrimas.
Melahat sorriu.
Melahat desapareceu.
A porta foi fechada
e aferrolhada outra vez pelo lado de fora...

Livro III

PRIMEIRA PARTE

I

A terra
plana até onde o olho alcança
desfolhada
e ardida feito pimenta malagueta.
No oeste, único e longo,
                    um álamo.

O cheiro de tomilho amarelado
                    ainda flutuava pela estepe.
Já há muito as violeteiras secaram
e os astrágalos não passam de espinhos.

De Başköy a Bakırlı
                    são oito horas.

Desde as preces matutinas, Nigâr
está fugindo da aldeia de seu marido
com o amante.
Seus seios estão suados.

É quase meio-dia.

Os arbustos de alcaçuz estão esquentando.

Há um zumbido na terra.

As cega-regas[171] e os grilos da estepe
                    cantam a mais desesperançada das canções.

Nigâr carrega seu bebê de seis meses nos braços.

Nuvens muito brancas e pesadas se acumulam no céu da estepe,
movendo-se imperceptivelmente.

Nigâr se detém.

Ela chama Mustafá
                    que caminha dez passos adiante dela.

Com o quepe levantado,
        Mustafá olha um gavião atravessando as nuvens.

A ave de rapina

com as asas estendidas

como um retrato

desliza entre as nuvens

silente e serena.

Ser, entre as nuvens, uma ave destemida que ninguém pode caçar...

O álamo ficava perto de um poço.

Nigâr se sentou à beira do poço.

Sob o *peştemal*,[172] sua barriga
                    era traiçoeira e mole.

O bebê tirou as mãos dos panos.

---

[171] "Cega-regas": aqui Hikmet usa uma forma popular para "cigarra": *cırlayak böceği*. A forma padrão é *ağustosböceği*.

[172] *Peştemal*: espécie de avental que cobre do ventre às coxas, geralmente usado para ir ao banho turco.

Esses panos envoltórios tinham botões,
24 em duas fileiras
de dois.
Um deles era de vidro.
Curvando-se, a pessoa enxergava
a si mesmo do tamanho de um bicho de maçã.

A tarde se aproximava.
Os grilos e as cega-regas
ainda não haviam terminado sua canção
na estepe.

Uma raposa disparou ao lado da estrada
e, antes de desaparecer atrás das saponárias,
se virou e olhou para os que estavam sentados à beira do poço.

O bebê era um fardo para Nigâr.
Semente de seu marido.
E Mustafá disse:
"As crianças não morrem toda hora
lá na aldeia?
Não tem como dizer que
a morte de um bebê de seis meses é morte."

O gavião é rapineiro.
A raposa, sagaz.
O poço, profundo.
A estepe é interminável
e ardida feito pimenta malagueta.

Um álamo diminuto
tombou dentro
do botão de vidro.
O bebê caiu dos braços de Nigâr
em direção ao poço.

É melhor que os viajantes se ponham a caminho
para o bebê dormir tranquilamente...

Mas o bebê não foi o único a dormir tranquilo.
Mustafá e Nigâr
    dormiam com a mesma tranquilidade
      na prisão.

Os guardas caminham para lá e para cá no posto de guarda
soando seus apitos.
Estrelas aparecem atrás das nuvens.
A fonte solitária no pátio da prisão
      flui, retorcida, para um lado.
"Estar preso não seria tão difícil
    se não fosse por estar separado."

Na sexta ala havia catorze presos.
Mustafá ficava ao lado da porta,
os olhos levemente fechados,
    a boca aberta.
As mãos seguravam o queixo como se ele cantasse uma canção.
Na prisão, estava se livrando de seu cansaço
como alguém se livra da sujeira num *hamam*.
Tivera um sono feliz
   e estava satisfeito com a vida.

Ao lado de Mustafá estava sentado Hamza,
minúsculo, as pernas cruzadas no seu pedaço de cama.
"Mate", lhe dissera Nuri Bey,
  o proprietário da fazenda na qual Hamza trabalhava,
"mate o pastor de Dürzadé."

Nuri Bey conversava com o sargento de pernas cruzadas.
Se Dürzadé não respeitava Nuri Bey
e mandava seu pastor quebrar a perna da vaca amarela,

claro que esse pastor seria baleado pelas costas em campo aberto
e sua túnica branca ia ficar manchada de sangue vermelho...

Hamza já se esquecera há muito do rosto do pastor.
Mesmo se ele ressuscitasse não o reconheceria.
Nuri Bey não manteve sua promessa.
"Não deixarei que te condenem", disse.
                    Condenaram.
"Vou cuidar de você quando estiver na prisão", disse.
                    Não cuidou.
Isso, sobretudo, Hamza não perdoou.
E escreveria uma carta ao procurador
                    se não tivesse medo de Nuri Bey.

O céu clareava lá fora.
Hamza levantou para as preces.

Na prisão você encontra Deus,
toda espécie de moscas, percevejos, pulgas, piolhos,
contas a acertar,
esperança o bastante para fazer um homem chorar de ódio,
amizade e inimizade,
desconfiança e lealdade,
mas há uma coisa que resiste a entrar na prisão:
                    o arrependimento.
A culpa é do que já morreu,
a culpa é dos que ficaram lá fora,
a culpa é do juiz.

As portas das alas são abertas.
A fonte da penitenciária não mais está solitária no pátio.
Uma multidão ignóbil
      como um rebanho de cervos
se aproximou da fonte de água que flui retorcida.

A fornalha de café foi acesa.
Kerim tirou a faca escondida e a pôs na cintura.
O agá Şakir acordou em sua cama com quatro camadas de colchão.
À noite espancaram Musa e o jogaram na solitária.
O chincheiro Aptül, feito um galo, bateu os braços e cantou.
Jogos e apostas estavam prestes a começar na sétima ala.

Bom dia, amigos,
                tenham uma boa viagem!

....

Deram a Halil o quarto do guarda principal.
Só para ele.
Tinha uma mesa e um beliche
e o seu quarto se resumia a paredes e livros.
Além de fotografias de Ayşe, Fuat e Süleyman,
havia dois mapas na porta:
África do Norte e Fronte Oriental.
Halil se sentia tão confortável aqui que às vezes
      se sentia culpado e envergonhado.
Pelo visto não iria mais presenciar
        greves de fome
           e surras de capangas de senhores feudais curdos do leste.

Halil bateu o cachimbo no joelho, derrubou as cinzas
e olhou em direção à porta.
Com as dobradiças rangendo,
ela se abriu com aprazível timidez,
Pater enfiou sua cabeça redonda
      e entrou como um boi amedrontado.

Há tempos que a penitenciária esqueceu o verdadeiro nome de Pater,[173]
talvez ele mesmo tenha esquecido.
Havia trabalhado como "pai" na ala juvenil
e desde então ficou conhecido por esse apelido.

Caminhou em direção a Halil, parando a cada passo.
Então, com suas enormes e desgastadas botas militares,
curvou o pescoço gordinho
                    e parou.

"Oi, meu pai",[174] disse ele.
Sua voz, como seu corpo, soava atarracada e rechonchuda.
"Oi, Pater."
"Você não está trabalhando, meu pai, por que não?"
"Meus olhos estão ardendo, Pater, não consegui dormir à noite."
"Por que não conseguiu dormir, meu pai,
                    estava pensando na esposa?"
Halil sorriu:
"Sim."
"Foi só nela que você pensou, meu pai?"
"Não."
"Também pensou em mim, meu querido pai?"
"Você não me veio à mente, Pater."
"Então não se lembrou de mim?"
"Não."

Pater se agachou diante de Halil
e tirou um cigarro do bolso da camisa.
Pediu um fósforo.

---

[173] "Pater": a palavra turca aqui usada é *peder*, uma palavra de origem persa com significado de "pai".

[174] "Meu pai": aqui Hikmet põe uma forma dialetal de *buba*, "pai", na boca da personagem.

Ele fumava o cigarro como se fosse um ritual selvagem.
Fechava os olhos com força e com desejo,
esticando os cantos da boca como se fossem rasgar,
        e tragava a fumaça com sugadas sibilantes.

Não disse uma única palavra até terminar o cigarro.

"Tenho uma coisa a lhe dizer, meu pai.
O juiz que me sentenciou em Afyon
        foi transferido para cá.
Vamos escrever uma carta para ele
pedindo uma calça e uma blusa.
Ele mandava para mim em Afyon.
Ele leu a sentença e me disse:
'Filho, vamos te dar 24 anos.'
E o que foi que eu disse?
'Está bom, seu juiz, 24 anos,
mas o senhor vai me mandar uma blusa e uma calça todo ano.'"
"E ele te mandava, Pater?"
"Mandava.
Mas aí, quando vim para cá, ele parou.
Agora eu vou ditar e você escreve, meu pai.
'Vossa Excelência,
em primeiro lugar envio meus cumprimentos
e lhe beijo nos dois olhos.
Eu não aceito a sentença que o senhor me deu.
E sabe por que é que eu não aceito?
O senhor não cumpriu com sua palavra.
Se o senhor quiser mandar umas roupas pra mim, pode mandar,
        caso contrário, pode tomar a sentença de volta.'
Escreveu?"
"Escrevi. E a assinatura?"
"Não precisa de assinatura. Eu mesmo vou entregar."

Halil pela primeira vez ficou curioso a respeito do crime de Pater.

"Qual é o seu crime?"
"Raptei uma garota, meu pai."
"Mas 24 anos é muito, Pater."
"Também matei, meu pai
            — uns dois ou três."
"Como foi isso?"

Pater pensou um pouco antes de responder:
"Meu pai", disse, "eu dito e você escreve,
                podemos publicar no jornal.
Trabalhei dois anos e meio para o pai dessa garota.
Mas no fim da vida ele acabou dando a filha prum rico.
Mesmo eu falando: 'Meu pai, assim não dá',
                a garota não ficou para mim.
Aí o que foi que eu fiz?
Fui e peguei um revólver, e também uma adaga.
E onde eu encontrei a grana?
Fácil.
Trabalhei na firma Uşak e na refinaria de açúcar por dois meses.
Se a gente trabalha ali eles te dão grana.
Aí eu comprei um revólver e uma adaga.
Era um dia de verão.
Agosto.
O povo todo tinha ido colher cevada no campo.
Eu também fui.
Nunca achei que fosse acontecer algo.
Minha ideia era:
interceptar eles no caminho de volta
                e raptar a garota.
Fiquei de butuca e esperei.
Observei:
        acenderam uma fogueira
                e comeram um pouco.
Então foram descascar a cevada com a luz da lua.
Foram dormir.

Aí o que é que eu fiz?

Pintei minha cara com o carvão da fogueira.

Aí o que é que eu disse?

Eles não vão me reconhecer.

Aí me aproximei deles devagarinho,

peguei o cabelo da menina e amarrei forte no meu pulso.

Aí levantei a garota com toda força que juntei.

Quando ela berrou: 'Ai, mamãe, que dor!'
                        eu me joguei em cima dela.

Ao gritar isso, a pessoa que tava do lado dela — acho que era a mãe —
               não aguentou ver a menina com dor,

pôs a foice no meu pescoço.

Quando ela ia me furar,
        o que é que eu fiz?
           Dei uma facada só
          e ela desabou de cara no chão.

Aí veio mais alguém.

Dei nele também.

Pus a menina no meu ombro

e andei morro abaixo.

Baixei a menina do meu ombro

e arrastei, arrastei, arrastei ela
           até ficar morto de cansaço.

O tempo passou.

Dois homens se achegaram a mim do campo.
         Armados.

O que é que eu disse?

Eles vão me matar.

Disse a mim mesmo: 'Vou largar essa menina'.

Tirei a calça dela
     e deixei ela sem roupa nenhuma.

Mas eu num fiz nadinha. Pra que mentir?

Aí fui pro vilarejo,

peguei um matungo

e zaranzei pelo monte Murat por um mês e meio.

O tempo passou.
Eu não podia continuar desse jeito.
E o que é que eu disse?
É melhor eu me entregar pra polícia.
Depois eu soube que a menina tinha morrido também.
Quando vi que não estava se mexendo, eu espetei ela com a faca
e acabei matando a pequenina..."

"Só isso, Pater?"
"Só isso,
mas espera, tem mais uma coisa.
Vou falar e você escreve também.
Eu tinha dez anos quando os gregos entraram no nosso vilarejo.
Um monte de cavalo,
           de mula, de sei lá o que mais, atulhou o lugar.
Eu tinha um primo de dezoito anos;
           espetaram ele com uma baioneta e ele se foi.
Falavam de um movimento de resistência.
Gangues.
Aí meu tio
       acertou um grego com a coronha.
           A língua dele entalou na garganta e ele morreu.
Então os gregos
       talvez mais de cem
          abarrotaram a nossa casa.
Minha pobre mãezinha não podia largar a gente e fugir
e, como ela não podia fugir, teve que ficar.
Eles queriam levar ela para o quarto
              e abusar dela,
e, como ela não queria ir, meteram a baioneta nela.
Um tempo passou.
Duas crianças infiéis acertavam pássaros com estilingue,
traziam para dentro,
        e arrancavam os olhos deles.
O que o pobre pássaro podia fazer?

Levantava voo pro teto
            e se espatifava no chão.
Aí eu penso: 'por que é que tiraram os olhos dele?'
É claro, sou ignorante,
e digo: 'por que não cortar a cabeça em vez de tirar os olhos?'
e eles respondem: 'foi assim que vimos nossos pais e avós fazerem.'
Então...
        Um tempo passou.
Então... bom, é só isso, meu querido pai..."

Halil sorriu:
"Pater, metade do que você falou é mentira."

Pater franziu as sobrancelhas
            tal qual um bebê gorducho de seis meses
                    prestes a chorar.
"Não é, meu pai."
"Então é tudo verdade?"

Pater não respondeu.
Halil insistiu:
"Pode falar."
Pater respondeu com uma argúcia impertinente:
"Tem mentira também, meu pai."
E deu risada:
"Você é muito engraçado!
Melhor eu ir pra área de visitantes, meu querido pai."
"Hoje é dia de visita, Pater?"
"É dia de visita.
Eu não tenho visitante,
mas eu gosto de olhar para eles."
Pater piscou os olhos inchados:
"E pode ter comida também, meu pai;
visitante adora fazer uma boa ação..."

II

Hamdi
veio ao mundo em 1336[175]
      no vilarejo de Kabak em Çerkeş.
Esfregaram sal nele.[176]
Ele era macio.
Ficaram felizes que era um menino.
Antes de completar quarenta dias,
ele olhou para o sol por entre as espigas de trigo.
Aprendeu a dormir na terra.
A casa era escura,
      a terra, bonita.

Pegou varíola em 1337.
Amarraram suas mãos.
Começou a andar em 1338.
Até 1339
vagueou pelas quatro ruas
      e 36 casas que havia no mundo.
Gostava de animais e da chuva.
Comia *helva* só nos bairões.
Hamdi não chorava mais
quando o pai batia na mãe.

O início do ano de 1925
      (1340 no antigo calendário)
      teve um inverno tempestuoso.

---

[175] 1336: data do calendário islâmico correspondente a 1921.

[176] "Esfregar sal": prática tradicional em várias regiões da Anatólia, que consiste em envolver o bebê em sal para evitar que exale mau cheiro.

Um dos bois morreu.
Seu pai foi para o Exército.
Choveu a cântaros.
Comeram muitas, mas muitas abóboras.
Os guardas vieram
trazendo consigo rifles Martini.
Uma águia pegou gosto pelos pintinhos do vilarejo.

Em 1926 ele tinha cinco anos.
Deram um bode coxo para ele cuidar.
Levou o bode aos pastos.
Hamdi nunca alcançava as nuvens.
Nunca se deparava com o lobo.
Hamdi veio a conhecer as ervas.
Comeram muito, mas muito *bulgur*.

Houve uma seca em 1926.
O solo rachou.
A terra não deu frutos.
O chão estalava.
No meio desse ano,
            seu pai voltou do Exército.
Comeram poucas abóboras.
Hamdi
usava calça e camisa.
Foi circuncidado em 1928.
Em 1929 desceu à feira de Çerkeş:
ele no colo do pai, que estava montado na mula,
            e sua mãe atrás, seguindo-os a pé.
Na feira havia frutas,
            espelhos, canivetes, facas.
Choveu muito naquele ano.
Tomaram muita sopa de *tarhana*.[177]

---

[177] *Tarhana*: alimento preparado à base de uma mistura fermentada de vegetais, grãos

Deu muita abóbora.
E foi nesse ano também
      que ele enfiou a mão no traseiro de uma galinha
            tirou o ovo
            e a galinha não morreu.
O ano de 1930 teve um inverno
            tempestuoso.
O coletor de impostos veio:
ele tinha um cavalo,
        tinha um alforje,
mas não tinha bigode.

No ano seguinte, junto com as meninas,
            pastoreou as crias das ovelhas.
Hamdi
usou meias e mocassim
      (7 de outubro de 1931).

Em 1932, as meninas o deitaram
            e colocaram as mãos dentro da calça dele.
Ele gritou.
As meninas tinham seios.

O início do ano de 1933
      teve um inverno tempestuoso.
O riacho Meral[178] congelou.
Foi pescar pela primeira vez naquele inverno.
Transportou lenha na mula.

(*bulgur* ou farinha de trigo) e iogurte, depois ressecado. Por possuir pouca umidade, é geralmente conservado por longos períodos, acrescentando-se água ou leite e caldo de carne para fazer sopa.

[178] *Meral*: o nome do riacho significa "corça" em turco.

Topou com um porco selvagem.[179]
Um celeiro pegou fogo no vilarejo.
Seu pai começou a trabalhar como meeiro.
As meninas tinham outras coisas além de seios.

Em 1934 adotaram o sobrenome ŞENTÜRK.[180]
Seu pai o usava somente em procedimentos oficiais;
sua mãe não usava nunca.
Mas Hamdi
        gostava desse nome.
Hamdi Şentürk tinha treze anos.
Entregaram-lhe o arado.
E Hamdi, junto ao gado, indo e vindo,
        desenhava dois sulcos na terra.
Naquela noite, fumou escondido
e apanhou do pai.
E no dia seguinte
        transou com uma garota no celeiro.
Foi se lavar.

Em 1935 houve uma seca.
Nem os montes verdejavam
        nem a terra produzia.
Uma garota fugiu do vilarejo com um rapaz.
A mula morreu.
A terra lavrada não se tornou cultivada.
O pai bateu na mãe até ela desmaiar.
Naquele ano Hamid fez as preces na mesquita pela primeira vez.

---

[179] *Canavar*: a palavra pode ter o sentido de "animal selvagem perigoso", mais geral. Hoje em dia é usada com o significado de "monstro", mas, em alguns dialetos, também pode significar "lobo".

[180] *ŞENTÜRK*: literalmente, "turco feliz".

Em 1936 sua mãe morreu.
Os vizinhos fizeram uma cova.
Viu seu pai chorar:
as lágrimas escorriam, finas,
          por sua barba preta.
Ele não dormiu.
Quase fumou um cigarro na frente do pai.
Choveu muito naquele ano.
Eles comeram abóbora aos montes.

Em 1937 a terra lavrada se tornou cultivada.
A terra intumesceu.
Ele comeu melancia pela primeira vez em Çerkeş.
Pensava em como seria ser rico:
"Se eu tivesse cem liras...", dizia.

Casou-se
(1938).
Brigou com os Türbeli[181] pelos direitos da montanha.
Dos dois lados, tiros disparados no escuro.
Não estavam pagando as contas.
Foi jogar xadrez[182] no Centro para Jovens.

O inverno seguinte foi tempestuoso.
Em novembro desse ano
          desceu para Zonguldak com dois amigos.
Para onde quer que olhasse,
          o mar.
Entrou na mina.
Numa manhã

---

[181] *Türbeli*: literalmente, "os do túmulo", "os que possuem um túmulo".

[182] "Jogar xadrez": no original, literalmente, "jogo dos anéis", que consiste em adivinhar a localização de um anel sob uma xícara de café. Aqui, contudo, traz um sentido irônico e significa "foi preso".

de dezembro do mesmo ano
retiraram Şentürk de debaixo do carvão
— o rosto coberto de sangue,
            as mãos, um negror.
Ele se despediu da vida
            numa cama branca (1939).

O falecido Hamdi Şentürk teve um filho
            (1940).
Esfregaram sal nele.
Ahmet lhe pôs o nome de:
Ahmet Şentürk, filho de Hamdi.
No fim daquele ano
        novamente irrompeu uma briga com os Türbeli
            pelos direitos da montanha;
dos dois lados, tiros disparados no escuro.
Três mortos no chão,
três pessoas presas,
entre elas o avô de Ahmet.

Em 1941 Ahmet
        nos braços da mãe
visitou o avô na penitenciária.
Como é que um bebê vai entender a majestade da lei?!
Sorrindo, Ahmet olhava para a prisão
            com seus dois dentes dianteiros na boquinha rosa.
A sala de visitas tinha uma balaustrada de madeira
                com uma cerca de arame
para separar os presos dos visitantes,
mas eles se misturavam mesmo assim.
O avô pega Ahmet nos braços
e empurra Pater para lá, pois estava perto demais.
Pessoas da mesma terra, do mesmo trabalho,
            todos os visitantes campesinos se pareciam.
Somente as noras do agá Şakir se destacavam:

corpulentas
altas
lindas
as duas jovens mulheres eram feito éguas bem nutridas.
Suas cintas eram escarlate
e eram carmesim seus vestidos.
Com seus fezes adornados com ouro
    e *şalvares* vermelho flamejante,
        parecia que haviam descido do sol
            para esta deplorável balbúrdia.

A cerca de arame zunia feito uma colmeia de abelhas
e fragmentos de frases se reuniam no ar:

"Que é que você está pensando?
Está tarde demais para pensar.
Pense o quanto quiser — não vai mudar as coisas."

"As aranhas preveem doença, morte e visitas;
        dizem as horas do ser humano sem ter relógio."

"Você já vai direto na sacola;
        beija a mão da sua mãe primeiro!"
"E daí? Ela veio aqui quatro dias atrás."
"Ah, filho,
        as mães balem, mas os filhos não..."
"Dinheiro, cê trouxe dinheiro?"

"A agá Şakir deu dez alqueires de farinha
        para os grandes mandachuvas."[183]

---

[183] "Alqueire": traduz *kile*, uma medida de capacidade equivalente a trinta quilos. "Mandachuvas": traduz a interessante palavra *memuranlar(a)*, composta de *memur* "funcionário público", com o sufixo de plural persa *-an*, mais o sufixo de plural turco *-lar*.

"Meu pai viveu durante a guerra
                    e foi até a terra das andorinhas."

"As mulheres têm nove emoções,
                    mas só um juízo."

"Vamos entrar na guerra.
É o que diz o Livro.
Os hodjas leram isso no Alcorão
                    através de cálculo alfabético.
Vamos arremeter contra a Romênia e a Bulgária
                    e sair na boca do Danúbio.
As armas dos búlgaros estão apontadas para nós
                    e as nossas, para eles."

"Trouxe *bulgur* pro seu guarda."

"Ó filho do homem,
que nasce e cresce,
                    divaga pelo mundo, um multívago;
                    sua dita é ignota feito relâmpago..."

"Quando o juiz leu minha sentença,
gritei: 'Viva a República!'"
"Você pegou pouco tempo?"
"Não, muito.
Mas eu gostei dos juízes enfileirados na banca,
de togas douradas,
aí eu gritei de alegria."

"O homem parece uma rosa:
                    num instante murcha."

Só Ömer, de 24 anos, não falava.
Estava de cócoras,

batendo com os punhos no próprio joelho.
A piteira de madeira ia e vinha dentro de seu punho.
Seus olhos, semicerrados.
Ömer, de 24 anos, fitando o rosto
do que estava diante de si, pensava:
"O verão chegou de novo,
    e os arbustos poderão brindar os homens com sua sombra..."

Halil olhou pela janela:
podia ver o portão de ferro
e os visitantes serem revistados
          antes de entrarem.
O cavalo do feirante que passava pelo outro lado da rua
         relinchou de um jeito estranho.
Halil cheirou o ar.
No clima da estepe os ventos irrompem de repente
        e logo se tornam turbilhões
— como estava acontecendo agora.
Primeiro se sentia o cheiro de grama quente,
como se um palheiro estivesse em chamas.
A bandeira da delegacia tremulava.
Os álamos se agitavam folha por folha.
O ar estava morno como sangue.
Uma gargalhada de criança
        um grito
e logo atrás
      uma nuvem de poeira.
Halil olhou para o sol.
Lá estava ele
longe, nas alturas,
rotundo
    vermelho
      e nevoento atrás da poeira.
Halil fechou a janela.
Cerrou os olhos.

O sol permanecia dentro de sua cabeça:
uma chama com o peso de três vezes um milhão de vezes
2 bilhões de toneladas.
Nem bom
    nem ruim
        nem bonito
            nem feio
                nem certo
                    nem errado,
só uma vida descomunal
        sem começo
            nem fim.
Potência de 100 mil cavalos por metro quadrado.
Nem noite
    nem manhã
        nem esperança
            nem ai de mim
                nem mais
                    nem menos.
Turbilhões
    de gás
        branco
            soprando a 600 mil quilômetros por hora.
Átomos ionizados,
sempre morrendo,
        sempre nascendo,
            sempre perfeitos
e, sem cessar, dividindo-se e fundindo-se,
independentemente de nós —
    já existiam antes de nós
        e existirão depois.

....
....

Halil abriu a janela.
O vento que veio súbito da estepe,
            súbito passa.
Do outro lado da estrada
        estava Zeynep, a esposa do marceneiro Şükrü,
segurando a mão de sua filhinha.
Na outra mão, um pote de cobre de iogurte.
Descalça,
o semblante sério e venerável.

Levaram seu marido há quatro anos,
e ela foi atrás dele, para a cidade.
Şükrü na prisão
e Zeynep trabalhava a terra dos campos.
E todos os dias, por quatro anos, com chuva ou sol,
            vento ou calor,
                ou furiosas nevascas,
        ela ia, na mesma hora, ao portão de ferro.
        E ainda iria por mais onze anos.
E mesmo assim sempre olhava para seu homem sem erguer os olhos —
ainda falava aos sussurros feito uma mãe que não espera nada em troca
    e quietinha lhe deixava o pote e ia embora.

Halil olhou para o sol:
lá longe,
    nas alturas,
        vermelho e nítido,
não maior que os pés descalços e enlameados de Zeynep,
            ele era minúsculo e sem coração.

Feliz de, apesar de tudo, ser uma pessoa,
        Halil sorriu com reverência
e correu para dentro para contar a Şükrü...

III

Havia doze lojas no pátio da penitenciária
                    ao sopé do muro de pedra,
              tortas e desamparadas
                                    feito baús perdidos.
E assim como qualquer outra lojinha no mundo
              se pareciam muitíssimo umas com as outras,
              alinhadas lado a lado;
              cada uma infeliz à sua maneira,
              sozinha ao sopé do muro de pedra.
Pertenciam ao governo.
Foram arrendadas aos presos por um leilão.

Na primeira, de pernas cruzadas, estavam os alfaiates,
as cabeças sobre o peito, como se tivessem sido cortadas na nuca.
Alfaiates,
a camisa do diretor precisa ser passada.
Alfaiates,
suas tesouras pareciam cegonhas:
de suas bocas pendiam linhas de algodão.
Dar risada é bom, alfaiates, por que não dão risada?
                    Dar risada ajuda a aliviar o trabalho.
Alfaiates.
Com suas pernas finas e nervosas,
                    as mãos dos alfaiates caem, levantam e correm,
os alinhavos da calça aparecem e desaparecem.
Os alfaiates estão sentados de pernas cruzadas.
Alfaiates!
A máquina dos alfaiates é uma Singer
                    modelo 1897.
A segunda loja era do latoeiro Mestre Şaban.

Vitriólico, espírito do sal,[184] areia e cobre,
     e pés molhados bem vermelhos:
o sofrido jovem aprendiz geme no tonel de latoeiros,
       os ombros estreitos para a direita,
         a cintura fina para a esquerda
e as pernas nuas unidas.
Embaixo, um fole feito os pulmões de um animal pesado,
o fogo encarando de dentro da terra,
e, sobre uma bandeja, lata, algodão e sais aromáticos;
e num tapete de pele de carneiro,
      o líder do sofrimento e das chamas
         sentado feito um basilisco,[185] Mestre Şaban.

A terceira loja faz dois anos que está vazia, fechada.
   A fechadura,
      um coração frio e morto,
         não bate mais.

Perto há um mundo de solas, botas de muleteiros e sapatos rústicos:[186]
Agá Raif, o roupa-velheiro, é
   desdentado
       estrábico
         surdo
mas tem 150 moedas de ouro no cofre do diretor.

A quinta loja era do espelheiro Asrî Yusuf.
Os espelhos miram por entre estênceis dourados,
porta-retratos
     e rosas pintadas a óleo.

---

[184] "Espírito do sal": *tuzruhu* em turco, é um dos nomes para "ácido clorídrico".

[185] "Basilisco": trata-se de uma palavra de étimo persa composta de *šāh*, "rei", e *mā-rān*, "cobras", ou seja, "rei das cobras".

[186] "Sapatos rústicos": traduz *yemeniler*, literalmente "(sapato) do Iêmen", ou seja, estilo iemenita, e que é geralmente usado por camponeses turcos.

Mulheres nuas na parede
      e a litogravura de um marechal.
O espelheiro Asrî Yusuf tem cabelo castanho ondulado
      penteado para o lado,
         olhos claros como mel filtrado,
            nariz como o bico de uma águia
            e um bigode aparado e intrépido.
Asrî Yusuf era o homem mais chique da penitenciária;
seus sapatos amarelos nunca foram vistos sem brilho.

Yusuf tinha 27 anos e era nascido em Ilgaz.
Ilgaz.
Você já foi para Ilgaz?
Quando?
Ilgaz:
quatro bairros, seiscentas casas, mil habitantes,
casa do governador, delegacia e prefeitura,
refeitório, padaria, ferreiro, seleiro, caldeireiro, tapeçaria,
pomares e campos — e cansaço até dizer chega.
E três hospedarias:
      os quartos em cima e, no andar de baixo, um café.
Ilgaz acorda com a aurora
      e vai dormir duas horas depois do pôr do sol.
Tédio até o amanhecer.
Pôquer para os funcionários públicos,
      jogos com dados
         para os jovens,
e *rakı* para ambos.
E ao longe, perto do céu,
      lá,
         nas mais altas elevações,
      a terra dos veados e dos pinheiros.

Yusuf nasceu fora da cidade
      ao sopé do monte Ilgaz.

Seu pai, o Mestre Kadir, já foi alfaiate
       e trabalhou como camponês.
Sua mãe: dona Şehriban.
O Mestre Kadir morreu na Guerra dos Bálcãs,
Yusuf foi criado pelo avô
    (um guarda aposentado
       que ganhava 3 liras por mês
         — em dinheiro vivo —
          com uma vaca
           uma casa
            um boi
      e um campo de 15 mil metros quadrados).
Aos sete anos de idade Yusuf tornou-se aprendiz de alfaiate
           e entrou na escola.
Não chegou a aprender as técnicas da alfaiataria,
     mas seguiu até o último ano do ensino médio.
Então ele se juntou a uma caravana de tropeiros:
İnebolu, Kastamonu, Çankırı, Ancara.
Serviço militar em Istambul.
Tinha voltado a Ilgaz depois de ter sido dispensado — quando
"No décimo ano enfrentamos cada guerra de cabeça erguida."[187]
Naquela noite Yusuf encheu a cara.
O azar de os dados darem o número 1 o separou de seu melhor amigo:
puxou o gatilho.
Pegou quinze anos.

Escolheu como sobrenome "Asrî".
Para ele, a modernidade
       não era
         brincadeira.

---

[187] "No décimo ano enfrentamos cada guerra de cabeça erguida": primeiro verso do hino *Onuncu Yıl Marşı* [Hino do Décimo Ano], composto por Faruk Nafiz Çamlıbel ve Behçet Kemal Çağlar, e eleito num concurso de melhor hino por ocasião das comemorações de dez anos de fundação da República Turca, no ano de 1933.

De tal forma que, em vez de usá-lo após o nome, "Yusuf Asrî",
deliberadamente usou-o antes,
tornando-se "Asrî Yusuf".[188]
Asrî Yusuf gostava de seu trabalho.
Espelhamento era considerado um trabalho moderno:
as ornadas maiúsculas do novo alfabeto,[189]
pincéis finos,
tinta a óleo e química.

A loja estava lotada:
İhsan Bey, o bexiguento, condenado por desvio de dinheiro,
Sefer, o merceeiro de Trabzon
(agiotagem)
e o capitão İlyas
(falsificação)
tinham vindo tomar chá com Asrî.

O capitão İlyas
não era nem capitão nem falsificador,
era só um vigarista.

O capitão İlyas
beberica seu chá adoçado
e confiante
diz
sob seu chapéu imponente:
"Hoje eu me declaro um falsificador.
Estudei em Sabranya,
num porão a oitenta degraus abaixo da terra,
vendado.
Eu não sei quem me ensinou.

---

[188] "Asrî Yusuf": literalmente, "Moderno Yusuf".

[189] "Novo alfabeto": em 1928 houve a mudança do alfabeto árabe-persa para o latino.

Foi algo misterioso;
um segredo.
Bolcheviques, mencheviques..."

O capitão İlyas se encontrava em Batumi
quando os bolcheviques chegaram,
isso é certo.

Mas como e por quê?
Quanto a isso não há certeza,
talvez estivesse contrabandeando.

"O dinheiro devia ser abolido.
Uma nota de 1.000 é mais poderosa que Deus;
de 500, mais que o Profeta Maomé."

Asrî Yusuf pergunta:
"E os anjos?"
"As notas de 50 e de 25."

A cara peluda de Sefer, o merceeiro, se fecha.

O capitão İlyas continua,
entendido e triunfante:
"Onde há dinheiro, aí está Deus; onde não há dinheiro, Deus não existe.
Essa é uma verdade profunda,
a suprema política composta de 4.800 palavras;
A minha política é a grande política
do Oriente."

Esperto, tímido e satisfeito,
ele sorriu de leve.
Brincava com os botões de sua blusa.
Já passara fome em várias penitenciárias
— era um tremendo mão-aberta, um tipo generoso —

tinha vendido sua blusa e seu chapéu,
mas jamais seus botões dourados, com âncoras de capitão.

"Há tantas variedades de flores quanto de ventos.
O ser humano é uma erva.
O mestre das ervas é o vento.
Todos os animais têm poderes especiais.
Eles se comunicam silenciosamente com seus corpos.
Um vem e olha de lado, assim,
                    e contrai a orelha.
O ar que os peixes exalam
                    redemoinha formando letras
                          e fala.
Até mesmo as ervas conversam entre si
                    através do vento,
suas vozes pairam no ar."

Ele cruza as pernas e tira o chapéu:
uma cabeça raspada,
                    bem branca,
                          honrada,
com olhos desconfiados
          bem pretos e tristes.

"A eletricidade foi descoberta do estanho,
                    eletricidade — estanho,
                    viu só como se parecem?
Foi assim que o seu inventor o descobriu.
Puxa vida! O mundo é feito de ciência!
Com trabalho se faz tudo
          (mas ele era terrivelmente preguiçoso,
                    inimaginavelmente preguiçoso).
Costumo dizer que o trabalho é tudo,
mas os seres humanos devoram uns aos outros."

Pater apareceu na porta da loja
e meteu para dentro sua cabeça de bebê de seis meses,
          quase chorando:
"Pai capitão", disse,
    "você tem uma visita, meu querido pai."

O capitão corou.
Seus dois olhos pretos e tristes sorriram
          como um par de palavras de esperança.
Agitado, pôs o chapéu:
"É o nosso subprefeito que está chegando."

Joga cinquenta *kuruş* para Pater.
Eram seus últimos cinquenta *kuruş*
e se ele não conseguir pegar cinquenta liras do subprefeito[190]
      referente aos cinquenta mil enterrados na montanha
      o capitão passará fome esta noite.
Ele se curvou um pouco para a frente,
esfregou as mãos,
e, como se estivesse se preparando para uma dança *zeybek*,[191]
      dobrou os joelhos, bateu com os tornozelos na aba do casaco
          e saiu.

İhsan Bey, o bexiguento, olhou para Asrî Yusuf
como se quisesse dizer: "Vamos começar? É a grande oportunidade."
Asrî Yusuf captou a mensagem
    e perguntou para Sefer, o merceeiro:
"Se você tivesse capturado esse capitão İlyas

---

[190] "Subprefeito": trata-se do governador de um vilarejo, o *muhtar*, responsável por registrar os nascimentos, mortes e casamentos, coleta de impostos e seleção de jovens para alistamento anualmente, além de receber visitantes forasteiros.

[191] *Zeybek*: dança folclórica, típica de algumas regiões da Anatólia, assim chamada por causa dos *zeybeks*, que foram guerrilheiros durante o Império Otomano, do século XVII ao XX.

no dia 31 de março,
     não o teria decapitado?"
"Sim, teria."
İhsan Bey, o bexiguento, pergunta:
"Mas, agá efêndi,
há muitos rumores sobre o 31 de março.[192]
Você estava na Marinha na época,
     não é?"
"Sim, a gente estava postado no navio Muini Zafer."[193]
"Está certo, mas como se deu esse negócio do 31 de março?"
Eles sabiam de cor a história de Sefer, o merceeiro,
     mas hoje perguntavam de propósito.

O merceeiro Sefer começou a narrar
     por entre seus duvidosos dentes de ouro
     e o bigode grisalho:
"Os oficiais vestiram trajes civis de manhã,
e, na hora de ir embora, disseram ao sargento:
'O exército regular se insurgiu.
Se eles disserem para você se juntar a eles,
junte-se, mas não permita que nenhuma maldade ocorra.'"

İhsan Bey, o bexiguento, cutucou Asrî Yusuf e consentiu:
"Esses eram oficiais inteligentes, agá efêndi."
"Eram tão inteligentes quanto bigodudos.
Enfim,
passou um tempinho,
e vimos uma fanfarra tocando, vindo em direção a Parmakkapı.
Todo mundo se juntou a ela.

---

[192] O *31 Mart Vakası*, como é conhecido em turco, se refere a uma rebelião de reacionários em Istambul contra a restauração do sistema constitucional pela revolução dos Jovens Turcos um ano antes, em 1908. O *Hareket ordusu* [Exército do Movimento] foi chamado para debelar os reacionários e tomou novamente o poder da mão deles.

[193] "Zafer": o sobrenome significa "vitória".

Eles atacaram uma delegacia em Beşiktaş

       e levaram armas.

Mas não sabíamos para onde estávamos indo.

Chegamos ao palácio Yıldız na hora da prece noturna.

Havia três sargentos acima da gente:

     um era o sargento Mehmet Ali,

       outro, o sargento İbrahim.

Nos alinhamos em frente ao palácio.

Gritamos três vezes: 'Viva o Padixá!'.

O sultão Hamit, digno do paraíso, aparece no balcão.

'O que desejam, meus filhos?', disse ele.

Três homens foram ter com ele:

     um era o sargento Mehmet Ali,

       o outro, o sargento İbrahim.

Passaram cestas de pães quentinhos aos soldados.

Então sabia que a gente viria.

Ouvem-se disparos não muito longe.

O que foi isso? Nada, não,

viram um oficial à paisana

     e o mataram a tiros."

"Você também atirou, agá efêndi?"

O merceeiro Sefer olha para İhsan Bey com uma profunda desconfiança:

"Não atirei,

mas se atirei foi para cima.

Enfim,

aí chegou Ethem Paxá numa carruagem com quatro cavalos, fechada.

Os soldados o cercavam.

Em direção à praça da Santa Sofia.

Anoiteceu, e os arredores mergulharam na escuridão.

Montaram um palanque para um discurso.

Ethem Paxá fez um discurso.

De repente, uma celebração.

Tiros.

Não conseguiram encarar como uma celebração.

'Eles nos cercaram e agora estão nos atacando?'
A Marinha recuou.
Todos fugiram.
A fanfarra se dispersou, os tambores se quebraram.
Muito tempo depois retornamos à doca seca.
"Parece que houve uma confusão, agá efêndi."
"Uma confusão com certeza, İhsan Bey.
Enfim,
no dia seguinte fomos à fábrica de pólvora.
Um oficial tinha morrido lá.
Nos espalhamos pela cidade.
Mas não houve pilhagem.
Os comerciantes estavam dando coisas de graça.
Bordéis, tavernas, tiros —
                  uma bagunça que nem te conto.
Dois dias depois chega a notícia
          de que o Exército do Movimento estava vindo."

Sefer, o merceeiro, respirou fundo,
                  talvez cansaço,
                        talvez um pouco de tristeza.
Ele raspou com a unha o tártaro do seu dente de ouro:
"Enfim", disse, "pensei comigo mesmo,
contanto que você reze cinco vezes por dia,
                  coma, beba
reze pelo padixá e cuide de sua própria vida,
Istambul ou Bagdá, dá na mesma.
Se é assim aqui, como é que deve ser lá fora...
O exército já era.
Cadê o governo?
Acho melhor voltar para a minha terra."

Asrî Yusuf caçoa:
"Claro, o Exército do Movimento te atrapalhava
                  e você já não podia mais se divertir."

Sefer, o merceeiro, ia dar uma resposta atravessada,
mas İhsan Bey disse: "Olha, agá efêndi,
                          olha o que eu tenho aqui comigo..."
Era um jornal antigo,
ainda no antigo alfabeto,
rasgado em diversos lugares.

"É um jornal muito antigo, agá efêndi,
          de 33 anos atrás."
"Me dá."

Sefer, o merceeiro, pegou o jornal.
Yusuf mal pôde conter o riso.
Sefer, o merceeiro, cheirou o jornal,
seus dentes de ouro ficaram doces feito damascos.
Ele pôs os óculos:
"Olha só, İhsan Bey,
          não tem fotos
       e está todinho em escrita muçulmana.
Vamos, leia
          para a gente ouvir."

O merceeiro fechou os olhos
boquiaberto
— seus dentes de ouro brilhavam como na hora da prece noturna.

"O nome do jornal é *Sabah*, agá efêndi,
de 10 de Rebiülahır de 1327.[194]
Número 7038.
Nome do dono: Mihran."

---

[194] "10 de Rebiülahır de 1327": o quarto mês do calendário islâmico. O ano de 1327 corresponde a 1909 do calendário gregoriano.

Asrî Yusuf perguntou:

"Então o dono era armênio?"

"Armênio, tanto faz,[195]

simplesmente leia, İhsan Bey..."

"Estou lendo, agá efêndi:

Directeure-propriétaire."

(Lia as palavras francesas como se fossem turcas.)

Os olhos de Sefer, o merceeiro, se esbugalharam:

"O que é isso, İhsan Bey?"

"Francês, agá efêndi."

"É verdade,

antigamente em Istambul, os comerciantes ímpios de Beyoğlu

também escreviam os anúncios em francês.

Ainda bem que eles proibiram isso agora.

Os que comem pão turco devem escrever em turco.

Enfim,

leia as matérias."

"Estou lendo, agá efêndi.

'Notificação da conjuntura a Abdülhamit.'"

Asrî Yusuf pergunta:

"O que significa isso?"

"Significa dizer que Abdülhamit perdeu o trono.

'Os membros do comitê responsáveis por notificar

a conjuntura a Abdülhamit:

Arif Hikmet Paxá, senador,

Aram Efêndi, senador,

da Assembleia, Esat Paxá, deputado da İşkodra

e Emanuel Karasu Efêndi, deputado de Salônica.

Dirigindo-se ao Palácio de Yıldız

a delegação informou o ex-secretário-geral, Cevat Bey,

que um comitê havia chegado para ver Abdülhamit.

Cevat Bey obteve a permissão de Abdülhamit...'"

---

[195] "Armênio, tanto faz": no original, *Ermeni, mermeni*; duplicação da primeira palavra, comum em turco, usada quando se quer dar um ar de indiferença.

Asrî não se conteve:

"Que sem-vergonha,

    eles ainda por cima querem permissão para entrar

        na presença do cara?"

İhsan Bey continua:

"O comitê entrou no salão

    e lá estava, em pé, Abdülhamit.

Dois espelhos enormes,

    um imenso lustre,

    muitas poltronas,

uma poltrona com um manto por cima

e, ao lado de Abdülhamit, seu filho Abdürrahim Efêndi.

Segundo rumores, era aí que Abdülhamit decretava

      as punições mais sérias

    e cuidava dos mais importantes assuntos de Estado.

E como esse recinto estava próximo ao harém

    o comitê podia ouvir a choradeira das mulheres.

Esat Paxá chegou a um metro de Abdülhamit

        e fez uma saudação militar:

'Viemos como representantes da Assembleia Nacional', disse ele.

'A nação vos depôs com base no decreto sagrado.

A vossa vida, assim como a de vosso filho e família

      será salvaguardada.'

Abdülhamit usava uma jaqueta preta

sob um capote.

O capote estava abotoado.

Seu filho Abdürrahim Efêndi usava uma sobrecasaca informal

    e estava com as mãos na barriga

        em posição de reverência.

Quando Esat Paxá terminou sua notificação,

    Abdürrahim Efêndi prostrou-se no sofá

    e começou a chorar, lamentando-se.

Abdülhamit disse:

'Tenho algumas coisas a dizer;

não me deixem aqui sozinho.

Minha vida está protegida?'

Esat Paxá disse:

'A nação otomana é uma nação nobre.

Ela sabe o que fazer com o padixá deposto.

Reitero que vossa vida está segura.'

O queixo de Abdülhamit tremia,

    estava pálido,

mas seu semblante estava cheio de fúria e pavor:

'Eu sabia que ia terminar assim', disse ele.

E quando o ex-soberano, durante a conversa,

disse que não comia há dois dias,

    ele certamente esqueceu de mencionar

os biscoitos amanteigados, os doces e os caviares.

Foi-nos informado que os soldados que entraram no palácio

encontraram cestos de comida por todos os lados."

"Nossa!", gritou Sefer, o merceeiro,

e soltou uma gargalhada aguda.

Seus dentes de ouro brilharam feito um relâmpago.

"Em vez de ter me imiscuído nesse negócio do 31 de março,

    eu deveria ter me unido ao Exército do Movimento,

    mas não demos sorte."

Yusuf e İhsan se surpreenderam.

Jamais esperavam tal reação de Sefer, o merceeiro.

"Pode ler, İhsan Bey, por que é que você parou?"

"Eu estou lendo, agá efêndi.

'A exoneração de Abdülhamit.'

Ou seja, a saída de Abdülhamit.

Yusuf, você sabe, né, como eles enxotaram o cara."

Sefer, o merceeiro, confirma:

"Eles o exilaram em Salônica.
Mas quando Salônica caiu para os gregos,[196] ele voltou.
Morreu em Istambul durante a Grande Guerra.
Você precisava ver o funeral
                    que lhe deram!
O povo chorava copiosamente.
Deixe para lá esse negócio de exílio e leia outra coisa, İhsan Bey..."
"Vou ler.
'A opulência de Abdülhamit.'
Abdülhamit tinha 700 mil títulos
da Ferrovia Oriental
                no valor de 5 milhões
                        e 150 mil liras."
Yusuf deu risada:
"Com certeza ele ganhou isso com o suor do seu rosto!"
Sefer, o merceeiro, olha para Yusuf por cima dos óculos:
"Igualzinho aos dias de hoje", diz ele,
                "quem pega o mel lambe os dedos,[197] meu filho.
Não tem notícias, İhsan Bey? Leia notícias."
"Tem, mas essa parte do jornal está rasgada."
"Não faz mal, leia, İhsan Bey."
"'Taşkışla e arredores
foram regadas com sangue
        otomano, albanês, grego, armênio, judeu, búlgaro
            por amor à pátria e à liberdade...'"
Surpreso, Asrî Yusuf perguntou:
"Ué, e não tinha sangue turco?"
"Sim, ele disse 'otomano.'"
"É a mesma coisa?"
"Não sei."

---

[196] "Salônica": também conhecida como Tessalônica, a cidade permaneceu sob domínio otomano de 1430 até 1912.

[197] "Quem pega o mel lambe os dedos": tradução do provérbio *bal tutan parmağını yalar*.

"Continue lendo..."

"Mulheres armênias ajudam soldados
a carregar artilharia por Tatavla..."

İhsan Bey queria largar o jornal;
tinha desistido de deixar o merceeiro zangado:
"Não dá para ler,
   está todo rasgado."

Dessa vez, Asrî Yusuf insiste:
"Leia o que tiver até o fim."
"A fuga de Kâmil Paxá.
.... escapou no domingo ....
de sua mansão para Caddebostan[198] ....
.... pegando um caíque ....
tentou subir num barco a vapor ...."

Asrî Yusuf lembra que está preso:
"Que Deus abra seu caminho,
   e que não seja pego!"

İhsan Bey continua:
"'Acontecimentos em Adana'
.... mãos funestas, indivíduos sinistros ....
.... à casa de uma mulher armênia casada ....
.... o marido chega e mata três desses perversos ....
aproveitando a oportunidade, ataca casas armênias ....
.... a indiferença do governo ....
.... muçulmanos contra armênios, armênios contra muçulmanos ....
.... ateiam fogo às casas ....
.... reacionários saqueiam a cidade ....
.... o massacre de Adana... nos vilarejos ....

---

[198] *Caddebostan*: bairro no município de Kadıköy, Istambul.

.... as ruas de Tarso estão apinhadas de cadáveres ....
Posso continuar?"

"Continue."

"À presidência da honorável Assembleia Nacional:
.... Vossa Excelência ....
.... os Mártires da Liberdade ....
.... cerimônia fúnebre ....
.... édito imperial concernente a isso ....
.... Mahmut Şevket Paxá ....
Veja como os Mártires da Liberdade foram enterrados:
.... precedidos de uma unidade de cavalaria ....
.... depois a polícia e funcionários públicos ....
.... pelo novo padixá no funeral ....
primeiro uma oração feita pelo ulemá ....
.... aí um senador...
.... depois a sua Excelência Mahmut Şevket Paxá ....
.... ninguém mais deverá fazer discurso.............................
.... uma cerimônia memorial para as almas dos mártires..............
.... sob a proteção do filho (nome ilegível) do novo padixá ....
.... pelos fundadores do Conservatório Otomano ....
.... um monumento será erguido em homenagem aos mártires
.... os doadores são: ....
5.000 .... Mihran, dono do *Sabah* ....
20 .... Tevfik, editor de..
108 .... Halil, comerciante ....
100 .... Samuel Anastasya, procurador.............................
30 ....
20 ....
.... Aprovação por parte das nações europeias: ....
.... *La Turquie*
(deve ser um jornal francês)
.... telegramas de países europeus ....
celebram a vitória dos Jovens Turcos ....

Paris, 28 de abril:

.... todos os jornais... a situação de Abdülhamit ....

Budapeste, 27 de abril:

.... A imprensa geralmente ....

Bolsa de Paris, 28 de abril:

.... movimento calmo na Bolsa ....

As ações otomanas ganham quarenta pontos ....

Debêntures da Ferrovia Oriental ....

A Bolsa de Londres também está calma ....

.... Apólices otomanas ....

.... Amsterdã ....

A rainha da Holanda deu à luz na noite passada ....

A constituição do Irã ....

.... os liberais estão se fortalecendo ....

Anúncio:

Excursão de três dias a Alemdağı.[199]

Famoso pelo seu charme, águas e ar puro ....

.... com grupo de *saz* com quinze integrantes ....

.... ida e volta ....

.... custo: 2 liras ....

.... *O mundo dos filósofos* ....

.... e *História da educação* ....

.... obra do ex-governador de Kozan ....

Um remédio milagroso ....

para quem sofre de palpitações e desmaios ...."

İhsan jogou o jornal de lado.

Ficam em silêncio por um tempo.

Um dos espelhos atrai a atenção de Asrî Yusuf:

um jovem loiro de gravata o encara.

Por alguma razão ele põe o chapéu de repente

  e sorri.

---

[199] *Alemdağı*: monte de 442 metros localizado no lado asiático de Istambul, é o segundo ponto mais alto da cidade.

Asrî Yusuf disse:
"Ufa!
já passamos por muita coisa..."
Tirou o chapéu.
"Nossa, que tempos eram aqueles!", pensou.
	"Ainda bem que vim ao mundo um pouco depois!"
Sente a alegria de um apostador:
a alegria de não ter jogado um duque
			quando poderia ter feito isso.

İhsan Bey, o bexiguento, e Sefer, o merceeiro, vão embora.

Asrî Yusuf pegou o jornal do chão,
desamassando-o e dobrando-o com todo cuidado
está prestes a deixá-lo sobre a mesa quando
			nessa mesma mesa
	ele se depara com o camelo do profeta Ali.
Era um camelo corcunda
que carregava um caixão.
Um árabe — sobre seu rosto
		havia um *niqab*[200] preso por um cordão —
				conduzia o camelo.
Quem conduzia o camelo
e jazia no caixão
		era o profeta Ali.

Uma listra verde,
		outra vermelha,
e o xale sobre o caixão.

---

[200] *Niqab*: véu que cobre o rosto deixando apenas os olhos desimpedidos, é usado comumente por mulheres no mundo árabe. Não se sabe se Hikmet usou tal vocábulo propositalmente, talvez no lugar de *kefiye*, que é o nome dado ao pano na cabeça usado por homens no Oriente Médio.

E, ao longo do caixão,
           mas maior do que ele,
Zülfikâr,[201] a espada bifurcada.

Um anjo no páramo,
à esquerda um gamo,
à direita um leão
Hussein lamenta,
        Hassan lamenta.
E sobre um vidro fino
           anda o camelo do profeta Ali
                 pelas faces dos espelhos da cor do *lokum*.[202]

A demanda por esses quadros foi grande;
vieram pedidos até dos mais distantes vilarejos.
O modelo era um padrão antigo,
com um único acréscimo:
           o anjo no céu.
Ele e İhsan Bey, o bexiguento,
tinham copiado de um livro de orações em armênio.

Asrî Yusuf deixou o jornal em cima do camelo
           e de repente sentiu uma angústia estranha.

Ele preparou o braseiro para fundir espelhos:
os vidros limpinhos, brilhantes,
substâncias químicas em frascos de lavanda —
nitrato de prata, amoníaco, sal de Seignette, água destilada
e a angústia crescente no coração de Asrî...

Desistiu de fundir espelhos

---

[201] *Zülfikâr*: palavra de origem árabe usada para se referir à espada bifurcada de ᶜAlī, líder islâmico.

[202] *Lokum*: doce turco gelatinoso, bastante tradicional.

e saiu porta afora:

o aprendiz do latoeiro Mestre Şaban descansava à sua frente,
                     as costas apoiadas na parede.

Tão miserável e solitário quanto um vilarejo da estepe.

Asrî conhecia muito bem
            os vilarejos que desapareceram nessas terras áridas.

Halil saiu da loja de Şükrü, o marceneiro:

Yusuf perguntou:

"Você esboçou outro cômodo para Şükrü, mestre?"

"Não,

fui avisar que a esposa dele chegou."

"Eu também tenho que tratar de algumas coisas com você, mestre."

"Eu não esqueci, Yusuf,

temos que modernizar o camelo do profeta Ali."

"Não é isso, mestre,

além do mais, eu vou parar de vender esse cacareco.

Eu ia te perguntar uma coisa:

bom,

    sei lá,

        eu ia te perguntar se progredimos,

              se nos modernizamos

                   desde o tempo de Abdülhamit."

Halil se surpreende com a interrogação de Yusuf:

"Mas é claro que progredimos", disse ele,

            "e ainda vamos progredir mais.

Pense como se estivéssemos subindo uma escada,

         degrau por degrau, até o último,

             e então uma porta,

                 essa porta vai se abrir,

       — não sozinha,

       nós a abriremos, obviamente —

       entraremos na casa:

            quente

            confortável."

"Deus te abençoe, mestre!
Sabe,
eu me sinto à vontade falando com você.
Tome um pouco de chá.
Deixa só eu fundir alguns espelhos antes de o carvão acabar."

Asrî Yusuf fundiu seus espelhos
e Halil desenhou motivos de margaridas para pintar.
Margaridas,
      amarelinhas,
          grandonas,
tais como os olhos
        de Ayşe, sua esposa.

IV

O paiol no jardim do centro de alistamento
                estava vazio.
    E as árvores:
    amoreiras, acácias e ameixeiras.

O jardim do centro de alistamento estava lotado.

Grupos e mais grupos de alistados vieram
        encabeçados pelos subprefeitos.
Os de 1936
    estavam agachados.

Um mundo imaginário de bolsas brancas.
E sandálias.
E nos olhos voltados para o chão, separações.

Jaquetas roxas com xales de seda
        só aparecem em canções
e em danças folclóricas.
Quem sabe melhor do que os meus camponeses
        a maldita arte de remendar?

O jardim do centro de alistamento estava lotado.
E sandálias.
Separações nos olhos voltados para o chão.
A severa desolação destroçada.
E grupos e mais grupos de alistados.
Os de 1936
        estavam agachados.
As mulheres
        permaneciam em pé
                à distância:
                        silenciosas e sombrias.
Suas despedidas não tinham fim.

O jardim do centro de alistamento estava lotado.
A manhã virou noite.
Por que aquele tapa veio tão fácil?
A tarde se desdobra na noite.
Um xingamento em vez do grito "descansar!".
A chamada terminou.

Sabe, no meu querido país,
os nossos jovens a caminho da caserna,
com a ferida de sua tristeza ainda aberta,
se trancam em escolas e mesquitas,
num vazio infinito sob as abóbodas acinzentadas.
E os dias passam lá fora,
        como gruas distantes, distantes...

Uma linha risca o céu:
um bando de gruas.
O paiol no jardim do centro de alistamento
            estava cheio dos de 1936.

As mulheres
vieram como lobos doentes e famintos,
agachadas no solo
além das árvores.
Seus cabelos, cobertos, e em seus colos,
yufka[203] e potes de iogurte, feito crianças desamparadas.

O paiol no jardim do centro de alistamento
            estava escuro.
E as árvores, escarlates:
            amoreiras, acácias e ameixeiras.
Os olhos das mulheres no jardim do centro de alistamento:
mesmo as de dez anos tinham os olhos de uma mãe,
inclusive os dos guardas.

Súplicas débeis no jardim do centro de alistamento:
"Ô guarda, meu filho,
guarda, agá efêndi.
O senhor pode entregar esse pote de iogurte?
Por que, mas por que o senhor não pode entregar?"

"Ô guarda, meu irmão,
guarda, agá efêndi.
O senhor pode abrir a porta para eu ver ele?
Por que, mas por que o senhor não pode abrir?"

"Ô guarda, mulher,
guarda, agá efêndi..."

---

[203] *Yufka*: pão ázimo turco, fino e redondo, com cerca de 40 ou 50 cm de diâmetro.

As mulheres, como que se agrupando,
                    começaram a se aproximar:
"Guarda, que o diabo te leve!"
"Guarda, quero te ver estirado na pedra de lavar os mortos!"
"Guarda, que o vermelho e verde do seu uniforme
                    desmoronem sobre você!"

Os guardas sabem:
        (eram tão camponeses quanto guardas)
que quando as mulheres se zangam, é para valer;
mulher zangada é igual a um cachorro curdo:
                    pode derrubar um homem do cavalo.

Eles avançaram contra as mulheres com a coronha:
"É proibido..."

As mulheres se espalharam gritando.
Eles jogavam pedras.
Elas xingavam as esposas dos guardas,
                    especialmente as esposas.

O paiol no jardim do centro de alistamento
                    estava escuro.
E as árvores, negras:
                    amoreiras, acácias e ameixeiras.

Uma mulher leva uma coronhada.
Ela cai e levanta,
a boca repleta de sangue.
"Que te derrubem feito um álamo!", diz ela,
"O meu filho também vai ser guarda um dia
— ele vai para o seu vilarejo
fazer com a sua mãe o mesmo que fizeram comigo!"

Detrás das grades,
o meu adorado[204] Kerim,
de treze anos de idade, magro feito um graveto
dentro de seu macacão azul de metalúrgico,
observava as mulheres e os guardas
por baixo de sua boina.

"Ô guardas,
seus otários!"
Olhou para ver se não tem nenhum policial por perto.
Como qualquer garoto pobre da cidade, Kerim
não dava a mínima para os guardas,
mas odiava e temia a polícia.

Ontem à noite ele entrou sorrateiramente no jardim do comissário,
e o canário do comissário
escapou da gaiola.

Ele se lembrou disso
e fungou — a ponta do seu narizinho
preta de carvão no rosto pálido.
E se esgueirou em direção à parte de trás do paiol.

Kerim trabalhou por três anos na fábrica de Cevat Bey.
Ele sabia trabalhar o ferro como se fosse uma massa
e temperar o aço com água.
Mas agora só pensava numa coisa:
num canário amarelo
numa gaiola de arame, liberto.

---

[204] "Meu adorado": no original, *canım ciğerim*; é bastante desconcertante essa intervenção de um *eu* narrador, inédita no poema até agora, e que irá reaparecer outras vezes, sempre com referência à figura de Kerim.

Tirou uma chave do bolso do macacão,
                     uma chave enorme,
e tentou colocar na fechadura da porta traseira do paiol.
Os que estavam lá dentro
           se amontoaram perto da porta.
Canários livres,
mas era a chave errada.
Ele tentou uma, duas vezes.
          Não tinha jeito.
Xingou a mãe do comissário e o paiol.
Então se curvou,
        encostou a boca na fechadura da porta e disse:
"Não percam a esperança, rapazes,
          amanhã eu volto."

Adiante
      os tetos
          pretos
             ao sopé do Castelo de Kesikbaş,
                   com seu incurável
                         pavor,
esse cheiro no ar de *bulgur* cozido no fogo à lenha,
esse muro de adobe,
esse buraco em que um lagarto se infiltra,
essas desoladas
         amoreiras, acácias e ameixeiras,
esse paiol
     com homens
         enclausurados,
esse "é proibido",
essas mulheres
        derrubadas,
           com seus véus e xales rasgados
— ele deixa esse mundo medieval e a noite
para trás

e caminha:
                    caminha,
o meu adorado,
o trabalhador de treze anos Kerim caminha,
          o homem mais esperançoso do século XX.

Ele entrou nas ruelas do centro de uma província do meu país.
O asfalto ia longe
          — ia da estação ao prédio da prefeitura —,
          cerca de quinhentos metros de nostalgia.

Aqui o solo não foi asfaltado:
terra santa e abençoada,
herança de nossos antepassados
e esterco de nossas vacas.

Ao lado de portas com maçanetas aneladas de ferro forjado,
na escuridão com galhos pendentes sobre cercas de madeira,
          almofarizes de mármore dormiam em seus vazios estúpidos.

Apenas os andares térreos das casas haviam sido feitos;
os superiores eram vigas horrendas e nuas.

Por trás das treliças, um gramofone,
                    vozes muito grossas
                         e bebês chorando.

Rodas encostadas nas paredes.
Elas não sentirão mais a alegria de estar nas estradas,
destinadas a apodrecer onde estão.

Kerim chegou na casa,
feita de adobe e madeira.
A porta estava aberta
e seu pai estava lá.

O pai de Kerim, o mestre Lutfullah,
        antes era ferreiro.
Agora ele vive bêbado e está desempregado.
A diária de Kerim alimentava a casa.
Eles tinham um tear.
Sua mãe e sua irmã teciam forros.
Mas o mestre Lutfullah
    pegou à força o trabalho das mulheres e o vendeu
        para alimentar a mulher que ele mantinha no bordel.
E ficou semanas sem aparecer em casa.

Quando Kerim entrou,
      sua mãe estava encolhida num canto,
      abrigada sob o véu branco,
os enormes olhos amedrontados duas vezes maiores.

Sua irmã desabou sobre o caixilho do tear
como se tivesse sido atingida por uma bala na nuca.
A lançadeira caiu no chão.
O fuso caiu como um álamo derrubado.
Parecia que a urdidura havia sido cortada com faca:
        os fios pendurados,
        balançando feito cabelos brancos e longos,
        arrancados com raiva.
E no meio do quarto seu pai,
com uma faca na mão,
mal se aguentando em pé.
Kerim entendeu.
E assim como a água se transforma bruscamente em vapor,
        ele parte para cima do pai.
Caminha, o meu adorado,
o trabalhador de treze anos Kerim caminha:
"Eu não quero um pai bêbado", disse,
"e também não precisamos de um homem sustentado por mulheres.

A partir de agora eu sou o homem da casa;
já chega de palhaçada."

O pai quis bater em Kerim,
espezinhá-lo sob seus pés,
talvez esfaqueá-lo.
As mulheres intervêm.
O pai xinga
e depois se surpreende.
E como se já esperasse tal surpresa como um sinal para ir embora,
joga a faca no chão,
se agacha para pegá-la
e sai.

As mulheres se lastimam.
Especialmente a mãe de Kerim.
Agachada no chão,
seus ombros estreitos tremiam sob o véu branco.
"Agora ele não vai mais sair da cama daquela puta,
nunca mais vai bater à nossa porta."

De início, Kerim ficou com raiva disso:
"Suas destrambelhadas, por que é que estão chorando?"
Então ele também começou a chorar
e se aninhou no colo da mãe:
"Não fique triste, mãe,
não perca as esperanças.
O papai não vai ficar com raiva de mim
e não vai mais beber.
E ele também vai deixar aquela puta.
Se você quiser
vou agora mesmo
e trago meu pai de volta."

E falando aos soluços,
o meu adorado,
  o trabalhador de treze anos Kerim,
   o homem mais esperançoso do século XX,
   adormeceu nos braços de sua mãe.

V

Halil escrevia uma carta para sua esposa Ayşe,
    olhando a noite
     de sua janela no andar superior da prisão:

"Meu amor,
quando você, espumante, me subjuga, como uma onda
    requebrando no horizonte,
quando a minha cabeça e o meu coração
  rodopiam num turbilhão,
é uma vergonha estar sentado numa cadeira de madeira
    com o corpo bem descansado...
Mas vamos mudar de assunto...
Meu amor,
minhas mãos se afundam no seu cabelo,
cuja canção está sob minhas palmas.
Você está a seiscentos quilômetros de distância de mim
      e ao meu lado...
Mas esse já é outro assunto.
Neste ano de 1941
  não vamos falar de nós dois;
ainda não tenho coragem o bastante para isso...

Meu amor,
olhe como a lâmpada elétrica ilumina

com um azul intenso e mascarado
em frente à casa branca
na beira da estrada.
A estrada brilha sob o luar.
O paiol no jardim do centro de alistamento
e as árvores:
amoreiras, acácias e ameixeiras.
Há também uma treliça
que eu não consigo enxergar daqui.

Primeiro de agosto —
as noites ainda não ficaram curtas.
Os apitos dos guardas.
A estrada está deserta e triste.

As nuvens vagueiam pelo céu baixo.

É o trem de Zonguldak
chegando furioso.

Apesar do luar,
na outra metade do céu,
próximo das montanhas,
vislumbro estrelas.

O trem acabou de passar pela ponte de ferro,
por trás dos álamos.

A cidade tem duas partes:
a antiga, ao sopé do castelo,
é escura como breu.

O Café Kızlı não abriu neste verão.
Sua vitrine negra brilha
ao luar.

A parte moderna fica perto da estação.
Suas luzes azuis azuis em meio às árvores.
Ouço uma voz feminina.
Guinchos de crianças.
Sinto um aperto no coração —
            estou morrendo de saudades da minha filha.

Dois homens fantasmagóricos passam
                    lado a lado
                        lentos, lentos.
Acho que são funcionários públicos,
            muito solenes e muito cansados.
Não parecem estar conversando.

Uma luz vaza do térreo de uma casa branca:
                devem estar comendo.

O trem parte:
soa um apito estridente
    como um zumbido no ouvido.
Você também ouve tudo isso, querida esposa?

Atrás de mim, ouço a voz de Agá Raif,
o roupa-velheiro,
            da porta aberta do quinto compartimento:
'Me injustiçaram, a mim
            e a meu pai.
Brigas por terra,
        pela loja,
            por propriedades...'

Agá Raif, desdentado, estrábico e surdo,
está falando sozinho.
'Consegui uma loja abandonada.

Mas İsmail, o vendedor de tecidos, me injustiçou.
A minha falecida irmã era esposa do ajudante-major.
Ah, ela me disse,
    muitas desgraças vão cair sobre você, ela me disse.'

Agá Raif ficou em silêncio.
O rádio começou a tocar
    nos alto-falantes do Centro Comunitário.
O paiol
    estava escuro.
Mas apinhado de homens.

Agá Raif, o roupa-velheiro, fala novamente:
'Me injustiçaram, me injustiçaram,
        os irmãos da minha esposa me injustiçaram.
Dia e noite
jogavam praga na minha casa.
Me fizeram beber uma poção na estepe.
Minha mulher pôs veneno na minha comida.
Não conseguia me levantar,
        não conseguia andar,
            não conseguia falar,
                não conseguia ir ao mercado.
Me injustiçaram, me injustiçaram, me injustiçaram.'

Feito uma corda que se rompe,
    assim também de súbito a voz de Raif é interrompida.

Um homem vem pela estrada
        fumando um cigarro.

De novo Raif:
'Foi a esposa do meu irmão que armou esse lance contra mim.
Todos eram cúmplices,
        até o delegado.

Foi a esposa do meu irmão que armou esse lance contra mim.
Ela jogou uma praga em mim.
E eu fiquei enfeitiçado desse jeito.
O clã da minha mulher apedrejou a casa, o vilarejo.
Eu peguei um dinheiro que eu tinha
escondido sob o alicerce.
A esposa do meu irmão jogou uma praga em mim,
                    eu vi com meus próprios olhos.
Fui ter com o magistrado,
            mas ele não aceitou minha declaração.
Percebi que eles queriam deixar todo mundo louco
e matei minha mulher.
Minhas mãos ensanguentadas, minhas mãos, ensaguentadas.
Brigas por terra, por propriedades, pela loja.
A terra rachou, as propriedades se incendiaram, a loja desabou.
Injustiçaram, me injustiçaram, o quanto me injustiçaram."

Agá Raif, o roupa-velheiro, agora ficou calado de vez;
é claro que
            adormeceu.
Eu suspeito
que Agá Raif vá morrer esta noite.

O carro do governador passa pela rua.
São lindas as filhas do governador.
Esta noite haverá o casamento da maior
        no Centro Comunitário..."

Enquanto Halil continuava sua carta,
            a cerimônia no Centro Comunitário começava.
Por trás do olhar paternal e feliz do governador
        fervilha um sonho extraordinário:
peixes escarlates se movem
        lá, bem no fundo, por junqueiras altas e preguiçosas.

Sua filha, num torpor nupcial,
    está deitada, como veio ao mundo,
        na resplandecência da água verde.

E agora, enquanto a banda da cidade tocava uma canção *zeybek*,
e a noiva passeava pelas mesas, graciosa feito um faisão branco,
e a sogra andava de modo afetado, cheia de diamantes e de gordura,
enquanto o genro
        — um engenheiro —,
           seguindo a noiva, todo empertigado,
                andava a passos medidos de compasso,
o pai
    — o governador —
        se lembrou do sonho que tivera,
e escondeu de si mesmo o que lembrou.
Talvez a razão desse sonho extraordinário
tenha sido a camisola de seda cor-de-rosa de sua filha
           que ele viu costurarem cinco dias atrás.

O governador tirou os olhos de sua filha
           e voltou-se para o bufê:
estava repleto de carne e de tecido.
E lá o Sr. Refik Başaran
      dava ordens aos garçons.

O Sr. Refik Başaran foi o que mais trabalhou no casamento,
e o mais feliz por ter sido o que mais trabalhou.
Refik Başaran era membro
      do Comitê Administrativo do Partido do Estado.
A Força Aérea, a Associação de Assistência à Criança,
      o Crescente Vermelho, o Centro Comunitário
        e o Esporte Clube Türk-Demirspor,
o trabalho de todos os bailes oficiais, recepções
      e casamentos importantes
      repousava sobre os estreitos ombros de Refik Başaran.

Ele ainda não encontrou tempo para casar.
Se o seu cunhado não cuidasse do açougue herdado do pai,
e se sua mãe
    — a curandeira Fatma —
não contrabandeasse remédio contra a hepatite,
Refik Başaran teria morrido de fome sem perceber,
       correndo entre o prédio do partido e o da prefeitura.

A testa pantanosa sempre suada,
as finas pernas agitadas
e os lábios pálidos, sorrindo com a fé de uma criança —
       Refik Başaran se gastava sem economia.

Na opinião do governador, ele era um "imbecil",
aos olhos do presidente do partido, um "curdo abnegado",
e, de acordo com o médico judicial, um tanto maluco;
no entanto, ele era apenas
      um homem do partido.

O presidente do partido tinha a cabeça raspada,
as sobrancelhas grossas e unidas,
olhos enormes
e um bigode em formato de amêndoa sob um nariz imenso;
em suma,
em seu rosto estava escrito com letras do antigo alfabeto
    "Louvores a Ali".[205]

O presidente do partido era um comerciante de grãos.
Amargo como a brancura de uma mortalha,
usurário como uma faca cega
e um muçulmano devoto: reza cinco vezes ao dia.

---

[205] "Louvores a Ali": no original, *Ya Ali* (Ó Ali); alusão a Alī ibn Abī Ṭālib, primo e genro do profeta Maomé.

Sua mulher nunca ia a eventos onde houvesse homens;
ela ficava doente um dia antes.
O presidente do partido é apaixonado pela esposa:
uma mulher que não envelhece,
    rechonchuda como um pão,
         branca
           e macia
    como a carne de um robalo.
Às vezes, o presidente sentia uma alegria amorosa tão grande
    que chorava aos prantos
      ajoelhado aos pés da mulher.
Não que ele deixasse de cheirar outras rosas.
Mas somente uma vez por ano,
    quando ia a Istambul.
O presidente se curvava para falar ao ouvido do prefeito
com a voz fina de um pré-adolescente
    recitador do Alcorão
      e que não combinava nada com seu imponente nariz.

O prefeito: moreno,
    grisalho,
      calvo,
    baixo e magro.
O prefeito ouvia o presidente
    com toda a atenção.
Ele ouve todo mundo desse jeito.
Costumava puxar o saco de todo mundo:[206]
se todos dizem que é bom, é bom,
    se dizem que é ruim, é ruim.

---

[206] "Puxar o saco de todo mundo": no original, *tereyağından kılı çekmeyi*, literalmente, "tirar o cabelo da manteiga".

O prefeito era um major aposentado.
Ele comandou uma divisão por aqui durante a Grande Guerra.
Por despachar o povo local para unidades próximas
        ganhou a simpatia da cidade.

Seu único pavor
    — a besta dos seus pesadelos,
um bode de barba vermelha e pontuda,
que pula de telhado em telhado —
        era ser expulso do cargo.

O filho do prefeito era um desvairado.
Ficara noivo de todas as garotas da cidade.
Cabelos longos e dourados,
olhos azuis claros, arregalados de curiosidade,
        o garoto parecia o profeta Jesus.[207]

O prefeito adoeceu um ano atrás.
Queimando de febre,
só pele e osso,
    ficou cara a cara
        com a morte.
E o filho desvairado e sua mãe
    dividiram os cobres e os *kilims*,
    discutindo ao lado do leito do doente.

O prefeito melhorou,
expulsou o filho de casa,
espancou a mulher com um chicote

---

[207] "O garoto parecia o profeta Jesus": no original, *Hazreti İsa gibi bit delikanlı*. A palavra *Hazret* é um honorífico que precede prenomes históricos islâmicos (que às vezes coincidem com bíblicos) e significa, literalmente, "excelência". Preferimos traduzir por "profeta", como Jesus é considerado pelos muçulmanos, por ser uma colocação aceitável em português.

e alimentou sete pobres por três dias
com dinheiro do próprio bolso.

O prefeito sentia orgulho de uma coisa na vida
— como se tivesse criado duas lindas crianças
de sobrancelhas torneadas e olhos verdes:
o prédio da prefeitura e o banheiro público.
E o prefeito tinha apenas um inimigo:
o juiz criminal de primeira instância Rauf Bey.
E o juiz criminal Rauf Bey
era inimigo da cidade.
Não somente aqui e agora,
mas em toda parte, sempre.
Qualquer um que chegasse da prefeitura com algum delito
era inocentado;
ou então o julgamento era postergado.
De todo modo, Rauf Bey raramente condenava alguém.
Sua vida era uma terrível briga com os artigos da lei.
Se enfurecia com os advogados
e ia atrás dos direitos dos réus.
Suas convicções pessoais estavam acima de tudo.

İbrahim, o Urso, e Rauf Bey
estavam sentados à mesma mesa
com suas famílias.

İbrahim contava novamente da Batalha de Sarıkamış.[208]
E o juiz cochilava
no cansaço de seus sessenta anos
e de sua jovem esposa.

---

[208] "Batalha de Sarıkamış": guerra travada entre a Rússia e o Império Otomano, de dezembro de 1914 a janeiro de 1915, resultando na vitória da Rússia.

A esposa de Rauf Bey era professora.
Eles tinham dois filhos.
Do primeiro marido da mulher.
Mas Rauf Bey amava tanto seus enteados
que ali ninguém sabia que eles eram do casamento anterior,
  e até as crianças já tinham esquecido.

A banda de *jazz* estava tocando o tango "O Passado",
   uma antiga produção nacional.[209]

É a vida...
Sua esposa é jovem, Rauf Bey.
  Não basta amar os filhos dela.
Sua esposa quer dançar, Rauf Bey,
    não durma...

Quando İbrahim, o Urso, já estava no pico mais nevado de Sarıkamış,
o juiz de repente acordou com uma sacudidela brusca
  e convidou sua mulher para dançar,
  apertando-a contra o peito empertigado,
  como que resignado com seu destino.
Com seu cheiro quente e fresco,
com seu cabelo branco e ralo bem penteado
   e de barba feita,
e sem se deixar levar pelas ondas do acordeão,
ele vagueava
  orgulhoso,
    trêmulo,
arrastando um pouco sua perna meio-paralisada.
Estava intrépido como uma rebelião,
    triste como a justiça.

---

[209] "O Passado": tango turco composto em 1928, cujo título completo é *Mazi Kalbimde bir Yaradır*, ou seja, "O passado é uma ferida no meu coração".

İbrahim, que deixou a história de Sarıkamış pela metade,
　　　　　serviu como oficial de reserva na Grande Guerra.
Foi ferido em Sarıkamış.
Lutou na Guerra de Independência do começo ao fim.
Devia ter uns cinquenta anos.
Era membro do partido e no momento atuava na prefeitura.
Seu corpo enorme mal cabia no escritório minúsculo —
　　　　　trabalhava fazendo petições.

Sua esposa era uma mulher minúscula, morena e magrela.
İbrahim, o Urso,
admirava muito a inteligência de sua mulher Hatça.
Na loja, no escritório, no café, em toda parte, era sempre:
"A nossa Hatça é assim,
　　　　　a nossa Hatça é assado,
a nossa Hatça disse,
　　　　　vamos perguntar à nossa Hatça.
Hatça, Hatça, Hatça..."

E ele odiava a injustiça.
A injustiça,
　　　para İbrahim, era tão odiosa quanto dor de dente.
Quando um cidadão sofria uma injustiça,
　　　　　o dente de İbrahim doía.
Ele chamava imediatamente o cidadão ao seu escritório
e, dispensando as formalidades,
　　　escrevia petições cáusticas
　　　　　com frases vulcânicas e adjetivos persas.
İbrahim era um tanto avaro.
Mas quando se tratava de injustiças,
ele não tinha dó de gastar
e mandava, do seu próprio bolso,
　　　uma enxurrada de telegramas-relâmpago a Ancara.

Numa manhã, dois anos atrás,
      ele pendurou um aviso no seu escritório que dizia assim:
"Estimados munícipes,
a mão que empunha a caneta empunha um relâmpago de flagelo
para amaldiçoar a injustiça. Portanto não passe por este lugar,
mas anote no seu caderno, pois um dia lhe será útil:
queixas do Diretor Fiscal estão isentas
de taxas de petição e de carimbo."

A cidade e o partido, na pessoa do presidente do partido,
                agiram de imediato:
queriam um atestado de insanidade para İbrahim.
Mas o comandante da guarnição
      lembrou que İbrahim havia servido como oficial
                — ainda que de reserva —
      e que lhe havia calçado as botas.
No dia seguinte, o Diretor Fiscal renunciou.
E o aviso foi retirado.

Assim como todos os tangos nacionais de uma determinada época,
      o tango "O Passado" termina com um *tcha-ram* obrigatório.
E quando o juiz criminal Rauf Bey voltava para o lugar
                ele avistou os três irmãos.

Três irmãos, três irmãos:
Hayrettin, Seyfi e Sefer.
Eles também vieram ao casamento,
e se sentaram enfileirados
      como frascos de remédio fechados.

O menor deles era uma cabeça feita só de olhos
e garras;
o mestre dos três irmãos,
Hayrettin era o menor dos três.

Seu escritório ficava em Tuzpınarı: sacas e latas vazias
e cheiro de cevada podre.
Enquanto os outros, Seyfi e Sefer,
                vagueavam pelos vilarejos,
Hayrettin ficava sentado em sua loja diante do livro-caixa,
e esperava
com a solidão melancólica de uma aranha-caçadora.

Güllü Hanım, Güllü Hanım.[210]
Recatada feito um ramo de salgueiro
        a senhora da cintura finíssima,
        a senhora das mãos branquíssimas.

Güllü Hanım, esposa de Hayrettin,
vivias com fé
— então por que, de súbito,
numa madrugada,
        deste um tiro em tua sogra?
Ela, que te amava acima de todos os outros,
e que não faria mal nem mesmo a uma formiga,
a ovelha branca
    que pariu
        três serpentes,
desabou sobre teus chinelos vermelhos.

Teu marido está te espancando de novo.
Sempre a mesma razão:
estavas com ciúmes de Hayrettin;
        sem palavras ou gestos,
        estavas com ciúmes de Hayrettin.
O homem cuja cabeça é feita só de olhos
        preferiu
        İhsan, o filho de Saraç, a ti.

---

[210] *Güllü*: prenome feminino que significa "aquela que parece uma rosa".

Teu marido estava te espancando de novo.
O revólver jazia na gaveta da cômoda de espelho
entre roupas que cheiravam a cabelo e água de riacho.
Estendeste teu braço branco como uma medula óssea,
dentro de tua cabeça recatada, uma escuridão vermelha,
o que havia se acumulado
e se acumulado,
se lançou,
a semente se partiu,
enquanto os chutes acertavam tuas nádegas nuas,
                    o estouro da arma.
E a mãe de Hayrettin,
que veio te salvar mais uma vez,
desabou sobre teus chinelos vermelhos.

A mulher sobreviveu.
E Güllü Hanım foi absolvida
           pelo juiz criminal de primeira instância Rauf Bey.

Final da história:
Güllü Hanım vendeu seus ouros
           e comprou o filho de Saraç.
Talvez ela tenha ido para a cama com ele, talvez não.
E desapareceu seis meses atrás.
Foi vista em Ancara no bordel da Şehnaz...

A banda da cidade começou a tocar o Hino de İzmir.
Refik Başaran correu para silenciar a banda:
o governador estava a ponto de iniciar um discurso.
"Meus caros convidados", começou o discurso,
e, enquanto continuava,
sob a luz do lustre decorado com papéis coloridos
e pontuado pelo tinido de talheres
                e pelas tentativas de suprimi-lo...

VI

... lá fora,
na rua de baixo,
dois homens passavam em frente ao Centro Comunitário.
Um deles era alto e gordo,
                    o outro, baixinho.
Suas sombras incidiam no asfalto sob o luar.
Além deles não havia uma alma viva nos arredores.
Caminhavam, lentos e cerimoniosos.
Conversavam aos sussurros
      como se estivessem acompanhando um funeral...
O alto e gordo, Şevki Bey, disse:
"Eu vou te consolar;
isso é uma coisa boa.
Infelizmente eu também preciso de consolo.
Estamos numa situação tão deprimente,
                 pessoal, familiar, nacional e internacional.
Acima de tudo a velhice
(Şevki Bey se aproximava dos sessenta),
acima de tudo a velhice,
a última estação da viagem.
E finalmente
cair no inferno antes de ter forças para dizer
'a pátria está cabisbaixa, eu estou cabisbaixo.'
Não me entenda errado, filho.
Não estou apreensivo nem desesperado.
Eu enxergo os fatos
       como um muçulmano
          — ou melhor, completamente,
            como um homem
               que sonha acordado —

e com uma paciência que apenas um coração enorme pode suportar,
vejo inúmeras aventuras que estão por vir."

Şevki Bey tinha olhos redondinhos, pretos e brilhantes
sob sobrancelhas longas, duras, peludas e grossas.
As bochechas eram bem rosadas.
Sessenta anos não fizeram nem cócegas
        no seu corpo de lutador de Deliorman.[211]

Şevki Bey continuou:
"Estou falando bobagem?
Não, meu filho,
estou apenas impaciente
    de ver as coisas antes de acontecerem,
        de ter previsto anos atrás o que está acontecendo agora,
        de já ver o que vai acontecer amanhã
        e de estar obrigado a observar as aventuras
                pacientemente.
Bom, é só isso.
Pois a velhice é acidental
    e o seu fim é a juventude.
Pode alguém que vê e sabe que a vida e todas as coisas
se renovam e se aperfeiçoam
           cair em desespero?
Contudo, a lerdeza e a preguiça dessa evolução
        me dão uma tristeza vã.
Saber que uma montanha sofrerá erosão daqui a milhões de anos
e que tudo
— desde o mais minúsculo dos animais até nós —

---

[211] *Deliorman*: literalmente "(região) das florestas selvagens, primevas". Região atualmente localizada no nordeste da Bulgária (cujo nome búlgaro é Ludogorie) e também no sul da Romênia, foi predominantemente habitada por turcos até o século XIX, quando a colonização búlgara começou a se fazer gradativamente presente. Todavia, ainda nos dias atuais há turcos habitando aí. Duas características marcam os habitantes dessa região: o porte atlético dos turcos locais e as disputas de lutadores.

vai sofrer milhões de transformações
para atingir a perfeição,
saber tudo isso
e então ficar triste por coisas materiais e sua contabilidade
ou querer contornar leis imutáveis para nosso conforto —
por quê?
eu não sei...”

O homenzinho a quem Şevki Bey se dirigia
ouvia-o como a vozes vindo de longe.
Árvores esparsas, débeis e ressecadas
ladeavam o asfalto a caminho da estação,
distantes umas das outras e sem nenhum verde
tal como homens desesperançados.
Şevki Bey e o homenzinho
viraram à esquerda
e entraram num terreno baldio.
Assim como todos os terrenos baldios das cidades do meu país
— talvez nas cidades de outros países seja a mesma coisa —
este, sob o luar, provocava a mesma aversão,
talvez o mesmo pavor melancólico
que um cadáver.
Şevki Bey parou no meio do terreno.
Seu corpo gigantesco parecendo duas vezes maior
se sentia aliviado, como se este lugar ermo o tivesse livrado da opressão,
e jogou o braço direito para a frente.
“Adiante, meu filho”, disse, quase gritando,
“adiante.
Aprenda tudo, leia muito.
Aprenda também a lógica dos que não aprendem.
Há uma frase no Alcorão:
‘Cada qual age a seu modo.’[212]

---

[212] “Cada qual age a seu modo”: referência à surata 17 *al-Isrā'*, verso 84 do Alcorão:

Todos agem conforme seu grau.
Tenha domínio sobre a sua mente
        e livre-se do sofrimento."

Anos atrás,
durante a primeira Assembleia Nacional,
Şevki Bey se levantou também com seu corpo gigantesco
        e também jogou o braço direito para frente
                e ao fim de cada discurso
                em vez de um versículo do Alcorão
                        proferiu o seguinte dístico:
                "Em nome da humanidade, em nome da fé e da consciência,
                em nome do sangue jorrado pelo direito à liberdade..."
Ele estava na oposição, não afiliado.
Sua coragem surpreendeu até mesmo Osman, o Coxo.[213]
Não o deixaram concorrer às segundas eleições.
Ele lutou
e acabou no tribunal da Independência,
saiu da prisão
e fugiu para Alepo, para continuar sua luta do exílio;
talvez sua coragem já não surpreendesse mais Osman, o Coxo,
talvez sua fuga tivesse laivos de chantagem.

Em Alepo, a família inteira passou fome.
E Şevki Bey —
        o cadáver de um herói mal compreendido em seu coração,
        o consolo de que até mesmo seu cadáver seria temido,
        e um Alcorão protestante debaixo do braço
                        — voltou de Alepo para sua terra.

[qul] kullun ya^cmalu ^calā šākilatihi. "A seu modo" pode ser interpretado como "de acordo com sua religião".

[213] "Osman, o Coxo": trata-se de Topal Osman (1883-1923), cabeça das forças de segurança de Atatürk. Por ter mandado matar um representante contrário a Atatürk, Ali Şükrü Bey de Trabzon em 1923, foi morto em retaliação logo depois.

Şevki Bey
reinava em sua casa feito os califas de Bagdá dos contos:
com uma incrível compaixão apenas por si mesmo,
uma justiça cruel,
uma avareza desarrazoada e
generosidade...
E agora Şevki Bey pegou gosto por ervas medicinais:
colhia ervas e flores nos campos.
Ele entendia o segredo delas por meio de um livro manuscrito em árabe
e as nomeava com o auxílio de um dicionário de francês.
Şevki Bey sustentava a família com sua aposentadoria
e o salário semanal de seus filhos, ajudantes de alfaiate.

Şevki Bey e o homenzinho
saíram do terreno baldio para uma rua iluminada.
À direita, uma casa branca,
à esquerda, uma penitenciária.
E adiante, o paiol no jardim do centro de alistamento.

Triste e cheio de raiva
Şevki Bey falou:
"Enquanto chovem pedras do céu
terremotos assolam cidades prósperas
e enchentes submergem prados,
arrastam pessoas para o mar aberto e as moem nas pedras,
e vulcões cospem lava de cobre e ferro,
quando a condição humana presente, não vindoura, entra em questão,
como é triste, meu filho,
que o sábio berre ao explicar as razões científicas,
dos acontecimentos:
'*Je sais tout!*'.
Não se ofenda com a palavra 'berrar';
é a palavra mais apropriada para essa situação.
Quando parar de chover pedras, ferro e cobre,
e as inundações secarem,

com os corpos das pessoas afogadas arrastadas para o mar
e com a lama acumulada,
então, se sobrar alguém na face da terra,
e se esse único sobrevivente tiver forças para ouvir,
então
o sábio pode expressar suas explanações com confiança.
Hoje, no entanto,
as palavras nossas, vossas, ou de qualquer um que diga 'eu sei'
estão longe de encontrar alguém que as ouça,
muito,
mas muito longe, meu filho.
O discernimento e a sagacidade que a época presente exige
é saber observar os acontecimentos com tranquilidade."

O homenzinho
— o filho de Şevki Bey, o alfaiate Emin,
um jovem moreno, de nariz comprido —
parecia já não ouvir o pai.
Ele tinha os olhos azuis de seu rosto moreno
cravados nos muros da prisão.
Parecia distraído,
afetuoso,
expectante.
Há dois dias tinha escrito uma carta para Halil,
que estava lá dentro.
E não escondeu isso de Şevki Bey.
Şevki Bey,
surpreso por descobrir um lado de seu filho que não conhecia,
não disse nada.
Ele não foi colher ervas.
Pensou por dois dias
e finalmente
decidiu fazer um passeio noturno como esse.

Agora, diante da penitenciária,
    proferia suas palavras mais terríveis:
"Não olhe para aqueles muros, meu filho.
Eu também cumpri pena dentro deles.
Eu também me sacrifiquei para o bem comum,
mas minha mulher e meus filhos foram os primeiros a sofrer.
A sua mãe partiu antes do tempo,
sua irmã ficou em casa, solteira,
e você passou a ser aprendiz de alfaiate.
Se quer mudar o mundo,
    comece pela sua casa.
E saiba disso, meu filho,
excetuando a Essência Divina,
nenhuma doutrina,
    nenhuma crença
        ou qualquer um de seus devotos
pode se aproximar de nós
        ou fazer amizade.
Se a força que controla o céu e a terra
        quisesse a felicidade do ser humano
            faria isso imediatamente.
Isso significa que Ele não quer.
Como?
Fanatismo pensar assim, não?
Porém, meu filho,
é uma verdade irrefutável.
É o caso, conforme a ciência, a lógica e os fatos.
Examine a si mesmo e os seus atos de maneira justa;
olhe ao seu redor:
as mesmas mentiras,
        as mesmas selvagerias, a mesma hipocrisia
tragam a humanidade com uma persistência implacável,
    uma insistência inabalável.
No dia em que você entender isso
vai, como Montesquieu, formar seus princípios

e dizer: 'Toda nação tem o que merece'.
As pessoas não precisam da sua direção.
Se Deus assim quisesse, faria isso.
Então Deus não quer e as pessoas tampouco.
Para que retaliar obstinação com obstinação?
Sê paciente, que a tua paciência será levada em conta por Deus.[214]
Essas palavras me salvaram da loucura.
Dizer que Deus quer assim e se render a isso —
                como isso é bom."

De repente Şevki Bey ficou em silêncio.
Fosse qual fosse a razão, parecia envergonhado de si mesmo.
Sabia que tinha dito essas palavras em vão,
                o que o deixou muito irritado.
Sentiu vontade de bater no filho até ele desmaiar,
                        como fazia até cinco anos atrás.
Repentinamente triste,
        falou de novo, como que para se desculpar:
"Olhe para as nações que perderam o equilíbrio, meu filho,
e para as pessoas que se opõem aos que lucram com essa desordem,
                        mesmo as pessoas mais eminentes
                        (ele também se incluía entre elas)
                        sempre foram e sempre serão derrotadas.
Nunca interfira no trabalho ou nos lucros de ninguém
nem fale sobre isso sequer consigo mesmo.
Não pense em nada senão no seu próprio trabalho e no seu próprio lucro.
Bem, é isso."

De novo ficou em silêncio
e acrescentou, como que chorando:
"Espero que tudo acabe bem..."

---

[214] "Sê paciente, que a tua paciência será levada em conta por Deus": citação do iní-
cio do versículo 127 da surata *An-naĥl* do Alcorão.

Viraram para a rua,
deixando para trás a casa branca,
        o paiol
           e a penitenciária...

Escrevendo para sua esposa Ayşe,
no segundo andar da prisão,
diante da janela, Halil
          deixou sua carta pela metade,
e lia — talvez pela quinta vez — a carta que chegara de sua esposa
                  naquela mesma manhã.
E se sentia feliz como o frescor da água corrente.
Ayşe havia escrito o seguinte:
"Estou deitada sobre a almofada em frente à janela,
com uma coberta sobre meus joelhos.
Está quentinho.
Vejo campos,
       campos magníficos,
          e o monte Çamlıca.
O ar está muito calmo.
Os sons fazem um eco tremendo.
Estão arando um campo bem ao lado do nosso jardim:
dois bois,
um homem puxando pela frente,
outro homem direcionando o arado por trás.
A terra incha,
cheia de vida sob a mão humana.
Eu olho, admirada.
Que trabalho imenso,
        que difícil!
E como eles podem fazer isso de forma tão fácil,
        tão simples?!
Desde a manhã eles recuperaram um enorme pedaço de terra.
Vamos ver o que vão semear.

Eu te escrevo para contar.
Já está anoitecendo.
'Os corvos estão voltando da escola'.
Costumavam dizer isso durante minha infância.
A sua filha Leilá também fala assim.
Escureceu lá fora.
Acendo a luz
e olho no espelho.
A mulher de um preso sempre se olha no espelho,
                    a toda hora.
Sente essa necessidade mais do que qualquer outra mulher:
                    tem medo de envelhecer.
Quer que o homem que ama ainda goste dela quando sair,
mesmo que seja
            trinta anos depois.
A mulher no espelho ainda não está velha:
tem cabelo ruivo
            e olhos,
                às vezes verdes,
                    às vezes cor de mel."

Halil dobrou a carta de Ayşe
            e colocou-a no bolso.
E retomou a carta que tinha deixado pela metade:
"Meu único amor,
é claro que seu cabelo é ruivo,
e seus olhos
são às vezes verdes,
                às vezes cor de mel.
Então você conseguiu ver isso?
Qualquer um pode ver isso.
Mas eu fui o primeiro
            a ver suas cores,
                eu fui o primeiro a escrevê-las.

Essas palavras
são tudo o que escrevi e que nunca se disse antes
neste mundo.

Você sabe,
que eu dei a minha vida
   para o que é mais bonito,
     mais sensato,
      mais necessário.

Mas foram muitos
 — talvez mais do que se possa contar —
   os que fizeram a mesma coisa
    e talvez com determinação
     maior do que a minha.

Mas é claro que seu cabelo é ruivo,
e seus olhos
são às vezes verdes,
   às vezes cor de mel.
E há outra coisa que talvez você não tenha percebido:
as suas mãos são espetaculares.

Você sabe:
as pessoas carregam um carimbo de sua classe
   na palma das mãos.
Os fatos dessa questão —
o papel da mão humana, digamos, no desenvolvimento social —
     foram descobertos antes de mim.
Mas fui eu que vi
a beleza de suas mãos,
   eu fui o primeiro a escrevê-la.

Mas é claro que seu cabelo é ruivo,
e seus olhos

são às vezes verdes,
                às vezes cor de mel.
E suas mãos,
     você deveria saber,
          são espetaculares.

Meu único amor,
neste ano de 1941
     não vamos falar de nós dois.
Existe o mundo,
     nosso país,
          a fome, a morte,
               a saudade,
                    a esperança e a vitória
e, neste momento, parte do mundo e junto dele
          e de nosso país
               existimos nós dois, com nossa distância e nosso amor.

Meu único amor,
primeiro vieram os sons dos carros de bois
                    e depois, os próprios;
eram três, um atrás do outro,
um deles carregava uvas.
Desapareceram.
Na estrada, muito tempo depois,
               seus ruídos permanecem.

Passam os funcionários do trem.
Só eles falam tão alto assim.

A estrada está iluminada.
Uma canção toca no rádio:
'Ninguém vem, não há notícias,
          os dias são longos,
               as estradas, longas...'

Por quê?
Mas eu,
mas nós,
sabemos
que provavelmente,
   e muito em breve,
      receberemos notícias..."

SEGUNDA PARTE

I

O médico judicial achou melhor
   que Halil fosse enviado ao hospital por causa de seus olhos.
O clínico geral e o cirurgião no hospital do distrito era Faik Bey
      (antigamente era médico no Departamento de Polícia).
Havia outros dois prisioneiros na ala
   e três guardas.

O hospital ficava num campo aberto, fora da cidade.
No entorno, nenhuma planta crescia mais que um palmo,
   salvo uma pereira selvagem.
Ao longe, uns verdores altos desapareciam
   atrás de uma montanha
   — uma montanha estranha —,
   eles não a escalavam,
      mas circundavam.

O prédio era térreo, de concreto, quadrado.

E como todos os prédios de concreto de uma certa época,
as paredes estavam rachadas
e havia manchas de umidade.

Largos degraus de pedra conduziam à porta principal.

A respeito deles, Faik Bey havia dito a Halil o seguinte:

"Que bom que esses degraus são largos e confortáveis.

Para os nossos camponeses, o hospital é também o governo
e, à porta do governo, eles têm de se agachar junto à parede,
mas aqui pelo menos eles podem sentar nos degraus de pedra."

Era o quarto dia de Halil no hospital.

Ele e o doutor Faik Bey se sentavam em cadeiras
lado a lado
no patamar da escada.

O sol se pôs e tudo ficou vermelho.

Adiante, na planície, estava Memet Dümelli,
um lado da sua boca
— exatamente a partir do meio —
era desdentado.
E seus olhos turvos eram azuis, úmidos.

Lá de dentro vinha o zunido da autoclave:
a esposa de Dümelli ia ser operada.

O doutor e Dümelli conversavam:

"O intestino dela deu um nó.
Vamos ter que abrir a barriga."

"Ela vai morrer?"

"Se não abrirmos a barriga dela, certamente morrerá.

Mas se abrirmos a barriga, talvez ela se cure."

"Ela tem dois bebês."

"Vamos ter que abrir a barriga."

"Ela vai se curar?"

"Se abrirmos a barriga, talvez se cure."

"Ela tem dois bebês.

Deixamos eles com o vizinho e viemos.
Se ela morrer..."
"Se não abrirmos a barriga, certamente ela morrerá."
"À noite, no pátio de debulha, sabe,
a gente não tinha coberta nem nada.
E os bebês estavam lá também.
Lá no pátio, sabe,
ela gritou 'Ai, minha mãe!'
    e apertou a barriga
     se contorcendo de dor.
Ela vai morrer?
Se o senhor desse um remédio..."
"Remédio não vai adiantar.
Vamos ter de abrir a barriga dela."
"O senhor é quem sabe.
À noite, no pátio, a gente estava sem roupa, sabe.
E se o senhor desse uma pílula amarela para ela?"
"Não há outra solução a não ser abrir a barriga."
"Ela vai se curar?"
"Se não abrirmos a barriga, certamente ela morrerá."
"Deixamos os bebês com o vizinho e viemos.
O pátio está do jeito que a gente deixou."
"Meu pai, meu irmão,
o intestino dela deu um nó!"
"Mas ele não pode se desembaraçar?"
"Não sozinho.
Eu vou abrir a barriga dela
e desembaraçar o intestino."
"Com as mãos?"
"Sim, com minhas mãos.
Está ouvindo esse barulho?
Estão fervendo os instrumentos.
Estão limpinhos, brilhando."
"Mas ela vai se curar?"
"Se não abrirmos a barriga, certamente ela morrerá."

"Talvez uma pílula amarela?"

"Não dá.

Se você quiser, leve a paciente de volta.

Sem a sua permissão

    não podemos abrir a barriga dela.

Você dá a permissão,

    e eu uso a faca.

É assim que diz a lei.

Você terá que assinar um papel."

"Que papel?"

"Dizendo que você está de acordo.

Vá dar uma volta

e pense um pouco."

"Ela vai morrer?"

"Precisamos abrir a barriga.

Mas ela é propriedade sua.

É o que diz a lei."

"Mas ela vai se curar?"

"Se abrirmos a barriga, talvez ela se cure.

Mas se não abrirmos a barriga dela, certamente morrerá.

Sente debaixo dessa pereira

e pense.

Aí você pode vir e pôr seu carimbo no papel."

"Mas eu não tenho carimbo."

"Então pode pressionar seu polegar."

Dümelli se afastou.

O doutor Faik Bey perguntou a Halil:

"Você notou a boca de Dümelli?

Típico caso de piorreia.

À direita, os dentes estão bons, brancos;

o lado esquerdo caiu por inteiro,

como se ele não tivesse metade da boca."

"Ele tem olhos azuis."

"Sim, e barba vermelha.

Veja, Halil Bey, veja
    como está agachado.
Um chacal velho e miserável.
E é como se estivesse com medo
    de encostar na árvore.
Certeza que ele veio do interior
       da estepe.
A estepe deixa sua marca na pessoa.
Ele não gosta mesmo de mim.
Sou seu inimigo.
E ele está desanimado.
Eu sou o efêndi neste grande prédio.
A pessoa que o prejudica por despeito
    em vez de lhe dar uma pílula amarela.
O escrivão e eu
     somos um.
Ele vai pressionar o polegar,
não porque acredita nisso,
    mas porque eu mandei fazê-lo.
E agora não está pensando em nada,
      exceto, talvez, na colheita.
Ele fez o que podia,
    se sua mulher morrer, a culpa é minha.
Eu,
eu, o efêndi deste grande prédio.
Ele não gosta de mim;
     sou seu inimigo.
Você já viu a mulher dele?
Ela é como um pedaço,
     um punhado de terra.
Não pela doença
    — foi sempre assim.
Então ela engravida
    e já tem dois bebês.

Isso significa que ela ainda pode esquentar água
                              e ainda pode ir para a cama.
Eu vi a identidade dela:
         1321.[215]
Ela pode ter um ano,
      mil anos de idade,
            mas não viveu.
Por exemplo:
sei lá,
      ela não faz ideia do que é o mar.
Por exemplo:
ela nunca ouviu falar de *imambayıldı*.[216]
E toda vez
olha com admiração
      para o seu marido ajustando o relógio,
            se é que tem um.
E por exemplo:
      ela jamais sequer cogitou
            que alguém possa
                  dormir após o amanhecer.
Não olhe para mim com tanto afeto.
Eu não vou apodrecer na prisão!
É bem sabido que
      o homem só vive uma vez.
E que a morte
            não une as pessoas,
                  mas as separa.
Depois que eu morrer, ela viverá.
      Ela morrendo,
            vou continuar a viver.

---

[215] 1321: ano do calendário islâmico correspondente a 1903.

[216] *Imambayıldı*: trata-se de um prato turco de berinjela recheada (literalmente, significa "o imã desmaiou").

Há igualdade para viver
bem e com conforto?
Pode ser.
Mas viver, hoje, é como uma loteria:
       eu ganho,
          ela perde.
Fazer o quê?
Mas eu sei que,
fora de mim,
independentemente de mim,
     a vida com seu monte de pessoas
          avança e se transforma.
Eu sei.
Mas por ora,
     estou satisfeito com meu bilhete.
Caí no seu conceito.
Você não pode me perdoar.
E eu não quero isso.
Você também não gosta de mim,
       assim como aquele que está agachado
         sob a pereira selvagem...”
Halil ia responder
     quando chegou a enfermeira-chefe, com uma comoção recatada.
Usava sua boina com o crescente vermelho como uma coroa nupcial.
“Estamos prontos, doutor”, disse.

Deixaram Halil sozinho.
Mas não por muito tempo.
As pessoas ocupavam as escadas, uma ou duas por vez.
Na planície, o crepúsculo era multicolorido.
O secretário do hospital (um homem interessado em fotos e livros,
com seus quarenta anos de idade) sentou na cadeira
       que o doutor desocupou
e apontou a montanha à distância:

"Nas manhãs", disse ele,
       "assim como a esta hora
ao anoitecer
a montanha ganha uma coloração roxeada.
É uma montanha esquisita.
A área é vulcânica.
Talvez por influência de alguns minérios.
Tem um raio misterioso,
          certeza que tem algo lá.
Nos vilarejos ao redor
      as árvores são grossas,
         os animais são altos
            e as crianças, lindas.
Depois as crianças se estragam.
Gostaria de lhes mostrar essa montanha,
essa terra rachada
e esse país de seixos.
A própria cidade está bem verde.
Aqui estamos nos limites da estepe.
Atrás de nós,
    já entrando no interior,
       Hüseyinli, Çukurören,
         Karapazar, o centro da região,
dezesseis horas sem avistar uma única árvore,
na densa escuridão.
Já estive no deserto.
O deserto é outra coisa.
Você vai achar isso estranho,
mas a sua solidão é como uma floresta escura.
Nos romances de Jules Verne
       existem as florestas da América do Sul.
Você lembra?
Continuamente a escuridão
      se ergue do solo
        devagar

para as copas de árvores com nomes medonhos.
E por semanas os náufragos caminham nessa escuridão vegetal.
É exatamente a mesma coisa:
       a estepe sem árvores é igualzinha."

A enfermeira İsmet Hanım apareceu.
Era istambulita.
Halil perguntou a İsmet Hanım:
"A cirurgia já começou?"
"Começou."
"Ela apagou fácil?"
"Muito fácil."

Todo o distrito de Aksaray estava escrito
      nas sobrancelhas grossas e arqueadas de İsmet Hanım.
Ela tocou no ombro de Hüseyin como se batesse numa porta:
"Você está fumando de novo, querido."
Hüseyin era de um vilarejo distante do interior.
Estava internado por dois meses.
Pela medicina, já devia ter morrido faz tempo.
Mas ele enganava a morte com seu peito estreito e comprido
    e a obstinação sagaz de um camponês.
"Acendi um", disse ele.
"Se você fizer isso mais uma vez, Hüseyin, vai sangrar de novo."
"İsmet Hanım, a culpa é do tabaco?
      O doutor também fuma..."
"Mas você está doente, querido."
"Está bem,
    só vou fumar esse e depois nunca mais fumo."
"Você vai fumar, sim.
E eu já não lhe disse para não sentar na pedra?"
"Estou sentado na escada."
"A escada é de pedra."
"Certo,
    não sento mais."

"Você vai sentar — não adianta."
Hüseyin continuava sentado na escada
e İsmet Hanım apontou para frente:
"Halil, olhe para aquela nuvem em cima do castelo —
                    é um barco a vela.
E como ele oscila
lentamente!
Ah, minha querida Istambul!
Você não sente vontade de vê-la, Halil Bey?"
"Claro, de vez em quando."
Emin Efêndi interrompeu:
"O cigano İsmail trouxe uma cesta de abelhas de Istambul,
uma cesta moderna,
        mas as abelhas não ficaram lá dentro,
                        fugiram."

Emin Efêndi era um pequeno funcionário público.
Mas ele devia ter alguma doença
grande e desconhecida.
Hüseyin perguntou a Halil:
"Ouvi dizer que aviões jogam homens do céu,
                        é verdade, Bey?"
"É verdade."
İsmet Hanım suspirou:
"Ai, meu Deus,
        espero que não entremos na guerra."
Hüseyin murmurou consigo:
"Não dá para entender,
            jogam do céu..."
Emin Efêndi interrompeu Hüseyin:
"É como minhas abelhas.
Elas fazem uma jornada de uma hora atrás de uma flor.
As mães separadas dos filhos.
Se durante o caminho chover,
        elas se escondem no galho de um carvalho."

O secretário do hospital, primeiro por curiosidade,
                     depois com ar zombeteiro, perguntou:
"E se não tiver um carvalho, Emin Efêndi?"
"Elas acham um álamo."
"E se tampouco acharem um álamo, Emin Efêndi?"
"Aí em qualquer árvore."
"E se não tiver nenhuma árvore?"
Emin Efêndi, com seus olhos redondos de criança, fitou o secretário:
"Como é que isso pode acontecer?"
Hüseyin concordou com o secretário:
"O secretário efêndi tem razão.
             Por que não?
Lá nas bandas de onde a gente vem não tem árvore;
quando chove, as abelhas
                mergulham nos galhos de alcaçuz."
Halil perguntou a Emin Efêndi:
"Você nunca saiu da cidade?"
"Saí, sim,
      e fui até os pomares.
Eu sou solteiro.
Minha mãe morreu faz um ano.
Minhas abelhas passeiam por mim."
"Exército?"
"Dispensado."
"E não viaja
              para ver um pouco do mundo?"
Emin Efêndi estendeu os beiços grossos
debaixo de seu bigode peludo como se fosse cuspir:
"Viajar para quê?
O que há para ver?
O homem precisa de água, pão,
           e de uma cama.
           E se ele tiver umas abelhas..."
Hüseyin
interrompeu Emin Efêndi com uma voz rouca,

seu peito estreito e comprido chiando:

"Eu queria viajar, Bey", disse a Halil.

"Na nossa terra não tem nada além de cascalho.

Nem montanha, nem árvore.

Das vinte casas, dezoito têm pessoas, nada mais.

É a inteligência que nos guia em tudo.

Se eu tivesse inteligência!

Sou meeiro há oito anos

     e ainda não consegui comprar um bode.

Se eu tivesse inteligência..."

"O que você faria?"

"Como assim, o que eu faria?

Eu desistiria da terra e iria para a cidade.

Você sabe melhor do que eu —

são cidades tão grandes

       que se você as percorrer por um mês não vai ver tudo.

Eu planejava ir para Istambul

e ver como são as coisas lá.

Istambul não é o melhor lugar da Turquia, Bey?

Não estava escrito.

Eu tinha essa tristeza dentro de mim.

Essa tristeza vai acabar comigo."

"Não se preocupe, você vai ficar bem."

"Se Deus quiser."

"Cheguei, agás."

Os que estavam sentados na escada

      olharam para o recém-chegado.

Ele balançava para a frente e para trás.

Sua barba devorou seu rosto quase até os olhos,

salvo por um ponto branco de pele abaixo do lábio inferior.

Ele parecia um inseto peludo e desolado.

"Está atrasado, Vasfi", disse İsmet Hanım,

      "o enfermeiro já está na sala de operação."

Emin Efêndi disse com altivez:

"Quantas vezes eu não te disse

que o homem tem que ser pontual como as abelhas?".

Vasfi sentou no degrau inferior da escada:

"Eu espero", disse ele.

İsmet Hanım contorceu as sobrancelhas grossas:[217]

"Você é quem sabe,

    o enfermeiro vai sair cansado da sala;

        e se ele disser que não pode fazer, o problema é seu, querido."

Emin Efêndi concordou com ela:

"É, ele pode não fazer.

    Ele é um empregado,

        um ser humano."

Vasfi resmungou:

"Mas e eu?

    Eu não sou humano?

Só por que gosto de beber e jogar?

A minha ferida pega vermes; ela não aguenta o calor..."

Emin Efêndi deu risada, de repente rico e feliz:

"Você também vai precisar das minhas abelhas.

Se você amassar tabaco com mel

    e colocar na sua ferida..."

İsmet Hanım repreendeu Emin Efêndi:

"Que tipo de conversa é essa, Emin Efêndi?

Só espere pelo enfermeiro, Vasfi."

"Estou esperando.

Faz um ano que estou sofrendo com esta dor.

Tudo por causa desses enfermeiros.

Uma hérnia por acaso não cicatriza em dez dias?

    A minha não.

Virei alcoólatra, comecei a jogar.

Tiraram a minha hérnia em Ancara.

---

[217] "Sobrancelha grossa": traduz a expressão *samur kaşlı*, ou seja, alguém que possui sobrancelhas castanho-claras, macias e grossas, tal como a do animal *samur*, a marta.

Tinha um enfermeiro,
    preto preto
        feito um búfalo-asiático.
O médico me deixou aos cuidados dele depois da operação.
Mas o desgraçado gostava de ferida aberta.
    O cara vivia de feridas abertas.
Não tinha passado duas horas e ele tira as gazes.
Jorrou tanto sangue, irmãos —
    a cama, a coberta, um rio vermelho.
Os pontos estouraram.
Eu gritei e xinguei
    e o cara só dava risada.
'Vou contar para o médico de manhã', falei.
'Difícil você ver o médico de novo',
        você está nas minhas mãos agora',
                ele disse.
'Os pacientes são testemunhas', eu falei.
Nem um pio dos pacientes.
Os pacientes, eu disse.
Os pacientes ficam em silêncio.
Os pacientes dormiram.
E o prédio é tão grande
    que se você disparar uma bola de canhão de um lado,
                não ouviriam do outro.
Eu estava com medo, amigos.
Tremi feito um cão em pleno inverno.
O sem-vergonha atou a ferida e saiu,
        e não parava de dar risada lá fora.
Esperei até ele ir embora.
O dia meio que começou a clarear
e fugi do hospital de cueca.
Minhas roupas ainda estão lá.
Cheguei na hospedagem.
Me levaram ao vilarejo.

Disseram que eu ia ter problemas com a polícia,
        mas ainda bem que ninguém veio atrás de mim.
Mas uma vez que a ferida mudou de ideia,
        ela não cicatrizava mais, dava vermes.
Não podia folgar no vilarejo.
Aí voltei para a cidade;
        essa ferida fez de mim um bebum e um jogador.
Aí virei um bebum e um jogador."

Ficou em silêncio por um tempo.
O secretário do hospital perguntou a Halil:
"Então você está escrevendo um novo livro?"
"Estou trabalhando nisso."
"Posso saber como se chama?"
"*A estratificação social na Anatólia
entre 1908 e 1939*."

İsmet Hanım de repente deu um grito:
"A lua...
Olhem para a lua!
A lua eu avisto,
em Deus acredito."[218]
O secretário zombou dela:
"Que muçulmana exemplar você é, enfermeira."
"Só lembrei da minha infância, querido.
        Dá sorte ver a lua
            antes de anoitecer.
Experimentei isso várias vezes.
(Virando-se para Halil.)
Eu gosto do crepúsculo
        assim longe da cidade,
            no meio do campo.

---

[218] "A lua eu avisto/ em Deus acredito": no original, "*Ayı gördüm Allah/ Amentü billah*", frase dita pelos antigos que, ao avistar a lua cheia, faziam um desejo.

Ah, olhem para os vaga-lumes!
Para onde estão indo, brilhando assim?
Você está tão quieto, Halil Bey."
Halil perguntou, como se estivesse acordando:
"Você acha que ela vai se curar?"
"Quem?"
"A mulher que estão operando."
"O doutor tem mão leve.
Mas, meu Deus!
Como o mundo é lindo!
Lá adiante me lembra Istambul
quando as luzes se acendem
e as casas desaparecem."

Um dos guardas de Halil, o cabo Refik, apareceu.
Ele falava como uma criança trazendo boas-novas:
"Observei o interior pela porta de vidro.
Deitaram a mulher sobre uns lençóis brancos.
Primeiro a gente se assusta,
depois começa a ficar interessado.
(Segurou Halil pelo braço.)
Se você quiser, venha ver também, Bey."
"Não quero, cabo."
"Mas vale a pena."
"Já faz meia hora."
"Mais que isso."

Hüseyin disse:
"Tem alguém no escuro.
Quem está aí?"
"Sou eu, agá efêndi."

İsmet Hanım o reconheceu:
"É o marido da mulher que está sendo operada, querido.
O que você quer?"

"Nada."

"Você ia dizer algo?"

Ele gritou para Memet Dümelli:

"Vem aqui.

A operação ainda não acabou."

"Vai acabar, se Deus quiser, agá efêndi."

O cabo Refik explicou como se estivesse treinando soldados:

"Eu observei, enfermeira,

   as mãos do doutor não eram humanas;

     são asas de um pássaro,

       saracoteando para um lado e para outro.

O cara não faria tanto esforço nem para salvar a própria mãe."

Halil apontou um lugar para Memet Dümelli:

"Sente aí."

"Vou ficar em pé mesmo.

Será que acaba rápido?"

"Deve durar um pouco mais."

"Então vai demorar?"

"Não dá para saber.

   Mas mais da metade já passou."

"Vou para a cidade comprar umas maçãs."

İsmet Hanım deu risada, balançado os ombros redondos:

"Ah, você é uma figura mesmo!

   Isso é hora de comprar maçãs, querido?"

"Eu volto logo.

Ela gosta de maçã."

"Ela pode gostar, mas não pode comer agora."

"Ela come depois.

Eu venho logo.

As maçãs são boas.

Ainda deve demorar uns quinze minutos mais?"

"Sim."

"Eu venho logo.

Ela gosta de maçã."

Arqueando os ombros,
    Memet Dümelli desapareceu na escuridão.

Hüseyin falava como se desse uma boa-nova:
"Estou com fome."
O secretário do hospital se inclinou em direção a Halil:
"Fome", disse,
    "fome não é não comer nada,
É tomar sopa de *yarma*[219]
              até o seu intestino ficar trancado.
Imagine:
o vilarejo com neve até o joelho,
entramos na casa,
não tinha ninguém.
Fomos ao estábulo,
    e lá estavam eles enterrados no esterco.
Os da sua prisão ainda são os mais robustos.
        Ração,
         sono."

Halil pensou:
"A liberdade não dá ração nem sono."

Chamaram de dentro:
"O jantar!"

Agitados, Emin Efêndi e Hüseyin se puseram de pé.
Vasfi, que tinha vindo para ver o enfermeiro, implorou a İsmet Hanım:
"Será que você poderia guardar um prato de comida para mim?"
"Você tem pão?"
"Também não."
"Vamos ver se sobra alguma coisa.

---

[219] *Yarma*: sopa de trigo grosso e iogurte.

E eu sei
    que você vem tarde para poder pedir comida.
Venha ao meio-dia,
        e eu te darei com prazer algo para almoçar."
Vasfi sorriu timidamente:
"Ao meio-dia você está cheia de afazeres,
      só na correria."

İsmet Hanım perguntou a Halil:
"Você não vem jantar, querido?"
"Eu como depois."

İsmet Hanım e o secretário saíram.
Halil e Vasfi ficaram na escada de pedra.

Depois que o sol se pôs,
    exatamente como o mar aberto,
        as altas montanhas, as grandes florestas,
           a estepe esfriou rapidamente.
E a esta hora, neste lugar, a pessoa ociosa,
        se não estiver se sentindo bem,
          e especialmente se não for um iluminado,
se recolhe para dentro de si como um bicho no seu casco.
Isso aconteceu com Halil de uma maneira um pouco diferente:
abotoou os botões da jaqueta,
endireitou os ombros
e, fixando os olhos nas luzes da cidade adiante, devaneou.
"Eu deveria avisar a penitenciária amanhã",
        pensou,
       "deve ter chegado uma carta de Ayşe.
É estranho
como as luzes adiante acendem e apagam.
Por quê?
Devem estar levando uma lâmpada de um quarto para outro.
Onde foi que eu li?

Uma mulher de vestido branco e cabelo preto
                    envia sinais dessa maneira.
Será que a mulher vai conseguir?
Tocar em intestinos humanos, vivos,
                    mesmo com luvas de borracha.
A fome
não é não comer nada...
O vilarejo com neve até o joelho.
Lá estavam eles enterrados no esterco.
Índia, Congo, China.
Nativos de colônias.
A luz de novo se apaga
                    e acende.
Por quê?
Devem estar levando uma lâmpada...
Acho que devo avisar a penitenciária.
Deve ter chegado uma carta de Ayşe.
Amo demais a Ayşe.
Em suas últimas cartas ela não escreve mais 'meu querido',
                    por que será?
Como o pescoço dela é grosso e branco!
Será que a minha filha vai se parecer com a mãe?
Se eu ficar cego, minha filha vai crescer na escuridão
                    — escuridão para mim.
Não vou poder ver como ela muda."
"Efêndi."
"Está me chamando, Vasfi?"
"Se tiver um cigarro..."
"Tenho tabaco.
Você tem papel?"
"Não, mas me dê o tabaco mesmo assim."

Halil deu o tabaco para Vasfi
                    e, por alguma razão, ficou nervoso:

"Por que é que essa ferida não cura?", pensou,
                "Será que ele tem diabetes?
Como é que não morrem todos?
Como o meu povo é forte!
Os que estão na prisão são os mais robustos.
O direito à vida,
                à vida."

"Eles tiraram a minha hérnia em meia hora
                e isso não acabou ainda?"
"Está quase acabando."
"Se Deus quiser."
"A luz lá na frente acendeu de novo", pensou Halil.
"Amanhã tenho que avisar a penitenciária.
Ainda assim os nossos presos estão melhores que os da Europa.
                Se você ainda tiver uma visita por mês...
Eu queria tanto ver Ayşe.
Falta pouco tempo.
Elas não estão sabendo
        e vão ficar surpresas e felizes."

İsmet Hanım trouxe a comida para Vasfi.
"A cirurgia acabou, Halil Bey", disse ela,
                "nós a deitamos na cama.
O doutor perguntou de você — ele está vindo.
Ele gosta muito de você, querido.
Todos nós gostamos de você...
E você, Vasfi, pegue sua comida e vá lá para o fundo.
                Não espere nada do enfermeiro para esta noite..."

Halil cumprimentou o médico:
"Parabéns pela operação, Faik Bey.
Ela está bem?"
"Ainda não dá para dizer.
A cirurgia foi perfeita.

Mas, em casos como esse, o perigo só começa depois."
"Quais são as chances dela?"
"Trinta por cento.
Onde está o marido?"
"Foi à cidade para comprar maçã."
"Ele se apressou."
"Eu disse isso para ele, mas não me ouviu.
Você está cansado."
"Não muito."
"Trinta por cento, então?"
"Mais ou menos isso.
        Até menos."

Ficaram em silêncio.
Sob o luar, tudo em volta parecia estar em plena luz do dia.
A cidade adiante, com luzes acesas aqui e ali,
o crepitar de insetos voando e rastejando no arredor
e a terra dizendo "Estou aqui, bem pertinho de você".
A estepe estava tranquila.

O médico jogou o cigarro fora:
no chão, ele continuou a queimar como um inseto fosforescente.
Halil bateu o cachimbo no joelho e derramou as cinzas.
De repente, o médico perguntou:
"Você já pensou seriamente na sua morte,
        muito mesmo,
        como se estivesse tentando resolver um problema matemático?
Nos últimos anos venho pensando nisso sempre.
À noite, eu entro na cama,
fecho os olhos
        e assobio uma melodia por entre os dentes
            — sempre algo que eu mesmo inventei —,
           penso em coisas tristes
           e na minha morte.

Meu interior se inunda com a solidão melancólica
   de alguém que pensa na própria morte
     sem amor e sem ódio.
Meu elo com as pessoas se rompe
   e percebo que estou sozinho com a morte.
Então eu calculo:
   tenho 48 anos de idade,
   devo viver até no máximo 75 anos,
     o que significa que tenho mais 27 anos.
Eu meço os 27 anos vindouros com os 48 passados:
      infâmia.
Mas que estranho, não é?
   No máximo 27 anos
     e então era uma vez o doutor Faik Bey."

Ele se calou.
Então, como se implorasse por socorro, perguntou a Halil:
"Quantos anos você tem?"
"Acho que 39."
"Como assim 'acho'?"
"A minha certidão de nascimento diz 39.
Mas minha mãe dizia que tinha me registrado com um ano."
Por alguma razão, Faik Bey falou rispidamente com Halil:
"Esqueça sua mãe,
   vamos considerar 39."
Halil deu risada:
"Você pode até dizer quarenta."
"Não,
  não precisa ser generoso,
    um ano é um ano.
Então, você calculou, Halil Bey?"
"O quê?"
"Quanto falta."
"Não."

"Tem que calcular.
Faltam 36 anos.
Nove a mais do que eu.
Você já tem idade o suficiente para calcular:
    mais da metade de sua vida já passou.
Você pode comparar o que já passou com o que ainda falta.
Antes dos trinta, os anos e até mesmo a morte são abstrações,
    depois disso, eles se tornam fatos.
E então você se assusta
    com o quão pouco falta e quão rápido o tempo passa.
Você nunca se assustou com isso?"
"Não.
Mas eu te entendo."
"Você tem tempo e possibilidade de pensar muito nisso."
"E você não tem?"
"Claro, eu também tenho essa prerrogativa."
"O que significa 'prerrogativa'?"
"'Prerrogativa' significa o seguinte, Faik Bey:
    a mulher que você acaba de operar,
    como você mesmo disse,
nunca vai saber como é dormir após o despontar do sol,
    pois ela está condenada
        a levar uma vida meio-vegetativa e meio-animal,
            essa esposa do Dümelli,
            e o próprio Dümelli
e a maioria das pessoas do meu país e da terra
    estão destituídas da felicidade de poder pensar livremente.
Elas não têm nem tempo nem possibilidade.
Elas trabalham tanto, se cansam tanto,
    que à noite — mesmo aos sessenta anos — ao entrar na cama
    o sono baixa sobre elas feito chumbo.
Talvez você sonhe durante o sono, mas não dá para pensar."
Ficou em silêncio.
Então Halil acrescentou com um sorriso feliz:

"E, quando eles pensam,
    é na vida,
        e não na morte..."
"Isso está bem, mas
        e se tiverem tempo e possibilidade de pensar na morte?"
"Mesmo assim eles não pensariam, como você, na morte."
"Por que não?"
"É por isso, Faik Bey:
por você estar sozinho na vida
        também na morte você estará sozinho.
Se você tivesse permanecido, com todos os seus laços,
        como médico do Departamento de Polícia
e não tivesse cortado relações com a sua classe
ou se, após essa cirurgia,
        você tivesse ido para o lado oposto
                e travado relações com outras pessoas,
então essa doença crônica que agora se desenvolve incessantemente
        seria só uma crise que se manifestaria de vez em quando..."

Faik Bey riu às gargalhadas:
"Você está falando como um médico", disse,
"mas veja bem, raramente ou não, ainda assim ela pioraria."
"Pioraria, sim, Faik Bey.
        A árvore só entorta quando está verde,[220]
                e não é tão fácil mudar de quartel-general:
                carregamos do berço algumas coisas dentro de nós.
Então..."

Memet Dümelli apareceu sob a pereira selvagem.
Halil o avistou
e se levantou com alegria.
"Ele está vindo", disse. "Aí está..."

---

[220] "A árvore só entorta quando está verde": trata-se do provérbio *ağaç yaşken bükülür*, ou seja, é mais fácil moldar a personalidade de uma pessoa enquanto é criança.

Cumprimentaram Dümelli.

Em pé sob a luz amarela que batia na porta e na janela

    ficaram os três sem falar

        como três árvores.

Dümelli carregava nos braços uma enorme sacola de papel, cheia.

Parecia ter medo de que ela fosse cair.

Estava claro que ele não estava acostumado com sacolas de papel.

Dümelli olhou para o médico como quem diz:

"Nada de bom pode vir de você,

    mas diga mesmo assim",

        com lágrimas nos olhos.

"Parabéns, meu irmão, já acabou", disse Halil.

Dümelli deixou cair a sacola de papel.

As maçãs se espalharam pelo solo com a alegria de uma criança.

Dümelli, com a ajuda de Halil, recolheu as maçãs

    e as colocou novamente na sacola,

    que deixou na escada de pedra.

Então ele pegou duas maçãs de dentro,

    esfregou na manga de sua camisa

    e as ofereceu a Halil e ao médico.

Sua boca desdentada pela metade sorria

    e os turvos olhos azuis ainda choravam.

Após alguns empurrões mútuos, ele beijou a mão do médico.

Ele se apressou a tomar a mão de Halil,

mas este, mais rápido, abraçou-o.

E ainda abraçando Halil,

Dümelli, reanimado por uma alegria fresca, apurou os ouvidos:

sons que se aproximavam,

    o barulho de carros de boi vindo do oeste da cidade.

Penetrante feito um machado de pedra

    e crescendo com um brilho lento sob a lua,

        era a canção selvagem

        da estepe inexpugnável.

Halil também a ouvia.

E a escuridão de pessoas vencidas pela terra
                e a melancolia do país querido
perpassaram sua carne com um arrepio.

"O nosso pessoal", disse Memet Dümelli,
"vou me encontrar com eles,
eles foram embora há pouco, quando eu cheguei.
A gente coloca ela num carro de boi — ela não vai se cansar.
(Virando-se para o médico.)
Agá efêndi, vá dizer para ela ficar pronta."
E começou a correr em direção ao barulho dos carros de boi.
O médico segurou o braço dele.
"Espere", disse, "ela ainda não recobrou os sentidos."
"Ela vai ter acordado quando eu chegar."
"Talvez sim, mas ela não pode viajar."
"Ela vai viajar no carro de boi;
ela vai andando daqui para lá..."
"Não dá."
"Não faça isso, agá efêndi,
        ela tem dois bebês.
Deixamos os bebês com o vizinho e viemos.
O pátio está do jeito que a gente deixou."
"Não dá, papai."
"Ora, para ela não caminhar,
        eu trago o carro de bois até aqui."
"Ela não pode sair da cama.
Tem que ficar deitada pelo menos quinze dias."
"Ela fica deitada em casa."
"Não dá."
"Ela tem dois bebês."
"Não me deixe louco — já disse que não!"
"Eu pressiono meu polegar no papel."
"Para quê?"
"Você não disse que ela era minha propriedade?
Pressiono meu polegar para dizer que eu peguei a minha propriedade."

"Não dá."

"Carimbo?"

"Achei que você não tivesse um carimbo."

"Não brinque comigo,
     eu faço o que você quiser;
        entregue a mãe das crianças para a gente ir embora,
          o pátio está do jeito que a gente deixou.

(E Dümelli se vira para Halil)

Efêndi, diga a ele..."

Medicina interna e externa, maternidade, doenças contagiosas,
        mulheres, homens, crianças,
     o hospital municipal tinha 59 leitos,
     mas o número de doentes era 72.
     A maior parte estava deitada no chão
        e em alguns leitos havia dois doentes...

Dümelli viu sua esposa.

Ela ainda não havia acordado.

Com a cabeça raspada,

seu rosto áspero parecia uma batata com pele.

Parecia um menino doente.

E suas mãos pousavam sobre o lençol branco de calicô
        como duas raízes brotadas da terra.

Dümelli depôs as maçãs aos pés da paciente.

Ele a olhou longamente,
     com os olhos turvos e azuis entrefechados.

"Ela degringolou", disse ele, "piorou.

Meu boi malhado também ficou assim um ano atrás:
     deitou e nunca mais levantou.

Dê essas maçãs para ela comer.

Ela gosta de maçã.

Obrigado, agá efêndi..."

E Dümelli saiu aos prantos.
E é isso,
    nunca mais o viram.
Três dias depois, a mulher morreu...

II

De manhã cedo,
    o dia raiando sobre o hospital,
o doutor Faik Bey acordou de supetão.
(Sendo solteiro, dormia no hospital.)
O quarto estava na penumbra.
Mas fora da janela larga e aberta
        havia uma claridade de água fria,
        uma claridade como a misericórdia.
"Que horas são?", pensou Faik Bey.
Ele se esticou em direção à mesa para ver,
        mas não conseguiu.
Acendeu a luz,
seu quarto tão triste quanto uma estação de trem ao crepúsculo —
          lâmpadas desvanecentes
            e ausência.
Faik Bey estava deitado, nu.
(Dormia assim no verão e no inverno.)
Ele se esqueceu de ver o relógio.
Pregou os olhos no teto
e contou as vigas.
Olhou para a parede adiante,
onde um percevejo
caminhava minúsculo pela ampla brancura
        calcária,

como um homem perdido na vastidão de neve do polo,
        solitário como uma estrela no vácuo...

"Solitário como uma estrela no vácuo",
      repetiu Faik Bey em voz alta.
Baixou a cabeça, de queixo no peito,
e viu seu corpo comprido sem cabeça
estendido, nu,
      até a ponta das unhas dos pés.
Observou-o como se fosse a primeira vez.
E era a primeira vez que olhava assim:
      assustado,
        curioso
          e deprimido.
A barriga escura e funda,
      as pernas flácidas, finas e longas,
a pele envelhecida.
Pôs a mão sobre a barriga:
      asco da gelatina molenga.
Flexionou a perna direita:
a panturrilha vergou.
O calcanhar, perto do osso do tarso, estava enrugado.
E a solidão desse corpo velho e sem cabeça.

Diante de seu corpo,
      Faik Bey pensava na própria morte.
A primeira coisa que lhe vinha à mente
    não era ser lavado ou envolto numa mortalha,
      mas uma imagem de si mesmo no necrotério.
Estar deitado desse jeito, nu, na mesa de pedra.
Então ser baixado a uma cova.
Aí o cheiro de terra úmida,
os vermes que começam a perfurar a madeira do caixão
(ele não suportava imaginá-los rastejando pelo seu corpo)

e o pior de tudo:
      a solidão surda,

          cega

             e imóvel...

Faik Bey apertou a campainha
        repetidas

          vezes.

Então se endireitou rapidamente sobre o travesseiro,
        sentou encolhido,

        puxou o lençol para cima dos joelhos

        e esperou.

A porta se abriu
e entrou a enfermeira de Istambul, İsmet Hanım, agitada.
Talvez Faik Bey estivesse esperando por ela,
        talvez não estivesse esperando por ninguém.
Ele agarrou a mulher pelos pulsos:
"Não tenha medo; não grite, fique quieta.
          Pelo amor de Deus me salve", disse ele.
De início, İsmet Hanım se assustou e tentou se desvencilhar,
mas logo depois, dizendo um 'Nossa, doutor, eles vão ouvir,
    e ver: a porta está aberta"

                    etc.
              ela apagou a luz
              e não disse mais nada.

Mas fora da janela larga
        havia uma claridade de água fria,
        uma claridade como a misericórdia...

De manhã cedo,
      o dia raiando sobre o hospital,
Halil acordou de supetão
        e levantou da cama.

Ele se dirigiu ao guarda de plantão, que cochilava:
"Estarei em frente à porta,
       perto da escada de pedra".

Foi até o corredor:
cheiro de sono e de medicamentos,
gemidos que pareciam o tremular de folhas.
um tilintar metálico ao longe
e lâmpadas desvanecentes,
     uma tristeza de estação de trem ao crepúsculo,
                ausência...

A porta da ala feminina estava aberta:
uma paciente estava sentada na cama
         penteando o cabelo.
O rosto amarelado,
o cabelo bem preto.

Halil desceu a escada de pedra
e ficou em pé na terra.
Esticou os braços e respirou fundo.
O ar estava úmido.
O sol nascia.
O céu tinindo de limpo parecia ter sido esfregado com um pano úmido.
Ao sopé da montanha a oeste, uma fumaça fina — ,
      algo como tule se desintegrando.
Adiante, as árvores se iluminavam:
     a luz batendo em seu lado esquerdo.
E ao longe, a cidade,
como que de regresso de uma longa viagem ao porto.
A paisagem era pura claridade, em tom pastel,
e a essa hora
   a natureza estava saudável, jovem
       e compassiva.

"O médico já acordou, agá efêndi?"

Halil se virou para olhar o garoto.

O meu adorado,

o trabalhador de treze anos Kerim

de pé na sua frente, igual a um filhote de djim

atarracado em seu macacão sujo de carvão.

Halil se alegrou como se tivesse topado com um velho amigo

no momento mais

inesperado:

"Que tal primeiro dizer um olá, meu jovem?"

Kerim sorriu:

"Olá, tio."

"Olá, qual é o seu nome?"

"Kerim."

"O que você veio tratar com o médico, mestre Kerim?"

Seu rosto de minúsculo nariz vermelho ficou carrancudo:

"Estou longe de ser um mestre artesão", disse Kerim.

"Por quê?"

Kerim tirou a mão direita do bolso.

Seu polegar estava envolvido por várias camadas de gaze.

Halil se alarmou:

"O que houve com o dedo?"

"Esmaguei na prensa ontem à noite."

E, de repente, como se sentisse de novo a dor do esmagamento,

ele gemeu, os olhos lacrimejando:

"Minha nossa,

está doendo."

"Bom, e o que você fez desde ontem à noite?"

"Nada.

Mestre Ahmet enrolou com um trapo

e em casa trocamos a gaze.

Mamãe disse para ir ao hospital e mostrar ao médico.

Hoje eu cheguei cedo para não ter que faltar no trabalho."

Halil e Kerim entraram
e acharam a enfermeira-chefe.
Fizeram um curativo nele.
Halil ofereceu chá a Kerim:
se conheceram melhor.
Decidiram ser amigos,
          e Kerim foi embora.

Apesar de já estar na hora,
          as visitas matutinas não tinham começado.
Halil encontrou a enfermeira İsmet Hanım no corredor.
As sobrancelhas castanho-claras da jovem estavam desgrenhadas
          (embora geralmente estivessem penteadas)
e ela carregava uma bandeja repleta de tigelas de sopa vazias.
Halil perguntou:
"Você viu o doutor?"
İsmet Hanım estancou.
Seu rosto ficou vermelho como uma beterraba.
"O médico-chefe, Faik Bey?
Não, não vi.
Mas, bom...
Bem cedinho
          ele apertou a campainha.
Eu estava de plantão.
Ele pediu água.
Levei para ele.
Depois não o vi mais...
Por que pergunta?
Ele deve estar nas alas.
Mas a enfermeira-chefe acabou de dizer que estamos atrasados.
Que horas são?"

Por cima das tigelas de sopa vazias
İsmet Hanım começou a olhar para Halil com crescente desconfiança.

411

E como todo mentiroso, ela falava muito
                e rápido rápido
mudando de assunto —
Halil não se deu conta dessa inquietação.
"Obrigado", disse,
        voltou à ala e sentou no leito.
Se inclinou para a frente.
Seu nariz parecia mais fino e comprido no rosto pensativo.
Seus óculos brilhavam:
                dois miseráveis pedaços de vidro.
Os braços, caídos.
As mãos descansavam sobre os joelhos, com as palmas
                viradas para cima.
Halil já sabia o nome de sua doença:
atrofia das veias oculares.
Por anos avançando lentamente
        e um dia, num instante, de um salto: a cegueira.
Aqui também a dialética,
        Halil,
                por toda parte a dialética.
Mas talvez...?
Descobrirão um novo tratamento?
Um salto para a cura?
E não perder a claridade antes da morte...

De vez em quando Halil se esquecia da doença dos seus olhos,
        de vez em quando se lembrava dela:
então era como se uma veia tivesse rompido
em algum lugar debaixo da pele,
                e o seu coração começava a bater a todo vapor,
deixando-o ofegante.
Depois, silêncio.
Depois, sono profundo.
Halil dormia como se estivesse entrando pela porta
de uma casa antiga de Istambul

com sua musselina fina e branquinha, o poço e a caneca de latão,
tranquila,
fresca
e um quê dos contos tristes na aurora...

Todos os pacientes da ala se juntaram ao redor de dois leitos.
No primeiro estava Ali de Arapgir,
ajoelhado na cama como que rezando.
Sobre seu joelho esquerdo um lenço laranja, pintado à mão, aberto.
Os olhos e o bigode brilhavam, bem pretos.
Na bochecha, um furúnculo de Antep luzidio e enrugado.[221]
Ali contava o sonho que tivera
e os outros ouviam respeitosamente.
O respeito deles não era pelo sonhador,
era pelo sonho.

"Queira Deus que seja de bom augúrio."[222]
"Se você interpretar como algo bom, assim acontecerá."
"Vi um longo terreno
irrigado assim.
Eu estava arando com cavalos baios.
Eles não aravam mais com bois no vilarejo.
Uma arma disparou atrás de mim."
Alguém interrompeu Ali e perguntou:
"Você ouviu ela disparando?"
"Não ouvi."
"Que bom, que bom que você não ouviu, muito bom."

---

[221] "Furúnculo de Antep": no original, *Antep çıbanı*, uma infecção da pele transmitida pela picada do mosquito-palha. O fato de a distribuição dessa doença estar fortemente ligada à geografia faz com que em turco haja muitas denominações populares, de acordo com o local ou região: *Halep çıbanı*, *Bağdat çıbanı*, *Diyarbakır çıbanı*, *Antep çıbanı*, *Şark çıbanı*, respectivamente: (furúnculo de) Alepo, Bagdá, Diyarbakır, Antep e Oriental.

[222] "Queira Deus que seja de bom augúrio": no original, *hayırdır inşallah*; frase proferida quando alguém conta um sonho ou dá uma notícia.

"Mas esperem,
       acho que ouvi."
"Não tem problema,
       se você ouviu está bom também,
              contanto que o terreno estivesse irrigado
                     e também fosse largo..."

No segundo leito eles passavam de um para outro uma revista
       com fotos que Halil lhes tinha dado na noite passada.
Eram fotos de guerra: pessoas, máquinas e incêndios.

"Olhem! Olhem para os Memetçik!"
"Mas esses não são Memetçik, são soldados ingleses."
"E daí? São todos Memetçik."
"E esses são italianos?"
"Pelo chapéu está na cara que são italianos."
"Os italianos
       não são um povo belicoso;
              eles são sofisticados."
Recep interrompe inesperadamente:
"Dizem que quando você vai para a guerra, mata um infiel
       e bebe uma gota do seu sangue,
              você nunca mais sente medo."

Todos olharam para Recep.
Ele tem uns quinze ou dezesseis anos.
Gorducho.
Tira sarro de todo mundo,
       mas quando é encurralado, baixa a cabeça
              e sorri timidamente.
Gosta de ler.
Sabe de cor todos os municípios e condados da província.

"De onde você tirou isso, cara?"

"Ouvi isso do meu pai, que morreu na guerra.
Morreu
    quando eu tinha seis meses de vida."
O sargento Talip de Aydın bateu com a revista na cabeça de Recep:
"Vai se ferrar, Recep!"

O sargento Talip tinha cabelo loiro e ralo e olhos verdes.
Seu rosto parecia ter sido moldado com cera de abelha.
Ele falava mansinho,
de repente ficava zangado
e fechava a cara para a pessoa por dias.
Era amigo de Recep.
Recep chamava o sargento Talip de "mãe".

O guarda Refik interrompeu:
"'Daqui a seis semanas vocês já eram',
      disseram os alemães para os russos;
          eles leram isso na *Köroğlu*."[223]
O latoeiro Müslim[224] de Çerkeş respondeu
(um homem cujo rosto parecia ter sido esculpido com um machado):
"A Mãe Rússia[225] não vai cair tão fácil assim..."
"Ouvi dizer que ela está podre por dentro..."
"Não dê ouvidos a esse tipo de conversa.
Você já esteve em Kayseri?
Os caras construíram uma fábrica têxtil para a gente lá
      que não tinha igual no mundo.
A mansão do governador não chegava aos pés
      do alojamento dos trabalhadores..."

---

[223] *Köroğlu*: nome de uma revista da época; literalmente, significa "o filho do cego" — nome de um herói guerreiro do folclore túrquico.

[224] *Müslim*: assim como ocorre no mundo cristão com o prenome Cristiano, e suas variantes, no mundo islâmico existe o nome *Müslim*, da palavra árabe para "muçulmano".

[225] "Mãe Rússia": literalmente, *Rus baba*, ou "a grande Rússia".

O sargento Talip falou de mansinho:
"Agora os ingleses estão com os russos."
O guarda Refik discordou:
"Dizem que os ingleses estão querendo ganhar tempo."

A revista chegou a Recep.
Na última página
ele olhava para as pernas brancas e nuas de garotas
                    que entretinham os soldados ingleses.
E os olhos semicerrados em seu rosto redondo
                não pareciam estar de brincadeira.

Um ruído de comoção veio do corredor.
Os pacientes se dispersaram,
                preparando-se para a ronda da manhã.
Halil acordou do devaneio.
De súbito a porta se abriu.
İsmet Hanım de Istambul parou no limiar.
"Halil Bey", disse ela,
                "o doutor morreu."
Não se via nenhuma alteração no rosto nem na voz
                de İsmet Hanım.
Até mesmo suas sobrancelhas castanho-claras,
                que até há pouco estavam desgrenhadas,
                    agora pareciam uma marta penteada.
"O doutor Faik Bey morreu",
                ela repetiu.
Rapidamente fechou a porta e foi embora.
Os pacientes ficaram pasmos.
A morte de um médico
                — sobretudo a de um médico-chefe —
                era algo inconcebível para eles.
E de um golpe lá se iam suas esperanças de recuperar a saúde.
Ali de Arapgir murmurou:
"Que Deus tenha misericórdia dele,

Que Deus recompense e dê paciência a toda sua família."[226]
O sargento Talip disse baixinho:
"Disseram que ele não tinha ninguém na vida.
Estava sozinho no mundo..."

E, tão depressa quanto ficou atordoada,
a ala voltou à agitação:
                os pacientes foram para o corredor.

Halil encontrou o secretário do hospital,
que agarrou suas mãos:
"Suicídio", disse, "suicídio...
Se envenenou.
Achamos o doutor deitado na cama, sem roupa.
Estávamos preocupados por sua demora.
A porta estava trancada.
Eu tenho uma cópia da chave.
Eu e o assistente abrimos a porta.
Nem me pergunte..."

Halil retirou as mãos
e com a voz embargada,
sem nem saber por que,
                perguntou:
"Ele tinha 49 anos, não é?"
E, como se limpasse os óculos,
                tapou os olhos,
foi embora
pela escada de pedra, rumo ao sol.
A estepe estava clara e morna...

---

[226] "Que Deus tenha misericórdia dele" e "Que Deus recompense e dê paciência a toda sua família": duas frases fixas proferidas como condolências.

De repente, Halil sentiu como se a morte de Faik Bey fosse uma mentira,
especialmente seu suicídio

    e, ainda por cima, por envenenamento.

(Mas um minuto atrás Halil havia esclarecido tudo isso na sua cabeça.)
Ele voltou.
E, sem compreender o motivo,
passou apressadamente pelo corredor em direção ao quarto de Faik Bey.
A porta se abriu.
Retiravam o cadáver numa maca.
Estava coberto com um lençol branco.
Halil encostou as costas na parede para abrir espaço.
Eles passaram:
o corpo de Faik Bey à frente,
em seguida, o secretário

    e o promotor de justiça com as mãos nos bolsos.

Os pacientes se aglomeravam na porta da ala
e olhavam para a maca do doutor com curiosidade,

  como se fosse outra maca,

     e não com preocupação

       ou desconfiança.

Levaram Faik Bey ao necrotério.
A porta das alas se fechou
e Halil parou por um tempo diante do corredor,

     vazio,

      silencioso

       e comprido.

Ouviu um grito feminino ao pé do ouvido.
Num ímpeto, se virou para olhar.
À esquerda, a porta da sala de operação estava entreaberta
e as vidraças frias iluminadas por dentro —

  uma luz como um olho cego, branco e sem pupila,

   como uma mente pura, transcendente.

Ele se aproximou da porta
e, acreditando que por alguma razão fazia algo de errado,

envergonhado de olhar para onde não devia,
        espiou o que havia lá dentro.
Lá, na mesma vidraça fria que tinha visto há pouco,
    sob a mesma luz impassível, sem sangue e sem vigor,
estava uma mulher deitada de costas sobre a mesa de parto,
    em meio a instrumentos luzidios.
Suas pernas estavam bem abertas
e entre os panos brancos que cobriam sua virilha
    o lugar do acasalamento parecia uma flor enorme, nua e fascinante.
A mulher tremia e gemia.
İsmet Hanım a segurava pelos pulsos
e a enfermeira-chefe auxiliava o internista.
"No lugar de Faik Bey", pensa Halil,
    "o que entende do assunto um clínico?
        Espero que não haja nenhum acidente..."
A mulher tremeu e soltou um grito novamente.
        Sua cabeça tombou para a esquerda.
Halil a reconhece:
    era a mulher que penteava o cabelo preto na cama de manhã.
Sua barriga enrijecia e inchava com as dores,
sua genitália se projetava para fora
    e dela escorria uma matéria meio sangrenta.
"Como qualquer mamífero", pensou Halil,
    "como vacas, gatos e cães.
Como o universo", pensou Halil, "como tudo que procria
— árvores, estrelas, sociedades."

O centro da flor nua e fascinante
    crescia e se abria no formato de um ovo.
E algo escuro surgiu de suas profundezas:
o cabelo macio e molhado da criança que estava chegando.
A cada contração a boca da passagem se abria um pouco mais.
E, por fim, a escuridão do tamanho da cabeça de uma criança.
E, com um tampão de gaze, a mão enluvada do doutor
    pressionava o ânus da parturiente.

De repente Halil sentiu uma grande vergonha:
"Então Ayşe também deu à luz assim em Haseki?",
                              pensou.

A cabeça da criança apareceu.
O doutor virou o rosto dela
                para a parte interna da perna direita da mãe.
Então tirou o ombro esquerdo, depois o outro;
aí os braços, o tronco e as pernas:
a criança estava nas mãos do doutor.
E estava atada ao interior de sua mãe pelo umbigo.
O doutor pegou o cordão com o fórceps
                    e o cortou com uma tesoura.
Nesse instante, Halil
            ouviu o som mais lindo do mundo,
            o primeiro canto de triunfo do recém-nascido.
E, com o coração cheio de alegria,
            fechou devagarzinho a porta.

Livro IV

PRIMEIRA PARTE

I

Era domingo.
O trabalhador de treze anos Kerim
        — o meu adorado —
                ia para a penitenciária
                visitar o tio Halil.
Eles tinham se tornado bons amigos.
Depois de ter voltado do hospital para a penitenciária
                Halil dava aulas de aritmética a Kerim
e os dois discutiam os acontecimentos do mundo.

Era domingo.
Com um livro de aritmética nas mãos
        e *leblebi* nos bolsos
Kerim passava em frente ao paiol no jardim do centro de alistamento
diante das janelas com grade do tio Halil.

De repente Kerim parou
ergueu a cabeça
e olhou para a algazarra no céu:

cegonhas
cegonhas em espiral
cegonhas em espiral e pouco a pouco ganhando altura.
Estavam migrando.
Vinham em bandos
    — reunindo-se e se dispersando no espaço sem nuvens
        espiralando e ganhando altura.
Então formaram uma única fila.
Deviam ser mais de quinhentas.
A mais sábia assumia a liderança.
Abaixo delas a cidade:
    à beira da estepe
        o hospital, a penitenciária, a mansão do governador
        e o trabalhador Kerim de treze anos de idade olhando
   para cima
           para elas — do jardim do centro de alistamento
           e toda sorte de chaminés...
Mas logo
   a cidade sumiu feito um filhote jogado do ninho.
As cegonhas cujas asas se moviam lentamente
— os bicos apontados para frente, os pescoços tensos
as pernas finas como agulhas esticadas para trás
e mais flutuando do que voando no ar —
       seguiam rumo ao sul.
Naquela noite elas entraram na província de Ancara
e pernoitaram nos campos ao redor de Çandır:
    o bico enfiado sob a asa
       e se equilibrando num pé só.
Partiram ao alvorecer.
A viagem para o sul levou dias.
Atravessaram Ancara rapidamente
mas a província de Konya não acabava nunca:
acima o céu plano
    abaixo a terra plana.
Por fim apareceram as montanhas.

Não montes
mas verdadeiras montanhas com neve e florestas.
Cruzaram um rio e um lago.

Então chegaram à província de X...
O ar se tornava mais quente de hora em hora.
E na tarde de uma quarta-feira
surgiu na distância
       colado ao céu
claro, limpo
    feito um relâmpago brilhante e comprido
      o mar Mediterrâneo.
As cegonhas repicaram o bico com deleite
e passaram a noite nos arrozais recém-segados.
No dia seguinte elas se dispersaram:
      algumas em bandos, outras em pares.
Somente a mais sábia, a líder,
        adejou para o centro da província.
Passou por campos
    vieram os pomares:
    tangerina, laranja e limão
    (ainda verdes).
O mar se aproximava com rapidez, crescendo, alargando-se.
Agora a cegonha voava sobre a cidade:
avenidas arborizadas, telhados e chaminés.
A cidade ficava numa encosta sobre o mar.
No porto, ao largo, um único navio ancorado.
O ar quente e salgado
    cheirava a bananas.
A cegonha voou em círculos sobre a cidade
guinou levemente para a esquerda
flexionou as asas
e se deixou levar
    planando.
No alto de uma chaminé

seu velho ninho se aproximava balançando.
A cegonha fletiu à direita
    para evitar os fios do telhado vizinho
        (eram mais de vinte
            antenas de rádio)
mas não conseguiu livrar a asa esquerda
— enredada, ela se debateu, esperneou
    e acabou desabando sobre o telhado
    em meio a fios rompidos
    e a vinte metros de seu ninho...

De um momento para outro uma estranha interferência
            interrompeu a Voz da América.
Cevdet Bey não entrou em pânico.
Colocou os óculos
para verificar:
não pegava nenhuma estação.
Passou para um segundo aparelho:
    um RCA de 1940.
Também não pegava nenhuma estação.
Deu uma olhada no terceiro aparelho:
um Telefunken de seis válvulas.
Nada.
O quarto aparelho — a mesma coisa.
Que estranho.
Cevdet Bey mordeu o bigode longo e branco.
Deu um passo para trás
e sentou na única poltrona, bem no meio do quarto.
Estreitando os olhos, observou os aparelhos:
desde quando os rádios surgiram nos mercados mundiais
        pela primeira vez
(dos que tinham fones de ouvido
        aos que vinham com toca-discos acoplados)
os modelos mais famosos de todas as marcas estavam enfileirados
        de acordo com o ano de fabricação e o número de válvulas.

Cevdet Bey deu um tapa na cabeça careca
e o bigode branco escapuliu da boca:
"Eureca!", gritou.

Saiu correndo do quarto
— corredor, escada, sótão, telhado, antenas...
Consertou as antenas.
E correndo de novo
— telhado, sótão, escada, corredor —
Cevdet Bey voltou ao quartinho dos rádios
       com uma enorme cegonha nos braços.
O animal tinha uma perna quebrada.
Ele enfaixou.
Então aparou as asas
      para o pássaro não alçar voo
      (isso não foi fácil: pássaro e homem se debateram um tanto).
Aí tirou carne da geladeira
      e ofereceu ao pássaro.
O animal encheu a barriga
      e, mancando, foi para o canto
olhando estupefato para Cevdet Bey.
"Espero que tenha gostado da refeição, dona cegonha",
      lhe disse Cevdet Bey,
"seremos amigos do peito a partir de hoje.
Vou separar o quarto ao lado para a senhora.
    A senhora se acomoda lá.
E toda a minha casa está à sua disposição.
A senhora só não pode entrar aqui sem mim;
    vai que a senhora quebra — Deus me livre! —
      os meus brinquedos.
A senhora pode sair para o jardim durante o dia.
No final das contas a senhora é uma cegonha,
      talvez se canse de ouvir rádio o dia todo.
Além deles eu não tinha mais ninguém neste mundo,
      agora eu tenho a senhora também.

E eu sou tudo o que a senhora tem agora —

        mais os meus rádios.

Não há por aí viciados em cocaína,

        heroína,

          nicotina,

            megalomaníacos

              e por aí vai, dona cegonha?

Eu sou um viciado em rádios de cinquenta anos de idade.

Em outras palavras,

        tenho mania por rádios.

Ouço as vozes das pessoas;

elas me chamam dos quatro cantos do mundo.

Temos uma relação distante,

eu não dou a mínima para o que fazem,

só fico curioso com a maneira como dizem o que fazem.

Na verdade, gosto das músicas delas também,

todas as músicas da terra,

        em qualquer língua ou ritmo.

Mas a senhora percebeu?

Hoje em dia elas cantam, dona cegonha,

        mesmo quando estão se engalfinhando no pescoço

           umas das outras.

E quando contam como se engalfinharam

você acharia que estão cantando uma canção de amor.

Agora, com sua permissão,

        vamos ouvir Berlim.

A senhora não sabe alemão, não é mesmo?

Eu vou traduzir.

Não vai lhe ser de muito proveito,

mas vou praticar, como é meu costume."

Há muito tempo Cevdet Bey sabia árabe e francês

mas depois de pegar a mania de rádio

aprendeu sozinho alemão, inglês, russo e italiano.

Cevdet Bey sintonizou Berlim
e começou a traduzir:
"A capital da Ucrânia, Kíev, foi completamente ocupada.
665.000 prisioneiros...
Tanques, artilharia...
Chega!
Vamos interromper.
Eu já tinha ouvido isso ontem à noite.
Então não há nada de novo em Berlim.
Vamos para Londres, dona cegonha.
O número de mortos no ataque aéreo do mês passado.
Isso também eu já ouvi.
Em Londres também vamos achar uma banda de *jazz* para a senhora,
algumas frequências adiante.
Aí está..."

O ruído da banda de *jazz* encheu o quarto, assustando a cegonha.
O pássaro agitou as asas aparadas
querendo fugir para algum lugar
mas não conseguiu sair do lugar, com sua perna manca.
Cevdet Bey deu risada:
"A banda de *jazz* não lhe agradou, dona cegonha?
Então vamos para Barcelona, na Espanha.
Espanha, Barcelona...
Como e por que
se calou Dolores Ibárruri Pasionaria?[227]
Essa mulher tem a voz ensolarada.

---

[227] "Pasionaria": Isadora Dolores Ibárruri Gómez (1895-1989), líder comunista, conhecida pelo pseudônimo de *La Pasionaria*, que lutou pelos direitos das mulheres e atuou na Guerra Civil espanhola instigando os republicanos contra as tropas do general Francisco Franco, com as frases *Más vale morir de pie que vivir de rodillas* e *¡No pasarán!*, que se tornaram famosas. Após o fim da guerra e com a vitória de Franco, exilou-se na URSS em 1939, regressando à Espanha somente em 1977, após a morte do ditador. Foi então eleita para o Parlamento e seguiu como líder honorária do Partido Comunista até sua morte, em 1989.

Ainda estou à procura de uma voz como a dela nas estações espanholas:
                              grossa,
                                    luminosa,
                                          cálida...
Não sei espanhol,
mas ela podia descascar você e ainda assim era uma alegria ouvi-la..."

E Cevdet Bey, desalentado, sintonizou Barcelona.

II

Que lindas cidades tem a minha Anatólia
                              no litoral mediterrâneo!
Pequenas
ensolaradas como uma laranja
brilhantes como um peixe vivo
e coloridas como um oleandro amargo.

A cidade de X... tem 45 mil habitantes:
cretenses, árabes e turcos locais.
A maioria das casas é de madeira
                    (as mais bonitas
                              são aquelas abandonadas pelos gregos anatolianos).
        As novas são de concreto, cúbicas,
e todas foram construídas em jardins resplandecentes com riachos.
Ela tem dois parques, dois cafés ao ar livre,
um Clube da Cidade e um Círculo Militar
                         (há um regimento de infantaria na cidade).
Um cinema, dois hospitais
           (um público, outro do Exército).
Um Instituto da Aldeia, um colégio,
uma escola noturna de artes para meninas.

Eletricidade.

4 moinhos de arroz, 3 de trigo, 2 de gergelim.

2 entrepostos frigoríficos.

2 mercados
(um de legumes, outro de carnes e peixes).

Uma Câmara de Indústria e Comércio — e bancos:
o Otomano, o da Agricultura e o do Trabalho.

Uma Bolsa de Mercadorias.

A província produz 100 milhões de quilos de cevada, trigo e aveia,

milho — 10 milhões

arroz — 15

painço e feijão branco — 10
gergelim — 100 milhões.

E tangerinas, laranjas, bananas,
laranjas-azedas, limões.

Tomates, pimenta, alcachofras (sobretudo),
couve-flor e berinjelas.

Peixes:

salmonete barbudo, dourado, pargo...

....

....

....

A quinze minutos da cidade, de madrugada,
os Yürük[228] baixaram seus camelos.

Os camelos eram altos e de pelo curto

com sacas de pelo preto de bode carregadas de trigo.

Eles resmungaram, e os sinos de cobre

em seus pescoços compridos retiniram graves e agudos e se calaram.

A mula se pôs a pastar.

Os Yürük descarregaram as sacas

como se estivessem descarregando um navio.

---

[228] Ver nota 145.

Pareciam duas vezes maiores e mais gordos
entre os camelos ajoelhados ao amanhecer.

Ao nascer do sol, passaram pelos Yürük camponeses em carroças
puxadas por cavalos
— também seguiam para a cidade levando trigo
ou gergelim.
Saudaram-se com frieza.
"Nômades peludos e sujos", murmuraram os camponeses,
estalando os chicotes.
"Caiam fora, seus turcos sem palavra",
resmungou um Yürük de barba castanho-clara.
E o que estava à sua esquerda o apoiou:
"Melhor ser um Yürük na montanha
do que um turco numa aldeia."

....
....
....
....

A Bolsa de Mercadorias é um cubo de concreto, de dois andares.
Suba as escadas: uma vitrine.
Entre pela porta: o salão dividido ao meio
por um parapeito de madeira
— bem ao fundo, o Comissariado da Bolsa;
à frente, mesas individuais e cadeiras perto do parapeito
e, do outro lado, bancos de madeira.
Nas salas adjacentes fica a Secretaria de Agricultura.[229]

O Comissário da Bolsa e sua equipe estavam sentados.

---

[229] "Secretaria da Agricultura" (no original, *Toprak Mahsulleri Ofisi*): criada em 1938 para regular as relações entre produtores e consumidores, ela estabelece os preços dos grãos e de outros produtos agrícolas.

Koyunzade Şerif Bey entrou no corredor[230]
ladeado por seu filho do meio e dois secretários
    seguidos por seu corretor e mais de vinte camponeses e Yürük
    com amostras de grãos em lenços e sacolas de papel...
Os camponeses e os Yürük permaneceram de pé
        ao lado dos bancos de madeira
como se durante a reza de um enterro:
mãos morenas e ásperas cruzadas sobre a cinta
cabeças incrédulas inclinadas sobre o peito
lábios se mexendo debaixo dos bigodes
    as testas vincadas de aflição...

Koyunzade Şerif Bey saudou o Comissário da Bolsa
e sentou em uma das mesas da frente
        bem à direita
          junto a seu filho...
As amostras foram espalhadas na mesa, e os grãos
registrados em nome de Şerif Bey.
Koyunzade Şerif Bey tinha cabelo grisalho.
Cinquenta e poucos anos.
Sua linda cabeça máscula plantada sobre os ombros largos
        olhava para os outros como se dando ordens.
Os Koyunzade descendiam de linhagem nobre
    de líderes Yürük que há muito tempo
        haviam descido para se instalar na cidade.
Eles possuíam quinze mil acres de terras
e, numa delas, um arrozal.

Şerif Bey tem três filhos e três filhas.
As meninas são uma mais feia que a outra
        os meninos, um mais bonito que o outro.

---

[230] *Koyunzade*: literalmente, "filho da ovelha"; o elemento *zade*, do persa *zāde* ("filho, prole"), após a reforma linguística, foi substituído pela palavra turca *oğul*, "filho" (nos sobrenomes, *-oğlu*).

A propriedade pertence ao pai.
Quando Şerif Bey morrer, o filho mais velho tomará seu lugar
e a propriedade não será dividida.
Um dos genros é engenheiro agrônomo e outro, juiz.
A filha mais velha não é casada.
Ela tomou o lugar da mãe falecida.
Alta, ossuda, morena.
Seus lábios fininhos jamais sorriram.
Espanca os criados com um porrete
             (assim como o pai faz com os trabalhadores rurais).
À noite ela se tranca no quarto
        e lê Alfred de Musset aos prantos.[231]
Até Şerif Bey respeita sua filha como se ela fosse mais velha do que ele.
Toda a família é chique no vestir:
             na mansão seguem o estilo inglês
— mas na política são racistas e pró-Alemanha.
Têm feito negócio com a Alemanha desde a Constituição.

Hüseyin Yavuz entrou no corredor da Bolsa
        com seus camponeses, Yürük, amostras e corretores.
Hüseyin Yavuz cumprimentou o Comissário
        e Şerif Bey: "Olá, meu nobre"
e sentou na terceira mesa
             que era a dele.
Os grãos foram devidamente registrados.

O Aiatolá Efêndi do ulemá de Erzurum
com seu turbante branquinho, bolsa e barba muito preta
        se exila voluntariamente de sua terra
        e vem para esta cidade mediterrânea em 1899.
E com seu hálito acre ele exorciza os espíritos malignos
             que molestam uma viúva local.

---

[231] Alfred de Musset (1810-1857): poeta e escritor francês, representante da vertente sentimental do Romantismo, influenciou, entre outros, Álvares de Azevedo.

Ele se casa com ela
e com seu pomar de laranjeiras e 5 mil acres de terra.
Hüseyin Yavuz é o produto desse casamento.
Faz tempo que seus pais entregaram a alma ao compassivo Criador,
mas os pomares de laranjeiras continuaram a se desenvolver
e a se multiplicar ano após ano.

Hüseyin Yavuz é muito alto e magricela
um pouco corcunda
os olhos saltados
   as orelhas grandes
      o cabelo ralo.
Sua filha estuda em Istambul:
   ela é tão bonita quanto uma boneca.
A cada começo de ano ele leva pessoalmente a menina para a escola
   e nos feriados ele mesmo a leva e traz.
Às vezes ele pensa:
  se a menina morresse, ele se mataria — não aguentaria mais viver.
E quando esse pensamento lhe ocorre
    ele se tranca no quarto por dias e noites
      — de todo modo, já é um alcoólatra mesmo.

Sua esposa — 45 anos aproximadamente
baixa e atarracada, sempre de véu e capote —
    é amante do banqueiro Fevzi Bey.
Hüseyin Yavuz manda do próprio bolso estudantes para a Europa.
    Mas mantém isso em segredo
     e, se lhe perguntam, nega:
      "As boas e as más ações
        devem ser mantidas em segredo."

Ele se interessa por política.
E porque foi prisioneiro dos ingleses durante a Grande Guerra
       tornou-se amigo dos alemães.

Adora a América:
"Imagina só o que é ser um bilionário,
                    bi-lio-ná-rio!
Os barões do petróleo, os magnatas do aço, os magnatas do carvão
                    são todos americanos.
Se eles nos dominarem, a gente está feito!"
Yavuz exportava gergelim para a América antes da guerra...

Mustafá Şen chegou e se acomodou à segunda mesa
        entre Koyunzade Şerif Bey e Hüseyin Bey.
Mustafá Şen é um homenzinho de cabelo vermelho
        e nariz incrivelmente longo.
Suas mãos brancas e sardentas se mexem sem parar
e os cílios incolores tremulam incessantemente.
Trabalhou por anos como funcionário público
e, dando e recebendo propinas, acumulou seu primeiro capital.
Seu pai veio da Síria, sua mãe, de Burdur[232]
e dizem que ele mesmo é bastardo.

Mustafá Şen possui um grande escritório em Istambul:
tem parceria com exportadores gregos e armênios
(ele cortou relações com os judeus
            depois do pacto de junho de 41[233] com a Alemanha).
Mustafá Şen toca o *saz* muito bem;
        sua voz é doce e pegajosa como mel filtrado.
E gosta de jogar.
Mustafá Şen dá conselhos aos agás
        e até mesmo a Koyunzade Şerif Bey.
Desde que o "monopólio da Secretaria" foi criado
Mustafá contrabandeia trigo para Rodes e para a Itália
        e traz cimento e latão desses lugares.

---

[232] *Burdur*: cidade ao sudoeste da Turquia.

[233] "Pacto de junho de 41": referência ao pacto de amizade entre Turquia e Alemanha assinado a 18 de junho de 1941.

O governador
sabe disso
mas fecha os olhos para que cimento e latão cheguem à cidade...

Ali Çâviş entrou no salão
e, antes de se sentar à mesa, conversa com Mustafá Şen:
"Você já pensou no encarregado da Secretaria, Mustafá Bey?"
"Já pensei, sim, agá."
"O que você pensou?"
"Eu pensei o seguinte:
você leva o encarregado para D...
                Ficam lá uma semana,
                    traz ele de volta
e deixa o resto comigo.
Entendeu?"
"Entendi."
Ali Çâviş sorriu:
uma escuridão oleosa e cheia de rugas,
            rasgada por dentes muito brancos:
Ali Çâviş é um negro gigantesco.
Ele veio da Tripolitânia.
Tem uns 65 anos.
Não sabe ler nem escrever.
Até o fim da Grande Guerra
                era pirata, contrabandista e bandoleiro.
Com a República abriu seu primeiro escritório.
E à época de prestar contas ao fisco
seus contadores carregaram numa sacola
              as escrituras de suas terras e propriedades.
Ele adora mulheres brancas
    (especialmente gordas e loiras)
mas detesta olhos azuis.
Acha que dão azar.
Sua primeira esposa era uma grega de Quios.

Mãos e braços rechonchudos:
se colocasse uma avelã na dobra do dedo, ficava.
Ela desapareceu durante a Guerra dos Bálcãs.
Dizem que fugiu
mas também pode ter sido morta
pelo marido ou por gregos anatolianos locais.
Ali Çâviş raptou sua segunda esposa de um vilarejo em Elmalı.
Um pêssego de garota turca.
Deu à luz um menino
branco como papel
e veio a morrer depois.
O garoto estudou direito na Alemanha.
Agora tem um negócio
do qual seu pai é sócio
— mas ele não se satisfaz só com negócios:
está também na cama da madrasta
(embora tenha se casado recentemente
com uma das filhas do governador).
Ali Çâviş achou sua terceira esposa no bordel:
os quadris largos e brancos e duros como pedra
os lânguidos olhos esverdeados sombreados pelos cílios muito pretos
e pulseiras de ouro maciço
enfileiradas dos pulsos rechonchudos até os cotovelos.

Um dia fizeram insinuações a Ali Çâviş a respeito de seu filho.
Ali Çâviş não era um Otelo ciumento.
Lambeu os lábios grossos e roxos com sua língua de negro
pontuda e rosada:
"Pois é", ele disse, "pois é,
meu filho e eu somos parceiros;
ele tem de ajudar o pai de todas as maneiras.
Assim sua madrasta não vai precisar de estranhos
e as despesas caem pela metade.
Uma esposa jovem dá muita despesa."

Ali Çâviş andava com a cabeça descoberta
      — ele nunca usava chapéu —
      e as calças remendadas.

Cebil Bey, de Quios, entrou no salão da Bolsa.
Seu cabelo era longo e cacheado, e usava uma barba pontuda
que escondia a cicatriz que tinha no queixo.
Seus olhos pareciam de pássaro:
           redondos
              e quase sem a parte branca.
Com seu sotaque melífluo Cemil Bey fazia fofocas terríveis
      que perturbavam as pessoas.
Do governador ao coletor de impostos
dos Koyunzade ao quitandeiro do bairro
ele mantinha arquivos confidenciais sobre todas as pessoas que conhecia:
arquivos organizados e atualizados mensalmente.

Cemil Bey tem um moinho de arroz e farinha de trigo
e é presidente do conselho administrativo
           da Empreendimentos Cretenses.

O salão da Bolsa de Mercadorias estava lotado:
de um lado do parapeito, os agás estão às mesas
           — os cinco grandes efêndis da província —
           os secretários e corretores
gracejando uns com os outros entre as mesas
embora, secretamente, inimigos uns dos outros.
Do outro lado do parapeito, os camponeses e os Yürük
a maior parte ainda de pé...
Eles murmuram entre si
mas é tanta gente que murmura
           que o salão zumbe.
Koyunzade Şerif Bey gritou:
"Já chega! Calem a boca!
Minha cabeça está estourando!"

Eles se calaram
e o salão ficou em silêncio, exceto pela risada negra e infantil
   de Ali Çâviş
       e o estalido da máquina de escrever do comissariado.
Tudo estava pronto.
Esperavam a chegada do presidente da Secretaria de Agricultura.

Ao lado, no escritório da Secretaria, o diretor Kemal Bey,
        conversava com o camponês Ahmet.
O rosto do camponês lembrava uma noz ressecada
e parecia sorrir com tristeza.
Kemal era jovem
   e este era seu primeiro emprego no setor público.

Como rezava no decreto do Comitê Governamental
de 30 a 75 por cento dos grãos
       (30 — 50 — 75%
       dependendo da quantidade produzida)
tinham de ser vendidos à Secretaria da Agricultura.
O restante não precisava ser vendido
     mas, caso fosse, também tinha de ser para a Secretaria.
Depois de os camponeses e os Yürük terem vendido sua porcentagem
   à Secretaria,
     eles levavam o restante para os seus agás
e os agás o repassavam para a Secretaria por meio da Bolsa
— e isso deixava Kemal Bey furioso.

Kemal discutia mais uma vez esse assunto com o camponês:
"Você deu trinta por cento para a Secretaria,
     é obrigatório."
"Dei, sim, meu bey, é obrigatório."
"Sobrou setenta por cento."
"Sobrou, sim."
"Mas você não vai vender isso para a Secretaria."

"Não vou."

"Para quem você vai levar?"

"Pros Koyunzade."

"Mas os Koyunzade vão vender para nós:

não dá para vender em outro lugar,

é obrigatório."

"Ele vai vender para o senhor, meu bey; é obrigatório."

"Para mim não, para a Secretaria."

"Para a Secretaria."

"Então por que levar para o Koyunzade?

Você vai dar dois por cento de comissão

para o cara nas suas costas

mais um por cento para o corretor

acrescente a taxa de medição

sem contar a manipulação da balança."

O camponês deu risada.

A princípio hesitante,

mas depois, com coragem, ele disse:

"O problema está na balança;

a sua balança mostra menos peso."

Kemal Bey olhou para o camponês:

"Então quer dizer que é a nossa balança que mostra menos

e não a deles.

Quando a gente pesa os trinta por cento, ainda assim mostra menos?"

"Não, aí mostra mais.

O senhor é o governo, meu bey;

por acaso o governo causa prejuízo para si mesmo?"

Kemal deu risada:

"Então a nossa balança..."

O camponês baixou o olhar e, arguto, suspirou:

"Está viciada."

"Quem disse?"

"Todo mundo diz isso,

até mesmo os peludos Yürük."

"Você entende de balanças e de números?"

"Não."

"Os Yürük entendem?"

"Que nada!

Os caras são simples pastores."

"Então quem entende de balanças e de números?"

"Os agás:

Mustafá Bey, Ali Çâviş, Koyunzade Şerif Bey,

todos os agás.

Eles entendem de balanças e de números..."

Kemal ficou rubro:

"Então quer dizer que essa propaganda é trabalho deles.

Filhos da puta.

Vou escrever para a Diretoria Geral."

O camponês ficou com medo

e, confuso, olhou para Kemal:

era a primeira vez que ele ouvia uma pessoa do governo xingar um agá.

Kemal indagou:

"Você deve algum dinheiro para Koyunzade?"

O camponês titubeou antes de responder.

"Pode dizer: você deve?"

"Devo, sim, umas duzentas notas."

"Por que você não pegou do Banco da Agricultura?"

"O agá pega do banco e distribui para a gente."

"Quanto você vai pagar de juros?"

"Dez notas em cem, então vinte em duzentos.

Eu também trabalhei um pouco no arrozal do agá."

"Você recebeu por isso?"

"Eu não cobraria por um trabalho tão pequeno.

Além disso, se eu tiver algum trâmite com o governo,

ele vê isso para mim de graça."

"Por que você recorre a esses cafetões?

Por que você mesmo não cuida disso?...."

O camponês estava cada vez mais confuso:

Por um lado, pensava:

"Será que esse cara sem pelos ficou louco ou é simplesmente burro?"
e, por outro, sentia um estranha tristeza no seu íntimo:
"Eles não vão deixar esse cara aqui; vão mandá-lo embora", pensava.
"Mesmo com o apoio do governador,
                os agás vão mexer os pauzinhos e expulsá-lo."

"Se o assunto for pequeno, eu mesmo tomo conta,
mas se for grande, eu coloco nas mãos dos agás."
"Que excelente ideia..."
Kemal Bey levantou da mesa com raiva:
"Então você não vai vender os setenta para a Secretaria?"
O camponês permaneceu em silêncio.
"Ou você já levou para Koyunzade?"
"Já levei."
"Então veja só como ele vai vendê-los para mim;
                é obrigatório..."
"É obrigatório..."
"Mas os seus dois por cento vão para o bolso do cara."
"Vão, sim."
Kemal deu risada:
"Isso também é obrigatório?"
O camponês riu:
"É obrigatório, sim..."

III

A província de D... faz fronteira com a província de X...
A cidade de D... é a capital da província.

A cidade de D... é cruzada por riachos
cercada de montes áridos
e nas imediações há vinhedos e pomares.

Os vinhedos produzem um vinho de cheiro pesado como *pekmez*
— um golinho
    e sua viscosidade gruda nos lábios
e sua chama arde por dias, não na barriga
          mas no coração.
Beba uma garrafa
    e, se não estiver acostumado, você é atingido por um relâmpago
        e desaba.
E quando se acostuma
      você não consegue ficar sem beber dia e noite
sua cabeça flutua como o sol dourado numa névoa azul
a preguiça se apodera de todas as suas articulações
a barriga incha
e sua mulher o expulsa da cama:
      adeus, virilidade...

A cidade de D... se sustenta apenas da tecelagem
    (o vinho não é destinado à exportação, é consumido localmente).
Toda casa tem teares.
Só as mulheres tecem e controlam quem tece.
Os teares são propriedade das mulheres.
As mulheres de lá
      — robustas, de rosto rechonchudo e bochechas vermelhas
        como maçãs —
instituíram algo como um matriarcado:
são completamente safadas.
E a cidade não tem sequer um prostíbulo.

O presidente da Secretaria, Kemal, não acreditava nisso:
"Como pode uma coisa dessas?"
"E por que não?
A minha terceira esposa vem daí."
"Então você bate na porta que você quiser..."
"Mas tem um porém: a mulher tem que gostar de você também."
"Não brinque comigo, Ali Ağa; isso não existe..."

O negro estendeu sua mão de longos dedos pretos:
"Vamos fazer uma aposta, Kemal Bey,
                    toca aqui..."
Kemal não deu a mão:
"Como assim? Que tipo de aposta?"
"Vamos para D...
Se o que eu disse é verdade, você paga um jantar;
                    se for mentira, eu pago."
"E quanto é que essas mulheres ganham?"
"Você acha que essas mulheres que ganham são putas?
Só temos que pagar as despesas de comida e bebida..."

E Ali Çâviş, seguindo o conselho de Mustafá Şen,
                    levou o secretário à cidade.
Era de tarde quando desceram do ônibus
e naquela mesma noite Kemal Bey —
surpreso por encontrar dois teares manuais
                    trabalhando no primeiro andar
em um quarto com divãs e tapetes no chão e nas paredes
e uma maravilhosa cama de nogueira —
perdeu a aposta com uma linda morena, mãe de duas crianças.
A mulher tocava o *ud* maravilhosamente
e Kemal logo percebeu
que as crianças, de cinco ou seis anos de idade,
                    não se pareciam nem um pouco.
Ele também conheceu o marido da mulher
— um homem de bochechas vermelhas, barriga enorme e espirituoso
que bebeu um copo de vinho à mesa e foi embora.

Kemal perdeu a aposta
mas mesmo assim Ali Çâviş pagou o jantar.
Eles ficaram em casas separadas por duas semanas.
E quando voltaram, Ali Çâviş deixou Kemal Bey na Secretaria
                    e correu para o escritório de Mustafá Şen.
Mustafá Şen esfregou as mãos cheias de sardas:

"Esse serviço acabou", disse a Ali Çâviş, "acabou.
O secretário não vai dar problema mais..."

Mas Mustafá Şen estava enganado:
        "esse serviço" não tinha acabado.
Uma semana depois, os Empreendimentos Cretenses
        ofereceram à Secretaria
                arroz a 40 *kuruş*
    (a venda de arroz ainda não fora regulamentada) —
Kemal Bey deu 35.
Ali Çâviş interveio
    em vão.
Koyunzade quis vender à Secretaria o seu arroz podre
        a 35 *kuruş*.
Kemal Bey não comprou.
O gerente do banco se interpôs
      mas não deu em nada.
O delegado interveio
    em vão.
Assim mesmo, recorrendo
uma manhã a um fato consumado,
Koyunzade despejou as sacas de arroz diante dos celeiros da Secretaria.
Kemal Bey não deu bola.
Por volta do meio-dia ligaram do palácio do governo para Kemal Bey:
    "O Inspetor do Partido quer vê-lo imediatamente."
"Agora não posso. Estou muito ocupado.
           Passo aí no fim da tarde", disse.
E em menos de meia hora
    chegou à Secretaria o Intendente do Regimento
      — ele era da mesma cidade que Kemal Bey —
e, com uma enxurrada de palavras, arrastou Kemal Bey até o Partido...

O rosto do Inspetor do Partido
     — que parecia ter sido moldado em gesso —
era branco e chupado e tinha queixo duplo.

Ele gostava de folclore

e colecionava cantigas populares como se fossem selos.

Quando Kemal Bey entrou na sala,

as largas costas do Inspetor estavam viradas para a porta

os dedos grossos tamborilando na vidraça.

Ele não se virou para olhar,

mas seguiu percutindo os dedos.

Kemal esperou em pé por um tempo,

depois se sentou numa das poltronas

fazendo barulho de propósito.

O Inspetor se voltou rapidamente

  e foi para cima de Kemal:

"Por que é que você não veio quando foi chamado?"

Kemal se pôs de pé:

"Eu tinha assuntos urgentes, senhor."

"Você parece um jovem rebelde.

Por acaso o governo criou a Secretaria para que você dificultasse

       a vida do povo?"

"Eu não dificulto a vida do povo, senhor."

O Inspetor arregalou o máximo que pode os olhos azuis e pálidos:

"Tudo bem, você não dificulta a vida do povo,

mas você não tem nenhum respeito pelos notáveis da cidade?

Você sabe o que significa ser membro da Assembleia Geral?"

"Sim, senhor, eu sei."

"Mentira.

Você não sabe de nada.

Por que é que você não comprou o arroz do Koyunzade Şerif Bey?

Por que ele não deu propina?"

"Eu não aceito propina.

Todo o arroz do Koyunzade está podre.

Se eu comprasse, eu seria responsável e o Tesouro teria prejuízo."

"E cabe a você pensar no Tesouro?

A gente é o quê?

A gente não pensa no Tesouro, é isso?

Agora vá
— compre urgentemente o arroz
a 35 *kuruş*.
Ele já entregou no seu celeiro mesmo.
E o pobrezinho mostrou tanta boa vontade.
Filho, não dificulte a vida dos produtores.
É nosso dever proteger a riqueza nacional.
Devemos ajudar a economia da República.
Entendeu, meu filho?
Não se torne conhecido pela burocracia,
mas sim por ajudar as pessoas.
Um de nossos seis princípios é o populismo.
Agora, meu filho,
não me envergonhe,
Eu prometi a Şerif Bey."
Condoído, Kemal falou
sem teimosia, mas quase implorando:
"Não posso, senhor, eu seria responsável..."
O Inspetor olhou com repulsa nos olhos castanho-claros de Kemal:
"Quando você quis comprar dos cretenses
você não pensou em responsabilidade?"
"A mercadoria deles não estava podre, meu senhor,
só um pouco quebrada,
então dei 35."
O Inspetor ergueu os braços curtos:
"Você dá 35 pelo arroz quebrado e sujo de uma firma cretense,
mas não aprecia uma mercadoria genuinamente turca.
E nesses anos de crise em que damos o suor do nosso rosto
— o partido, o governo, a assembleia —
para estabelecer a hegemonia turca na nação turca!"
O Inspetor baixou os braços
e se calou.
Andou de um lado para outro
até que parou diante da janela
e começou a tamborilar novamente.

Virou-se e ficou novamente cara a cara com Kemal
                    inclinou-se para o jovem
                    e perguntou como se o esbofeteasse:
"De onde você é?"
"Akşehir."
"Mentira.
O povo de Akşehir é turco e corajoso.
Você é um inimigo da raça turca.
Olhe para mim, rapaz,
(esticou dois dedos bem diante de Kemal)
eu posso furar os olhos de um homem...
Você sabe quem eu sou?"
O rosto fino e comprido de Kemal ficou vermelho
                    como se mergulhado em sangue
seus braços e ombros começaram a tremer
e então ele rompeu em soluços feito uma criança rebelde e desesperada.
Tentou se conter
mas os soluços, incessantes, continuaram a vir
e as lágrimas rolaram como chuva por suas bochechas morenas.
Por fim, conseguiu gritar num fôlego só:
"Eu não vou comprar,
            não vou comprar o arroz do Koyunzade,
                        não vou comprar..."

Cobriu o rosto com as mãos
                recuou passo a passo
                virou-se
                e, de cabeça baixa, saiu correndo da sala.

....
....
....

À noite Kemal não conseguia conciliar o sono:
revoltado contra a injustiça e com medo de ser despedido.

A rebeldia tomou a dianteira nas primeiras horas da noite
mas ao amanhecer o medo se fez presente.
E quando, às oito, sentou à sua mesa na Secretaria
     Kemal Bey se sentia totalmente derrotado:
"Você é um idiota,
     um imbecil", disse para si mesmo.
E esperava um telegrama de Ancara com a ordem:
"Renuncie imediatamente."
E esperava que o telefone tocasse:
"Koyunzade baixou cinco *kuruş*;
não prolongue isso, compre por trinta."
O telegrama não chegou e o telefone não tocou
mas por volta das nove horas
     ouviram-se gritos e ruídos vindos de fora
     seguidos pelo barulho de vidro estilhaçado.
O contador irrompeu na sala
— um homem baixo, gordo
as mãos perdidas nas longas mangas da jaqueta.
"Kemal Bey", disse, inflando as bochechas,
               "invadiram a Bolsa!
       Estão vindo para cá..."
"Quem invadiu? O que está acontecendo?"
"A gente da rua.
Todo o povo da cidade está na escada.
Eles querem trigo."
"Ligue urgentemente para a polícia.
       Eu vou ver."
Enquanto o contador ligava para a polícia, Kemal disparou para fora.

Diante da porta da Secretaria, no salão da Bolsa, na escada:
uma multidão de gente.
Havia de 100 a 150 pessoas
mas para Kemal pareciam milhões.
Mulheres, homens, famílias inteiras
pessoas descalças, de tamanco, de boina, de véu, sem véu

com barba por fazer e olhos impetuosos
　　　milhões de pessoas como milhões de formigas.
A vitrine do salão foi estilhaçada.
Kemal sentiu tontura
e seu olhar enevoado só enxergava uma menina
sentada no chão sob uma saia preta
　　　　　chorando
os pezinhos descalços e enlameados cortados por cacos de vidro
　　　　　　　　sangrando.
Os gritos aumentaram com a chegada de Kemal:
"A gente quer pão!"
"Peguem o trigo! Para quem vocês estão guardando?"
"Esses porcos comem o melhor pão."
"Claro que comem; eles têm trigo."
"Sem trigo não arredo o pé daqui..."

Eles vinham dos subúrbios da cidade
de choupanas feitas de barro, com telhados de bambu.
Trabalham nos arrozais.

Quatro policiais apareceram lá embaixo.
Queriam subir as escadas
mas o povo não deixou.
Dois deles insistiram
— foram espancados.

Kemal correu para a sua sala
e ligou para o governador:
"Senhor, estou ligando da Secretaria;
　　　　　tem uma multidão aí fora!"
"Eu sei.
Tem talvez umas quinhentas pessoas aqui também.
Uma parte está saqueando as sacas de arroz do Koyunzade
　　　　　em frente ao seu celeiro.
Estou indo para aí."

O governador chegou
junto com centenas de pessoas que corriam atrás de seu automóvel.
A rua enfileirada com acácias estava apinhada de gente.
Aos gritos abriram espaço para o governador.
Alguém atirou um sabugo de milho pelas costas.
O governador subiu as escadas
mas não deixaram os três policiais que queriam segui-lo.
O governador entrou na sala de Kemal
e implorou como um mendigo pedindo dinheiro:
"Distribua o trigo, pelo amor de Deus, rápido!"
Kemal olhou para o rosto suado e pálido do governador:
"A não ser que eu receba ordens da Diretoria Geral, senhor,
                        não posso; eu seria responsabilizado."
Com os dois dentes dianteiros, de platina, brilhando,
o governador berrou como se lhe desse um puxão de orelha:
"Você seria responsabilizado? E eu, o que seria?
Eles vão se revoltar, se revoltar!
                Sangue será derramado..."
E desabou na cadeira de Kemal,
            exausto, e sussurrou:
"Se isso crescer, eles vão me despedir.
Tenho uma família, meu filho.
Você é jovem e solteiro."
"Vamos mandar um telegrama para a Diretoria Geral em Ancara."
"Demoraria até obtermos a resposta.
Não temos tempo para isso."
"Então o senhor me dê uma ordem por escrito, governador."
"Não posso.
Eu seria responsabilizado;
não posso dar um passo além da minha autoridade."

Lá fora a agitação rebentava.
Atiraram uma pedra na janela
e arrombaram a porta da sala a pontapés.

Os policiais apitavam sem parar.

O governador se levantou de um salto:

"Vou ligar para o regimento. Eles têm que enviar soldados.

Os policiais não vão dar conta."

Pegou o telefone

e olhou para Kemal como se estivesse pedindo socorro.

Kemal não disse nada.

O governador pôs o telefone no gancho.

"Não dá,

não dá para ligar para o regimento, não é?

Vão dizer que não consegui controlar um pequeno incidente como este,

                                                    não é?

Me responda.

Por que você não diz nada?

Me dê um conselho."

De repente, o rosto fino e comprido de Kemal enrubesceu

                              com um orgulho enorme.

Ele sentiu, súbita e incontrolavelmente,

                  o egoísmo secreto de seu sacrifício.

Com uma sutil compaixão por si próprio

disse com a voz embargada:

"Está bem, vou dar o trigo;

assumo toda a responsabilidade.

Se eles quiserem, podem me levar para o tribunal.

Quantas toneladas de trigo o senhor quer?"

"Cinquenta

— sei lá,

digamos sessenta toneladas."

"Vou lhe dar quatrocentas toneladas."

Ele deu o trigo

e imediatamente mandou um telegrama para Ancara.

Dois dias depois veio a resposta:

"Continuem a controlar a situação."

Então o problema desapareceu.
E Kemal se sentiu tão contente, com tanto orgulho de si mesmo
e tão satisfeito, que disse:
"Não vamos esquecer o Inspetor do Partido.
Por que não comprar também o arroz do Koyunzade?"
E ele comprou o que restou da pilhagem a 40 *kuruş*.
E colocou num envelope azul, no bolso de seu paletó,
o dinheiro de seu primeiro suborno.
E no dia seguinte foi para a cidade de D...:
estava com saudades do *ud* e da carne da jovem morena
mãe de dois filhos.

SEGUNDA PARTE

I

"Estou deitado no fundo do Atlântico, efêndi,
apoiado sobre meu cotovelo,
no fundo do Atlântico.
Olho para cima:
vejo um submarino,
lá em cima, bem lá em cima, sobre a minha cabeça,
a cinquenta metros de profundidade, passando
feito um peixe, efêndi,
cerrado e circunspecto feito um peixe
dentro de sua couraça e da água.
Lá a luz é azul-claro.
Lá, efêndi,

lá é verde, verde,

lá é brilhante,

lá há milhões de velas flamejando como estrelas.

E lá, ó minha alma de quebra-mar de ferro,

há acasalamentos sem esperneios, partos sem gritos,

a primeira carne a se mexer no mundo,

a lascívia íntima de uma cumbuca de *hamam*,[234]

       de uma cumbuca de *hamam* com um pássaro de prata,

e os cabelos ruivos da primeira mulher que eu possuí.

Lá, ervas coloridas, árvores sem raiz,

     criaturas ondulantes do mundo marinho,

lá, a vida, o sal, o iodo,

lá, dona cegonha, está a nossa origem,

        lá está a nossa origem,

e lá há um submarino,

traiçoeiro, ardiloso e de aço.

A luz se infiltra até quatrocentos metros.

Depois, a escuridão total,

    a profunda escuridão total.

Só que às vezes

     peixes esquisitos atravessam a escuridão

           propagando luz.

Daí, eles também somem.

Depois disso, só camadas e camadas de água espessa,

águas definitivas e absolutas de breu

até alcançar o fundo

      — e lá no mais profundo: eu.

Estou deitado, dona cegonha,

estendido no fundo do Atlântico,

      apoiado sobre meu cotovelo

      e olhando para cima.

---

[234] "Cumbuca de *hamam*": no original, *hamam tası*; designa a vasilha, geralmente feita de prata, usada para despejar água no *hamam*, banho turco.

A Europa e a América estão separadas
        apenas na superfície do Atlântico
               e não em suas profundezas.
Navios-tanque passam lá em cima, bem lá em cima,
                    um depois do outro.
Vejo a quilha,
     a quilha.
As hélices giram felizes.
E o leme parece tão esquisito dentro da água
que dá vontade de ir lá e girá-lo eu mesmo.
Tubarões passam debaixo dos navios;
vejo suas bocas
      em suas barrigas.
De repente os navios se assustam,
sem dúvida não por causa dos tubarões.
O submarino disparou um torpedo, efêndi,
           um torpedo.
Olho para os lemes dos navios
frenéticos e amedrontados.
As quilhas dos navios parecem estar pedindo socorro,
os navios tentam se proteger como um homem querendo
proteger seu ponto mais fraco, o ventre, de uma facada.
De um, agora são três, seis, sete, oito submarinos.
Os navios-tanque abrem fogo contra o inimigo
e, despejando na água, seus homens e suas cargas
           começam a afundar.
Diesel, querosene, gasolina —
a superfície do mar pega fogo.
Agora um oceano de chamas flui lá em cima,
um oceano oleoso e grudento
de chamas, efêndi.
Um vermelhaço, um azulão, um negror —
uma cena do caos da criação da Terra.
A superfície do mar está um pandemônio.
Os destroços se dispersam e fazem espuma.

Olhe para o navio-tanque indo a pique, efêndi,
parece um sonâmbulo,
                    um lunático.
Atravessou o tumulto
e mergulhou no calmo paraíso do mundo marinho.
Mas continua afundando,
perdido na escuridão molhada.
Logo não vai aguentar a pressão e vai se romper.
E talvez o mastro, efêndi, talvez a chaminé
                    daqui a pouco caia perto de mim.
O mar lá em cima está pejado de homens.
E são despejados feito sedimento,
        assentando feito sedimento no fundo do mar, dona cegonha.
De cabeça para baixo, de cabeça para cima,
seus braços e pernas se estendem e se encolhem, procurando por algo.
E sem encontrar nada nem lugar algum onde se agarrar
eles também seguem para o fundo.

Inesperadamente um submarino cai bem ao meu lado.
A escotilha da ponte de comando se abre
                    feito a tampa despedaçada de um caixão
e de dentro sai Hans Müller, de Munique.

Antes de se tornar um submarinista na primavera de 1939,
                    Hans Müller, de Munique,
era o terceiro soldado à direita no Quarto Esquadrão
            da Primeira Companhia
do Sexto Batalhão das Tropas de Assalto de Hitler.
Hans Müller, de Munique,
            tinha três amores:
1 — Uma loira gelada de colarinho branco.
2 — Anna, rechonchuda e branca como uma batata da Prússia Oriental.
3 — Chucrute.
Hans Müller, de Munique,
            tinha três deveres:

1 — Prestar continência a um superior
       rápido como um raio relampejante.
2 — Fazer juramentos sobre seu revólver.
3 — Prender pelo menos três judeus por dia
       e lançar pragas contra a estirpe deles.
Hans Müller, de Munique,
       tinha três pavores
       na cabeça, no coração e na língua:
1 — *Der Führer*.
2 — *Der Führer*.
3 — *Der Führer*.
Hans Müller, de Munique,
       com seus amores, deveres e pavores
       viveu
       feliz
       até a primavera de 1939.
E se surpreendeu
       com a reclamação de Anna,
rechonchuda e branca como uma batata da Prússia Oriental
e majestosa feito uma ópera wagneriana em dó maior,
       acerca da escassez de batatas e ovos.
Ele lhe dizia:
'Imagina só, Anna,
eu vou usar um cinto de munição novinho em folha
e botas reluzentes.
Você vai vestir um vestido longo e branco
       e colocar flores de cera no cabelo.
Passaremos por baixo de espadas cruzadas.
E com certeza
teremos doze filhos, todos homens.
Imagina só, Anna,
se não fabricarmos nossas armas hoje
para que a gente possa ter ovos e manteiga
como é que os nossos doze filhos vão guerrear amanhã?'

Os doze filhos do muniquense nunca foram para a guerra
porque nunca nasceram,
porque antes mesmo de o casamento com Anna se consumar, efêndi,
            o próprio Hans Müller foi para a guerra.
E agora, no fim do outono de 1941,
            ele está bem ao meu lado
                no fundo do Atlântico.
Seu cabelo ralo e loiro está molhado,
o nariz pontudo e vermelho deixa transparecer certo remorso
        e os cantos de seus finos lábios, tristeza.
Embora esteja bem ao meu lado,
ele olha para mim como que de longe,
como olham os mortos.
Eu sei que ele nunca mais vai ver Anna,
beber uma loira gelada
            ou comer chucrute.
Eu sei de tudo isso, efêndi,
mas ele não sabe de nada.
Seus olhos estão cheios de lágrimas
que não serão enxugadas.
Tem dinheiro no bolso,
que não vai se multiplicar nem acabar.
Porém o mais engraçado de tudo
é que ele não pode matar ninguém
nem morrer mais.
Daqui a pouco seu corpo vai inchar,
subir à superfície,
balançando nas águas,
e seu nariz pontudo será devorado por um peixe.

Olhando para Hans Müller, dona cegonha, e pensando em tudo isso,
de repente apareceu ao nosso lado
            Harry Thompson do porto de Liverpool.
Ele era timoneiro num dos navios-tanque.
Seus cílios e sobrancelhas estão chamuscados,

os olhos fortemente fechados.
Era gordo e estava barbeado.
Thompson tinha uma esposa:
uma mulher parecida com uma vassoura,
parecida com uma vassoura, efêndi,
       magra, alta, exigente e organizada
e, tal como uma vassoura de teto, desajeitada.
Thompson tinha um filho:
um garoto de seis anos, dona cegonha,
gordinho, pele rosada — um pêssego.
Pego na mão de Thompson,
mas ele não abre os olhos.
'Você morreu', digo.
'Sim', ele diz, 'pelo Império Britânico e pela liberdade:
pela liberdade de xingar Churchill, se eu quiser, mesmo durante a guerra,
e pela liberdade de passar fome, mesmo eu não querendo.
Mas essa última liberdade vai mudar:
não vamos passar fome ou ficar desempregados depois da guerra.
Um dos nossos lordes está preparando uma resolução:
justiça sem revolução.
Churchill disse: *Eu não estou aqui para desmantelar*
                      o Império Britânico.

E não estou aqui para fazer revolução:
o arcebispo de Canterbury,
      o presidente do nosso sindicato,
          e a minha mulher
              não consentem.
I beg your pardon.
Só isso.
Ponto. Fim.'

Thomson se cala
e não abre mais a boca.
Os ingleses não são muito de falar
      — especialmente ingleses e com pouco senso de humor.

Ajeitei Thompson ao lado de Müller.
Eles incharam juntos
e juntos subiram à superfície.
Os peixes devoraram Thompson com gosto
mas não tocaram no outro
com medo, pelo visto, de que a carne de Hans estivesse envenenada.
Não subestime um animal, dona cegonha.
Você também é um animal,
        mas um animal inteligente..."

E Cevdet Bey olhou para a cegonha com afeto.

A noite estava impregnada do aroma de laranjas-azedas.
Cevdet Bey estava no jardim com sua cegonha
ouvindo o rádio que levara até ali.
De Londres ouviam notícias da Guerra do Atlântico.
Bebendo umas e outras, Cevdet Bey
achou graça ao se imaginar
no fundo do Atlântico.
Com as asas aparadas,
a cegonha estava com o bico longo e vermelho
enfiado no peito branco
e dormitava sobre um pé só.
Lá embaixo no porto
estendia-se o mar Mediterrâneo, feito uma jovem mãe
        com peitos nus e generosos
        e olhos sorridentes.
E lá em cima as cravinas esticavam seus pescoços finos e compridos
        para escutar o ar.
As estrelas explodiam entre as folhas da laranjeira-azeda.
E o jardim, o copo e o coração de Cevdet Bey se encheram
com as lembranças de uma mulher que ele não conseguia esquecer.
Agora — nem o fundo do Atlântico
        e nem os que jazem no fundo do Atlântico.

Os que morreram ao nosso lado
        afastam os que morreram longe de nós.
E cinco anos atrás a esposa, Leylâ Hanım,
          tinha morrido nos braços de Cevdet Bey
            (não por causa de Hitler
ou pelo Império Britânico ou pela liberdade de poder xingar Churchill
ou mesmo pneumonia ou câncer ou algo do gênero)
         mas só porque sua hora
            havia chegado.

"Eles já entraram em Moscou, Cevdet Bey?"
"Cevdet Bey, pelo amor de Deus, nos dê a boa nova!"
"Cevdet Bey, quais são as notícias de Londres?"
"Eles já entraram em Moscou, Cevdet Bey?"

Cevdet Bey acordou de seu devaneio
e estremeceu como se repentinamente sentisse frio.
Olhou para os interlocutores:
Cemil Bey, de Creta, Mustafá Şen e Koyunzade
— três dos cinco maiores efêndis da província
estavam diante da porta.
Voltavam do clube
meio grogues
e felizes da vida
    sob as acácias
        nessa quente e alegre noite mediterrânea.

"Cevdet Bey, quais são as notícias de Londres?"
"Eles já entraram em Moscou, Cevdet Bey?"

E sem esperar a resposta de Cevdet Bey
rindo espalhafatosamente uns dos outros
eles se afastaram, trançando de leve as pernas.

Cevdet Bey relaxou na espreguiçadeira
observando as laranjas-azedas e as estrelas:
as laranjas, perto — as estrelas, longe.
E Cevdet Bey sentiu vontade
          de tocar, não as laranjas, mas as estrelas.
Ainda deitado
colocou os óculos
     e, sem virar a cabeça,
          tentou achar Moscou no rádio:
o mundo e o país,
a casa e a árvore,
o homem, o chacal e o lobo
e todos os rios
— o Gânges, o Amazonas, o Nilo, o Volga, o Meandro —[235]
e todas as palavras e todos os movimentos:
cada vez mais próxima e mais alta
          uma melodia majestosa preenchia o jardim do Mediterrâneo.
Cevdet Bey fechou os olhos
e, como que abandonando a mão ao movimento do mar,
entregou seu velho coração à sinfonia.

O rádio debaixo da laranjeira era um modelo de 1939 de oito válvulas
e os nomes das estações reluziam
feito um misterioso reino de fadas.

O rádio da penitenciária era um modelo de 1929 de quatro válvulas.
Enviaram-no do Centro Comunitário quinze dias atrás
e o instalaram no corredor.

Lá fora, na noite fria e vítrea
a estepe estava gelada, os pelos todos eriçados.

---

[235] "Meandro": rio que nasce no centro-oeste da Turquia, perto de Dinar, e deságua
no mar Egeu, próximo à antiga cidade de Mileto. Também chamado de Menderes, seu cur-
so extremamente sinuoso está na origem da palavra "meandro".

Dentro, a penitenciária dormia.
Apenas quatro pessoas estavam acordadas:
o guarda em seu posto
                (aquecendo-se junto ao fogo que acendeu no pátio)
e, ao redor do rádio, Halil, Ali, o pintor, e Beethoven Hasan.
Com o volume reduzido
ouviam a sinfonia que vinha de Moscou
a milhares de quilômetros a nordeste
e preenchia o pomar de laranjas-azedas quinhentos quilômetros ao sul.
Beethoven Hasan põe as mãos na cabeça
mergulhando os dedos no cabelo preto, comprido e ondulado.
A face de Ali, o pintor, parece esculpida em marfim;
ele lambe os lábios grossos e vermelhos sem parar.
Halil está em pé.
Ele não sabe se está enfurecido, zangado ou inquieto.
Nesse momento, só quer rasgar o peito
                — se libertar —
e, num arroubo, entregar todo o seu coração
                ao seu povo querido.

A sinfonia continua tocando.
Soprano, alto, tenor.
Os violinos são humanos
        os violinos são humanos e altivos
                e perguntam:
"Brancos, amarelos, vermelhos, pretos.
Não rejeitaram todos a escravidão de raças por raças,
de nações por nações
e a exploração dos homens por outros homens?
Acaso não foram eles que declararam sagrado o trabalho humano
e tornaram possível a maior liberdade?"

E as flautas falam com a voz da minha irmã:
"Respeitando as crianças, as estrelas, as canções,
amando a terra, as máquinas, os livros,

a janela de suas casas reluzindo ao sol com alegria,
infatigáveis em seu zelo incessante para criar,

      são os homens da vida e do amor."

Estimuladas pela última frase das flautas,
      as violas altas vêm como uma facada no coração:
"Os homens da vida e do amor
      estão banhados em sangue dos pés à cabeça,
vingança em seus olhos assustados,
os homens da vida e do amor
lutando retrocedem para o interior.
A terra
se consome em fogo,
se consome em fogo por trás deles."

Agora tomam a palavra os cornetins e os contrabaixos,
sua gravidade sobrepuja todos os outros sons.
E fazem uma acusação, certeiros em sua justiça:
"O inimigo é injusto, trapaceiro e impiedoso;
os encouraçados que se aproximam idolatram a morte.
Acreditam que o homem nasce em pecado
e destroem a mente dos homens.
E queimam livros...
Com frontes de pedra,
hálito de água estagnada,
      erva podre
        e carniça,
suas mãos seguram as metralhadoras como garras de ave de rapina
e determinados a não poupar um único broto verde
      que não se renda a eles
ou um único ser humano esperançoso como a vida —
eles vêm agachados por trás dos tanques.
Morrem como nuvens de gafanhotos.
Brechas se abrem nas suas fileiras.
Preenchendo as brechas, eles atacam novamente.

Tomaram Kíev
e seguem rumo a Moscou e Leningrado
para chegarem antes da neve."

Os instrumentos de corda silenciam.
E agora o tenor exuberante
de um violoncelo solo diz:
"Compatriotas,
irmãs e irmãos,
soldados do nosso Exército e da nossa Marinha,
meus amigos, eu lhes rogo:
morte aos homens da morte..."

Em resposta a esse apelo
o maestro incita todos os instrumentos a entrarem em ação.
A tormenta do norte corta uma floresta de carminas.
Aí os clarinetes avançam lentamente
e contam a história de um dos que responderam ao apelo:
"Ele nasceu num vilarejo.
Cresceu num colcoz[236]
e trabalhava numa usina de energia elétrica.
Amava os livros e as crianças.
E antes de se alistar no Exército
Ivan de nariz em forma de gancho
era diretor da biblioteca de um jardim de infância.
Foi estacionado na fronteira da Bielorrússia com a Polônia.
Seu turno de vigia acabou com a chegada da manhã.
O ar lá fora era como leite recém-ordenhado,
a terra fofa e úmida,
as árvores cobertas de orvalho,
os pássaros prestes a cantar.
A aurora irrompeu rosada.

---

[236] "Colcoz": fazenda coletiva da URSS em que os camponeses davam uma parte fixa da produção ao Estado; os trabalhadores dessas fazendas eram chamados "colcozes".

Como é bom ser jovem e saudável ao romper da aurora!
Ivan dos olhos azuis puxados mirou ao redor:
a campina, toda plana, se expandia
              como se entregue.
Os colcozes ao leste
      deviam estar começando a acordar de seu sono tépido.
E as garotas de panturrilhas grossas e brancas
      estavam prestes a subir nos tratores.
Ivan acendeu um charuto forte de tabaco preto
e, o nariz de gancho recuando para dentro de seu rosto,
         sorriu — feliz com sua pátria.
Saiu caminhando.
E, virando-se à porta para olhar mais uma vez para trás,
        entrou no quartel.
Os companheiros estão dormindo profundamente.
À esquerda, estava deitado Ahmet do Turquestão,
à direita, Yurchenko da Ucrânia,
na cama superior do beliche, o armênio Sagamanian.
Cheiro de suor masculino e roupas militares.
Ele tira a jaqueta e a pendura.
Um sono como veludo desce de súbito sobre seus olhos.
Ivan senta na cama
e se inclina, bocejando, para tirar as botas.
Tira a esquerda.
Daí se empertiga para ouvir:
um barulho vinha lá de fora.
De repente a porta abriu, escancarada.
O vigia apita e grita: "Às armas!"
Todos disparam para fora.
Ivan é o primeiro a sair
— um pé com bota,
        o outro, sem.
A grande floresta a noroeste está em chamas,
o ar feito sangue circula sem parar.
Estrondos de canhões e mais canhões.

Um esquadrão aéreo passa lá nas alturas.
E os primeiros tanques inimigos surgem ao sul:
        um após o outro,
                seis animais pretos de ferro.

O ano: 1941.
O dia: 22 de junho.

Ivan nunca havia brigado com ninguém na vida
(nem mesmo com o armênio Sagamanian,
            de bom coração, mas muito mal-humorado),
        não por covardia,
           mas por ser pacífico.
E não nutria inimizade por nenhum país.
Ivan tinha um ponto fraco:
ele se desconcertava facilmente quando criança.
E ficou surpreso e estranhamente angustiado
quando Hitler se instalou na Alemanha.
"Apesar da perfídia dos social-democratas,
o país de Marx, Engels, Beethoven e Schiller,
o proletariado, nossos companheiros comunistas e Telman,
        mais cedo ou mais tarde vão derrubar o canalha",
                pensou.

Hitler não foi derrubado.
Ivan ficou mais desconcertado, mais angustiado.
E agora
na aurora de 22 de junho:
"Os fascistas estão vindo", pensa,
"mas nós, daqui, e o povo alemão, de lá,
        vamos acabar com esse negócio."

Ivan resistiu daqui.
Alemães, romenos, finlandeses, italianos, húngaros
atacaram sob a mesma bandeira da morte.

Fábricas da Tchecoslováquia, Bélgica, Holanda, França
            trabalhavam a serviço da suástica.
Os aviões e os tanques de Hitler eram muitos.
O conhecimento que Ivan tinha das artes da guerra
            ainda não era o bastante
e, apesar de tudo, ele ainda era um garoto
            que se desconcertava um bocado com tudo aquilo.
Lutou enquanto recuava para o interior
deixando atrás de si
uma faixa de terra
consumida pelo fogo,
mas o povo alemão
            continuou a ser o cão de caça de Hitler
            e a desconcertar Ivan.
E esse desconcerto durou até ele ver
            o primeiro prisioneiro de guerra alemão.
Os soldados do Exército Vermelho tinham se juntado
            ao redor do prisioneiro.
Olhavam para ele como para uma ferramenta nunca vista antes.
Ivan também olhava
e, para nunca mais se desconcertar com nada,
abandonou lá mesmo o seu assombro
como uma escova de dentes usada.
Pois Ivan entendeu
que o meio-homem, meio-animal
em pé à sua frente
tinha saído diretamente do romance *A ilha do Dr. Moreau*,
            de H. G. Wells."[237]

Os sopranos haviam batido em retirada há tempos
com seus tons azul pastel, rosa pastel e verde pastel.

---

[237] *A ilha do Dr. Moreau*: romance de ficção científica de 1896, de autoria de H. G. Wells (1866-1946), que trata de um médico obcecado em transformar animais em homens através da cirurgia e hipnose.

Os altos e os tenores estavam em segundo plano:
laranja, castanha, morado.
Os baixos e barítonos vermelhos avançaram para a primeira fila:
"As formigas carregam seus ninhos inundados.
Um país está sendo enrolado de ponta a ponta,
                       como um tapete.
Uma mulher arranca cevada com as mãos
          para não deixá-la para o inimigo
              e das palmas das suas mãos jorra sangue.
Um país é carregado
          em navios humanos — seus corações são as velas.
E como mães arrancando seus filhos do berço para escapar do incêndio
          eles desmontam suas oficinas
             e as levam para o interior
          por vezes esmagados sob seu peso,
          mas passando-as de mão em mão
          sem deixar cair nem mesmo um parafuso.
Se possível, levariam nos ombros as cidades, as florestas,
                os rios e a terra,
deixando para trás nada senão combatentes,
          migrariam em massa para o leste,
          migrariam para o ponto decisivo da batalha.
Uma mulher arranca cevada com as mãos
          e das palmas das suas mãos jorra sangue.
Ivan vê a mulher que está arrancando cevada.
Seus olhares se encontram.
Os olhos femininos perguntam aos masculinos:
"Para onde vocês estão indo?
Ainda não terminei de arrancar a cevada."

Uma tarde o batalhão de Ivan, que batia em retirada,
          se deparou com uma estrada na estepe.
A estrada era larga,
a estrada era longa.

Os corações estão nas botas
e as botas — nas pedras, na poeira.
O que dói numa retirada não são os pés,
        mas os ombros que carregam as armas.
A estrada se estendia do Ocidente para o Oriente.
A estrada era larga,
a estrada era longa.
Pela estrada, em completo desarranjo:
                samovares,
                    camas,
                        cobertores.
E sacos de batatas, barrigas rasgadas.
Aparentemente passaram aviões inimigos por aqui
        em voo rasante.
Aqui atacaram os colcozes que migravam
talvez enquanto caminhavam no calor do meio-dia.
Carroças de borco, rodas no ar.
As rodas no ar
        giram quando tocadas.
Mortos — dos dois lados da estrada.
Mortos — nos campos de trigo.
Atingidos nas costas por uma bala enquanto corriam,
caíram de rosto enquanto corriam.
Nas costas tensas há ao mesmo tempo
                silêncio e movimento.
Quem é que está andando pelo campo de aveia?
O que é que está andando pelo campo de aveia?
Uma vaca desgarrada pasta no campo de aveia;
        às vezes para e lambe uma ferida no ombro esquerdo.
E, suspenso por um fio invisível, um inseto alado
        pousa e voa infinitamente sobre a carcaça de um cavalo de carga.
O tempo está quente.
Ciscos espiralam, subindo pelo ar.
Uma árvore.

Uma macieira.
As maçãs estão verdes.
As maçãs estão amargas.
Ivan vê a árvore.
A árvore pergunta:
"Para onde você vai, Ivan,
        e me deixa aqui?"

Um corpo.
Corpo de menina.
Com vestido vermelho de bolinhas brancas.
Suas pernas nuas são finas como gravetos, compridas como galhos.
Ivan se abaixa.
Acaricia os cabelos da menina morta.
Os cabelos perguntam:
"Para onde você vai, Ivan,
        e me deixa aqui?"
E Ivan pergunta a si próprio:
"Onde, onde, onde?
Onde vamos parar?
        Onde, como e quando?"

Ivan aprendeu a sentir ódio
como se aprendesse uma canção selvagem mas agradável.
E à medida que ia queimando os tanques com cruzes brancas nas costas
e espalhando no chão a carcaça de cada cão,
sua pátria se tornava duas vezes mais querida aos seus olhos.
Estava quieto e cheio de fúria.
E já sabia odiar
        e a não ter misericórdia.
As hordas medievais continuavam a vir
— hordas medievais
        descendo em paraquedas,
                montadas em motocicletas.

O oficial deles os guiava:
fanático,
    confiante.
Questionar
    é proibido,
pensar é pecado.
É insolente feito um monóculo sob uma sobrancelha erguida.
E altivo feito um peixe dentro de sua armadura
                    — um super-homem
estuprador e glutão.

Antes de chegar a Kíev, Ivan apagou cinco desses oficiais.
Já às portas de Kíev, ele encontrou o armênio Sagamanian
                    bem ao seu lado.
Abraçaram-se em silêncio.
E o rosto do homem moreno e carrancudo
                sorriu pela primeira vez:
"Me dá um cigarro", ele disse.
Nunca tinha pedido um cigarro a ninguém.
Ivan lutou com forças redobradas.
E no mesmo dia ele e Ahmet do Turquestão tornaram-se sargento-mor.
"Estamos recuando, sim,
mas quando liberarmos a Europa,
                eu quero ser general", disse Ahmet.
Agora batiam em retirada.
À sua frente a Europa se distanciava,
                Moscou se aproximava por trás deles.
Mas eles tinham uma certeza:
o mundo não voltaria à Idade Média
                e não ficaria parado no tempo.
"Estas são dores de parto —
                a terra está grávida.
Meus amigos, eu lhes rogo,
ouçam-me, meus amigos!"

E com cores primaveris sobre um vermelho claro
     a sinfonia termina calma e cheia de luz.
Beethoven Hasan
deixou de brincar com os dedos no cabelo preto e ondulado,
se endireitou e disse:
"Que lindo isso, mestre!
          É do Beethoven?"
Halil desligou o rádio respeitosamente:
"Não."
O pintor camponês Ali perguntou:
"Você quer que os soviéticos vençam, não é, mestre?"
"Sim,
e você?"
"Eu também quero."
"Por quê?"
"Porque você quer."
"Como pode ser isso?"
"E por que não, mestre?
Você é um homem bom;
por acaso homens bons querem coisas más?"
Halil deu risada
e falou como se o repreendesse:
"Homem bom, homem mau,
deixe isso de lado.
Você ama o seu país, não ama, Ali?
Não só o seu vilarejo,
mas também o seu vilarejo,
a Anatólia, a Rumélia?"
"Claro,
como é que poderíamos não amar o nosso país, mestre?..."
Então escute:
"Aquele que ama o seu país,
qualquer pessoa, não só aqui, mas em todo lugar,
na Ásia, na Europa, na América, na África,
a pessoa que ama o seu país de verdade

— não por bens, propriedades ou ganho pessoal,
                mas com a alma, o coração,
da maneira como o povo ama o seu país —
e que não teme o povo por coisas que fez,
                ou que não vendeu seu país,
seja ele turco, búlgaro, francês, ou sei lá, sumatrense
                      ou até mesmo alemão,
quer que eles vençam."
Halil ficou em silêncio.
Esperou e então perguntou:
"Bom, por que é que você não quer saber por quê?"
"Por que é que vou querer saber, mestre?
Eu sei:
se eles ganharem, os camponeses pobres vão viver melhor.
Os generais são todos camponeses, trabalhadores e tal.
Eu li no jornal
muitos elogios aos comandantes alemães,
são todos aristocratas de linhagens de generais.
E eles têm o seu próprio país:
                a Prússia Oriental.
Também falavam dos soviéticos,
como se para zombar deles:
são todos camponeses e tal.
Querem dizer que eles vão perder.
Mas não vão.
Os generais não são camponeses.
Você sabe como nós camponeses somos:
um povo inteligente e sagaz.
E se todo um país fosse nosso
nem as montanhas nos deteriam, imagine os alemães..."
Beethoven Hasan deu risada:
"Esqueça os alemães, você tem muitos modelos."

O pintor camponês Ali tem 25 anos.
Ele matou o filho de um agá por causa de uma garota.

Um rosto pálido feito folha de papel
os olhos dourados de um bezerro
e os lábios grossos e vermelhos.
Ali tinha cursado os três primeiros anos na escola do vilarejo
e começou com pintura a óleo há três meses.
Um dia Halil o viu pintando.
Primeiro tímida, então corajosamente
            seus dedos longos atacavam a tela.
Sua respiração aqueceu a nuca de Halil por dois dias.
Então pediu tinta a Halil
e fez seu autorretrato numa prancha de madeira, olhando-se no espelho.
Ficou incrível.
Imediatamente mandaram trazer de Istambul livros sobre pintura.
Ali os devorou numa noite e não entendeu absolutamente nada.
No dia seguinte, perguntou a Halil:
"Mestre, o que significa 'estudo de figura'?"
"'Estudo de figura'
quer dizer fazer o retrato de alguém nu.
Você com certeza deve fazer isso, Ali, com certeza."
Ali entendeu
e três dias depois Beethoven Hasan foi internado com pneumonia,
pois Ali o tinha colocado diante da janela aberta da ala
totalmente nu
            (salvo por suas partes íntimas)
e feito um estudo de figura.
A muito custo salvaram Beethoven da morte.

Beethoven Hasan era tipógrafo, istambulita.
Antes de ir para a prisão sete anos atrás, aos dezesseis anos,
                        ele tinha três paixões:
cinema, esporte e música ocidental.
As primeiras duas paixões resultaram em sua prisão:
queria ver as olimpíadas, não importava onde fossem.
Não tinha dinheiro.
Disse: "Vou fazer igualzinho ao gângster daquele filme."

Não conseguiu e foi pego.

Levou sete anos e meio de xadrez

com exatamente dezesseis anos de idade:[238]

eles não achavam que esporte podia desenvolver o corpo,

eles não acreditaram na sua carteira de identidade.

A alcunha de "Beethoven" ele a deve à sua terceira paixão.

Ele não sabe ler notas nem tocar um instrumento

— mas sabe compor sinfonias.

Com o esmero de um tipógrafo, listava no papel suas ideias,

uma embaixo da outra,

então as emitia com a boca.

"O meu coração é um paraíso de sinfonias

e minha boca, minha orquestra",

dizia.

Muitas vezes ele deu concertos aos camponeses prisioneiros da ala.

E não troçavam dele

pois não fazia mal a ninguém

e tinha um soco poderoso.

"Mestre, vou fazer uma sinfonia

do que você disse,

da resposta de Ali

e dos meus pensamentos.

O título é 'Não serão derrotados'.

Começa assim..."

E Beethoven Hasan se pôs a murmurar.

Então parou de repente.

Nos seus olhos negros, havia o rancor e a inclemência de uma criança

que apanhara injustamente.

Halil indagou:

"Por que parou, Hasan?"

---

[238] "Sete anos": Hikmet faz aqui um trocadilho com *yedi*, "sete", e com o passado de *yemek*, *yedi*, que, em gíria, significa "ser condenado à prisão".

"Mestre, eu não tenho o direito de fazer uma sinfonia:
                              eu sou um ladrão,
                              um gângster."
Halil puxou o cabelo negro de Hasan:
"Não, Hasan,
        você é um tipógrafo
        e um compositor honrado.
Continue com seu belo e grande trabalho, meu filho.
Bom, pessoal, já é uma hora;
vou me deitar."

Na estepe
        parecia que o ar estava congelado
                              como uma massa de gelo.
Se você segurasse um machado pela lâmina,
                              sua mão grudaria nele.
Estava tão frio que as raposas poderiam cagar cobre.

Na brasa o carvão se consumia.
Com trapos nas costas
              e, encurvada sobre um braseiro de chapa de ferro,
                              toda a prisão tremia.

Halil estendeu o mapa da Frente Oriental
              no meio do quarto, no chão de concreto.
Era feito de jornal recortado e colado.
Cada parte tinha uma medida diferente.
O Báltico ficava bem perto do mar Negro.
Varsóvia, bem debaixo do nariz de Kíev.
Oriol ficava o mais longe possível de Briansk.
E no mapa de Halil, Moscou
por vezes ficava pertinho e por vezes a um mundo de distância.

Halil desenhou olhos nas margens do mapa.
Ora de frente, ora de perfil —

de uma sobrancelha talhada
     jorra sangue
     sobre um olho obstinado e persistente.
Alguns olhos estão em pares, outros são únicos.
Alguns desses
     são sorrateiros feito periscópios de submarinos.
Outros olhos estão todos desarranjados, uns sobre os outros.
Há outros ainda bem arregalados
     — seus destinos, bastante legíveis.
Alguns feito caixas de nogueira trancadas:
o que há escondido lá dentro?
Há olhos
     de mães.
Há olhos
     com pupilas que brilham ardentemente
     de ódio e rancor.
Há olhos
     de amor.
Há olhos
que miram como um campo de trigo ensolarado.
E repetidas vezes
aquele mesmo olho:
de uma sobrancelha talhada
     jorra sangue
     sobre um olho obstinado e persistente.

Halil se agacha sobre o mapa no chão de concreto
e atrás dos óculos os próprios olhos
fadados a perder a claridade, mais cedo ou mais tarde.
E Halil não consegue decidir:
     o que causa a dor em seus olhos
— se o atrofiamento do músculo ocular
ou ficar sentado com as mãos atadas enquanto o mundo luta.
Estar agora nos lagos congelados da Finlândia
ou nos desertos da Líbia

ou nas montanhas da Iugoslávia
ou em Istambul, em İzmir; na frente de batalha;
ou em Paris agora ao lado de Gabriel Péri.[239]

A Rádio Ancara anunciou:
"Dentro de dez dias
os tanques do *Führer* podem marchar sobre Moscou."
Halil sabia que isso não ia acontecer.
Mas não estar lá em carne e osso
        entre os que lutam para não deixar isso acontecer
e ficar agachado no chão de concreto
com agulhas perfurando seus olhos doentes,
tomando Luminal
para conseguir dormir nem que seja por duas horas,
ficar agachado no chão de concreto
marcando a posição da última frente nos arredores de Moscou,
marcando a lápis
        o que eles marcaram com sangue.

E Halil
segurando em sua mão morena de dedos longos, finos e nodosos
o lápis corroído por seus dentes
marcou a posição da última frente nos arredores de Moscou.
A linha começava em Kalínin[240]
        e, inclinando-se levemente para o leste,
                terminava acima de Iefremov.
A frente de batalha está a menos de setenta quilômetros de Moscou.
Doze horas a pé
dez minutos de avião,
e um centímetro e meio no mapa.

---

[239] Gabriel Péri (1902-1941): jornalista e político comunista francês; membro da Resistência, foi preso em 18 de maio de 1941 e executado pelos nazistas a 15 de dezembro. Ele será um personagem importante nas últimas páginas desta seção do poema.

[240] *Kalínin*: hoje Tver, essa cidade russa chamou-se Kalínin de 1931 a 1990.

No mapa não há neve
    não há vento
não há dia nem noite, não há mortos nem sobreviventes
       não há pessoas.
O mapa é um pedaço de papel.
O mapa é um desenho.
A frente está a um centímetro e meio de distância de Moscou no mapa
e menos de setenta quilômetros na terra coberta de neve.
Na terra coberta de neve, porém,
a vida resplandescente lutava contra a morte.
E o inimigo
    estava incrivelmente longe:
    tão longe de Moscou quanto a altura de um homem novinho
                em folha.

16 de novembro de 1941.[241]
Cinquenta batalhões, treze dos quais encouraçados,
3 mil peças de artilharia
e setecentos aviões
atacarão Moscou mais uma vez.
O plano:
cercar a cidade bolchevique por dois flancos,
penetrar profundamente no sul e no norte
pouco a pouco isolar as forças defensoras da cidade
       e aniquilá-las.
Hitler está em melhor posição no tocante ao número de tanques.
Não há quem negue
    que os tanques são importantes.

---

[241] "16 de novembro de 1941": data do início da segunda fase da ofensiva alemã para a conquista de Moscou e aniquilamento dos Exércitos de Konev e Yeremenko (as principais forças soviéticas à época), que comandavam, respectivamente, a Frente Ocidental e a Frente de Bryansk. Para isso, os alemães enviaram os blindados *Panzers* (abreviação de *Panzerkampfwagen*, ou "veículo blindado de combate"), a que Hikmet se refere como *tank* algumas linhas a seguir.

Mas, do nosso lado, os homens dirigem os tanques
    e, do lado deles, são os tanques que dirigem os homens.

Os homens que os tanques dirigem
            começaram a marchar uma manhã de verão.
Cabelos penteados e uniformes impecáveis.
E marcharam, sangrando, por duas estações.
Numa noite de inverno, o paraíso surgiu diante deles.
Mas seus cabelos já não estavam penteados,
                        nem impecáveis seus uniformes.
Marchavam com neve até a cintura
queixo enfiado no peito
a barba crescida
a pele da testa com manchas e rachaduras.
O exército que tinha vindo para conquistar Moscou
            estava ferido, faminto e com frio.
Pegavam qualquer coisa que os pudesse aquecer:
meias de crianças eram usadas como luvas
            e colocavam saias sobre seus ombros.
E diante deles, o paraíso.
Mas antes disso
            havia aquele bando interminável
            de demônios vermelhos vestidos de branco.
A planície branquinha se estendia ao longe.
Diante deles, o paraíso.
Diante deles, Moscou, Moscou
— o fim da fome, do sangramento, do frio.
Moscou, Moscou
estava pertinho.
Moscou era um aquecedor.
Moscou era uma despensa.
Moscou era um travesseiro de penas.
Nas torneiras, água quente.
As lojas cheias de casacos de pele.

É só quebrar a tranca com a ponta da baioneta
e colocar a pele mais quente e macia nas costas!
A cada passo, caviar.
A cada passo, salames
e montanhas de manteiga.
Daí travesseiro, cama
e dormir
        com a barriga cheia.
Nada mais de raides, frentes de batalha ou combatentes.
Dormir
acordar
se esquentar
comer.
Dormir
acordar
se esquentar
até que não sobre um único carvão para arder
e a última dose de vodca seja tragada.
Daí a guerra pode terminar
e poderão retornar
        como heróis.

O exército que tinha vindo para conquistar Moscou
estava ferido, faminto e com frio.
Mas com o instinto de um animal
deixado numa planície nevada
        ferido, faminto e com frio
        com o instinto de um animal
        — furioso, cabeça baixa e rabo em pé —
        lutava para conseguir
                abrigo e comida.
Com os pelos eriçados, ele lutava
e Moscou ainda estava em perigo...

16 de novembro de 1941.

A sombra dos tanques alemães

  tinge o asfalto nevado de Volokolamsk.

Vinte deles.

Escuros.

Gigantescos.

Avançam como rinocerontes cegos,

patéticos e assustadores.

Feios como lutadores estúpidos.

E parecem escorpiões, embora não sejam nem um pouco como eles.

Nas trincheiras de Petelino, 28 homens os viram chegar.

Exaustos, eles se entreolharam.

Tinham lutado por horas

  e fazia pouco que tinham despachado uma companhia inimiga.

A frente da trincheira estava apinhada de cadáveres amontoados,

  um ao lado do outro.

Roncando, os tanques se aproximaram.

Na trincheira, Mustafá Sungurbay apertou os olhos pretos como uvas:

"Minha nossa", exclamou, "mãe...

  Vinte deles!"

E riu feito um caçador que acaba de avistar vinte lobos.

Klotchkoff pulou na trincheira por trás.

Ele era o comissário político da companhia,

  um comunista.

"Olá, pessoal", disse

— e parou como se fosse dar uma boa notícia.

A companhia o chamava de "Diev".[242]

O ucraniano Bondarenko o tinha apelidado assim

por ele trabalhar sem descanso.

A vida, nas mãos graúdas de Klotchkoff Diev,

era produtiva como uma oliveira,

industriosa como uma formiga;

---

[242] "Diev": *trabalhar*, em ucraniano.

era uma massa sovada incessantemente e que nunca se cansava
de se apaixonar, comer e sonhar.
Os que estavam na trincheira ficaram contentes em ver Diev.
Klotchkoff Diev ajustou a voz
                e deu a boa nova:
"Eu calculei, pessoal:
eles são vinte, e nós, 29,
o que dá um tanque
      para cada 1,45 homens.
Somos 45% mais do que eles."

Só que Diev estava 5% errado em seus cálculos:
Um dos 29 era covarde.
Assim que o primeiro alemão se avizinhou da trincheira
e, de dentro do tanque, gritou: "Rendam-se!"
      ele ergueu os braços e se levantou.
Ouviu-se uma fuzilaria desordenada
      que derrubou o covarde tão depressa quanto tinha se levantado.
Sobraram 28 na trincheira.
A batalha durou quatro horas.
Catorze tanques
      e sete homens ficaram inertes.
A batalha estava quase liquidada.
Klotchkoff Diev, porém,
         avistou mais trinta tanques.
Chegavam perfurando a escuridão da noite.
Eram mais corpulentos que os outros.
Mísseis balísticos, rádios, motores, aço:
ainda que equipados com todo o *know-how* técnico do século XX
pareciam dispositivos medievais:
alguma coisa neles transpirava alquimia,
bruxaria ou algo parecido.
Klotchkoff Diev perguntou aos homens na trincheira:
"Vocês contaram os recém-chegados?"

"Não."
"Eu contei: trinta,
             mais os seis que sobraram dos anteriores, são 36.
Nós estamos em 21.
Se não for exagero,
             podemos dizer que são dois tanques por homem.
E não dá para bater em retirada:
Moscou está atrás de nós.
Ou seja, o que quero dizer é que..."

Kujebergünoff tomou a palavra:
"Vamos nos abraçar."
Todos olham para ele, um pouco surpresos:
era um homem sério a ponto de ser chato.
Nunca cantava, nunca fazia piadas
não abria a boca se não lhe dirigiam uma pergunta
e vivia mergulhado em si mesmo
                 como os peixes em suas próprias águas.
Kujebergünoff repetiu:
"Vamos nos abraçar enquanto dá tempo."
Eles todos se abraçaram...
Os tanques recém-chegados se aproximam da trincheira.
A batalha durou meia hora.
Levou mais sete ou oito tanques
e dezesseis homens.
A munição acabou.
Restou uma única granada na mão de Klotchkoff Diev.
A munição acabou,
mas eles sabiam que o coração de um homem honrado,
                 como um gigante, nunca pode ser derrotado.

             Podemos viver juntos,
             podemos lutar juntos,
             mas a morte é de cada um.

Quando a munição acabou, Kujebergünoff saltou da trincheira
                               como água esguichando do solo.
Com os braços cruzados sobre o peito
                       caminhou, ereto, em direção aos tanques.
"Ser ou não ser" —
      Kujebergünoff não discutia esse tipo de coisa
             pois estava completamente mergulhado dentro da vida.
Balas de metralhadoras vararam sua barriga.
Ele sorriu orgulhoso.
E com os braços ainda cruzados, desabou.
Assim morreu Kujebergünoff.

Três homens lutavam para escapar
                     do interior de um tanque em chamas.
Mustafá Sungurbay viu:
"Ai, minha nossa...", disse.
Desembainhou a faca e a segurou entre os dentes.
Seus dentes da frente brilhavam no aço com alegria.
E Mustafá calmamente saiu da trincheira
                  como água brotando do solo.
Arrastando-se, esgueirou-se com a destreza de um caçador.
Os que estavam no tanque foram esfaqueados.
E pegaram fogo, junto com Mustafá Sungurbay.
Assim morreu Mustafá Sungurbay.

Nicolai Maslenko —
quando a munição acabou, atirou um punhado de neve nos tanques.
Gritou, xingou e, perdendo as estribeiras,
agarrou com força as esteiras de rodagem do tanque mais próximo
e foi esmagado pelas pesadas placas de aço.
Mas seus dedos ficaram grudados na esteira;
a esteira os enterrou
e não os dedos a ela.
Assim morreu Nicolai Maslenko.

Klotchkoff Diev lançou a última granada.
O tanque parou e, enquanto entrava em colapso, abriu fogo.
Klotchkoff desmoronou, crivado de balas.
Seus olhos se fecharam suavemente.
Deu o último suspiro: satisfeito, em paz,
como se estivesse numa cama toda branca
                    com cem anos de idade.

Nataroff era o último homem vivo na trincheira.
Ferido, saiu de lá à noitinha
e entrou na floresta se arrastando com os cotovelos.
Por dias perambulou, sangrando.
Não gritava, não gemia, mas guardava sua voz
                — guardava-a como uma incumbência destinada a ele.
Por fim, encontrou companheiros.
Num fôlego só, confiou a eles a sua voz:
contou a história dos 28
                    e apagou.
                    Assim morreu Nataroff.

Atrás deles, Moscou ainda estava de pé,
com sangue em suas bandagens brancas
e 200 milhões de pessoas como se fossem uma só.
Atrás deles, Moscou ainda estava de pé.
Vivia tranquila e confiante.
Disparava com suas armas antiaéreas
e carregava no bolso
um livro de poemas com orelhas amassadas.
Ia a teatros, cinemas, concertos,
                    ouvia Strauss e Tchaikovsky
                        entre disparos de artilharia.
E jogava xadrez por trás de janelas fechadas com cortinas pretas.
Enviava seus jovens trabalhadores para a frente de batalha
e os novos maquinários para o interior.

Os trabalhadores mais velhos recuperavam velhas máquinas
             e faziam com que andassem como relógios.
Moscou cavava armadilhas para tanques e construía barricadas.
E Púchkin, os ombros de bronze cobertos de neve,
continuava de pé, em transe,
talvez escrevendo um novo *Ievguêni Oniéguin*.[243]
E o homem-de-aço no Kremlin,
e o bolchevique no Kremlin,
com seus olhos imperturbáveis, inabaláveis e resolutos,
seu bigode cerrado cobrindo
             uma das bocas mais sábias do século XX.
E em seu túmulo de granito, Lênin.
E seu sorriso vitorioso sobre a neve.

O inimigo alcançou Yakroma, ao norte de Moscou
             e Tula, ao sul da cidade.
E no fim de novembro
início de dezembro
enviaram seus reservistas
             para todas as frentes.
E no início de dezembro
a situação estava crítica.

E no início de dezembro
nos arredores de Vereya, em Petrishchevo,
os alemães enforcaram uma menina de dezoito anos
debaixo de um céu azul como a neve.
Meninas de dezoito anos poderiam se apaixonar e noivar,
             mas eles a enforcaram.

Ela era de Moscou.
Comunista e *partisan*.

---

[243] *Ievguêni Oniéguin*: título de um romance em versos escrito por Aleksandr Púchkin (1799-1837), considerado o fundador da poesia russa moderna.

Amou, entendeu, acreditou
     e partiu para a ação.
Agora balançando na corda pelo pescoço fino,
    a menina tinha toda a grandeza de um ser humano.

Mãos de menina percorrem a escuridão nevada
como se virando as páginas de *Guerra e paz*.
Em Petrishchevo, as linhas telefônicas foram cortadas.
E um estábulo com dezessete cavalos do exército alemão pegou fogo.
No dia seguinte, a *partisan* foi presa.

A *partisan* foi presa no local do seu novo alvo
        — dura e repentinamente, por trás.
O céu estrelado
o pulso acelerado
o coração a mil
a gasolina na garrafa
e o fósforo prestes a ser riscado.
Mas ela não pôde riscar o fósforo.
Tentou apanhar o revólver.
Voaram para cima dela.
E a levaram embora.
E a trouxeram para dentro.
No meio da sala a *partisan* está em pé, toda empertigada:
a bolsa no ombro, um chapéu
de pele na cabeça e manto de pele de carneiro nas costas,
usava calças de algodão e botas de feltro.
Os oficiais inspecionam a *partisan* de perto:
tal como a amêndoa fresca dentro da casca,
dentro de todo aquele feltro, pele e algodão,
      havia uma menina tenra como um broto.

Um samovar fervia sobre a mesa:
na toalha, cinco cintos com munição, um revólver

e uma garrafa verde de conhaque.
Salame e migalhas de pão num prato.

Os donos da casa tinham sido trancados na cozinha.
As luzes estavam apagadas.
A sala luzia vermelha com o fogo da fogueira
e cheirava a baratas esmagadas.
Os donos da casa: uma criança, uma mulher e um velho
se aconchegam uns aos outros:
     estão distantes do mundo,
abandonados numa montanha deserta, presa fácil para os lobos.

Vozes no quarto vizinho.
Eles perguntam:
"Eu não sei", ela diz.
Eles perguntam:
"Não", ela diz.
Eles perguntam:
"Eu não vou dizer", ela diz.
Eles perguntam:
"Eu não sei", ela diz; "Não", ela diz; "Eu não vou dizer", ela diz.
E a voz que esqueceu tudo na face da terra exceto essas palavras
é tão macia quanto a pele de uma criança saudável
e tão reta quanto o caminho mais curto entre dois pontos.

Uma cinta de couro estala no quarto vizinho:
        a *partisan* se cala.
        A pura carne humana responde.
As cintas estalam, uma após a outra.
As cobras pulam em direção ao sol e silvam quando caem.
Um jovem oficial alemão entra na cozinha
e se joga numa cadeira.
Tapa os ouvidos com as mãos,
fecha bem os olhos
e fica assim, imóvel, até o fim do interrogatório.

As cintas estalam no quarto vizinho.
Os donos da casa contam:
                    duzentos.
O interrogatório recomeça:
Eles perguntam: "Eu não sei", ela diz.
Eles perguntam: "Não", ela diz.
Eles perguntam: "Eu não vou dizer", ela diz.
A voz é altiva
mas já não é lisa:
                    é rouca como um punho ensanguentado.

A *partisan* é levada para fora.
Ela já não tem o chapéu de pele na cabeça,
o manto de pele de carneiro nas costas,
as calças de algodão e as botas de feltro.
Está só de roupa de baixo.
Os lábios inchados pelas mordidas de dentes brancos e jovens.
As pernas, o pescoço e a testa — cobertos de sangue.
Descalça na neve
as mãos amarradas nas costas por uma corda
com baionetas dos dois lados
— a *partisan* caminha.

Colocam a *partisan* na choupana de Vasili Klulik.
Ela senta num banco de madeira
ausente e taciturna.
Pede água.
O guarda não dá.
Os soldados alemães chegam
como um enxame de insetos à sua volta
dando empurrões e bofetadas.
Um deles acende um fósforo repetidas vezes
                    e o mantém aceso debaixo do seu queixo,
outro fricciona um serrote em suas costas
                    até os dentes de ferro se cobrirem de sangue.

Daí vão dormir.
Um guarda a leva para a rua sob a mira da baioneta.

Uma criança de olhos redondos
e azuis espia pela janela:
o mundo coberto de gelo,
a rua solitária debaixo da neve,
                    sob as estrelas.

Uma criança de olhos redondos
e azuis espia pela janela:
ela vai se esquecer do que viu
vai crescer e casar
e numa noite de verão
ou de tarde, dormindo,
de repente vai sonhar
com uma jovem garota descalça que pisa as estrelas, na neve.

A rua de uma ponta à outra debaixo da neve,
solitária debaixo da neve.
A *partisan* na neve
— descalça
com as mãos amarradas nas costas
só com a roupa de baixo
caminha na frente da baioneta
            de uma ponta à outra da rua.

O guarda sente frio, e os dois voltam para a choupana.
Ele se aquece, e os dois saem.
Foi assim das dez da noite até as duas da madrugada.
Às duas horas mudou o guarda
e a *partisan* não conseguia se mexer no banco de madeira.
A *partisan*
tem dezoito anos.
A *partisan*

sabe que vão matá-la.

No brilho rubro de sua raiva

ela vê pouca diferença

entre morrer e ser morta.

Ela é jovem demais, saudável demais

     para temer a morte ou sentir remorsos.

Ela olha para os pés descalços:

estão inchados

rachados, vermelhos e congelados.

Mas a dor

não alcança a *partisan*.

Sua raiva e sua fé a protegem

       feito uma segunda pele.

Às vezes, a mãe lhe vem à mente.

Os livros escolares lhe vêm à mente.

Ela se lembra de um vaso de cerâmica esmaltado

      que está diante do retrato de Ilyich

       dentro do qual estão as flores mais azuis.

Ela se lembra da infância

tão próxima

   que ela quase pode ver

     as cores de suas saias curtinhas.

Os primeiros bombardeios lhe vêm à mente,

os batalhões de trabalhadores rumo à frente de batalha

      marchando pelas ruas, cantando,

     as crianças atrás.

Às vezes, ela se lembra do ponto de bonde

       onde se despediu da mãe.

As reuniões do Komsomol[244] lhe vêm à mente,

estão tão próximas

que ela quase pode ver e ouvir

   o copo d'água sobre a mesa com a toalha vermelha

     e sua própria voz trêmula.

---

[244] *Komsomol*: a organização juvenil do Partido Comunista da União Soviética.

E agora ela pensa apenas na sua própria voz:
uma voz firme diante do inimigo,
que diz "não"
que diz "eu não vou dizer"
e oculta até mesmo o seu nome
a fim de não dizer absolutamente nada de verdadeiro para o inimigo.

    Seu nome era Zoia.
    Disse-lhes que se chamava Tânia.

    (Tânia,
      o seu retrato está diante de mim aqui na Penitenciária de Bursa.
      A Penitenciária de Bursa.
Talvez você nunca tenha ouvido falar em Bursa.
A minha Bursa é uma terra verde e macia.
O seu retrato está diante de mim aqui na Penitenciária de Bursa.
Já não é o ano de 1941,
         é o ano de 1945.
O seu exército já não luta às portas de Moscou,
        mas às portas de Berlim
          — o seu exército, o nosso exército
        o exército de todos os homens decentes do mundo.

Tânia,
eu amo o meu país
    tanto quanto você amou o seu.
Você foi uma jovem comunista, membro do Komsomol.
Eu sou um comunista velho, de 42 anos de idade,
      você é russa, eu sou turco,
      mas ambos somos comunistas.
Eles a enforcaram por amar seu país.
Eu estou na prisão por amar meu país.
Mas eu estou vivo
e você, morta.

Você deixou o mundo faz tempo,
na verdade, ficou tão pouco nele
    — só dezoito anos.
Você nem chegou a ter plenamente a sua porção de calor do sol.

Você é a *partisan* enforcada,
Tânia,
eu sou o poeta na prisão.
Você, minha filha, camarada;
eu me curvo diante do seu retrato:
suas sobrancelhas são fininhas,
seus olhos, amendoados
— não dá para ver a cor deles na fotografia.
Mas segundo está escrito aqui,
    são castanho-escuros.
Essa cor também é frequente no meu país.
Tânia,
o seu cabelo está cortado tão rente,
não há diferença com o do meu filho Memet.
Como é larga a sua testa,
assim como a lua,
ela traz conforto e sonhos às pessoas.
Seu rosto é fino e comprido,
suas orelhas, um pouco grandes.
Seu pescoço ainda é de menina:
dá para perceber que ele não foi abraçado por nenhum homem.
E algo com um pompom pende do seu colar:
    um enfeite para a mulher que você é.

Chamo meus amigos para ver o seu retrato:
"Tânia,
eu tenho uma filha da sua idade."
"Tânia,
a minha irmã tem a sua idade."
"Tânia,

a garota que eu namoro tem a sua idade.
O nosso país é quente:
    as meninas viram mulher da noite pro dia."
"Tânia,
eu tenho amigas da sua idade na escola, na fábrica, no campo."
"Tânia,
você morreu,
tantas pessoas boas foram e continuam sendo mortas,
mas eu
— tenho vergonha de dizer isso —
mas eu
em sete anos de luta, nunca pus a minha vida em risco
    e vivo muito bem, até mesmo na prisão.")

De manhã vestem Tânia novamente
— exceto por suas botas, manto e chapéu,
        dos quais eles tomaram posse.
Trazem sua bolsa:
nela há garrafas de gasolina, fósforo, projéteis, sal e açúcar.
Penduram as garrafas em seu pescoço,
jogam a bolsa nas costas
e escrevem no seu peito:
      "PARTISAN".

Na praça do vilarejo montam o patíbulo.
A cavalaria está com espadas em riste
e a infantaria forma um círculo.
Trazem à força os aldeões para assistir.

Dois caixotes de madeira, empilhados um sobre o outro.
Dois caixotes de espaguete.
Sobre os caixotes
    balança a corda cheia de graxa,
        na ponta uma laçada.

A *partisan* é erguida ao trono.
A *partisan*
com as mãos amarradas nas costas
posta-se ereta debaixo da corda.

Passam a corda no pescoço longo e delicado.

Um dos oficiais gostava de fotografia.
O oficial saca uma Kodak.
O oficial vai tirar uma fotografia.
Com o laço no pescoço, Tânia brada aos colcozes:
"Irmãos, não desanimem!
É hora de ter coragem.
Não deixem os fascistas respirarem!
Incendeiem, assolem, matem..."

Um alemão dá uma bofetada na boca da *partisan*,
e o sangue corre pelo queixo branco e rechonchudo da menina.
Mas a *partisan* se volta para os soldados e continua:
"Nós somos duzentos milhões.
Vocês conseguem enforcar duzentos milhões?
Eu posso ir agora,
mas mais gente vai se levantar.
Entreguem-se enquanto há tempo!"

Os colcozes choram.
O carrasco puxa a corda.
O pescoço de cisne delicado começa a sufocar.
Mas a *partisan* se põe na ponta dos pés
e o HUMANO grita à vida:
"Adeus,
        camaradas!
Lutem até o fim,
            camaradas!

Escuto o tropel dos cavalos
      — é o nosso povo a caminho!"

O carrasco dá um chute nos caixotes.
Os caixotes saem rolando.
E Tânia balança na extremidade da corda.

No dia 6 de dezembro, o Exército Vermelho lançou
      uma contraofensiva na frente de Moscou.[245]
No dia 11 de dezembro a situação era a seguinte.
Ao norte: Rogatchev foi tomada, Klin está cercada,
o inimigo foi expulso de Yakroma
e a cidade de Istra foi libertada.
Treze divisões foram desbaratadas:
sete batalhões de tanques, duas cavalarias motorizadas,
      três infantarias e uma SS.
Mais quatro batalhões de infantaria dizimados no centro.
Ao sul: com dois batalhões de tanques esmagados
e o batalhão SS "Grande Alemanha" batendo em retirada à sua frente,
eles avançam para o nordeste de Tula.
E os cavaleiros que derrotaram o 17° Batalhão de Tanques
também rasgaram dois batalhões de infantaria
      — um deles motorizado —
e, no encalço dos extraviados,
entraram na cidade de Venev como o vento
com os baixeiros de suas selas batendo asas feito águias no céu nevoso.
E mais ao sul
um tanque e um batalhão motorizado recuaram para o sudoeste.
Em quatro dias quatrocentas localidades foram libertadas
      (e mesmo agora mal posso me conter ao escrever isso)

---

[245] "Contraofensiva na frente de Moscou": a data de 6 de dezembro de 1941 assinala uma reviravolta não apenas no cerco dos alemães a Moscou (a 5 de dezembro eles se encontravam praticamente às portas da cidade), mas no desdobramento de toda a Segunda Guerra Mundial.

e mais de 30 mil oficiais e soldados inimigos foram mortos.
Esta é a situação no dia 11 de dezembro.

Gabriel Péri,
há quatro dias Moscou está fora de perigo.
Gabriel Péri,
você não sabe disso,
        e tampouco Paris o sabe.
Aqueles que flanam pelas ruas de Paris batendo os calcanhares no chão
                        em botas com bico de aço
                                foram derrotados às portas de Moscou.

Paris,
Paris, cidade da luz, cidade da revolução,
Paris foi vendida, Paris está cativa,
e Gabriel Péri foi preso.

Gabriel Péri nasceu na cidade de Toulon, na França
                        (em 1902).
No ar, cheiros de peixe frito, pinheiro e jasmim.
Na luz, o azul solerte do Mediterrâneo.
E no porto, numa superfície de água oleosa, o aço
            de desajeitados e pesados couraçados.

Seu pai era diretor técnico das docas.
Sua mãe usa o cabelo preso num coque
e uma cruz de prata no pescoço:
                    sua mãe é religiosa.

Entre 1914 e 1918
        Gabriel Péri amadureceu catorze anos em quatro.
E enquanto as pessoas matavam e eram mortas
um garoto de cabelos castanho-claros passeava pelos cais:
sua mão pré-adolescente na testa larga e bonita,

os olhos arregalados numa interrogação melancólica,
seus olhos de azeviche faiscando com fúria.

Em 1919 se filia ao Partido Socialista
e no fim de 1920
    ajuda a fundar o Partido Comunista.
Pôs fogo em todos os navios ancorados em águas escuras,
fogo em todos os navios que não levavam à claridade
e se pôs acima do martírio do eu.
Então a vida de um homem pôde ser lida
no livro de um partido, de um país e do mundo.

Sua risada voava como pássaros marinhos brancos
    no porto nevoento de seu escritório no *L'Humanité*.[246]
E sua cabeça, como um coração palpitante,
        estava logo em qualquer lugar:
                na Etiópia, na Espanha, na China.
E sempre ouvia as pessoas com paciente atenção:
em seu terno impecável, de cachimbo e gravata borboleta de bolinhas
levemente irônico e perfeitamente gentil.
E era assíduo nos protestos:
    anunciava a felicidade às pessoas
        por causa de e apesar de tudo.
E no *Palais Bourbon*[247]
defendeu a honra da França como se fosse a de uma irmã.

E, um dia, defendendo a honra da França
    contra aqueles que forçavam a porta pelo lado de fora
e aqueles que a abriam de dentro

---

[246] *L'Humanité*: jornal francês fundado em 1904 pelo socialista Jean Jaurès. Publicado ainda hoje, foi o órgão de imprensa oficial do Partido Comunista Francês de 1920 a 1994.

[247] *Palais Bourbon*: construído pela família Bourbon no século XVIII, desde 1879 abriga a sede da Assembleia Nacional da França.

— agora não mais no *Palais Bourbon*
mas nas ruas de noites insurrectas —
             ele foi vendido e preso.

Esta é a última noite de Gabriel Péri.
Acabam de entrar na cela
e param debaixo da lâmpada elétrica:
brilham as dragonas e os cabelos loiros.
"Você vai morrer", dizem.
"Peça asilo e sua vida será poupada."
Dizem isso tão claramente quanto uma espada desembainhada.
Gabriel Péri ouve com atenção paciente
e, com a ironia leve e a gentileza de sempre,
diz "Não".

Escalar uma montanha
e avistar o mar azul lá embaixo.
A tranquilidade de uma morte fiel aos objetivos da vida que se levou.

Ele escreve uma última carta aos amigos e compatriotas.
Sem ao menos uma vírgula desnecessária
concisa, transparente
direta
escrita — como sempre — com a maior atenção.
Assina
e fecha o envelope.
E ouve sua consciência uma última vez:
não estava arrependido.
Se ele pudesse repetir
o que tinha começado em 1902
e terminaria na aurora
desta manhã
de 15 de dezembro de 1941,
começaria tudo do mesmo lugar
percorreria o mesmo caminho

e, se necessário, terminaria de novo no mesmo lugar.
Sentia-se altivo e tranquilo.
Havia entrado na luta através da própria mente e dos livros,
e foi tão fiel a ela quanto um trabalhador honesto.

Bem dissera um amigo querido:
"O comunismo é a juventude do mundo"
e "ele abre caminho para os amanhãs que cantam."[248]

A lâmpada elétrica começa a perder intensidade,
o dia está prestes a despontar.
E diante do pelotão de fuzilamento
ele também vai abrir caminho para os amanhãs que cantam.
A dele é uma canção de revolução, um romance que cheira a flores.
"*Adieu,*
et que vive la France!"

Levam-no para fora.
Desponta a aurora.
Ele apoia as costas.
Olhando diretamente para o buraco dos canos dos revólveres
ele canta *A Marselhesa*.
O patriota francês canta *A Marselhesa*.
Uma rajada de tiros.
E um dos filhos mais verdadeiros do Mediterrâneo cai de joelhos:
o Comunista canta *A Internacional*.
Segunda rajada de tiros.
As mãos se estendem em direção ao sol
e Gabriel Péri cai de borco, de cara no chão.

---

[248] "Os amanhãs que cantam": as palavras entre aspas são do escritor e jornalista Paul Vaillant-Couturie (1892-1937), presentes na carta de despedida de Gabriel Péri, referida por Nâzım Hikmet nesta passagem do poema.

Livro V

I

Desponta o dia.
O cabelo vermelho escorre pelo travesseiro.
Ayşe, a esposa de Halil, acorda
e abre os olhos enormes e dourados em seu rosto branco.
O quarto está frio como o gelo
a cama,
     quente.
E a mulher quer o homem que está preso.

    Do outro lado do quarto, a filha Leilá em sua caminha:
    parece uma fruta trazida de İskenderun para esta manhã invernal.
    Está encolhida feito uma bola, os joelhos encostados
                no queixo
             e as mãos cerradas.

A mãe observa a filha a dormir
e a sente novamente em seu útero.

    Janelas sem cortina.
    Ayşe pula da cama
    e veste o suéter preto e comprido que seu marido deixou para trás.
    O fogo arde no braseiro.
    Chá de tília na chaleira azul de zinco.

Lá fora Üsküdar está acordando,
             olhos esverdeados e sonolentos,
      os pés brancos e nus nos chinelos vermelhos de couro.
      É sempre assim que Ayşe imagina
             o bairro lá fora acordando.

Ontem veio algum dinheiro de Halil.
Hoje uma carta vai até ele:
"Meu amor,
recebi as 14,5 liras
e o 'estou com saudades' na margem do recibo,
                          obrigada.
Mas fico muito triste
de saber que você está trabalhando aí para me sustentar;
me odeio por isso.

Fui para Istambul ontem
e ouvi coisas tão estranhas na barca de volta.
Todos estão enviando dinheiro para fora,
Você não ia acreditar quantos têm
milhões em bancos da Suíça e da América!
Quer dizer que estão com medo de seu país.
Eles só pensam em fugir.
Alguns tinham dinheiro na Holanda,
os alemães o confiscaram,
mas depois o enviaram para a América
             como um favor para os nossos efêndis.
A Alemanha está em guerra com a América,
mas eles ainda trocam dinheiro.
O dinheiro não tem nacionalidade.
Será que seus donos têm?
Acho que funciona um pouco assim:
não são eles que são os donos do dinheiro,
mas o dinheiro é que é dono deles.
Aí ouvi outra coisa

que me deixou muito nervosa:
estamos despachando trigo para a Alemanha
        dizendo que é para a Suíça.
Que Deus amaldiçoe
        os que alimentam os canibais
            com nosso trigo!
Mas não quero que minha carta termine com uma maldição.
Vou fazer um desenho do meu novo quarto...

Esta é a nossa terceira casa que você não vê.
Aqui está a cadeira, a mesa, a janela —
        e aqui um vaso com flores de inverno.
Esta é a poltrona: estou sentada nela.
Esta é a cama pequena: Leilá está dormindo nela.
Ali é como um armário:
        — é onde eu guardo carvão, quando tenho.
Isso que você está vendo é tanto um armário de roupa
            como uma cozinha.
E aqui está a sua famosa biblioteca, herança do seu avô.
Olhe bem para a parede:
            a sua foto
            e a minha logo abaixo.
O meu quarto não é tão grande:
ou eu fiz os móveis pequenos demais
        ou desenhei o quarto grande demais.
Em suma, saiu deformado.
A sua esposa pode fazer uma casa de verdade um dia,
        uma casa na qual o seu homem não esteja mais preso,
mas nunca vou desenhá-la...
Minha carta acabou, meu querido.
A sua filha acordou e está olhando para mim.
Beijo suas mãos...”

“Que dia é hoje?”, pensou Ayşe.

E se lembrou: o décimo-segundo mês,
                o décimo-quinto dia.
Assinou a carta
e, sem colocar a data,
        fechou o envelope.

A carta alcançou Halil no dia 31:
Beethoven Hasan levou-a de tarde ao seu quarto.
Halil estava desolado:
um camponês preso havia se enforcado naquela manhã
                no banheiro da terceira ala.
Estava cumprindo pena por não ter pago o imposto de estrada.[249]
Por isso, não recebia ração.
Era a terceira vez que ia em cana por não pagar impostos.
O guarda da ala anunciou sua morte:
cortaram a cinta e baixaram o corpo.
Halil se lembrava dele:
um homem baixo e quieto.
"Desta vez ninguém veio visitá-lo", disseram.
"Quantas vezes pedimos para ele comer conosco, mas ele não quis.
Ele nem mesmo abria a boca para pedir um cigarro a ninguém.
O pobre homem morreu de fome..."
"De fome não", disse Asrî Yusuf.
"Você não sabe —
era um homem de brio.
Morreu de desgosto..."

Halil estava desolado,
mas só até ver a carta de Ayşe.
Beethoven Hasan o observou com graça,
então perguntou:

---

[249] "Imposto de estrada": imposto de cerca de 12 liras turcas, que recaía pesadamente sobre os camponeses mais pobres e era particularmente detestado. Este e o imposto que incidia sobre cada cabeça de animal foram abolidos pelo Partido Democrata em 1950.

"Carta da esposa, não é?"

"Sim, como você sabe?"

"Eu acho que você a leu duas vezes, mestre."

"Duas não, três."

Por alguma razão Beethoven Hasan ficou embaraçado com a resposta
                              e mudou de assunto:

"Mestre, hoje é véspera do Ano Novo.

O que podemos fazer?"

"Hasan, eu disse ao guarda

(ele vai estar jogando cartas, de qualquer forma)

que vamos nos reunir no meu quarto.

Você pode cantar a sua sinfonia 'Não serão derrotados'
        e eu recito o 'Épico da Guerra de Independência'.

        Ali, o pintor, pode fazer nossas caricaturas,

        Asrî Yusuf e İhsan Bey podem zombar do merceeiro Sefer
                              e deixá-lo nervoso,

        Ömer de Aydın, dançar zeybek,

                e o capitão İlyas, dançar *lezginka*..."[250]

Beethoven Hasan sorriu de forma matreira:

"Trouxe uma garrafa de um litro de rakı escondida, mestre.
                Podemos beber também?"

"E por que não? Vamos beber.

Mas onde você conseguiu tanto dinheiro?"

"Eu não comprei, mestre.

Sabe aquele guarda de İzmir?

O trabalhador de tabaco?

Foi ele quem trouxe

para bebermos com você.

Escondemos a garrafa na loja do Yusuf.

Ali também sabe disso.

Mas não deixe Sefer, o merceeiro, saber —
                ele é um espia da direção."

---

[250] *Lezginka*: dança folclórica comum a vários povos do Cáucaso.

Beethoven Hasan foi embora.

Halil sentia um estranho entusiasmo

e, sem saber por que, um pouco de embaraço:

seria a primeira vez que ia beber rakı na prisão.

Tirou os óculos, limpou-os e colocou-os de volta

para ler mais uma vez a carta de Ayşe.

Não foi suficiente.

Pegou suas cartas antigas.

Não estavam datadas.

Ele havia numerado todas as cartas de Ayse

nos últimos oito meses.

Alinhou as cartas na mesa

como se fosse uma cartomante.

E as leu na sequência.

Foi uma viagem a Ayşe, pelo passado.

1.

Escrevo esta carta de cama.

Se você estivesse aqui, como iria cuidar de mim!

Leilá acabou de completar seis anos.

Está pequena para a sua idade,

e eu a coloco para dormir durante o dia.

Acabo de acordá-la:

suas bochechas estão rosadas

         e seus olhos esverdeados parecem os de um adulto.

(Você já percebeu

        como os nossos olhos nunca mudam?

Lá permanece a nossa infância, boa e ruim,

         sem que se torne uma lembrança.)

"Estou escrevendo para o papai", eu disse a Leilá.

"Papai?", ela disse

      e bocejou.

Ela tem muita dificuldade para acordar.

Todos te cumprimentam.
Leilá e eu beijamos sua mão.

2.

Estou melhor.
Tudo ficou mais bonito aqui:
é a primavera.
Árvores frutíferas são a coisa mais bonita do mundo.
Tem alguma árvore no presídio?
As daí florescem junto com as daqui
tornando seu mundo mais bonito?
Leilá e eu falamos sempre de você.
Ela sempre pergunta: "Quando o papai vai receber a carta?"
"A gente vai dormir agora, e depois ele vai receber, não é?",
ela pergunta.
Pegamos pide[251] e queijo
e comemos no jardim
— lembramos de você.
Papai, a gente sente sua falta.

Acabam de me contar um montão de travessuras que Leilá fez.
Vou interromper a carta agora para lhe dar umas boas palmadas.

Leilá entrou
e lhe dei uma bronca.
Começou a chorar,
e não consegui bater nela.
Eu fiz ela sentar numa cadeira embaixo do enorme plátano.
Ela tem uma blusa de lã que pinica,
e que odeia —
obriguei-a a vestir.

---

[251] *Pide*: conhecido, na cozinha grega, como pão pita.

Ela vai ficar sentada lá sozinha com seu narizinho arrebitado
até a noite.

Agora você deve ter ficado com dó.
Mas fazer o quê?
Ela tem que se tornar uma pessoa boa, nosso pai.
Fiquei com dor de cabeça.
"É melhor não ter filhos" —
não posso dizer isso.
Mesmo com todos os problemas que trazem, eu ainda amo as crianças.
Se eu tivesse uma dúzia delas,
seria a mulher mais feliz do mundo.
Imagine só:
o que faltasse numa, a outra teria,
separadamente imperfeitas,
as doze juntas fariam uma pessoa perfeita —
e eu seria a mãe delas.

Fiz as contas:
hoje faz exatamente
três anos que você entrou aí
e faz dois anos que estou na casa do meu irmão.
"Os dias passam devagar na prisão,
mas os anos, depressa", você dizia;
é o mesmo para nós que temos alguém na prisão:
os dias passam devagar,
os anos, depressa.

Marido querido, papai querido,
beijo suas mãos.

3.

Que bagunça!
Camuflar é a última moda por aqui,

todo mundo está camuflando as janelas de casa.
Estou sentada, lendo contos de fada:
não para Leilá, mas para mim mesma.
Lindos contos que começam com "Era uma vez"
e terminam com "Três maçãs caíram do céu:
               uma para mim, uma para você
               e outra para quem lê."

Dias melhores, dias melhores —
aquele que disser que eles não virão que morda a língua!

Ontem
a gente estava sentada no quarto da minha cunhada,
quando alguém entrou gritando:
               "A casa de Cemile Hanım está pegando fogo!"
A gente correu,
e vimos que a casa de Şahin Paxá estava em chamas!
O teto tinha acabado de pegar fogo
e as chamas saltavam para todo lado quando a gente chegou.
Os bombeiros demoraram a aparecer.
E não tinham mangueiras.
Quando estavam prontos, a casa já tinha queimado.
Três bombeiros caíram da sacada:
um está gravemente ferido, os outros dois com ferimentos leves.
Tudo isso aconteceu diante dos meus olhos.
Pasmo e desespero tomaram conta de mim.
Não conhecia bem os que moravam lá
     — não tínhamos relação de amizade,
      mas eu conhecia a casa há vinte anos.
É como se eu tivesse perdido um amigo de vinte anos.
Sinto como se ainda pudesse ver as chamas.
E imagine: hoje não é uma casa, uma cidade ou um amigo,
                    mas o mundo que está pegando fogo.
Essa nossa coisa redonda e cheia de risquinhos
          está se incendiando, girando no escuro

(foi assim que a desenharam,
                e ela está sempre diante dos meus olhos.)
Ouvi o noticiário do rádio ontem à noite:
"A catástrofe da guerra está às nossas portas,
estamos cercados de incêndios por todos os lados"
                      — ou algo parecido.
Agora essas palavras não saem da minha mente.
O fogo é tão vívido para mim agora que,
se olhar pela janela a noite lá fora,
acho que vou ver todas as árvores do jardim pegando fogo.

4.

Meu amor,
não saberia contar que dias estranhos estão sendo estes.
Eu levanto cedo.
Arrumo o quarto,
          cozinho
                e costuro — e o dia já acabou.
Não vou a lugar algum.
Fico em casa, nervosa.
Ultimamente tenho estado muito nervosa.
Mas não só eu,
          todo mundo está assim:
parecem coelhos — agachados,
                as orelhas erguidas,
                    à espreita;
ou seja, prontos para disparar morro abaixo
se alguém gritar: bú!

Meu querido,
eu acredito tanto em você
          que quero ser como você.

Vivemos juntos mesmo só por cinco anos,
        o resto do tempo você passou nas prisões.
Não estou reclamando;
a nossa vida foi linda assim também.
Não importa onde você esteja,
       longe, perto,
a gente fica viciada em você.
Você é o próprio espírito do vício.
    (Que expressão estranha:
    parece que usa o fez do meu avô na cabeça
       e uma barba grisalha e cerrada,
          mas é de minha autoria.)
Como você pode ver, ó alma da minha carne[252]
        (é assim que se diz? não sei,
         mas senti vontade de dizer),
    não consigo apresentar o meu caso por carta.
Estou transbordando de coisas para dizer.
Largar a caneta e o papel,
ficar cara a cara
    e conversar com você:
ouvir a minha voz
       perto da sua...

Beijo seus olhos,
não, suas mãos.
Acho que eu não disse "beijo suas mãos" nas minhas últimas cartas.
Veja e me diga.
Sinto um aperto no coração:
    como pude esquecer?

---

[252] "Ó alma da minha carne": traduz *cânü tenim*, expressão híbrida (e pouco frequente) de persa e turco; por isso logo a seguir Ayşe pergunta, *böyle denir mi?*, "é assim que se diz?".

5.

Estou lidando com um monte de problemas cotidianos.
Prometi superar tudo isso.
Joguei de novo na loteria:
                    nada.
Mas não vou desistir, vou jogar de novo,
        e você vai ver: vai dar cinquenta mil.
A nossa vizinha Cemile Hanım vem me visitar todo dia,
                    mas só a mim
                        e, às vezes, a minha mãe.
Ela fica uma hora e vai embora.
Você não a conhece,
            mas ela gosta de você
                e você também ia gostar dela.
Que mulher admirável!
Lindos olhos verdes sempre delineados
            e lábios finos, sempre com batom.
                Deve estar beirando os sessenta anos.
Tem pressão baixa e problemas no coração.
Todos os seus pensamentos e esforços são para a pintura.
Ela pinta desde garota.
Quando seu marido morreu, dez anos atrás,
vendeu suas joias e aos cinquenta anos foi para Roma.
Ainda bem que não vendeu sua casa,
ou a pobre mulher teria morrido de desgosto ao voltar para cá.
Hoje ela se arranja alugando o andar térreo.
A casa dela é um mundo à parte:
pompons, franjas, quinquilharias
e quadros aos montes, por todo canto:
        pinturas a pastel e a óleo de mulheres nuas.
Uma mais linda que a outra.
Também há uma ou duas cabeças masculinas,
mas de sultões de fábulas.
E que cores doces e suaves:

borra de vinho, rosa-seca e rosa-bebê,
toda sorte de rosas e de brancos-sujos,
azul-limão, verde-garrafa, verde-esmeralda
    e roxo profundo.
De manhã à noite
  ela se concentra nas pinturas.
Os óculos sobre o nariz
  (só os usa quando pinta,
   pois odeia tudo o que a faz recordar sua idade,
   se ofende à menor insinuação de que está velha,
   a ponto de quase perder a amizade com a pessoa)
o que eu estava dizendo?
os óculos sobre o nariz,
pincéis entre os dentes
(pincéis de cola pequenos de cinco kuruş com o cabo vermelho,
   pois os outros eram caros demais;
   ela até faz a própria tela:
    uma demão de alvaiade sobre cambraia)
o que eu estava dizendo?
pincéis entre os dentes
e os olhos delineados semicerrados,
uma vez absorvida nas cores
ela nem perceberia se o mundo desabasse.
De fato, ela não viu a casa de Şahin Paxá pegando fogo.
No dia seguinte me disse:
"Que pena que não vi — estava concentrada na minha pintura,
       minha filha,
  mas acabei de ver o local do incêndio:
  está feio.
Mas as chamas são bonitas:
    tons de vinho, carmesim e laranja,
      e até um pouco de folhas secas de outono."
Pois assim é a Cemile Hanım, meu querido!
PS:
O gato de Cemile Hanım

matou nosso pintinho.
Leilá fez um desenho dele para você
            e o trouxe,
                ela insiste que também o coloque no envelope.
Para Leilá essa foi a coisa mais importante que aconteceu.
Talvez, graças a Deus
            — talvez, que pena —
        a nossa filha esteja crescendo.
Beijo suas mãos.

6.

Leilá está dormindo.
Ela está melhor ultimamente.
Mas ontem subiu na cadeira com uma vareta na boca
                            e caiu.
A vareta entrou no céu da boca dela.
Depois não falamos mais sobre isso,
e de noite, na cama, ela chorou escondido de mim.
Ela tem muito medo da morte.
Depois me perguntou: "Será que eu vou morrer?"
Por que é que essa menina tem tanto medo da morte?
E me diga:
        como é que a gente não enlouquece
                sabendo que vai morrer?
Ou talvez as pessoas pensem que não vão morrer.
Meu tio diz
        que todo mundo pensava assim nas trincheiras,
                    é verdade?
Ou talvez a gente se acostume com a morte
            do mesmo jeito que nos acostumamos com o envelhecimento.
Acho que a razão para isso é a seguinte:
apesar de parecer curta para cada um de nós,
a vida é mais forte que a morte.

Todos estão se mudando da cidade,
exceto aqueles, como nós, que teimam corajosamente em ficar.

Uma notícia para você:
Cemile Hanım foi a Istambul ontem,
não sei onde exatamente, a fim de comprar genuíno alvaiade inglês,
porque ela faz a própria tinta branca,
                  amassando o alvaiade com óleo de nozes.
"Subi na barca, minha filha", ela disse,
                  "e saí para o convés.
Azul-celeste e dourado por toda parte,
mesclado com um pouco de prata e cinza.
As sombras são de um roxo muito claro,
a luz era como mel filtrado....
Dois jovens estão sentados diante de mim:
um cavalheiro e uma dama.
A mulher é bem feia,
           o homem é bem bonito.
Que cores, que pele, que cabelo!
Ele não é humano — é um quadro a pastel!
E está usando um sobretudo castanho-claro;
uma parte do tecido deve ser de seda,
        e tem umas pregas —
           a gente não se cansa de olhar!
Me controlei, rangi os dentes e, por fim, não aguentei:
coloquei meus óculos,
     primeiro olhei de soslaio,
daí um pouco mais, um pouco mais de coragem,
e me entreguei por completo às cores do cavalheiro.
Eu estava tão absorta no verde-claro da sua bochecha
quando de repente acontece o caos, minha filha.
A dama, com a boca espumando, quase voa para cima de mim.
Todas as cores mortas da terra estavam no rosto da mulher.
Que coisas ela não disse!

Que o cavalheiro era seu noivo, que eu era louca,
                              que ia chamar a polícia,
"Sua velha assanhada sem-vergonha!", disse.
As pessoas à nossa volta deram risada.
O cavalheiro não abriu a boca, só ficou sentado lá timidamente.
Ele não é homem? Está satisfeito.
Ainda bem que a barca não demorou para chegar à ponte, e saímos.
O que você acha de tudo isso, minha filha?
A mulher ficou com ciúmes de mim."

Foi isso que aconteceu com Cemile Hanım.
Eu notei
      que hoje as linhas delineadas nos seus olhos estavam mais fortes,
e quando disse "A mulher ficou com ciúmes de mim",
                              ela estava feliz.

Halil,
como você teria dado risada
se eu tivesse te contado essa história
no ano passado ou mesmo há cinco dias atrás.
Mas agora você já não sente vontade de rir de nada,
nem eu.
Às vezes, rir parece até um ato vergonhoso.
Hoje é 27 de junho de 1941.

7.

Não estou bem aqui.
Me arrependo de ter abandonado minha casa.
Mas o que eu podia fazer?

Meu irmão,
      sempre do jeito que você conheceu;

Minha cunhada,
   igualzinha:
       preguiçosa, deprimida, indiferente,
          arrogante e, às vezes, muito corajosa.
Ela levanta às onze da manhã
e vaga pela casa com sua beleza loira e pálida
          feito um fantasma.
Agora vejo que a culpa é do meu irmão.
Ela precisava de outro tipo de marido:
        um homem forte, corajoso e calmo.
Não o meu pobre irmão,
     com suas mãos rechonchudas e femininas, e baixinho,
que dança quando se alegra e quando se enfurece
briga puxando o cabelo da minha cunhada.
E também tem a questão do amor...
Será que meu irmão não ama a minha cunhada?
           Ama, sim.

Infelizmente,
o amor dele é até sincero como o de uma criança.
Mas o conforto dele próprio vem acima de tudo.
Aliás, que conforto estranho.
Não tem nada a ver
     com uma casa arrumada,
        boa comida
          ou um amor iluminado.
Ele suja a casa, deixa tudo bagunçado;
     a gente se sufocaria na bagunça
       se eu não desse sempre uma arrumada.
Quanto ao amor,
     você já sabe.
Mas agora entendo
o que significa conforto para ele:
     que as coisas a que se acostumou não mudem.
Porque ele é covarde.
Acontece o mesmo nos negócios:

sempre as mesmas transações triviais
por ele ter medo de pegar coisas grandes.
Ir à falência ou ter problemas com a lei não o assustam
(isso nem lhe passa pela cabeça)
o que lhe dá medo mesmo é a mudança.
Daí...
Um momento, querido,
estou censurando meu próprio irmão diante de você?
Eu o amo apesar de todos os defeitos,
e o defenderia se qualquer pessoa o censurasse,
até mesmo você...
Mas
não estou nem um pouco bem aqui...

Meu querido marido,
se eu cortasse meus laços com o mundo
e fosse viver no topo de uma montanha —
eu não poderia fazer isso, não é?
Ficaria entediada, de qualquer forma.
Estou sempre pensando no dia em que você sair.
Saia,
e uma semana depois eu morro satisfeita.

Interrompi esta carta
dois dias atrás.
Você vê o estado em que estou?
Exaustão nervosa.
Um monte de remédios
fedorentos.
Tenho que tomar.
E vou tomar — se você sair.

Dessa vez entendemos o quanto significamos um para o outro.
Acho que a gente nunca mais vai brigar.
Ou será que vamos?

Eu preciso muito de você.
Se você saísse hoje, como isso me faria bem!

Chegou outra carta sua há pouco:
sentei, li e chorei um bocado.
Estou chorando demais ultimamente.
Aprendi a sofrer sem chorar por anos.
Agora estou chorando de novo
— não sei por quê.
Quando Leilá me viu chorando, ela chorou também.
Nesse quesito mãe e filha se entendem:
                    choramos juntas.

8.

Eu sei onde você conseguiu as quinze liras:
        você está enviando o dinheiro que era para costurar o seu casaco.
Mande costurá-lo imediatamente.
Tenho dinheiro aqui.
Eu ganho com costura e tal.
Fizeram um pedido de Ancara
                de cortinas bordadas e colchas.
Cemile Hanım e eu trabalhamos juntas.
Eu bordo
e ela faz enormes rosas, violetas e crisântemos nas cortinas.
A gente ganha quarenta ou cinquenta liras por mês,
rachamos meio a meio.
Até economizei um pouco.
Eu estaria quase rica não fossem os pagamentos pendentes.
Mas chega disso...
Estão dizendo que Hitler vai derrotar a todos em seis semanas.
Dificilmente.

Ele está matando cachorro a grito...[253]
Será que a esperança pode ser derrotada?
Deveriam perguntar isso para as esposas e mães de detentos.
Ela pode chegar a cambalear e cair, mas nunca ser derrotada.
Eu, por exemplo, a esposa de um detento
posso sofrer terrivelmente, inclusive titubear,
— aliás, ultimamente tenho ido de mal à pior,
                                      e depressa.
Mas não há possibilidade de eu ser derrotada.
Pois pense na humanidade,
                    na sua esperança.

9.

Você me enviou um monte de material
                  para eu aprender e ensinar.
Não vou fazer nada disso.
Eu não quero aprender nada novo.
Aprenda você
          e não me conte.
Hoje em dia eu tenho de viver de esperança
                        e não de conhecimento.

Não quero fazer nada.
Estou tensa,
    impaciente.
Esperando alguma coisa,
         não sei o quê.
Tenho a impressão de que

---

[253] "Matando cachorro a grito": a frase corresponde aqui ao provérbio turco *eceli gelen köpek cami duvarına siyer*, cujo sentido literal é "o cachorro moribundo mija no muro da mesquita".

agora, agora, a qualquer momento
       a porta vai se escancarar
          e essa coisa vai entrar de repente.
Ou se eu levantar
     e ficar na ponta dos pés
        e abrir as cortinas
(embora a minha janela esteja no segundo andar),
      verei suas mãos na vidraça
        (caso tenha mãos).
Ou ainda não sei,
     mas estou prestes a viajar
       — vão me chamar de algum lugar.
Há um livro sobre a mesa, sozinho.
Talvez esteja debaixo dele
(é algo que poderia caber debaixo de um livro):
quem poderia tê-lo colocado lá?
Se eu levantar o livro e olhar,
     o problema terá desaparecido.
Mas não levanto o livro
porque minha mente paralisa minha mão
ou para evitar que eu me perturbe.

É isso, meu querido.
Estou sempre dizendo "é isso" —
Estranho, não?

Beijo suas mãos.

10.

Por dois dias
fiquei sentada no chão do jardim, lendo um livro.
Não tenho forças nem para erguer um dedo.
O filho do inquilino de Cemile Hanım toca violino.

No meu primeiro ano aqui ele tinha acabado de começar a tocar:

dó, ré, mi, fá, sol;

agora, Tchaikovsky.

Isso significa que ele fez alguma coisa nesses anos.

E eu o que fiz?

Meus anos passam vazios como um mar sem peixes.

Para quê estou vivendo?

No jardim os crisântemos de mamãe floriram em muitas cores.

Faz dois dias que os observo.

Observar crisântemos,

ler um romance na tradução de Ömer Rıza,[254]

ouvir o violino do vizinho —

isso basta para tocar a vida?

11.

Meu querido marido,
deitar, estirada, de costas

e grudar os olhos no teto.

Apagar as cores o máximo possível,
calar os sons o máximo possível —
é disso que eu preciso.
Um lugar tranquilo, um quarto branco,
uma cama pequena —
não, uma cama grande e eu estirada nela,
e você sentado lá, zelando calmamente por mim.
E um monte de coisas como essas,

todas relacionadas com descanso.

---

[254] Ömer Rıza Doğrul (1893-1952): conhecido tradutor turco, extremamente prolífico, que verteu grande número de obras literárias, históricas e religiosas entre as décadas de 1920 e 1940.

Com ou sem chuva,
andei procurando Kâzım de Kartal por três dias:
ele se foi.
Não pude te mandar cavala salgada:
acabou.
Não dá para vender o seu terno aqui,
todos estão vendendo coisas
e os ricos não querem comprar "coisas",
mas sim condomínios.

12.

Ah meu querido, ah meu querido,
Cemile Hanım morreu.
Quando ela foi embora
eu estava com ela.
Eu nunca tinha pensando na morte dela.
Do mesmo modo que um automóvel para, assim ela parou
e acabou.
Ficaram nas paredes o vinho, os azuis-celestes e os amarelos-ouros.
Que estranho,
eu nunca tinha entendido a expressão "último suspiro",
agora entendo o que vem a ser:
abandonar tudo,
e de repente ir para o nada, para lugar nenhum, e nunca mais voltar.
Essa morte me fez acordar.
O advogado enviou *sucuk*[255] e *pastırma*,[256]
e estou te enviando também.
Coma com gosto.

---

[255] *Sucuk*: espécie de salame picante, geralmente feito com carne de vitela, mas também com carne de cavalo, típico dos países que integraram o Império Otomano

[256] *Pastırma*: carne seca e temperada, bastante difundida no Império Otomano.

13.

Eu me mudei para um quarto na casa do meu tio.
Estou com trinta e cinco anos —
                         surpreso?
A cada cinco anos, envelheço um.
Você vai ver,
vou ter uma vida nova no meu novo quarto.
Vou arrumar os móveis agora.
E quantos móveis eu tenho!
Como é que tudo isso coube num quarto só — e como vai caber?

Mergulhei nos livros;
leio de manhã até a noite.
Os livros são inteligentes,
            os livros são bobos.
Os livros são adultos,
            os livros são infantis.
Os livros são a viagem mais longa, mais linda,
mas vã,
        sem você...

14.

É meio-dia e meia.
Meu tio ligou o rádio
            para ouvir a Inglaterra.
A cidade de Rostov foi liberada.
Você lembra
quando Leilá pegou difteria aos sete meses?
Percebemos tarde.
"Temos que operar imediatamente", disse o médico.
Minha filhota ficou deitada com a boca aberta feito um peixe sem água,
um ruído alto em sua garganta diminuta.

Os braços imóveis,
      só as perninhas gordinhas se retorcendo.
Lembrou agora, papai?
Está visualizando os instrumentos do médico?
Aquela coisa brilhante era uma lanceta, não?
E quanta gaze e algodão!
Por que vocês me tiraram da sala?
Como é que eu pude consentir com uma coisa dessas, como?
Esperei em frente à porta
            roendo as unhas sem parar
                  (embora eu nunca faça isso).
De repente você abriu a porta
            com os olhos úmidos.
O médico me tocou no ombro:
"Senhora, já acabou", disse.
Na sexta noite
      (Leilá dormia profundamente
                  respirando como um pequeno mundo)
      quando o médico — bastante feliz e um pouco orgulhoso —
            olhou dentro dos meus olhos
e disse: "Bem, senhora, salvamos sua filha",
de repente me senti incrivelmente contente,
                  e tomada por uma estranha angústia.
Também,
pense comigo:
uma coisa vinda de mim, algo tão meu
foi salvo sem a menor ajuda minha.
A minha filha
            veio ao mundo novamente sem mim,
                  fora de mim.

O que você diz disso?
Por que razão será que
            agora estou me lembrando disso tudo?

15.

Quero ouvir o som dos seus passos dentro da minha casa,
quero que você bata à minha porta
              e que eu a abra para você com minhas próprias mãos.
Mas tire os sapatos no corredor, caso estejam enlameados:
          seus chinelos estarão lá te esperando.

Quero cozinhar para você com minhas próprias mãos
              e arrumar a nossa mesa com minhas próprias mãos.
Mas lavaremos a louça juntos
     como antigamente.

Quero ler os mesmos livros que você
(e como sempre você vai me explicar as partes que eu não entender).
Quero lavar suas roupas com minhas próprias mãos
              e remendar os rasgos.
E quero com minhas próprias mãos tirar o pó da sua escrivaninha
(sem mexer na bagunça).
Mas dessa vez você
    não vai mais esquecer o seu cachimbo aceso em cima da almofada
              ou derrubar as cinzas no chão.

Quero trabalhar ao seu lado
e lutar ao seu lado
(não por liberdade econômica
     ou para me ver livre da escravidão do trabalho doméstico e tal,
     mas para estar sempre perto de você).

E, finalmente,
o meu direito mais premente:
quero dormir com você no mesmo travesseiro,
     ter filhos de você
        — pelo menos mais dois...”

Halil dobra as cartas de Ayşe e as coloca no lugar.
Deita-se na cama.
Quatro paredes de pedra,
barras nuas nas janelas,
concreto frio.
Há anos:
concreto, pedra, ferro.
Agora a saudade de um tecido macio,
                     um quarto quente todo de madeira,
e um travesseiro bordado.
Halil se encolhe por trás dos óculos.
Lá fora, na noite, a neve cai sobre a cidade em grandes flocos.

II

Neste dia na primavera de 1942
     eles desceram as montanhas
     e vieram se sentar diante do Mediterrâneo.
A cidade de X... estava atrás, em cima deles, sobre um quebra-mar.
O brilho do sol na água iluminava os seus rostos.

No cais, Ali Kiraz balança as pernas dependuradas,
os punhos enormes pousados sobre os joelhos.
Seus olhos cintilam feito dois insetos pretos no seu rosto rechonchudo.
Ali Kiraz tem uma voz bonita.
Recita gazais,
           lê as últimas notícias em voz alta,
ajustando a voz como um gramofone.
Ali Kiraz é corajoso.
Ele brigou com um cabo da polícia por causa de uma dançarina
e ficou seis meses em cana,

onde aprendeu a deixar o cabelo preto e brilhante crescer
e a penteá-lo para trás.

Ali Kiraz conta, seus dentes branquinhos reluzindo,
com um pouco de ironia na voz
e um quê de presunção:
"Quando eu era policial militar em Çanakkale,
havia um capitão.
Fui levar uvas na sua casa
para sua esposa
na sua casa.
Entreguei a cesta para ela.
Ela entrou e começou a comer ruidosamente os cachos,
como se nunca tivesse visto comida antes.
Eu a espiava pela fechadura da porta.
Então ela colocou algumas uvas num prato e as trouxe para mim:
'Sirva-se também', ela disse.
E, claro, comecei a comer.
Daí ela me perguntou:
'Como vocês comem uva na sua terra?'
E eu disse:
'Do mesmo jeito que você as comeu aí dentro.'
'Ah seu porco sem-vergonha! Onde você me viu comendo uva?'
'Olhei pelo buraco da fechadura.'
Ela deu risada.
Percebe?
Ela estava querendo se mostrar refinada.
Sou um camponês simples
e ela queria tirar sarro de mim
como se eu não soubesse comer uva...'

Ali Kiraz ficou em silêncio.
Um sorriso cansado surgiu no seu rosto moreno com maçãs salientes.
Ele pegou uma pedra e a arremessou ao mar.

E falou
    chupando cada palavra
                como se fosse uma bala:
"Era uma mulher bonita.
Meia altura,
uns olhos cinza-azulados,
a pele branca...
E era uma raposinha:
tinha quarenta demônios no coração
e nenhum sabia o que o outro ia aprontar.
Uma tarde o capitão quase nos pegou;
Hasibe Hanım me escondeu no jarro d'água.
Era um jarro de Çanakkale — gigante.
Aproveitei para fazer minha ablução
Mas por pouco não me afoguei."

Ali Kiraz arremessou outra pedra ao mar
e murmurou com a tristeza das coisas perdidas:
"Era uma mulher bonita — excepcional, cada parte do corpo."
"Não ligue para a mulherada;
se você encontrar uma num lugar ermo, mate-a..."
Quem falou assim foi Ahmet.
Ali Kiraz protestou:
"Isso é coisa que se diga?
Nem mesmo o seu melhor cachorro late para uma mulher
                                só porque ela é mulher."
Ahmet não respondeu.
Ele se deitou
    apoiado nos cotovelos.
As mãos na nuca como uma pedra de pavimento,
pensativo e insignificante como uma pedra de pavimento.
Sua camisa listrada cheia de remendos e desabotoada,
e o coração como que batendo sob a pele,
                         e não sob as costelas.

Quatro anos atrás Ahmet havia abduzido Hatice em um campo de feno
    e fugido com ela:
ele não tinha condições financeiras
    para bancar uma cerimônia de casamento.
O pai de Hatice era marceneiro na aldeia.
Processo, tribunal.
No tribunal a garota disse que havia consentido
e foi viver na casa de Ahmet.
Na casa, ao todo, havia cinco pessoas.
Não passou muito tempo
    e os potes, as panelas, o terreno e o boi
            foram divididos em dois.
Quando os bens foram divididos em dois,
        as pessoas também foram divididas:
de um lado da casa, viviam Ahmet, sua mãe e Hatice,
de outro, o irmão de Ahmet, Osman, e sua esposa.
Esposas batiam umas nas outras,
maridos batiam nas esposas
e a mãe chorava dia e noite.
O boi ficou doente de desgosto.
E se o marceneiro não tivesse ajudado,
            Hatice teria morrido de fome.
Quando chegou a hora de Hatice dar à luz,
não conseguiu.
"É porque bateram na minha filha", disse o marceneiro.
Uma delegação da aldeia se dirigiu à cabeceira do leito de Hatice.
Por um lado a recém-casada se contorcia de dores,
por outro jurava que não tinham batido nela.
Ela deu à luz naquela noite,
mas a criança já nasceu morta.
O marceneiro de barba loira não queria deixar sua filha abandonada;
ele queria sua filha de volta:
"Venha para casa, Hatice querida", disse ele,
"eu vou te casar com outra pessoa;
não fique aqui — esses daí são pobres.

A mulher de um homem pobre nunca é feliz."
Hatice foi correndo para a casa do pai,
Ahmet ficou zangado e foi para a cidade.
Agora ele trabalha nos arrozais dos Koyunzade
e ontem recebeu do tribunal os papéis do divórcio.
Ahmet não disse aquilo por raiva de Hatice,
mas por raiva de si mesmo, por ter agido como uma mula.
Em vez de se zangar e ir para a cidade,
podia ter pego sua mulher fujona e trazido de volta pelos cabelos
ou podia matar o marceneiro agora.

İsmail, o Maneta, se agachou à direita de Ahmet.
Era um homem grande e forte, de uns 45 anos.
Seus olhos verdes estavam fixos nos caíques oscilantes
                                    ancorados na água verde.
İsmail, o Maneta, respondeu a Ali Kiraz:
"Aquelas mulheres para quem seus cachorros não latem
                são mulheres da cidade,
                        esposas de capitães —
        não nossas esposas.
        As nossas esposas,
        mulheres de camponeses, são mulas."

As sobrancelhas pretas e eriçadas de İsmail, o Maneta,
                            estavam franzidas.
E sobre sua boca vermelha e carnuda,
            o bigode luzia feito ébano polido,
                sem nem sequer um único fio branco.

Durante a Grande Guerra, İsmail tinha sido mandado para o Exército
            embora ele tivesse só dezesseis anos de idade.
Era corajoso.
Foi despachado para as bandas de Yozgat como soldado.
E quando os armênios foram massacrados,
            ele ficou com sangue até o umbigo.

533

Desertou e se tornou um bandoleiro.
Com o fim da Grande Guerra,
                    voltou à aldeia
com o cinto repleto de brincos, pulseiras e moedas de prata.
E sem o antebraço esquerdo.
As Forças Nacionais não o queriam.
Casou-se.
Três dias depois do casamento
trouxe laranjas da cidade
e as alinhou na prateleira feito pepitas de ouro.
Ao voltar do café naquela noite,
percebeu que faltava uma.
Perguntou à sua esposa: "Quem comeu a laranja?"
A mulher respondeu: "Eu comi."
"Então você comeu a minha laranja?"
İsmail, o Maneta, bateu na mulher de tal modo
                    que a cabeça e os olhos dela incharam.
E a partir daquela noite a vida da mulher se tornou um inferno.
Emine era uma bonita mulher de olhos azuis.
Assim como um tecido desbotado pelo excesso de lavagem,
seus olhos azuis desbotaram
e ela ficou como uma casca seca.

İsmail, o Maneta, em qualquer lugar, estava sempre assim:
a fisionomia carrancuda
                    a tal ponto que você não conseguia olhar para ele.
Ele só ligava para duas coisas neste mundo:
                    o jogo e sua filha de dez anos.
Até mesmo no aprisco ele conseguia causar sofrimento.
Pendurava os bodes pela perna e batia neles
                    quando não paravam quietos durante a ordenha.
No verão fazia seu filho trabalhar
                    e o expulsava de casa no inverno.
Ömer, o filho de İsmail, era um jovem calmo e sério.
Mas, de vez em quando, pensava:

"Se qualquer outra mulher que não fosse minha mãe

    tivesse me concebido desse cara,

        eu já teria esmagado a cabeça dela com uma pedra."

Ömer podia perdoar essa única,

      essa terrível culpa de sua mãe,

pois a amava como se fosse sua própria vida.

Neste inverno, İsmail, o Maneta, expulsou também sua mulher.

Ela foi para a casa do tio

levando seu cobertor.

İsmail disse a Ömer: "Vá pegar o cobertor de tua mãe.

Se ela não devolver, bata nela

e pegue à força."

Ömer se negou a ir

e apanhou do maneta até cair inconsciente no chão.

Quando acordou, numa poça de sangue,

    prometeu a si mesmo matar o pai.

Disse à mãe:

"Vou dar um tiro nele enquanto dorme."

A mãe chorou:

"Teu pai tem sete vidas,

ele mata a mim e a você, mas você não consegue matá-lo.

Um padre armênio lhe jogou uma maldição de viver mil anos.

Desista, filho.

Essa é a minha desgraça; tenho que aguentá-lo.

Vá para a cidade, ganhe seu sustento

      e salve a sua vida preciosa".

E Ömer foi para a cidade.

Chegando o verão, İsmail, o Maneta, foi procurar o filho.

Precisava levá-lo de volta.

Era a época da colheita no vilarejo.

Naquela manhã ele o encontrou no arrozal.

Mentindo, disse:

"Sua mãe está doente.

De cama.

Ela quer te ver.

Vamos voltar para a aldeia, Ömer.

Não precisa se apressar — termine seu serviço primeiro.

Vou te esperar no Café Cretense à beira-mar,

                              não dentro, mas ao lado.

Peça seu salário ao agá.

Você ganhou muito dinheiro?

Você pode comprar um tecido para sua irmã.

E a minha camisa está velha.

Sua mãe pediu para você vir.

Não precisa se apressar — termine seu serviço primeiro.

Vou te esperar à beira-mar até a noite."

E esperou.

O lutador tradicional[257] Kadri,

                sentado à esquerda de Ali Kiraz, perguntou:

"Aquele avião alemão caiu perto de vocês — é verdade, Kiraz?"

"Ele não caiu, mas pousou."

"Foi o querosene que acabou?"

"Aviões não queimam querosene, lutador, eles queimam gasolina."

E Ali Kiraz pensou:

"Um cavalo estúpido é tão imprestável

       quando um saco furado de juta,

       um homem estúpido só presta para a luta..."

E continuou com um ar pedante de mistério:

"Eles tinham acabado de bombardear os ingleses

quando tiveram um problema no motor,

sabe, nas hélices —

já era de noite

e, pensando estarem em Rodes,

pousaram.

Isso no matagal na parte de baixo do terreno de Hasan.

---

[257] "Lutador tradicional": refere-se a quem luta *yağlı güreş*, tradicional luta turca na qual os dois oponentes se besuntam com azeite de oliva antes de iniciar o combate.

De manhã o piloto encontrou uma caixa de fósforos vazia,
sabe, o capitão do avião —
na caixa tinha uma estrela e um crescente.
'Ai, pousamos na Turquia!', disseram eles.
Soubemos disso e fomos para lá, com o prefeito e tudo mais.
Aí os vimos destruindo sua caixa de códigos secretos.
Então telefonamos para a municipalidade.
Naquele instante, um dos alemães..."

Só o lutador Kadri ouvia Ali Kiraz.
"Como posso arrancar dinheiro do garoto?",
                                    matutava İsmail, o Maneta.
E Ahmet, ainda deitado de costas, pensou
que nunca mais beijaria ou cheiraria os seios de Hatice.
Mas a cerca de cinquenta metros adiante, no Café Cretense
                                se discutia sobre o mesmo avião.
O agente alfandegário Kâmil Efêndi dizia:
"Chegou uma ordem de Ancara
para que tratássemos os alemães com deferência,
e para colocá-los num trem e enviá-los a Ancara.
Ordens são ordens.
Koyunzade ofereceu-lhes um banquete no clube.
O governador, o comandante do regimento
                          e o chefe de polícia compareceram.
Veio uma ordem de Ancara: 'Tratem bem deles.'
Ordens são ordens."

Kâmil Efêndi era de Pristina.
Tinha servido como guarda e sargento na Iugoslávia.
Seu pescoço era inconcebivelmente longo e fino,
                    especialmente visto por trás.
Tinha voz de trombeta.
Era meio surdo,
        por isso estava sempre com a boca aberta.

O dono do Café Cretense pôs um disco grego no gramofone.

O trilo dos bandolins tremulando de deleite encheu o café.

Ramiz, o novo garçom,

de Istambul,

acariciou por uns instantes seu bigode fino e castanho-claro

e então pegou o lenço que estava apoiado no ombro esquerdo:

"*Elado vre*, minha beleza de olhos negros", disse, "*elado vre Eleni*.[258]

As ilhas, Arnavutköy, Samatya.

Ah, Istambul!

Que queres, *boynos*?[259]

Suas águas, o ar, peixes, morangos.

Seus turcos, armênios, gregos,

                 sem contar os judeus.

Que aroma tão agradável. *Ahparin girlas*?"

Uma voz atrás dele

perguntou com inveja:

"Se a sua Istambul é tão maravilhosa,

             por que você a deixou e veio para cá?"

Ramiz, como que apunhalado pelas costas, se virou na direção da voz.

Seu rosto tenso e trigueiro ficou vermelho.

Encostando o queixo no peito,

estava a ponto de xingar

— mas num relance viu em seus pés sem meias os sapatos:[260]

estavam gastos,

só a ponta estava inteira

---

[258] *Elado vre Eleni*: nas falas do personagem Ramiz surgem trechos de várias línguas e dialetos — alguns reconhecíveis, outros não —, como a exemplificar a pluralidade de línguas e culturas presentes em Istambul.

[259] *Que queres, boynos?*: trata-se, provavelmente, do ladino, a língua falada pelos judeus no Império Otomano.

[260] "Sapatos": no original, o poema diz *tulumbacılar*, termo dialetal usado com mais frequência no interior do país.

e a parte de baixo das calças esfiapadas nas pernas bojudas
pareciam dois peixes encalhados.
Ramiz engoliu o xingamento que estava na ponta da língua
e deu um sorriso forçado:
"A minha Istambul é maravilhosa, mas fazer o quê,
o destino cruel entupiu o meu sino de palha.
O destino é cruel
— *katalavis?* —
a alguns dá melões doces, a outros, melões amargos.[261]
(Agora fixando os olhos amarelos de gato no teto
e vibrando os erres,
continuou.)
A fome atingiu Istambul neste inverno.
E quando digo 'Istambul',
é a verdadeira Istambul.
E foi um baita de um inverno!
Ventos gélidos,
neve até os joelhos.
E nada de carvão.
Então finalmente nos deram cinco quilos de carvão
e um sabão por mês.
Morei com meu irmão em Beşiktaş.
Ele é casado e tem um filho.
Faz colchas.
Com o rigor do inverno,
o racionamento de pão
e a falta de emprego,
ele disse que não poderia mais sustentar a esposa.
As pessoas assavam cevada para comer.
Um vizinho, Murtaza Efêndi,
seu filho Mehmet, um aferidor de peso na prefeitura,

---

[261] "Melões amargos": tradução literal para o dito popular *kimine kavun yedirir, kimine kelek*, bastante eufônico no original.

e sua mãe,

todos eles morreram de fome em oito dias,

em Bayır Sokak, 21, Beşiktaş.

Não que os vizinhos não se ajudem,

mas se você ajudar hoje, passa fome amanhã.

Então meu irmão foi embora.

Mandamos a criança para a casa de parentes em Tuzla.

A mulher acabou como prostituta na avenida Beyoğlu.

Fui visitar minha tia em Feriköy:

fome também, a mesma coisa

        e ninguém em casa.

O povo saiu às ruas em busca de pão e carvão.

Eu vendi o meu casaco no mercado de pulgas

e fui para Osmanbey.

Lá vi que os não muçulmanos

        desde Kurtuluş, e até mesmo de Galatasaray,

          haviam saqueado a padaria de Osmanbey.

A polícia montada isolou a rua.

Um homem de óculos

saiu da padaria

com um pão na mão.

No mesmo instante em que saiu, arrancaram o pão da sua mão.

Ouvi falar de um vendedor de *leblebi* em Kasımpaşa.

Fui lá.

Tinha mais gente na porta que na padaria.

Chutando e dando cotoveladas, consegui passar.

Entreguei o dinheiro e comprei quatrocentos gramas de *leblebi*.

Crianças correram atrás de mim.

Subi para Kocamustafapaşa.

İhsan Hanım tinha quatro filhos.

Que todos eles descansem em paz.

Andamos por toda parte e conseguimos o dinheiro para os enterros.

Fui ao Cemitério Moderno,

        e o que eu vi?

          O que é que eu vi?

Os mortos jazendo sob a neve,
alguns enrolados em mortalha branca,
                    outros inteiramente nus.
Fui visitar um amigo cristão em Kurtuluş.
Em casa estavam sua mulher e duas filhas.
Nada de pão ou carvão.
Ele mesmo estava no Exército, quebrando pedras em algum lugar.
Ao me verem, começaram a berrar.
Deixei com elas 2,50 da venda do meu casaco
e saí.
Contei três vezes o dinheiro que sobrou no meu bolso:
                             dez liras e 21 kuruş.
Decidi:
vamos morrer de frio ou de fome nessa nossa Istambul.
Então me disse: vou cair fora dessas bandas
e migrei para o sul como uma andorinha."

Ramiz havia parado de contar a história em voz alta num certo ponto
— nem ele sabia onde —
e contou o resto para si mesmo, de um fôlego só.
No gramofone os bandolins ainda tocavam
e uma ceceosa garota grega cantava uma canção.

O sargento guarda Aziz bradou para Ramiz:
"Desliga esse resmungo, Ramiz!
Eu não entendo essa coisa.
Se você tiver um disco árabe, coloque.
Para mim, o árabe é o máximo.
Não há na face da terra língua mais eloquente que o árabe.
Faz doze anos que estou no funcionalismo público
                  e ainda não consegui chegar lá:
Alepo, Bagdá, Egito.
Sobretudo a sagrada Meca.
O resto do mundo
é tudo igual, tudo parecido.

Quando jovem me envolvi um tempo
com a questão do alongamento dos quatro *alif*.[262]
Meu pai era hodja — de turbante e tudo.
Que Deus o tenha.
Bordado nos meus ossos e medula,
em mim fez seu ninho — o árabe, árabe,
árabe, árabe.

Use um pouco de sua inteligência, Ramiz;
se tiver um disco árabe, coloque..."

Ramiz mudou o disco
e foi para fora do café.
Deu um suspiro fundo
e ergueu os olhos:
o mar,
a baía,
o porto.
Entre as balsas ancoradas, os caíques de pesca e as lanchas
soprou um vento repentino
que fez as águas se encapelarem e estremecerem
balançando os cascos.
Duas pessoas num escaler se afastavam
da lancha de Dursun:
uma remando, a outra em pé, na popa.
Iam em direção às oliveiras públicas,
ao sopé do Monte das Romãs
na costa esquerda da baía.
À direita, um promontório terminava em rochas escarpadas e vermelhas.
Adiante, ficava o quebra-mar em ruínas:
uma herança dos romanos, talvez até dos fenícios.

---

[262] "O alongamento dos quatro *alif*': o *alif* corresponde ao *alfa*, grego, e ao *aleph*, hebraico. O trecho se refere a um dos modos tradicionais de recitação do Alcorão que consiste em prolongar o som do *alif*, em determinadas passagens, por duas, três, quatro ou cinco vezes (tal como se observa, por exemplo, nos cantos dos muezins convocando para as rezas).

As crianças vão a nado até lá
        para roubar os ovos das gaivotas.
Além do quebra-mar é o alto-mar,
        de um azul tão escuro
quanto profundo.
Ele se espalhava, tão denso e amplo,
até que faixas brancas e brilhantes surgiam no azul
        como se os navios que cruzaram as águas
           tivessem deixado rastros.
Longe, no horizonte,
        a superfície do mar reluzente e lisinha sob a luz do sol
           como se tivesse sido aplainada há pouco.
Lá fora, o mar não é suave ou macio,
        mas forte e duro como uma folha de metal.

Ramiz sentou-se no limiar da porta,
sentindo-se muito só
        e infeliz.
De repente avistou
dois pequenos
cascos pretos
rodeando o promontório de rochas vermelhas.
As velas estavam baixas.
Tristes, os remos desciam e baixavam sobre a água...
Ramiz gritou para dentro do café:
"Duas barcaças estão vindo das ilhas de novo!"
Os homens vieram correndo.

As barcaças traziam cerca de cem pessoas, cinquenta em cada:
homens, mulheres, crianças
e até bebês, envoltos em panos.

Os camponeses no cais também avistaram as barcaças.
Ali Kiraz (aquele que fez suas abluções no jarro de Çanakkale) disse:
"São gregos das ilhas, fugindo dos alemães."

Kadri, o lutador, perguntou:
"Por quê?"
Ali Kiraz encarou o lutador com raiva:
"Por que seria?
Por que eles enjoaram de comer *baklava* e *börek*?"
Ahmet
     (o ex-genro do marceneiro da barba loira)
levantou-se,
deu um bocejo e disse:
"Eu também queria fugir daqui."
İsmail, o Maneta (o que estava esperando pelo filho Ömer),
deu uma olhada nas barcaças
e falou em voz baixa
     (se para si ou para outrem não estava claro):
"Agora esses infiéis devem ter dinheiro,
     relógios de prata com correntes e tal,
     e suas mulheres, cruzes de ouro penduradas no pescoço."
Então lambeu seu bigode preto como ébano
     com a língua vermelha e grossa.

O cais estava lotado.
Os carregadores em frente aos armazéns
     depositaram as sacas de trigo no chão
       e ficaram olhando o mar,
aproveitando a oportunidade para descansar.
Os que carregavam sacas de azeitonas e arroz na lancha grande
     fizeram uma pausa no trabalho.
O cheiro dos *köftes*[263] fritos do cozinheiro Hacı Sami de Adana
       inundava o ar
e as abelhas zuniam sobre as cestas de frutas.

As barcaças passaram pelo quebra-mar em ruínas, entraram no porto
     e jogaram âncora.

---

[263] *Köftes*: na cozinha árabe, kaftas.

A patrulha da alfândega zarpou
com o vice-governador,
    o chefe de polícia e o comandante da guarda.

As pessoas das barcaças, falando e
chorando em uníssono, foram ao encontro deles
gesticulando com as mãos e os braços,
        como se quisessem pegar, agarrar, abraçar...

Alguns entre os recém-chegados sabiam turco,
o vice-governador era cretense, de qualquer forma,
        e falava o mais puro grego.

Os homens precisavam fazer a barba.
As mulheres nem notavam que estavam seminuas.
    Os olhos de todos em chamas,
    os rostos quase translúcidos de tão pálidos.
A fome, o pavor, o cansaço e a esperança
        os faziam parecer uns com os outros,
          como irmãos gêmeos...

Kadri, o lutador, perguntou a Ali Kiraz no cais:
"O que vai acontecer com eles agora?"
"Vão mandá-los de volta.
    Da última vez foi assim."
"E, voltando,
    será que os alemães não vão massacrá-los por haver fugido?"
"Vão, sim."
"Que pecado...
E os coitados devem estar passando fome.
É proibido dar pão para eles?"
"Não.
Da última vez nós arrecadamos diversas coisas e demos para eles...
Olha só, Ahmet já até comprou pão."

Ahmet
    (o ex-genro do marceneiro da barba loira)
    parado ao lado deles
    com dois pães debaixo do braço
    e, bocejando longamente,
        tinha os olhos pregados nas barcaças lá adiante.

Kadri, o lutador, perguntou outra vez:
"E como é que vamos entregar aos caras o que compramos?"
Ali Kiraz tirou uma carteira de couro do bolso
        e contou seu dinheiro.
        5 liras e 62 kuruş.
"Vamos,
    compre o que você quiser,
        dar é a parte mais fácil..."

A lancha da patrulha da alfândega voltou
com o anúncio:
"Os cidadãos podem ajudar.
A prefeitura também ajudará.
Ninguém poderá desembarcar.
Eles partirão no máximo daqui a três horas..."

Das duas barcaças ancoradas não vinha nenhum ruído.
No cais os carregadores fizeram uma coleta de dinheiro entre si
        e mandaram um homem até a cidade
            para comprar provisões.
Ramiz, o garçom do café, levou a bandeja para os fregueses
e então, lá fora, em frente ao armazém,
        abordou o contador dos Koyunzade
        e, aos berros, tomou à força 25 liras dele.

Os caíques abarrotados de provisões zarparam da costa
        e flanquearam as barcaças.
Estas continuavam em silêncio.

O único no cais que não dava atenção a tudo isso era İsmail, o Maneta.
Ele pensava no filho Ömer:
"Se ele vier muito tarde, as lojas vão fechar,
e não vai poder comprar nem tecido para a menina
                                   nem camisa pra mim.
Aí vou ter que passar mais uma noite aqui,
gastando com hospedagem.
Ömer tem dinheiro.
Mas como tirá-lo de suas mãos?..."

Ömer chegou
emburrado.
Quando ele fica emburrado assim, se parece com o pai.
Beijou a mão de İsmail, o Maneta.
"Vamos, papai", disse ele.
"Vamos, Ömer.
Primeiro vamos para o mercado..."
"Vai fazer compras, papai?"
"Eu não vou comprar nada,
             mas você pode comprar tecido para sua irmã e pra mim..."
Ömer interrompeu o pai com uma raiva cheia de prazer:
"Não vai dar."
"Por quê? O agá não te pagou?"
"Pagou, sim."
Ömer ficou quieto.
İsmail, o Maneta, fitou os olhos de Ömer
e sentiu a mesma raiva que sentia
                   ao pendurar os bodes na árvore pelas pernas:
"Então por que você não pode comprar tecido para sua irmã?"
"Eu recebi o dinheiro, mas acabou.
       Coletaram dinheiro para os refugiados
                 das ilhas
                      e dei o dinheiro para eles..."
"Para quem? Para quem você deu o dinheiro?
Seu idiota, eles não são refugiados, são infiéis!

Para quem você deu o dinheiro? Diga, seu filhote de porco!
Vamos pegar de volta..."

"Não dá, papai.
O *bulgur* que compraram com o dinheiro já está lá..."

Ömer disse uma meia verdade:
ele havia dado apenas metade do seu dinheiro
e não só para aliviar os sofrimento dos refugiados,
mas, principalmente, para desafiar seu pai.

İsmail, o Maneta, ergueu o braço esquerdo com toda sua fúria:
     um tapa.
     Ömer perdeu o equilíbrio.
     Daí três chutes rápidos
     e Ömer desabou no chão.

No mar, adiante, as barcaças levantam ferro.
Remando morosamente, zarpa do porto.
Aos prantos, Ramiz observa as popas para trás
e as vê sumir pouco a pouco na escuridão da noite
até que restam apenas dois pontos no mar aberto...

III

Na prisão Halil se ocupara com trabalhos de marcenaria:
fazia caixas de costura entalhadas e com espelho,
   estojos finos de nogueira para cigarros,
   saleiros, açucareiros e potes para café.
Ele os dava para Pater vender nos dias de visita
  e a um dos guardas nos dias de feira.
Às vezes também recebia pedidos grandes.

Os presos ficavam impressionados
em como as mãos de Halil tinham pego o jeito tão rápido;
apenas sua visão o frustrava:
  a cada dia ficava mais embaçada...

Pater entrou na oficina de marcenaria,
o rosto rechonchudo de criança radiante:
"Estimado papaizinho", disse,
   "você tem visita, papaizinho querido;
    mostrei o seu quarto."

Os visitantes eram
o meu adorado trabalhador Kerim
    que tinha acabado de completar catorze anos
e o meleiro Remzi Efêndi.
Kerim estava sentado com as pernas cruzadas na cama
   segurando firme um caderno sob o braço.
O meleiro Remzi Efêndi estava quieto, sentado na cadeira,
   a cesta no chão.
Suas mãos formosas descansavam sobre os joelhos.
A cabeça inclinada para a direita e o cabelo cortado à escovinha
    sob a boina.
Estatura mediana, gorducho.
Um refugiado da Guerra dos Bálcãs,
Remzi Efêndi
estudou na Escola para Órfãos[264] em Istambul
e trabalhou na fábrica de porcelana do sultão Reşat.
Agora vendia na feira local
   sob uma enorme sombrinha branca
   mel, melaço de uva e azeite de oliva
— e era o único aluno no curso de francês do Centro Comunitário.

---

[264] "Escola para Órfãos": no original, *Darüleytam*, escola fundada para abrigar crianças que ficaram órfãs na guerra.

Um dia,
com a permissão do procurador de justiça, Halil foi ao hamam público.
Na volta, passou pela feira local
e Remzi Efêndi perguntou ao segundo guarda que vinha atrás:
"Esse é Halil Bey, não é?
Eu o reconheci na hora.
Tenho fotos dele
        que cortei de jornais.
Será que eu poderia visitá-lo?"

O guarda — um trabalhador de tabaco em İzmir
            e amigo de Halil —
                examinou Remzi de alto a baixo:
"Sim, pode ser", disse, "pode ser.
Você poderia ir vender azeite de oliva, melaço de uva e tal,
                    mas há um jeito melhor..."

E Remzi Efêndi começou a visitar Halil.
Ele dava mel e melaço a bons preços
            para o diretor e o chefe dos guardas
e, em dias de visita, entrava na penitenciária sem problemas.

A princípio Halil suspeitou que ele fosse da polícia,
mas depois essa dúvida desapareceu.
De cima a baixo Remzi Efêndi era uma tranquilidade só
— mais tranquilo que qualquer policial à paisana.
Sua cabeça, suas mãos e o minúsculo bigode castanho-claro
        irradiavam tranquilidade.
Pode estar certo disso:
        a tranquilidade de um homem bom
                é como a tranquilidade de um homem saudável.

Chegaram a um acordo:
Remzi Efêndi faria dez perguntas a Halil a cada visita.
Caso contrário, com seus olhos azuis angelicais

ficaria sentado em frente a Halil
           até a noite sem abrir a boca,
              tímido e extático.

"Meu caro Remzi Bey, você já tem as perguntas?"
Até as orelhas de Remzi Efêndi ficaram vermelhas.
"Sim, sim,
    já preparei, mestre."
E tirou sua pequena caderneta de comerciante.
"Eu também tenho umas perguntas hoje, tio Halil."
"A gente também vai responder as suas, Kerim.
Mas Remzi Bey é o primeiro."

O meleiro Remzi Efêndi hesitava.

"Por que você não tira seu chapéu, Remzi Bey?"

Ele tirou a boina.
Ficou vermelho outra vez.
Com uma curiosidade alegre e infantil, Halil perguntou:
"O que tem nessa cesta?"
"Um pouco de melaço, xarope de suco de uva e azeite de oliva..."
"Obrigado, meu querido Remzi Bey.
Eu te pago na semana que vem — põe na minha conta.
A gente acerta a minha conta toda na semana que vem."
Remzi Efêndi gaguejou:
"Mas eu queria..."
"De jeito nenhum!"
Remzi Efêndi ficou com cara de ofendido;
então fez uma pergunta medonha, com voz suave,
           mas grande determinação:
"Você suspeita de mim?
Quero dizer, você acha que sou um espião e tal?"
"Imagine!
Agora isso não passa pela minha cabeça."

"Mas e antes — passou?"
Halil deu risada:
"Sim...
Eu suspeitava."
Ficaram em silêncio.

O meu adorado,
o trabalhador Kerim que tinha acabado de completar catorze anos
ouvia a conversa com os olhos arregalados
        e um espanto reverente.

Remzi Efêndi tirou um envelope do bolso
        e o entregou a Halil:
"Pode enviar isso aos mais necessitados
        dos seus companheiros de prisão, mestre."
Halil abriu o envelope:
        lá estava uma nota de cinquenta
        lisinha e brilhante
        como se tivesse acabado de sair da prensa...
Por alguma razão, Remzi Efêndi explicou, olhando para a frente
        (talvez temesse que Halil não aceitasse o dinheiro
        e ele se sentisse humilhado):
"Vendi bem nas últimas duas semanas, mestre,
        e vendi uma grande quantidade de xarope de uva
        para um comerciante.
Ou seja, esse dinheiro
        está acima do meu lucro habitual..."
"Obrigado, meu caro Remzi Bey,
vou enviar amanhã mesmo para os meus companheiros."
Como se algo lindo e reluzente surgisse de súbito à sua frente
os olhos azuis angelicais de Remzi Bey sorriram com alegria.

Pater trouxe dois copos de chá.
Kerim e Remzi Bey beberam ruidosamente.
"Bem que eles podiam não fazer tanto barulho", pensou Halil.

A área de visitas lá embaixo começava a encher
e o murmúrio vindo de dentro da prisão era mais intenso.

Olhando para sua caderneta, o meleiro Remzi Efêndi
                    fez suas dez perguntas do dia:

"1. Dizem que foi a Alemanha que iniciou a guerra,
ou seja, os nazistas.
Bem, se tivesse havido uma revolução
e os comunistas tivessem subido ao poder
no lugar de Hitler,
        ainda poderiam dizer que foi a Alemanha que começou a guerra?
E essa revolução
            teria sido tão sangrenta quanto essa guerra?

2. Dizem que Hitler começou a guerra.
Mas de onde surgiu Hitler?
Se os bancos alemães e os trustes não tivessem se sentido ameaçados
e tivessem apoiado os seus parceiros
ingleses, os franceses e os americanos
                na sua luta contra os comunistas
e se todos juntos
        não tivessem posto os nazistas no poder
e se a classe média alemã não tivesse sido aniquilada
na última guerra
e se um bando de vagabundos
        prontos para serem comprados por um par de botas
        e alguns gomos de linguiça
não tivessem perambulado pelas calçadas
        desesperançados, famintos e infelizes
e se os sociais-democratas não tivessem sido pérfidos,
        será que Hitler seria o que é hoje?

3. Já é a segunda guerra que ocorre num período de 25 anos;
      por acaso o regime capitalista não tem nenhuma culpa nisso?

4. Roosevelt e Churchill:
      'nós não lutamos
            para anexar terras' — dizem eles,
                  'mas pela liberdade dos povos.'
Bem,
será que os povos de Java, de Sumatra, da Índia,
                        das colônias da África
— ou seja, um montão de pessoas,
            mais de um bilhão delas,
terão independência após a guerra?
Serão eles poupados de se tornar mercados para os trustes?
Ou será que só as pessoas brancas são consideradas povo?

5. Roosevelt e Churchill:
      'nós não lutamos
            por nada' — dizem eles,
                  'senão pelas Quatro Liberdades.'[265]
Bem,
quando a guerra terminar,
      não vai haver mais desemprego, por exemplo, na América?
Ou será que vão dar quinze dólares aos veteranos
e dizer outra vez aos trabalhadores da grande indústria da guerra:
                  'Virem-se!'?

6. Por acaso o desemprego
            é uma necessidade do sistema capitalista?

---

[265] "Quatro Liberdades": em 6 de janeiro de 1941, em um discurso que se tornaria famoso, o presidente dos Estados Unidos Franklin Delano Roosevelt referiu-se às "quatro liberdades" como sendo: a de expressão, a religiosa, a de viver sem pobreza e a de viver sem medo.

7. Ao longo da história humana os sistemas sociais sempre mudaram,
em sua essência ou aparência,
e deram lugar a outros sistemas.
Ninguém negaria isso.
Mas será que esse processo encontrou a perfeição no sistema capitalista
e chegou a um ponto morto?

8. Aqueles que apoiaram o surgimento do fascismo
na Itália e na Alemanha
agora são como gigantes querendo devorar suas próprias crias,
ocupadas em derrubá-los...
Por acaso essa contradição não diz alguma coisa?

9. Hoje há seis principais governos imperialistas,
seis grandes mestres do capitalismo:
os Estados Unidos, a Inglaterra, a Alemanha, o Japão, a França e a Itália.
Quantos restarão depois da guerra?
O que diz esse processo de eliminação?

10. Por que é que antes da guerra o mundo capitalista,
principalmente os Estados Unidos, a Inglaterra, a Alemanha,
o Japão, a França e a Itália,
não uniram forças contra o governo soviético-socialista?"

O meleiro Remzi Efêndi terminou de ler
e fez silêncio.
Lançou para Halil um olhar de ingenuidade perspicaz.
Halil estava um pouco perplexo.
"As suas perguntas estão bem diferentes dessa vez, Remzi Bey", disse.
"E muitas delas se respondem por si mesmas.
Está claro que você pensou bastante. E até mesmo...
(até mesmo mandou alguém escrever isso para você,
ia dizê-lo,
porém não disse,
com medo de ofendê-lo.)

E até mesmo leu bastante essa semana..."
"Não só essa semana, mestre,
                             eu sempre leio.
Consegui alguns livros bons.
Dois deles são livros seus proibidos.
Além disso, fui seu aluno por três meses.
Já vinha preparando essas perguntas faz tempo.
Eu queria fazer uma surpresa para você..."
Remzi Efêndi ficou tão corado e estava tão à vontade e feliz
que Halil se segurou para não se levantar e beijar
                             seu nariz redondo.
"Meu caro Remzi Bey,
eu não vou responder a suas perguntas.
Você mesmo prepare as respostas e traga-as na semana que vem.
Agora é sua vez, Kerim.
Você descobriu o problema da fração usual que eu te dei?"
Kerim respondeu com muita seriedade:
"Eu não descobri, eu solucionei.
E não é fração usual, mas fração comum."
"Você tem razão.
Deixe-me ver seu caderno."

Kerim havia acertado o problema.
Halil lhe deu outro.
Kerim retrucou:
"Agora vamos à minha pergunta, tio Halil.
Dizem que você recebe dinheiro dos russos,
                             que você é um traidor da nação."
"Quem disse isso?"
"O contador da nossa fábrica, Seyfi Bey."
"E o que você acha?"
Kerim não hesitou ao responder:
"Que é mentira..."
O tempo entre a pergunta de Halil e a resposta de Kerim
foi de menos de um segundo.

Mas nesse curtíssimo intervalo de tempo
            três lembranças cruzaram a mente de Halil:
uma bem recente,
      outra um pouco distante,
            a terceira muito antiga.
A bem recente:
dez dias atrás tinha enviado dinheiro à sua esposa, Ayşe,
            quinze liras que havia juntado com o trabalho de marcenaria.
O funcionário dos correios perguntou ao guarda:
"Por que é que Halil Bey sempre envia dez ou quinze liras?
Ele deve estar cheio da grana."

A um pouco distante:
há alguns anos
      cinquenta pessoas foram presas de repente.
A maioria trabalhadores e comerciantes pobres.
Mais da metade deles solteiros.
Paupérrimos.
Vendiam a porção de tabaco e compravam tomate e cebola
                        para comer com pão.
E Halil, que não conseguia ficar sem tabaco,
                  catava bitucas do chão.
Um dia o "agá" da quinta ala se chegou a eles e disse:
"O guarda-chefe disse
            que vocês são inimigos da pátria
e que os russos alimentam vocês com mel e o que há de melhor.
Mas eu tenho visto:
            em uma semana nada ferveu na panela de vocês.
E alguns de vocês até foram feridos
                  por causa do nosso país."
Depois ele parou de ser "agá" de uma ala
            e foi transferido para o setor de tecelagem...

A terceira e mais antiga lembrança:
Halil é levado à presença do comissário.

Um homem baixinho, redondo e oleoso como o interior de uma avelã,
                que sorri, mostrando seus dentes pontudos:
"Na religião de vocês a mulher é usada por todos", diz ele,
                "mais ou menos como os libertinos kızılbaş,[266] esses..."
E Halil
agarrou o tinteiro que estava sobre a mesa
e arremessou na cara do canalha...

Essas três lembranças cruzaram sua mente com a velocidade de um raio.
Seu rosto moreno e ossudo corou de leve
e Halil perguntou a Kerim com um sorriso triste:
"Então é mentira?"
"Claro que é mentira, tio Halil,
         mas eu queria saber por que é que
               eles te difamam desse jeito."

O meleiro Remzi Efêndi
        — talvez pela primeira vez na vida —
           falou como se estivesse acusando um criminoso:

"Eles estão com medo, Kerim,
estão com medo do povo turco.
No regime capitalista de hoje, os líderes,
          a *bourgeoisie*,
          em toda parte têm medo de seu próprio povo."

Remzi Efêndi usava os termos franceses de forma hesitante
como que se acostumando a usar novas ferramentas,
embora com grande prazer.
Ele concluiu sua fala
        aludindo à dialética
            e à luta das classes.

---

[266] *Kızılbaş*: literalmente, "cabeça vermelha"; nesse contexto, pode se referir a uma variedade de seitas xiitas, extremistas em geral, incluindo os alevitas.

"Kerim", disse Halil,
"Louvores e glória ao povo turco e à humanidade!"
      (E riu:
      acabava de se dar conta de como seus termos eram obsoletos
      em comparação com os de Remzi Efêndi.)
E repetiu:
"Louvores e glória ao povo turco e a todos os povos!
      Ainda bem que sou comunista
          até a alma,
          e, cada dia, um pouco mais,
          cada dia, um pouco mais comunista,
              comunista..."
(À medida que repetia a palavra comunista,
      sentia que até respirava melhor.)
"Ainda bem que sou comunista.
É isso, Kerim.
E como todo comunista, sou um patriota de verdade:
      com um amor pela pátria mais real, mais avançado,
      do que qualquer um na história,
      abarcando toda uma era
      e toda a humanidade...
Não é um amor de pessoas que vivem à custa dos outros,
      mas de pessoas que trabalham.
Este é o seu amor à pátria, trabalhador Kerim de catorze anos de idade.
Eu não considero outros povos nem melhores
      nem piores que o meu próprio.
E tampouco sou um internacionalista.
Mas como todo comunista, porém, clamo
para que os proletários de todas as nações se unam.
Isso é verdade...
Agora, Kerim,
      vamos falar da União Soviética:
se eu tivesse nascido há cem ou cento e cinquenta anos
      respeitaria e admiraria a grande Revolução Francesa.

E, quem sabe, talvez tivessem dito na época
  que eu era um instrumento de dissensão dos infiéis franceses.
Não vivi naquela época,
    mas ainda canto com entusiasmo *A Marselhesa*.
Agora pense em vinte anos atrás:
imagine que você é filho de uma colônia na África ou na Ásia,
obviamente você ia amar e admirar a nós, os turcos,
por termos conquistado a nossa independência das garras do
  imperialismo.
Agora pense na União Soviética:
a exploração de nações por nações, de pessoas por pessoas foi abolida.
Certamente vou sentir amor e respeito
      pelos fundadores do socialismo.
Estamos no século XX, Kerim,
e no nosso coração está a *Marselhesa*,
      o nosso Hino de Independência
        e a *Internacional*...
Quanto às mentiras e difamações:
os guardas, as delegacias de polícia e as prisões não bastam —
em alguns lugares eles não podem nem recorrer a essas coisas.
O inimigo também precisa de mentiras:
jornais, rádios, cinemas, livros e cafés
          são mobilizados.
A mentira parece um piolho manco:
numa única noite passa por sete camas,
      especialmente as dos pobres...”

Remzi Efêndi ficou vermelho e sussurrou:
“Mas a vela do mentiroso...”
Kerim, confuso com quase tudo o que tinha ouvido,
        ficou contente por terminar o provérbio:
“... não queima mais de duas horas depois do poente.”
Halil acrescentou com certa tristeza:
“Às vezes o poente demora um pouco para chegar.”

E deu risada:
"Bem, alguns minutos..."

Lá embaixo o sino anunciou o fim do horário de visitas
e Kerim e Remzi Efêndi foram embora.
Halil tirou da cesta o azeite de oliva, o xarope de uva e o melaço.
Examinou tudo e ficou com água na boca.
Pegou o vasilhame de xarope de uva, virou, revirou e o pôs de lado.
Era o seu doce predileto.
"Ayşe também adora xarope de uva;
tenho que mandá-lo para ela amanhã do jeito que está."
Estendeu a mão para pegar o frasco de azeite de oliva,
               pingou uma gota no dedo, provou e disse:
"Vou enviar um pouco disso a Süleyman,
e as cinquenta liras de Remzi Bey a Fuat.
Ele vai sair da prisão daqui a vinte dias —
          pode usar esse dinheiro para voltar para casa."
O melaço veio numa garrafa.
Olhou para ela com desgosto:
"Isso é o que sobrou para nós
        e eu não gosto nem um pouco desse troço..."

IV

Fuat foi solto numa quinta-feira
               tarde
               da noite.
Saiu movimentando as mãos e os braços
               assobiando
        sem olhar para trás, para a prisão.
Os que ficaram
        observaram Fuat através das grades de ferro

com um bocado de saudade

com um bocado de tristeza

e com um "adeus, meu amigo..."

Fuat virou a esquina

e se deparou com a cidade

que, durante um ano, vira somente à distância.

Fileiras e mais fileiras de álamos

campinas

gramados

e uma estrada branca se estendiam diante dele,

à luz da noite.

O coração do jovem batia:

com uma agitação que ele não podia conter,

um desejo de alcançar alguma coisa,

de dar as boas-novas a alguém.

Parou

e olhou ao redor

— para cima, para baixo, para a direita, para a esquerda —

como se fosse ele próprio o centro

a partir do qual o mundo se expandisse.

Nada de coisas como "vou me estatelar contra a parede"

ou "se eu balançar o meu braço,

minha mão vai bater na grade."

O mundo não tinha mais linhas e cantos.

De repente Fuat se sentiu como que flutuando no ar.

E de maneira tão intensa

que sentiu vertigens.

Ele se abaixou e apanhou um tufo de grama.

Saltou um fosso.

Dois guardas seguindo em direção à penitenciária gritaram:

"Boa sorte!"

Fuat olhou para trás.

Seus lábios tremeram sob o bigode fino e preto:

"Com os diabos!

Até esse pouquinho de liberdade

        já é uma maravilha.

Seria bom eu ir diretamente para o *hamam*", disse para si mesmo,

"e ficar deitado na pedra...

Depois encher a cara no boteco da esquina..."

De repente ele desejou ter mulher de novo

— morena

      rechonchuda

         e firme de corpo.

A criatura de todos os seus sonhos na prisão.

Seu rosto era um borrão

      mas não o seu corpo.

Porém, Fuat não podia ir a um bar nem ter uma mulher:

ele não tinha dinheiro o bastante, só o que Halil lhe enviara.

Assim, sem ter visto de dia a cidade

      em que ficou preso por um ano,

Fuat tomou o trem

logo cedo na manhã seguinte

      para Istambul,

enquanto mulheres com mantos pretos, descalças, macilentas e acabadas

   andavam ao longo dos trilhos

      em direção às plantações de tabaco.

Já no segundo dia de liberdade

      esqueceu que havia estado preso.

Mas no quinto dia

      quando o trem se aproximava de Istambul

e surgiu adiante a costa de Yeşilköy,

Fuat sentiu tontura como se atingido por fumaça de carvão

      e uma melancolia o invadiu como náusea.

Todos os que ficaram em penitenciárias diferentes

— especialmente Halil, Süleyman, Melahat

e até mesmo os amigos que ele fez lá dentro:

         o homicida Murat,

         o estuprador Hüseyin,

         o bandoleiro Mehmet —

surgiram diante dele
ora distantes, como se estivessem mortos,
        pálidos
        e infelizes fantasmas,
ora vivos, alegres e tão próximos como se pudessem ser tocados,
ora todos juntos,
ora um ou outro se sobressaindo
        claramente
           diante de seus olhos.
Nesse momento
o montador Fuat
    quis estar de volta na prisão, com qualquer um deles,
mas especialmente com Halil.
Ele esfregou a testa
      para esconder as lágrimas.

Uma hora e meia depois
        Fuat estava na Ponte
    bem no coração de Istambul:
via a Torre de Gálata, o Chifre de Ouro, a mesquita de Süleymaniye,
batelões, barcaças, bondes,
via as pessoas atravessando a Ponte
e as joias escuras de seus olhos se enchiam de uma luz azul
        à medida que respirava o cheiro de Istambul.

Uma sirene disparou em Karaköy
e passou feito uma chama branca pela Ponte:
          uma ambulância.
O veículo branco com um crescente vermelho
      nem parecia estar na terra,
        mas a toda velocidade no mar.
Ao lado do motorista seguia o paramédico Hasan Kılıç
        com os olhos fechados
e fundas olheiras ao redor.
Levava a cabeça descoberta —

o cabelo castanho-escuro encaracolado,
um rosto pálido mas jovem, bonito e esperto,
e uma doce dor de cabeça
                        por falta de sono.
Sua camisa branca estava amarrotada e suja.
Com o cheiro de gasolina queimada
            e o calor do motor alcançando seus joelhos,
o paramédico Hasan Kılıç tentava se recompor:
                não física,
                            mas mentalmente.
Com os olhos ainda fechados,
            ele podia ver as ruas passando:
portas, janelas, vitrines e pessoas
            fluíam numa massa incongruente
enquanto a sirene apitava sem cessar.
Isso durou quinze minutos.
Daí a multidão foi se dispersando
os prédios rareando
as pessoas sumindo
e a sirene se aquietando
        até que as rodas pararam.
O paramédico Hasan Kılıç abriu os olhos.
Estavam diante da delegacia
e um guarda gritou:
"Vocês não podem entrar com o carro.
Peguem a maca,
é logo ali..."
Com Hasan Kılıç à frente
seguido pelo guarda, o motorista, o enfermeiro e as macas,
                        eles se puseram a caminho.
A camisa branca e amarrotada batida pelo vento,
                Hasan Kılıç caminhava com as pálpebras pesadas
distraído, mas apressado e oficioso,
calado e cheio de si.
Silêncio total nas proximidades.

O céu estava límpido,
>tépido
>>e feliz.
As casas do bairro eram de madeira:
>sem pintura
>>escurecidas pelo tempo
>>>porém, limpas.
Uma menina descalça lavava os degraus de uma escada de pedra.
Era como se um mundo terminasse aqui
>>e outro começasse
>>>logo dobrando a esquina...
Dobrando a esquina,
eles se viram no topo de uma ladeira:
a rua — estreita, comprida — mergulhava
>>declive abaixo
e à distância, lá no fundo,
>como se visto através de um cano de chumbo,
>>>um pedaço de mar.
Começam a descer.
Um grupo de pessoas se aglomerava diante de uma porta de madeira,
as roupas em farrapos,
>a pele macilenta
>>e amarelada,
a maioria ou nova demais
>ou velha demais para trabalhar.
Naquela hora, todos os outros
— com as mesmas roupas e a mesma pele —
estavam trabalhando:
operários nas fábricas,
>aprendizes em lojas, vendedores,
>>ambulantes,
e dois jovens no serviço militar estacionados muito longe.
Um coletor de impostos morava no andar térreo da casa à esquerda,
>>em frente à fonte.
A garota mais bonita da rua

provavelmente estava trabalhando em Beyoğlu novamente:
>no Madame Atenas ou num camarote de teatro.
E o vagabundo do filho do carroceiro
>estava em cana.
O comissário cumprimentou o paramédico.
Entraram na casa.
Fedia a mofo.
Seis famílias em cinco quartos.
Embora estivesse duas vezes mais cheia de gente agora,
>o vazio desolador das tábuas úmidas e podres
>>saltava à vista.
Entraram no quarto dos fundos do segundo andar:
dois colchões no chão,
>uma toalha de mesa e uma panela melancólica no meio.
Cinco pessoas jaziam esparramadas no chão.
O comissário voltou-se para o paramédico
e disse:
"Foram envenenados.
De acordo com as minhas investigações,
>o cara envenenou a si e aos outros.
Parece ter sido arsênio.
Um suicídio em família.
Que saída eles tinham?
Eram muito pobres.
O homem trabalhava num curtume
a 110 *kuruş* por dia.
Mas dá só uma olhada:
>os colchões estão praticamente novos e a panela vale um dinheiro.
Não venderam.
Morreram todos, menos, talvez, a menina.
O pessoal veio socorrer quando ouviu seus gemidos."

A menina estava mesmo viva:
mal tinha treze anos,
>parecia um galho ressecado de ameixeira.

Hasan Kılıç lhe deu imediatamente uma injeção de apomorfina,
a colocou na maca e a conduziu para baixo.
Depois observou os outros, um a um:
o homem tinha um rosto comprido e sobrancelhas pretas e cerradas,
parecia assustado, como se tivesse
levado um grande susto.
A mulher dele devia ter uns 35 anos.
Tinha rasgado o vestido enquanto agonizava,
os seios vergados como duas mãos mirradas e ressequidas.
A velha — a mãe do homem — estava retorcida em dois,
a boca aberta, desdentada.
O terceiro corpo era de um garoto de cinco anos,
um saco de ossos raquíticos dentro de calças azuis.
Como se estivesse preocupado com alguma coisa
o comissário falava sem parar,
ou melhor, pensava em voz alta:
"Eles ainda tinham muita coisa para vender:
os colchões, a panela,
as calças azuis do garoto são recém-compradas,
e a mulher está com roupa de baixo.
Não era o momento para um suicídio.
Pessoas com menos ainda continuam vivendo.
Nem todo mundo consegue pedir esmola, mas...
O cara estava desanimado...
É desânimo, meu velho, desânimo...
Mas ele era orgulhoso..."

Hasan Kılıç caminhou em direção à porta:
"Vamos, senhor comissário."

E foram embora.
Só um homem ficou:
um dos moradores do quarto da frente.
Descalço.
Uma tira esfarrapada segurava suas calças.

De seu olho esquerdo escorria pus.

E seu rosto tinha um ar inocente e melancólico de coisa abandonada.

Ele se debruçou sobre o homem de sobrancelhas pretas e cerradas

e meteu as mãos nos bolsos do morto.

Encontrou cupons de comida e,

depois de pegá-los, ergueu-se lentamente

                    endireitando as costas com dificuldade.

A porta se abriu com força.

Era o conselheiro municipal do bairro.

Os dois se encararam.

O conselheiro estendeu a mão

e o velho entregou os cupons.

Suas mãos não tremeram,

mas o rosto pareceu ainda duas vezes mais melancólico e inocente.

O conselheiro contou os cupons,

destacou cinco e colocou nas mãos do velho:

"Vamos dividir", disse.

"Presta bastante atenção às datas;

você pode comprar na padaria do *Iaz* lá no alto da ladeira.

Não fale disso para ninguém,

nem para sua nora nem para as crianças.

Você mesmo compra e você mesmo come..."

Ficou em silêncio,

pensou um minuto e

estendeu novamente a mão:

era fofa, escura e sem pelos,

a pele junto às unhas brilhava de oleosidade.

"Se quiser, você pode me vender os seus.

Eu te pago 150 *kuruş*.

Ou — melhor não, fique com eles.

Ou — não,

é melhor entregá-los.

Pegue esses 75 e me devolva esses.

Não.

Não, não quero.

Tire essa mão, eu já disse que não quero!
Você pode ficar com os 75 *kuruş*,
                              eu não quero.
Vamos, saia daqui!
Que a maldição de Deus
                    recaia sobre nós dois..."

O velho saiu.
Parou no corredor,
deu meia-volta e se aproximou de novo da porta entreaberta,
sempre com aquele ar inocente e melancólico no rosto.
Espiou dentro do quarto
        para ver o que o conselheiro estava fazendo.

A ambulância zarpou.
Na maca dentro do carro, a menina vomitava sem parar.
O enfermeiro, como de costume,
                    xingava em silêncio,
                              mas não dizia nada.
Sentado ao lado do motorista, o paramédico
                              pensava:
"O *maître* do Park Hotel deve estar no escritório agora,
                              mas não vai sair:
as carteiras de vacinação dos garçons
                              têm que ser carimbadas.
Aí estão dez liras.
E os de Tokatlıyan devem vir depois de amanhã.
São 7,50.
Não sei onde estaria, se as pessoas não tivessem tanto medo de injeção.
Tenho que dar um pulo no médico à noite:
ele vai encher as ampolas de quinino com água destilada.
Vinte liras de comissão lá
fazem 37,50.
Este mês está garantido!"

Pararam diante do hospital Cerrahpaşa.
"Não tem vaga!", gritaram.
A ambulância seguiu em frente.
A garota vomitava lá atrás
e Hasan Kılıç pensou:
"Só espero que ela não morra na ambulância
como aquela de hoje de manhã.
Nunca vi uma tuberculose tão terrível.
Ou você morre
comido pela doença
ou tem que ser esperto como eu."

Hasan Kılıç se achava muito esperto.
A ambulância parou em frente ao hospital de Gureba.
"Sem vagas!", disseram.
A ambulância seguiu
subindo de Çapa em direção a Aksaray,
Yusuf Paşa, Murat Paşa
— a rua era estreita, gasta e achatada.
O quitandeiro, o vendedor de *leblebi*, o cardeiro de lã
e o quiosque vermelho-ocre do carvoeiro...
Hasan Kılıç continuou pensando:
"A apomorfina vai fazer a garota continuar vomitando.
O Depósito de Medicamentos Nuri pôs cálcio no mercado negro;
as ampolas e as etiquetas são europeias, o conteúdo, nacional.
"Agora mostre quem você é, meu filho.
O cara é esperto, mas você é mais
— mãos à obra!"

Hasan Kılıç abriu um sorriso largo
e os lábios grossos e vermelhos
            revelaram duas fileiras de brilhantes dentes brancos.

Nâzım Hikmet em Paris, em 1961.

Sobre o autor

Considerado o mais importante poeta turco moderno, Nâzım Hikmet Ran nasceu a 15 de janeiro de 1902, em Salônica (então Império Otomano, atualmente Grécia), em uma família aristocrática. Passou a infância e a adolescência em Istambul, cercado por um ambiente multiétnico — ele mesmo afirmava ter ascendência alemã, polonesa, georgiana, circassiana e francesa por parte materna —, e pode-se dizer que a família teve papel decisivo em sua formação literária: o bisavô Mustafá Djelaleddin Paxá (cujo nome de batismo era Konstanty Borzęcki) publicou em 1869 em Constantinopla (atual Istambul) o livro *Les Turcs anciens et modernes* [Os turcos antigos e modernos]; seu avô se dedicava à poesia, e sua mãe, Celile, à pintura. Hikmet publicou seus primeiros poemas aos dezessete anos. Chegou a frequentar a tradicional Academia Naval, em Istambul, mas abandonou-a em 1920 para se alistar, ao lado de um amigo, na Guerra de Independência, liderada por Kemal Atatürk. Os dois, entretanto, foram designados para dar aulas no leste da Turquia. Em 1922, após um breve casamento, Hikmet — em razão de suas declarações políticas (inclusive a denúncia pública do genocídio armênio) — foi obrigado a deixar o país; atraído pela Revolução Russa e a esperança de justiça social, atravessou a fronteira e se dirigiu a Moscou. Lá ele estudou sociologia na Universidade de Moscou e travou contato com artistas e estudantes do mundo inteiro — experiência mais tarde relatada no romance *Yaşamak güzel şey be kardeşim* [A vida é bela, meu caro!], de 1962. Em 1924, após a Independência, retornou a Istambul, mas logo foi preso por suas atividades em uma revista de esquerda. Em 1926, fugiu novamente para a Rússia, onde continuou a escrever poemas, roteiros e peças de teatro, e conheceu Maiakóvski e o diretor teatral Vsievolod Meyerhold, com quem trabalhou. Dois anos depois, por ocasião de uma anistia geral, retornou à Turquia. Entre 1929 e 1938, com o Partido Comunista na ilegalidade, foi preso diversas vezes sob diferentes acusações — várias delas forjadas. Nesse período, publicou nove livros de poemas que inauguraram uma nova fase na literatura turca, graças à introdução do verso livre e ao uso de um vocabulário próximo ao dia a dia, contrapondo-se à poesia floreada dos otomanos. Em 1939, após a morte de Atatürk (que apreciava sua poesia não política e, de certo modo, aliviava as pressões contra ele), o regime torna-se mais severo: Hikmet é encarcerado na prisão de Bursa, onde começa a tomar notas para sua obra mais extensa, *Paisagens humanas do meu país*. Em 1950, libertado após várias greves de fome e uma campanha internacional da qual participaram os maiores artistas e escritores da época, Hikmet decide exilar-se definitivamente na Rússia. O governo turco negou permissão para que sua esposa e o filho pequeno o visitassem. Seus poemas foram publicados na Bulgária em 1954 e, posteriormente, na Grécia, Alemanha, Itália e União Soviética. Em 1959, foi destituído da cidadania turca e adotou a cidadania polonesa, explicando que herdara os olhos azuis e cabelos ruivos de um ancestral polonês que fora um revolucionário no século XVII. Nâzım Hikmet morreu de um fulminante ataque do coração, em sua casa em Moscou, em junho de 1963. Dois anos depois saiu a primeira edição de *Paisagens humanas do meu país* em turco, e desde então o número de edições e estudos sobre sua obra não para de crescer.

Sobre o tradutor

Marco Syrayama de Pinto nasceu em São Paulo, SP, em 1979, e formou-se em Línguas Orientais pela Universidade de São Paulo. Defendeu seu mestrado na mesma universidade em 2006, estudando a reforma linguística turca e os empréstimos da língua árabe no turco moderno. Seu doutorado, iniciado em 2013 na área de Estudos da Tradução, realizado na USP e na Universidade do Bósforo, em Istambul, versa sobre a obra modernista *Tutunamayanlar* (1972), do escritor turco Oğuz Atay (1934-1977), considerada um divisor de águas na literatura daquele país. Como tradutor, publicou no Brasil *As preces são imutáveis* (2010), de Tuna Kiremitçi, *O livro de Dede Korkut* (2010) — um dos épicos mais antigos da literatura turca, cujos manuscritos têm como data provável os séculos XIV ou XV —, que lhe valeu o Prêmio Jabuti de Tradução em 2011, e *O palhaço e sua filha* (2011), da escritora feminista Halide Edib Adıvar.

ESTE LIVRO FOI COMPOSTO EM TIMES
PELA BRACHER & MALTA, COM CTP E
IMPRESSÃO DA EDIÇÕES LOYOLA EM
PAPEL PÓLEN SOFT 70 G/M^2 DA CIA.
SUZANO DE PAPEL E CELULOSE PARA A
EDITORA 34, EM SETEMBRO DE 2015.